Baltikum

Richtig Reisen

Eva Gerberding
Ilze Gulēns
Eva Kuhn

Litauen · Lettland · Estland

Inhalt

Drei junge Republiken an der Ostsee

Unterwegs in den baltischen Republiken

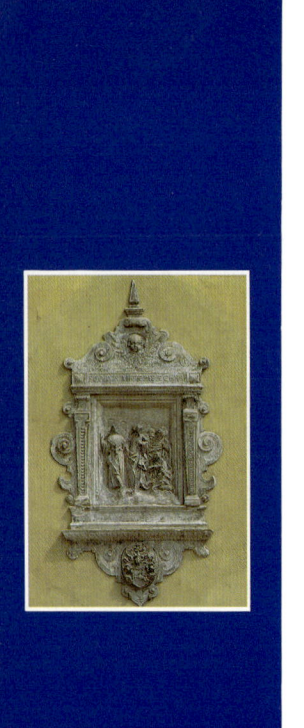

Lettland

(von Ilze Gulēns)

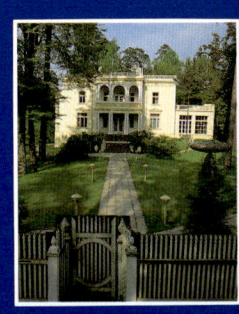

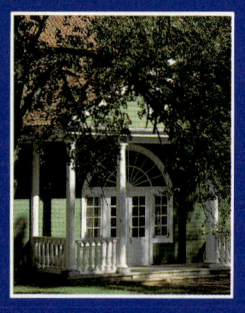

Serviceteil

Verzeichnis der Karten und Pläne

Drei junge
Republiken
an der Ostsee

»Liebes, friedliches ...
stilles, stilles Baltikum ...«

Anatoli Pristawkin in seinem Buch »Stilles Baltikum«

Drei kleine Länder, verschieden, aber doch durch ein gemeinsames Schicksal geprägt, haben sich geöffnet. Der estnisch-lettische Dichter Ivar Ivask beschrieb sie als »Taschenzipfel der dritten Welt im kreuz und quer erforschten Europa«. Die drei baltischen Länder stehen erst am Anfang einer neuen Zeit. Noch pubertieren die baltischen Demokratien. Die ökonomische Tristesse ist überall sichtbar. Die Erfüllung des Traumes von nationaler Selbständigkeit ging nicht einher mit wirtschaftlicher Prosperität. Eine hohe Inflationsrate und ein Absinken der Industrieproduktion ist in allen drei Ländern zu verzeichnen. Es mangelt an Geld und Know-how. Das alles ist eine Folge der jahrzehntelangen Abhängigkeit und Ausbeutung durch die Sowjetunion. Spuren dieser Herrschaft sind noch vorhanden, wenn auch ihre Insignien verschwunden sind. Lenin ist allerorten vom Sockel gestürzt, und statt der roten Fahnen wehen optimistisch die Nationalflaggen. Man träumt vom Wiederanschluß an Westeuropa, plant eine Via Baltica, die von Tallinn über Rīga und Vilnius nach Westeuropa führt und eine neue europäische Nord-Süd-Achse bilden soll.

Wenn man mit dem Auto über Land fährt, sieht man Felder, Wälder und nur vereinzelte Gehöfte. Die weitflächige Landschaft bietet ein für Westeuropa ungewohntes, großzügiges Reisegefühl: Auf der Landstraße scheint der Reisende mit sich und der Natur allein zu sein. Nur vereinzelte Erhebungen unterbrechen die flachen Küstenländer. Sie sind dünn besiedelt. Die drei Baltenstaaten haben zusammen 7,5 Mio. Einwohner und eine Fläche von 173 000 km^2.

Aus der Antike kommt der Begriff *Baltia,* den römische und griechische Geschichtsschreiber für eine sagenumwobene Bernsteininsel im Norden Europas prägten. *Mare balticum* wurde die Ostsee seit dem 11. Jh. genannt. Balten im sprachlich-ethnischen Sinne sind nur die Letten und Litauer, sie gehören zum indogermanischen Stamm. Die Esten sind ethnisch mit den Finnen verwandt. Sie gehören zu den Finno-Ugriern, die von Asien westwärts zogen, um im Ostseeraum zu siedeln. Die Sprachen der Esten, Letten und Litauer sind so unterschiedlich, daß sie sich untereinander nicht verständigen können. Als notwendige Lingua franca diente das ungeliebte Russische. Das erschwert eine Verständigung, denn die Wunden der fünfzigjährigen Sowjetherrschaft sind nicht vernarbt. Die ältere Generation versucht deshalb oftmals mit Reisenden deutsch zu sprechen, die Jüngeren wünschen den Anschluß an die westliche Kultur, durch schnelles Erlernen der englischen Sprache.

Bei aller Diversität in der späteren historischen Entwicklung ist allen drei Ländern gemeinsam, daß sie sich als letzte europäische Völker zum Christentum bekehren ließen. Zwischen den benachbarten großen Staaten hatten sie keinen leichten Stand. Das heutige Estland und Lettland wurde zu Beginn des 13. Jh. durch die deutschen Kreuzritter erobert. Litauen widersetzte sich den

Die sozialistischen Helden wurden überall im Baltikum vom Sockel gestürzt

deutschen Ordensrittern fast 200 Jahre. Christianisiert und ein katholisches Land wurde es erst durch den Zusammenschluß mit Polen 1387. In Estland und Lettland konnte sich die Reformation durchsetzen. Die baltischen Pastoren sollten in der weiteren Entwicklung des Landes eine wichtige Rolle spielen.

Die unterschiedliche historische Entwicklung der drei Länder ist heute noch in der Architektur zu sehen: das katholische, polnisch-barock wirkende Litauen und die hanseatische Backsteingotik der Städte Lettlands und Estlands. Gemeinsam ist allen drei baltischen Hauptstädten, daß die sowjetischen Plattensilos einen trostlosen Kranz um die wunderschönen historischen Altstädte bilden.

Jahrhundertelang wurden Estland und Lettland von deutschen Adligen, Geistlichen und Kaufleuten unterdrückt. Erst ab 1830 erwachte ein nationales Bewußtsein der estnischen und lettischen Kultur und Tradition. Litauen hatte 400 Jahre lang in einer Allianz mit Polen auf dem Höhepunkt seiner Macht eines der größten europäischen Reiche gebil-

det und dadurch ein anderes nationales Selbstverständnis entwickeln können. Nach der dritten polnischen Teilung 1795 fiel das Reich bis zum Ersten Weltkrieg unter russische Herrschaft. Auch Lettland und Estland gerieten im 18. Jh. unter die Zarenherrschaft.

Alle drei Länder waren als Verbindung zwischen Ost und West immer ein Schmelztiegel verschiedener Völker: Deutsche, Juden, Polen und Russen fanden hier eine Heimat. Eine gemeinsame Geschichte begann für die drei Länder nach dem Ersten Weltkrieg, als sie durch die Friedenskonferenz von Versailles ihre Unabhängigkeit erhielten. Nach der Annektion durch Stalin 1940 war ihr Schicksal eng miteinander verknüpft.

1991 erklärten die baltischen Länder als erste der ehemaligen Sowjetrepubliken ihre Unabhängigkeit. Mit der »singenden Revolution« 1989 hatte alles begonnen (s. S. 51). Symbol ihres gemeinsamen Willens zur Unabhängigkeit war die Menschenkette zum 50. Jahrestag des Hitler-Stalin-Paktes, die über eine Strecke von 600 km die baltischen Hauptstädte lückenlos verband.

Alle drei Völker schöpfen aus einer großen Fülle alter vorchristlicher Überlieferungen: mystische Sagen, Märchen und Lieder, die mündlich von Generation zu Generation weitergegeben wurden. Dieses überlieferte Kulturgut half den drei Völkern, die Jahrhunderte von Fremdherrschaft zu überstehen.

Den Sommer an der baltischen Küste zu verbringen bedeutet Muße und Ruhe. Das Leben geht langsam. Touristischen Rummel gibt es noch nicht. Die Strände sind weitläufig, schön und leer. Weißer Sand, weite Horizonte und laue Winde sind charakteristisch. Große Flächen des Landes sind bewaldet: in Estland und Lettland über 40 %, in Litauen über

Umweltbewegung und Politik im Baltikum

Die Natur Lettlands vermag wenig Spektakuläres zu bieten, sie ist jedoch schön, in gewisser Hinsicht anheimelnd. Es fällt einigermaßen leicht, in ihr Wurzeln zu schlagen, Geborgenheit zu empfinden, auch in ihr Heimat zu sehen, ebenso wie in der Kultur, Sprache oder Folklore.

Mitte der 80er Jahre legte Moskau Pläne für ein gigantisches Wasserkraftwerk im Urstromtal der Daugava vor. Die vorbereitenden Arbeiten – etwa Verlegung von Dörfern und Friedhöfen – begannen 1979. Ein ähnliches Projekt hatte bereits im Jahrzehnt zuvor den Mittellauf des Flusses in einen langgestreckten See verwandelt. Dabei versanken einzigartige natur- und kulturhistorische Objekte in den Fluten. Erst heute weiß man, daß damals einzelne Intellektuelle dagegen protestiert hatten. Mehr als eine verhaltene, von den Herrschenden übergangene und wirksam vor der Öffentlichkeit abgeschirmte Opposition hatten die rigiden politischen Verhältnisse nicht zugelassen.

Das neue Vorhaben fiel jedoch in die Ära der Perestroika. »Diskussion« hieß die von Michail Gorbatschow ausgegebene Parole, und zwei lettische Journalisten, Dainis Īvāns und Arturs Snips, nutzten die Chance. Bezeichnenderweise war es das Blatt der Kulturschaffenden, »Literatūra un Māksla«, das den beiden im Oktober

1986 fast drei Seiten für einen aufsehenerregenden Beitrag einräumte. Darin rechneten Īvāns und Snips vor, daß das neue Wasserkraftwerk sich unter keinerlei denkbarem Gesichtspunkt auch nur annähernd rechnen würde: weder wirtschaftlich noch ökologisch. Es mußte als Willkürakt der Zentralmacht verstanden werden, als zerstörerischer Angriff auf einen Fluß, den die lettische Folklore als »Mütterchen« kennt, auf die Heimat der Letten im weitesten Sinn des Wortes.

Der Beitrag von Īvāns und Snips stieß eine öffentliche Diskussion von bis dahin unbekanntem Ausmaß an. Die Ablehnung des Großprojekts war dabei nahezu einhellig; schließlich waren es an die 31000 Unterschriften dagegen, die bei »Literatūra un Māksla« eingingen. Im Spätherbst 1987 lenkte Moskau ein: Das Vorhaben wurde eingestellt.

Es ließ jedoch neue Umweltorganisationen wie den »Vides Aizsardzības Klubs« und Erfahrungen selbstbestimmten gesellschaftlichen Protests zurück. Genaugenommen war es ein zunächst ökologisches Engagement, in dem jedoch ein politischer Aufbruch mitschwang. Die Bewahrung der Nation, ihrer natürlichen und kulturellen Heimat wurde schließlich allein im Begriff der Selbständigkeit denkbar. So war es denn von mehr als nur symbolischer Bedeutung, daß im Oktober 1988 der erste Vorsit-

Oktober 1988 organisierte sie eine Demonstration gegen das Atomkraftwerk Ignalina. Zumindest den weiteren Ausbau der Anlage, die mit zwei RBMK-Reaktoren vom Typ Tschernobyl bestückt ist, konnte der Widerstand – ausgedrückt in 287 000 Unterschriften – letzten Endes verhindern. Im Unterschied zu Estland und Lettland kam der Anstoß dazu hier allerdings aus Kreisen der Vilniuser Akademie der Wissenschaften. Die Ankündigung des Physikers und damaligen »Sąjūdis«-Führungsmitgliedes Zigmas Vaišvila aus dem Herbst 1989, man werde nach Wiederherstellung der Unabhängigkeit die beiden Atommeiler abstellen, hat den wirtschaftlichen Realitäten nach der Trennung von der Sowjetunion im August 1991 freilich nicht standgehalten. Trotz erheblicher Sicherheitsbedenken ist Ignalina noch immer am Netz – auch dank der Hilfestellung westlicher Nuklearunternehmen.

Mit dem Abschied von Moskau haben die baltischen Ökologiebewegungen einen großen Teil ihrer Gemeinsamkeiten verloren. Ihre einstige Stärke – nämlich eine auch politische Verwurzelung in der Heimat – sollte sich in den ersten Jahren der wiedergewonnenen Freiheit als ihre größte Schwäche erweisen. Geschichte schon die Mahnwache gegen die Verschmutzung der Ostsee Anfang September 1988, als sich Zehntausende von Esten, Letten und Litauern die Hände reichten, aber auch der »Lebensring«, den Demonstranten aus dem ganzen Baltikum und Weißrußland zwei Wochen später um Ignalina legten. Verglichen mit dem Engagement, mit dem sie sich 1986/87 gegen das Wasserkraftwerk auf der Daugava gestemmt hatte, regi-

zende der lettischen Volksfront kein anderer als Dainis Īvāns wurde, sozusagen der Bezwinger des Wasserkraftwerks.

Natur, Kultur und Politik – ein ähnlicher Dreiklang auch bei den baltischen Nachbarn. Eine unwirkliche Mondlandschaft mit schwelenden, radioaktiv durchsetzten Abraumhalden – dies wäre das Resultat gewesen, hätten sich in Estland die Moskauer Pläne für den Abbau von Phosphoriterzen zur Düngemittelherstellung verwirklicht. Im Oktober 1986 jedoch legte der estnische Schriftstellerverband Protest ein und brachte damit eine Lawine ins Rollen, die im Mai 1988 in die Gründung der »Estnischen grünen Bewegung« und einige Monate später in die von »Rahvarinne« einmündete, des Pendants zur Volksfront Lettlands.

Und auch an der Wiege der litauischen Unabhängigkeitsbewegung »Sąjūdis« stand Umweltprotest: Noch vor ihrer eigentlichen Gründung im

striert die lettische Öffentlichkeit heute so gut wie überhaupt nicht, daß die beiden Atommeiler von einer Panne in die andere schlittern.

Darüber hinaus hat der Übergang von der sozialistischen Plan- zur kapitalistischen Marktwirtschaft den Spielraum grünen Denkens im Baltikum deutlich eingeengt. Wurden die Ökologiebewegungen einst unter anderem als Vehikel politischer Veränderungen stark, so setzen ihnen heute »übergeordnete nationale Interessen« die Maßstäbe. Das Bestreben, aus den generell maroden und umweltschädlichen Betrieben wenn auch bescheidene Einkünfte zu erzielen, oder die Aussicht auf schnelle Dollars schaffen neue angebliche Sachzwänge, die ökologische Erwägungen ins Hintertreffen geraten lassen. Für ein – wie sich im

nachhinein herausstellte – dubioses Angebot zur Errichtung von Sondermüllverbrennungsanlagen setzte sich in Erwartung umfangreicher Investitionen zunächst sogar das Rīgaer Wirtschaftsministerium ein. Nur dem geballten Sachverstand westlicher Umweltschützer war es zu verdanken, daß die Regierung dieses Projekt schließlich ablehnte.

Die baltischen Ökologiebewegungen werden es unter diesen Umständen noch zu lernen haben, ihre einstige Bedeutung wiederzuerlangen. Gelingt es ihnen nicht, steht demnächst womöglich die Zerstörung jener Lebensgrundlagen zur Debatte, zu deren Bewahrung sie angetreten waren.

Ojārs J. Rozītis

---

30 % – Lebensraum für Wildschweine, Rotwild, Füchse und Marder. Aber auch in Westeuropa beinahe ausgestorbene Arten sind hier zu finden, wie Elche, Bären und Wölfe. Durch die umfangreichen Küsten- und Seengebiete ist das Baltikum ein Paradies für Vögel: Schwarzstörche, Reiher und Kraniche sind keine Seltenheit. In Estland verzaubern zur Sommerwende die wunderbaren »Weißen Nächte«, wenn es nicht dunkel werden will. Die Sommer sind kürzer, die Winter kälter, aber das Klima ist dem norddeutschen sehr ähnlich. Die beste Reisezeit sind Sommer und Frühherbst.

Kurt Tucholsky, der im Ersten Weltkrieg als Schreiber in Kurland war, liebte den baltischen Herbst: »Baltischer Herbst – das ist der dritte, den ich erlebe – aber immer ist einer schöner als der andere. Nicht nur, weil der Herbst die einzig mögliche Jahreszeit ist – was will ge-

gen ihn der Frühling, dieser süßliche Junge mit den himmelblauen Beinen und den seidigen Locken ... Immer weht es über die Hügel, kalt und klar ist die Luft – fast übertrieben scharf stehen die Farben nebeneinander. Da und dort sind kleine Baumgruppen hingepflanzt – wie Fackeln lodern sie im welligen Land ... Wie schön ist dieses Land! – Der Wind weht über die kurzen Stoppelgräser, ein kühler Hauch geht über all die Wiesen – blutrot spiegelt sich der Himmel in einer Pfütze – es wird Abend, so wie es nur hier Abend werden kann.«

Die baltischen Staaten sind »nähergerückt«. Eine Reise führt nicht mehr in die westlichsten Republiken der Sowjetunion, sondern in eine Region Nordeuropas, die noch nahezu unerschlossen und doch nur ein paar Flugstunden entfernt ist.

Eva Gerberding

Geschichte und Kultur der Balten
Vielfalt – Einfalt – Vielfalt

Wer sind die Balten?

Die Rede vom Baltikum als Sammelbegriff für Estland, Lettland und Litauen legt die Vorstellung einer Einheit nahe, die zwar politisch und geographisch, jedoch historisch und kulturell nur teilweise gegeben ist.

Die Esten gehören zusammen mit den Finnen, Kareliern, Ingermanländern, Woten und den inzwischen nahezu ausgestorbenen Liven zur finno-ugrischen Kultur- und Sprachfamilie. Während die Esten sich in ihrer Sprache den Finnen relativ gut verständlich machen können, ist eine Verständigung mit den südlichen Nachbarn ohne Vermittlung einer dritten Sprache unmöglich.

Letten und Litauer sind baltische Völker, die neben den Germanen, Slawen, Romanen usw. eine eigenständige Gruppe der indoeuropäischen Familie bilden. Balten waren auch die Vorfahren der Ostpreußen, die Altpreußen oder Pruzzen, die infolge der deutschen Kolonisation ihres Territoriums als eigenständige Volksgruppe im 17. Jh. untergegangen sind.

Frühgeschichte des Baltikums

Bereits vor Jahrtausenden war das Baltikum eine Mischzone europäischer und nordeurasischer Frühkulturen. Vermutlich waren die ersten nacheiszeitlichen Bewohner des Baltikums aus dem Südwesten eingewanderte Angehörige der Magdalénien- sowie der Swidry-Kultur.

Die Musik spielt in allen baltischen Republiken eine große Rolle – Folklorefest im litauischen Freilichtmuseum Rumšiškes

Nach 7000 v. Chr. entstand aus der Ver-
mischung mit Fischer- und Jäger-Völker-
schaften aus dem Osten die sogenannte
Kunda-Kultur, die sich an der gesamten
Südostküste der Ostsee nachweisen
läßt. Infolge eines weiteren Einwande-
rungsschubs aus dem Osten nach 4000
v. Chr. entwickelte sich auf der Basis der
Kunda-Kultur im Norden des heutigen
Baltikums die sogenannte Narwa-Kultur.
Aus dieser Periode stammen die ersten
interessanten Keramikfunde sowie auch
Hinweise auf die Bearbeitung von Bernstein.

Zwischen 2500 und 2000 v. Chr. breitet sich, ebenfalls von Osten her, die
kammkeramische Kultur im Territorium
des heutigen Estlands und Lettlands
aus. Die Angehörigen dieser Fischer-
und Jägerkultur gelten als Vorfahren der
finno-ugrischen Stämme. Einen deutlichen entwicklungsgeschichtlichen Einschnitt brachte die Ausbreitung der
Bandkeramik-Kultur 2000–1700 v. Chr.
mit sich. Mit ihr hielten Viehzucht und
Ackerbau im südöstlichen Ostseeraum
Einzug. Die Träger dieser Bauernkultur
waren die indoeuropäischen Balten. Aus

mit ihnen verwandten Liven; die Stämme, aus denen später die Letten hervorgingen, besiedelten das restliche Lettland: die Lettgallen und Selen den Nordosten und Osten, die Semgallen den Südosten bis hinein ins heutige Litauen, die Kuren den Westen und Südwesten bis hinunter zur Kurischen Nehrung. Auf litauischem Gebiet setzten sich die Aukschtaiten im Osten und die Schemaiten im Westen fest. Im Südwesten siedelten die Altpreußen oder Pruzzen.

Durch das Baltikum, insbesondere über die Flüsse Narwa, Düna und Memel, verliefen Handelsrouten, die Mitteleuropa und Skandinavien mit dem osteuropäischen Raum und dem Orient verbanden. In den ersten Jahrhunderten n. Chr. intensivierte sich der Handel, an dem auch die einheimische Bevölkerung teilhatte. Es entstand ein dichtes Netz von Handelswegen, Häfen und Marktplätzen. Der Bernsteinhandel, der sich bis in vorchristliche Zeit zurückverfolgen läßt, erlebte eine neue Blüte. Über den »Bernsteinweg« vom Baltikum durch das heutige Deutschland nach Aquilea an der Adria gelangte dieser Rohstoff in die Mittelmeerländer, wo er als Schmuck sehr begehrt war. Dem Tauschmittel Bernstein verdankte das Baltikum, das selbst kaum Erzvorkommen hat, sein Bronze- und Eisenzeitalter.

Mit der Bedeutung des Handels wuchs auch das Interesse an der Kontrolle der Handelswege. Seit dem 7. Jh. fielen die skandinavischen Wikinger wiederholt in das Gebiet der Kuren und Liven ein. In Kurland gelang es ihnen, für einige Zeit Stützpunkte zu halten. Doch um 800 wurden sie von den Kuren vertrieben, die nun mit den Insel-Esten bis ins 13. Jh. hinein die südliche Ostseekü-

Südosten kommend, breiteten sie sich im westlichen Baltikum aus und vermischten sich im Bereich des heutigen Lettlands mit der dort ansässigen finnougrischen Bevölkerung.

Im Laufe der ersten Jahrhunderte nach der Zeitwende hatten sich die finno-ugrischen und die baltischen Stämme an der Ostsee in mehr oder minder deutlich voneinander abgegrenzten Territorien konsolidiert: im Bereich des heutigen Estlands die Esten, im Nordwesten des heutigen Lettlands sowie entlang des gesamten Rīgaer Meerbusens die

ste beherrschten und Raubzüge in Gotland, Schweden und Dänemark unternahmen.

Die Expansionsbestrebungen aus dem Osten begannen nach der Gründung des altrussischen Reichs mit seinen mächtigen Handelszentren Nowgorod, Pleskau, Polozk und Witebsk. Wiederholt versuchten die Russen im 11. Jh. ihre Herrschaft über estnisches Territorium zu errichten. Doch es gelang ihnen nicht, auf längere Dauer Fuß zu fassen. Schließlich gerieten im 12. Jh. die Lettgallen und Liven zeitweilig unter Tributherrschaft Pleskaus und Polozks. Die wichtigsten Wirtschaftszweige im baltischen Raum blieben bis zum 13. Jh. Akkerbau und Viehzucht sowie die Imkerei, deren Produkte, neben Bernstein und Tierfellen, in den Warentausch mit auswärtigen Regionen einbezogen waren. Städte im eigentlichen Sinn gab es nicht, wohl aber Ansätze dazu in Form von Burgsiedlungen und befestigten Ansiedlungen an größeren Marktplätzen und Häfen.

Obwohl sich eine soziale Differenzierung der bäuerlichen Bevölkerung vollzogen hatte, waren feudale Herrschaftsstrukturen erst in der Entwicklung begriffen. Bei den Esten und Kuren gab es dezentrale territoriale Verbände von Dorfgemeinschaften, die von der Versammlung der Ältesten geführt wurden. Unter den Lettgallen, einem Teil der Liven und den Semgallen hatte sich bereits eine Adelsschicht herausgebildet, die mehr oder minder große Territorien unter ihrer Herrschaft vereinigt hatte. Am weitesten fortgeschritten war die feudale Machtkonzentration im litauischen Territorium, wo schon im 13. Jh. das vereinigte litauische Großfürstentum entstand. Die erste nachhaltige Berührung mit dem Christentum erfolgte im 12. Jh. durch russische Missionare

der griechisch-orthodoxen Kirche. Deshalb sind im Lettischen viele mit der christlichen Religion verbundene Termini slawischen Ursprungs. Allerdings übernahm nur die lettgallische Oberschicht den orthodoxen Glauben. Die Masse der bäuerlichen Bevölkerung hielt an ihrer Naturreligion fest, in der der Sonnenkult, die Verehrung von Mond, Donner und anderen Naturgottheiten sowie die Bewirtung der Seelen der Ahnen eine wichtige Rolle spielten. Somit galten die finno-ugrischen und baltischen Stämme im christianisierten Europa des ausgehenden 12. Jh. als die »letzten Heiden«. Deren Bekehrung machten sich norddeutsche Missionare zur Aufgabe, die im Gefolge der hanseatischen Kaufleute in den baltischen Raum vorstießen.

Ilze Gulēns/Eva Kuhn

Geschichte Litauens: Im Kräftedreieck zwischen Rußland, Polen und Preußen-Deutschland

Die erste Erwähnung der Litauer als *Litua* ist in den Quedlinburger Annalen von 1008 zu finden. Als alle Völker Europas schon christianisiert waren, glaubten die Balten noch an die Beseeltheit der Natur und an eine Welt von Göttern und Geistern. Im 12. Jh. fand das Heilige Römische Reich Interesse am baltischen Raum. Den Litauern gelang es als einzigem baltischen Volk sich gegen die Christianisierungs- und Unterwerfungsversuche, die vom livländischen und preußischen Ordensland ausgingen, zu wehren. 1236 wurden die Kreuzritter in der Schlacht bei Šiauliai vernichtend geschlagen und so eine umfassende deut-

Es wird vermutet, daß Kernavė die älteste Hauptstadt Litauens ist. Erste Erwähnung fand der Ort 1279 in der Livländischen Chronik. Heute ist es ein kleines Dorf mit vier Schüttburgen

sche Kolonisierung des Küstengebiets verhindert.

Um 1250 vereinte Mindaugas, ein Fürst aus Hochlitauen, die litauischen Stämme, ließ sich aus taktischen Gründen taufen und bekam daraufhin von Papst Innozenz IV. die Königswürde verliehen. Einen Missionserfolg erzielte dieser damit jedoch nicht. Nach Mindaugas Ermordung im Jahre 1263 begannen Jahre der Dezentralisierung des Landes. Erst unter Gediminas (1316–1341) formierte sich das Großfürstentum wieder zu einem einheitlichen Staat. Er gründete die Hauptstadt Vilnius und expandierte nach Osten. Litauen wird zu einer Großmacht: Gediminas eroberte die Žemaitija zurück, die vorübergehend von den Kreuzrittern besetzt gewesen war, und gewann das Fürstentum Smolensk hinzu. Gediminas Innenpolitik war durch politische und religiöse Toleranz geprägt. Er hat deutsche Kaufleute, Hand-

werker und Bauern, aber auch Geistliche in sein Land geladen. So lebten in Vilnius im 14. Jh. deutsche Kaufleute, die schon vor der Christianisierung ihre eigene Kirche besaßen, die St. Nikolaus-Kirche. Seine Söhne Algirdas und Kestutis, die sich die Herrschaft nach seinem Tod teilten, setzten seine Politik der Toleranz im Innern und politischer Macht nach außen fort. 35 Jahre regierten die Brüder nebeneinander: Algirdas, der von seinem Vater den Großfürstentitel übernommen hatte, hatte seinen Sitz in Vilnius und kümmerte sich um die Ostpolitik. Er eroberte Kiew, die »Mutter der russischen Städte«, und unterwarf fast drei Fünftel des einstigen Kiewer Reiches, Teile Weißrußlands und der Ukraine.

Kestutis residierte in Trakai und war für die Westpolitik zuständig. Ihm gelang es, alle Angriffe des Deutschen Ordens erfolgreich abzuwehren und die litauische Herrschaft zu behaupten. Die Stütze dieser Politik war eine Kriegerkaste, die in den Quellen als *equites* (Ritter), *milites* (Krieger) und *armigeri* (Waffenträger) bezeichnet wird. Die Bauern waren unter Gediminas noch frei gewesen und gelangten nun in der zweiten Hälfte des 14. Jh. mit dem Anwachsen der Macht des Adels in Abhängigkeit. Vorerst bedeutete das eine Abgabepflicht, eine Leibeigenschaft entwickelte sich in Litauen erst im 16. Jh.

wenn er den christlichen Glauben annähme. Jadwiga war zu diesem Zeitpunkt erst 10 Jahre alt. Der Vertrag verpflichtete Jogaila, sein Land »auf ewig« Polen anzugliedern, das römische Christentum anzunehmen und sein Volk taufen zu lassen. Das war ein vernichtender Schlag für die geistlichen und territorialen Interessen des Deutschen Ordens. 1386 fand die »Krakauer Hochzeit« statt. Jogaila wurde zum *Tutor et Gubernator Regni Poloniae* Wladyslaw II.

Die litauischen Großfürsten: Mindaugas

Gediminas

Nach Algirdas Tod 1377 kam es zu Nachfolgekämpfen – sein Sohn Jogaila hatte die Großfürstenwürde übernommen. Mit ihm begann eine neue Ära für das Land, vorerst aber Jahre der Intrigen, die auch der Deutsche Orden immer wieder nutzte, um zu intervenieren. Kestutis wurde 1382 ermordet, sein Sohn Vytautas trat seine Nachfolge an.

1384 bot der polnische Hochadel Jogaila die Herrschaft über sein Land und die Hand der Thronerbin Jadwiga an,

gekrönt und getauft. Im Jahr darauf fanden Massentaufungen in Litauen statt. Das Großfürstentum Litauen und das Königreich Polen wurden in Personalunion regiert. Diese Vereinigung sollte vierhundert Jahre dauern und war für die Litauer ein bedeutender Einschnitt. »Dadurch, daß Litauen sich nicht dem orthodoxen Christentum ostslawischer Prägung öffnete, sondern der abendländischen, römisch-katholischen Kirche gewonnen wurde, ist es in seinem geistigen Habitus, seiner sozialen Struktur und seiner politischen Denk- und Handlungsweise auf das entscheidenste beeinflußt und bestimmt worden. Litauen wurde ein vollständiges Mitglied der abendländischen Völker- und Staatenfamilie«, schreibt der Historiker Manfred Hellmann.

1392 einigten sich Jogaila und Vytautas, der ab diesem Zeitpunkt Litauen als Großfürst weitgehend selbständig regierte. Unter Vytautas wurde das Land

schen Orden endgültig in der Schlacht bei Tannenberg – einer der größten Ritterschlachten des Spätmittelalters – zu schlagen.

Für die nationale Bewegung in Litauen im 19. Jh. gegen die russische Fremdherrschaft wurde die Schlacht zu einem Symbol der Befreiung von einem übermächtigen Gegner. Ebenso wurde Vytautas, der die größte Verehrung in der litauischen Geschichtsschreibung genießt, zu einer symbolischen Figur. In

Kestutis

Vytautas, Gemälde v. Janina Malinaustaitė

zu einem der größten Reiche Europas. Es reichte von der Ostsee bis zum Schwarzen Meer und in östlicher Richtung fast bis nach Moskau. Für den Deutschen Orden bedeutete die Vereinigung Litauens mit Polen den Untergang.

Zwischen 1390–1394 belagerten Ordensheere zweimal Vilnius. Jedoch hatte die Christianisierung des Landes ihnen die moralische Grundlage dafür entzogen. 1410 gelang es dem vereinigten litauisch-polnischen Heer, den Deut-

fast jeder Stadt, jedem Dorf des Landes gibt es eine Straße, die nach ihm benannt ist, und Vytautas wurde zum beliebtesten Namen der Litauer.

Hingegen erfuhr Jogaila in der polnischen Historiographie eine äußerst zwiespältige Würdigung. Nach Vytautas (1430) und Jogailas (1434) Tod war die glorreiche litauische Zeit vorbei, es begann die »Polenzeit«. Litauen spielte nun eine eher untergeordnete Rolle trotz der zeitweiligen Auflösung der Personal-

Bücherschmuggel im Litauen des 19. Jh.

Im letzten Jahrhundert war Tilsit, das heutige Sovetsk, für die Litauer von großer Bedeutung. Während der russischen Herrschaft war es in Litauen 1863 zu einem erneuten Aufstand gegen das Zarenregime gekommen, das darauf mit einer massiven Russifizierung reagierte. So wurde 1864 verboten, Bücher in lateinischer Schrift zu drucken. Litauische Bücher sollten in kyrillischen Buchstaben geschrieben werden. Doch die Maßnahmen bewirkten das Gegenteil: Das Bewußtsein für die eigene Sprache und Kultur entwickelte sich gerade in diesen 40 Jahren des Verbots besonders stark.

Tilsit wird in dieser Zeit zu einer Art Patenstadt für die nationale Bewegung in Litauen. Das hat schon Tradition, denn der erste Katechismus in litauischer Sprache wurde 1547 auch in Ostpreußen gedruckt. In Tilsit werden Bücher aller Art, Zeitschriften und Bibeln gedruckt und von Bücherträgern über den Fluß geschmuggelt. Diese Bücherträger – meist einfache Bauern – riskierten ihre Verhaftung und wurden als Helden angesehen.

1879 wird in Tilsit eine »Litauische Literarische Gesellschaft« gegründet, ihre Mitglieder – unter anderem deutsche Sprachforscher – entdeckten, daß das Litauische eine alte indogermanische Sprache ist, erforschten Dialekte und ethnographische Bräuche. Schon Johann Gottfried Herder schrieb 1778 in seinem Liederbuch »Stimmen der Völker« über die litauische Sprache: »... indessen hat sie

union. Mit der Union von Lublin 1569 begann der polnische Einfluß in noch stärkerem Maße zu wirken. Mehr als 200 Jahre wurden die Länder zum polnisch-litauischen Doppelreich zusammengeschlossen und von einem gemeinsamen König regiert. Nach dem Aussterben der Jogaila-Dynastie (1572) wurden die nun zur Realunion verschmolzenen Länder von Herrschern aus ungarischen, schwedischen und sächsischen Königshäusern regiert. 1576 wurde Stephan Báthory in Krakau zum König gekrönt. Er war ein gebildeter Humanist, der in Padua studiert hatte. Er sprach sich gegen jegliche Intoleranz aus und setzte somit die von Gediminas begonnene Politik fort. »Ich bin König von Völkern, nicht von Konfessionen«, soll er gesagt haben.

Symptomatisch für das Verhältnis der beiden Länder zueinander ist, daß der Vertrag über die *Rzeczpospolita* (die königliche Republik) nur in polnischer Sprache konzipiert wurde, wie überhaupt das Polnische zur Sprache der herrschenden Schicht wurde und das Litauische zur Sprache der Bauern. Als Anfang des 16. Jh. die Reformation in Litauen für kurze Zeit Anhänger unter den Fürsten fand, wurde Luthers Katechis-

doch von der griechischen Lieblichkeit etwas an sich.«

1883 gründet der Litauer Jonas Basanavičius die Zeitschrift »Aušra« (Morgenröte), die in Tilsit gedruckt wird. Sie wird zu einem »Weckruf« für das nationale Bewußtsein in Russisch-Litauen, ihr Hauptthema ist die Besinnung auf das kulturelle Erbe und die nationalen Werte. Den Märchen und den Dainos kamen dabei eine besondere Bedeutung zu. Die Geschichte des mittelalterlichen Großfürstentums wurde romantisch verklärt. In dem Vorwort zum ersten Heft schrieb Basanavičius: »Wie jeder gute und anständige Sohn sich um seine Eltern und Großeltern kümmert, so müssen auch wir, die Litauer der Gegenwart, dem Beispiel des guten Sohnes des alten Litauers folgen; daher müssen wir uns zu allererst mit dem Leben, dem Wesen, der Art und dem Glauben der Ahnen, mit ihren Arbeiten und Sorgen bekannt machen; indem wir ihr Leben kennenlernen, werden wir uns selbst begreifen.« Die Worte Basanavičius gelten heute stärker

denn je, noch immer versuchen die Litauer ihre nationale Identität vor allem in der frühen Geschichte zu finden. Die litauische Nationalbewegung nimmt 1883 ihren Anfang, obwohl die »Aušra« nach ein paar Jahren ihr Erscheinen einstellte. Dem folgte jedoch 1889 ein neues Blatt, »Varpas« (Die Glocke), das stärker wirtschaftlich und sozial orientiert war. So versuchte man z. B. die Bauernsöhne dazu zu bewegen, ein Handwerk zu erlernen, und forderte litauische Schulen.

Der Schmuggel wurde zwar bekämpft, konnte aber nie gänzlich unterbunden werden. Tilsit wird in dieser Zeit zum »Herzen« von Preußisch-Litauen. 1891–93 wurden an der preußisch-litauischen Grenze 37 718 Bücher beschlagnahmt, zehn Jahre später waren es sogar 56 182!

Am 7. Mai 1904 wird per Dekret der Druck von litauischen Schriften in lateinischen Lettern wieder erlaubt. Seit der Unabhängigkeit wird der 7. Mai als »Tag des Buches« gefeiert.

Eva Gerberding

mus, den Martin Mazvydas ins Litauische übertragen hatte, 1547 in Königsberg herausgegeben. Es war das erste Buch in litauischer Sprache. Doch mit der Gründung des Jesuitenkollegs 1569, an dem nur polnisch gesprochen wurde, wurde in Vilnius der Protestantismus zurückgedrängt. Die Verfolgung von Protestanten wurde durch Stephan Báthory 1581 untersagt, jedoch das kurze Aufkeimen einer eigenen litauischen volkssprachlichen Literatur verschwand für die nächsten 300 Jahre wieder.

Im Laufe des 16. und 17. Jh. hatte Rußland immer mehr an Macht und Einfluß

gewonnen und sich seine Gebiete zurückerobert. 1655 kam Kiew an Rußland zurück, besetzten die Russen vorübergehend Vilnius und Kaunas. Der Große Nordische Krieg (1700–21), den Polen-Litauen auf Seiten Peters des Großen gegen Schweden führte, schadete Litauen sehr, zudem richtete die Große Pest (1709–14) erhebliches Unheil an.

Die *Rzeczpospolita* war nun geschwächt, und so war es ein leichtes, daß sich Preußen, Rußland und Österreich das Territorium teilten (1772–1795). Fast 400 Jahre hatte das polnisch-litauische Doppelreich bestanden.

Die litauischen Stammlande kamen nun zu Rußland; nach der Polonisierung folgte die Russifizierung. Der Druck der russischen Fremdherrschaft bewirkte im 19. Jh. zwei Dinge: eine starke Emigrationsbewegung – illegal über die preußische Grenze – nach Amerika setzte ein (Chicago, so sagen die Litauer stolz, sei die größte Stadt Litauens), und zum anderen gab es eine »nationale Wiedergeburt«.

Die schlechte wirtschaftliche und soziale Lage – vor allem der Bauern – begünstigte in der Mitte des 19. Jh. ein Aufkommen nationaler Befreiungsbewegungen. Zudem forderte die vehemente Russifizierungspolitik Rußlands den Widerstand heraus. Polen hatte wie Litauen (und auch Lettland und Estland) das gleiche Schicksal: die Unterordnung unter russische Herrschaft. Am ersten polnischen Aufstand 1830/31 gegen die Fremdherrschaft waren die Litauer nur sekundär beteiligt, trotzdem wurde die Universität von Vilnius geschlossen. Anders verhielt es sich 1863, als vor allem die litauischen Bauern sich auflehnten. 1861 waren sie – wie überall im Russischen Reich – aus der Leibeigenschaft befreit worden, was jedoch ihre Lage nicht verbessert hatte, sondern ihre Verelendung förderte. Der Aufstand wurde brutal niedergeschlagen: 180 Litauer wurden erschossen, 9000 nach Sibirien deportiert. Man siedelte Russen in Litauen an. In der Folge wurde die lateinische Schrift verboten, litauisch sollte fortan in der kyrillischen Schrift geschrieben werden.

Unter dem Generalgouverneur Graf Murawjew, dem »Henker von Vilnius«, setzte eine verstärkte Russifizierungspolitik ein. Es begann die Zeit des Bücherschmuggels (s. Thema 22). In Preußen konnten die Litauer ihre Bücher und Zeitungen in lateinischen Lettern drucken

und ungehindert durch den preußischen Zoll in die Heimat schmuggeln.

Die zaristische Politik galt nicht nur der anderen Nation, sondern auch der anderen Religion. Doch die Einmischung in die Religion rief vor allem den Widerstand der Bauern hervor, in einigen Gebieten – so in der Žemaitija – auch des Kleinadels. Katholiken durften nicht mehr im Staatsdienst beschäftigt werden. Der Unterricht in den Schulen fand weitgehend in russischer Sprache statt.

So verursachte der zweite Aufstand gegen die Assimilationspolitik des Zaren die Entstehung einer nationalen litauischen Bewegung in der zweiten Hälfte des 19. Jh. Es entwickelte sich eine Besinnung auf die eigenen Wurzeln, die man vor allem im alten Glauben der Vorfahren erkannte und in der Bewahrung des alten Liedgutes, der *Dainos,* und der Märchen. Daneben besann man sich auf die litauische Geschichte der Zeit des Großfürstentums. Die litauische Nationalbewegung ist eng verknüpft mit Jonas Basanavičius (1851–1927), der die Zeitschrift »Aušra« herausgab.

Immer stärker wurde zum Ende des Jahrhunderts die Forderung nach litauischem Unterricht, der Aufhebung des Druckverbotes und der Einführung einer litauischen Kirchensprache. Auch wirtschaftliche und soziale Fragen traten in den Vordergrund. Ein litauisches Selbstbewußtsein wurde erworben durch die Pflege der litauischen Dichtung. Vergeblich versuchte die russische Regierung, die nationale Bewegung zu stoppen. Durch den unglücklichen Verlauf des russisch-japanischen Krieges entschloß man sich schließlich per Dekret vom 7. Mai 1904 zur Aufhebung des Druckverbotes. Die Revolution von 1905 brachte den Litauern weitere Rechte wie die Zulassung des Litauischen an den Schulen.

Der Erste Weltkrieg machte Litauen zu einem Schlachtfeld. 1915 besetzen die Deutschen Litauen. Nachdem im November 1916 in einer gemeinsamen deutsch-österreichischen Proklamation die Wiederherstellung Polens bekanntgegeben wurde, bemühten sich auch die Litauer um die nationale Unabhängigkeit. Der Zerfall der Zarenherrschaft, der mit der Februarrevolution begonnen hatte, begünstigte diese Entwicklung. 1917 entstand der Litauische Rat *(Lietuvos Taryba)*, dessen Vorsitzender der 1874 als Kleinbauernsohn geborene Antanas Smetona wurde. Smetona hatte in einer Rede im November 1917 in Berlin vor deutschen Politikern um Unterstützung nachgesucht: »Die wirtschaftlichen und kulturellen Interessen Litauens tendieren nicht nach Osten oder nach Südosten, sondern nach Westen. Litauen ist darauf angewiesen, enge Beziehungen zu Deutschland zu unterhalten.« Am 16. Februar 1918 wurde die Republik Litauen proklamiert. Nach der Zusage einer engen Bindung ans Deutsche Reich erfolgte im März die Zustimmung des Deutschen Reichstages. Bis heute wird am 16. Februar die Unabhängigkeit gefeiert. Nach der Niederlage im Ersten Weltkrieg zogen sich die Deutschen aus Litauen zurück.

In Polen-Litauen blühte das osteuropäische Judentum – Synagoge in Kelmė, 1930

Zwei Jahre mußten sich die Litauer gegen polnische und russische Ansprüche verteidigen, bis die Sowjetunion im Juli 1920 Litauens Souveränität anerkannte, allerdings besetzten die Polen kurz darauf Vilnius. Kaunas wurde nun zur Hauptstadt des unabhängigen Litauens. Im »Ausgleich« annektierte Litauen 1923 das Memelgebiet. Im 1924 ratifizierten »Memelstatut« erhält das Memelgebiet einen Autonomiestatus unter litauischer Oberhoheit. Wirtschaftliche Grundlage des jungen Staates war – wie auch heute – der Agrarsektor. Mit einem Bodenreformgesetz wurden die ehemaligen russischen und polnischen Großgrundbesitzer teilenteignet und der Grund und Boden auf Litauer übertragen. Die Industrialisierung des Landes war gering entwickelt. Bis Ende 1926 hielt sich eine parlamentarische Demokratie, im Dezember dieses Jahres kam es zum Militärputsch. Staatspräsident wurde Antanas Smetona, der bis 1939 in Alleinherrschaft regierte.

Dieser Staatsstreich war »ein Ausdruck von unbesonnenem Nationalismus, übersteigerter emotionaler Furcht vor Kommunisten, Abneigung gegenüber den kulturellen Konzessionen der Regierung bezüglich der polnischen Minderheit. Nationale Leidenschaften waren entfacht«, erklärt der Historiker Stanley Vardis dieses Ereignis. Am 24. August 1939 wurde mit der Unterzeichnung des Hitler-Stalin-Paktes Litauens Schicksal entschieden. Czesław Miłosz sagte, als er 1980 den Nobelpreis für Literatur verliehen bekam: »Überdies wurde das Kolonialprinzip wieder eingeführt, demzufolge Nationen nicht mehr als Viehherden sind, gekauft oder verkauft werden nach dem Gutdünken ihres jeweiligen Besitzers. Ihre Grenzen, ihr Selbstbestimmungsrecht, ihre Pässe hörten zu existieren auf.«

Im Juni 1940 besetzte die Rote Armee das Baltikum. 1941 begannen Deportationen von Litauern nach Sibirien. Stalins Häscher machten Jagd auf die geistige und wirtschaftliche Elite des Landes.

Dem russischen Historiker Georgi Fjodorow, der als Soldat 1940/41 an der Besetzung Litauens teilnahm, war vorher gesagt worden, sie würden in Litauen »das ganze Grauen der kapitalistischen Sklaverei zu sehen bekommen«. Am 13. Januar 1991 schilderte er seine Eindrücke von damals im Radio: »Wir sahen ein blühendes, wohlhabendes Land, wir sahen Dörfer und Gehöfte, wo es alle Früchte der Erde gab, Städte mit vielen Geschäften, deren Regale sich unter Lebensmitteln bogen, und das zu so niedrigen Preisen, daß wir in Rußland gar nicht davon zu träumen wagten. Ein litauischer Arbeiter bekam fast zehnmal mehr Lohn, wenn man die Preise verglich. Unsere Behörden, Gauner und Verbrecher aller Art, plünderten Litauen aus. Viele Geistliche wurden erschossen, Zehntausende unschuldiger Menschen wurden verhaftet und dazu verurteilt, in Gefängnissen und Konzentrationslagern zu verfaulen.«

Der Terror steigerte sich noch, als im Juni 1941 die deutsche Besetzung und damit die Vernichtung der Juden begann. Fast 200 000 Juden wurden von den Nazis umgebracht. (s. Thema: Jüdisches Leben, S. 72)

Nachdem Litauen zusammen mit den anderen baltischen Republiken von der Sowjetarmee zurückerobert war, begannen erneut Deportationen. Von 1945 bis 1953 wurden nochmals an die 200 000 Litauer in Lager geschickt, und nur wenige kehrten zurück.

Etwa ein Drittel der Bevölkerung Litauens wurde durch den Zweiten Weltkrieg getötet, verbannt oder flüchtete.

Litauens Weg in die Unabhängigkeit

1972

14. Mai Der 19jährige Student Romas Kalanta verbrennt sich öffentlich in Kaunas, um gegen das Sowjetsystem zu protestieren. In seinem Abschiedsbrief schreibt er: »Wofür soll ich leben? Damit dieses System mich tötet? Besser ist es, mich sofort selbst zu töten ...« Erstmals gibt es Demonstrationen.

1985

11. März Mikhail Gorbatschow wird zum Generalsekretär der KPdSU gewählt.

1988

3. Juni Gründung der Reformbewegung Sąjūdis, 180 000 Mitglieder. Erste Rufe nach Autonomie.

23. August 250 000 Menschen versammeln sich in Vilnius, um an den 49. Jahrestag des Hitler-Stalin-Paktes zu erinnern.

7. Oktober Die Litauische Nationalflagge gelb-grün-rot wird auf dem Gediminas-Turm gehißt. Litauisch wird offizielle Staatssprache.

1989

5. Februar 20 000 Menschen wohnen der Wiedereinweihung der Kathedrale von Vilnius bei.

16. Februar Der Litauische Unabhängigkeitstag wird wieder gefeiert.

22. August Eine Kommission des Obersten Sowjets Litauens bezeichnet die Annexion der Sowjets von 1940 als internationales Verbrechen.

23. August Mit einer Menschenkette von 2 Mio. Esten, Letten und Litauern, die sich von Tallin nach Vilnus erstreckt, wird gegen den Hitler-Stalin-Pakt protestiert.

Auf dem Gediminas-Turm in Vilnius weht wieder die litauische Fahne

20. Dezember Die litauische KP unter Algirdas Brazauskas sagt sich von der KPdSU los. Der Oberste Sowjet Litauens legalisiert die Einführung eines Mehrparteiensystems.

1990

11.–13. Januar Gorbatschow besucht Vilnius und wird von 300 000 Demonstranten für die Unabhängigkeit empfangen. Gorbatschow schließt ein Mehrparteiensystem nicht aus.

4. März Die ersten freien Wahlen seit 1940. Sąjūdis bekommt die Mehrheit bei den Parlamentswahlen.

11. März Litauen erklärt seine Unabhängigkeit. Vytautas Landsbergis wird Präsident.

17. April Moskau verhängt eine Wirtschaftsblockade über Litauen.

1991

13. Januar Sowjetische Truppen und Panzer stürmen den Fernsehturm. 14 unbewaffnete Zivilisten werden getötet.

12. Februar   Island erkennt als erstes Land Litauen diplomatisch an.

21. August   Nach dem Putsch in Moskau verlassen die sowjetischen Truppen die seit Januar besetzten Gebäude.

29. August   Schweden eröffnet als erstes Land eine Botschaft in Vilnius.

17. September   Litauen, Lettland und Estland werden in die UNO aufgenommen.

1992

8. Februar   Litauische Sportler nehmen erstmals seit 1928 unter ihrer Flagge an den Olympischen Spielen teil.

28. Juli-8. August   Bei den Olympischen Spielen in Barcelona gewinnt der Diskuswerfer Romas Urbatas Gold und die Litauische Basketballmannschaft eine Bronzemedaille.

25. Oktober   Bei den Parlamentswahlen gewinnt die Litauische Demokratische Partei der Arbeit (LDDP).

1993

14. Februar   Algirdas Brazauskas wird der erste frei gewählte Präsident Litauens.

31. August   Der letzte russische Soldat verläßt Litauen.

Eva Gerberding

Geschichte Lettlands und Estlands

Unterwerfung durch den Schwertbrüderorden

1184 traf der vom Bremer Erzbischof entsandte Mönch Meinhard von Segeberg an der Dünamündung ein. Er errichtete unweit vom heutigen Rīga bei der livischen Siedlung Uexküll (Ikšķile) die erste Kirche und wurde 1188 zum ersten Bischof von Livland ernannt. Die Missio-

nierung der Liven hatte nur bescheidenen Erfolg. Meinhards Nachfolger, Berthold von Loccum, fiel im Kampf mit den aufständischen Liven, die sich vom Christentum lossagten. Die Unterwerfung des Landes begann mit dem dritten Bischof, Albert von Buxhoeveden, einem Neffen des einflußreichen Bremer Erzbischofs. 1200 landeten unter seiner Führung und mit päpstlichem Segen Kreuzfahrerheere an der Daugava. 1201 gründete Albert Rīga, 1202 den Schwertbrüderorden, um das Land mit Feuer und Schwert zu christianisieren. Die Eroberung Livlands, das Territorium des heutigen Estlands und Lettlands, dauerte mehr als ein Jahrhundert. Durch die Politik des »Divide et impera« verstanden es Bischof und Orden, die verschiedenen Völkerschaften gegeneinander auszuspielen. Nach und nach entstand ein Netz von Burgen, das sich über das ganze Land ausdehnte. Von diesen Festen aus wurde der Widerstand der einzelnen Stämme in wiederholten Feldzügen allmählich gebrochen. Um die Esten niederzuringen, holte Bischof Albert die Dänen zu Hilfe, die sich für einige Zeit in Nordestland festsetzten und mit der Errichtung der Festung Reval das heutige Tallinn gründeten.

Die Esten leisteten besonders hartnäckigen Widerstand. Noch 1343 versuchten sie im legendären Aufstand der Georgennacht die Fremdherrschaft abzuschütteln; doch vergeblich.

In Livland bildete sich bald nach der Unterwerfung des Landes eine Föderation des Ordensstaates mit den verschiedenen Bistümern. Der Schwertbrüderorden erlebte 1236 in der Schlacht von Šiauliai gegen die lettischen Semgaller und die Litauer eine vernichtende Niederlage. Seine Reste schlossen sich dem Deutschen Orden an, behielten aber als Livländischer Orden eine ge-

wisse Autonomie. Auch die Russen versuchten im Kampf um Livland einzugreifen. Doch die Unterwerfung Rußlands unter das »Tatarenjoch« schaltete den ostslawischen Nachbarn für mehr als zwei Jahrhunderte als Machtfaktor im Ostseeraum aus.

Mit der Unterwerfung vollzog sich auch die entwicklungsgeschichtliche Einbeziehung des estnischen und lettischen Siedlungsraums in abendländische Zusammenhänge. Die einheimische Bevölkerung hatte nach dem Verlust der Führungsschicht, die, soweit nicht vernichtet, in die deutsche Vasallenschaft aufgegangen war, daran nur passiven Anteil. In den neuentstehenden Städten, unter denen die Hansemitglieder Reval (Tallinn) und Rīga schnell zu wohlhabenden Zentren des West-Ost-Handels aufstiegen, waren sowohl die Bürgerschaftsmehrheit als auch Recht, Verwaltung und Amtssprache deutsch geprägt. Die Entwicklung auf dem Lande bestimmten die adligen Grundherren, die ihre Herrschaft über die bäuerliche Bevölkerung von der Zinspflicht über die Hörigkeit bis zur Leibeigenschaft im 16. Jh. ausweiteten. Anders als auf dem Territorium der Altpreußen fand in Livland keine Ansiedlung deutscher Bauern statt. Der unfreie Bauern-

stand setzte sich hier durchweg aus »Undeutschen« zusammen, dem eine dünne, deutsche Oberschicht von Adligen und freien Bürgern gegenüberstand.

Von der deutschen Kultur in den Städten durch Standesgrenzen weitgehend abgeschottet und in ihren Entwicklungsmöglichkeiten stark eingeschränkt, bewahrte die Kultur der Esten und Letten als mündlich überlieferte Bauernkultur bis ins 19. Jh. hinein in Märchen, Rätseln und Liedern archaische Bräuche, Glaubensvorstellungen und Weltbilder, die in anderen Regionen Europas längst untergegangen waren. Das Verbindungsglied zwischen beiden Kulturkreisen bildeten deutsche Pastoren. Insbesondere nach der Reformation, die sich bereits in den 20er Jahren des 16. Jh. von den Städten aus in ganz Livland durchsetzte, verstärkte sich ihr Einfluß auf die Bauernschaft, als die muttersprachliche Vermittlung des Christentums in den Vor-

dergrund rückte. Die Übersetzungen der Bibel und religiöser Literatur bildeten den Grundstock der estnischen und lettischen Schriftsprache.

Polnische und schwedische Oberherrschaft

Mit der Abschüttelung des »Tatarenjochs« 1480 begann der Aufstieg des Moskauer Reiches, das seinen Blick erneut auf Livland warf. Ende des 15. Jh. errichtete der Moskauer Fürst Iwan III. am Fluß Narwa, gegenüber der alten Ordensfeste, die gewaltige Burg Iwangorod. Dem Ordensmeister Wolter von Plettenberg gelang es zwar, um die Jahrhundertwende durch einen Sieg über die Russen den Niedergang des Ordensstaates noch einmal hinauszuzögern, doch 1558 begann mit dem Großangriff der russischen Heere unter Iwan dem Schrecklichen der Livländische Krieg, der ein Vierteljahrhundert das Land ver-

Im Dom zu Riga illustrieren farbige Glasfenster aus dem 19. Jh. wichtige Ereignisse in der Geschichte der lettischen Hauptstadt: Links: Bischof Albert, der mit dem Schwertbrüderorden die Liven unterwarf und christianisierte, bei der Grundsteinlegung der Domkirche im Jahre 1211 Mitte: Riga war Hauptstadt des Ordensstaates, Wolter von Plettenberg um 1500 ein Großmeister des Ordens Rechts: 1621 nahm Schwedenkönig Gustav Adolf Riga ein, das 1660 zur zweiten Hauptstadt Schwedens ernannt wurde

wüstete und zu nachhaltigen politischen Veränderungen führte. Die Vernichtung des Ordensheeres durch die Russen führte zur Einmischung Polens und Litauens – die sich während des Krieges vereinigten – sowie Schwedens und Dänemarks. Infolgedessen gelang es Moskau nicht, seine Kriegsziele zu erreichen. Die Ritterschaft Nordestlands und die Stadt Reval unterwarfen sich Schweden als Provinz Estland. Dänemark bemächtigte sich der Insel Saaremaa und eines Teils von Westkurland. Südestland sowie Nord- und Ostlettland wurden als Provinz Livland ein Bestandteil Polen-Litauens. Der Süden des ehemaligen Ordensstaates verblieb als polnisch-litauisches Lehnsherzogtum Kurland und Semgallen unter der Herrschaft der Dynastie des letzten Ordensmeisters Gotthard Kettler.

Nach einem kurzen Intermezzo als freie Reichsstadt gelangte schließlich auch Rīga in den polnisch-litauischen Machtbereich. Der bäuerlichen Bevölkerung brachte die »polnische Zeit« den völligen Verlust der Freiheit, während Adel und Bürgertum zunächst ihre Autonomierechte bewahren konnten. Bald jedoch setzten Maßnahmen zur Polonisierung und Rekatholisierung Livlands ein.

Als 1600 der polnisch-schwedische Krieg ausbrach, waren die Sympathien der deutschbaltischen Oberschicht auf Seiten des lutherischen Schwedens. Der verheerende Krieg endete mit dem Sieg des Schwedenkönigs Gustav Adolf. 1621 nahm er Rīga ein, bald darauf fast das gesamte Livland. Lediglich der Ostteil, das heutige Latgale, blieb bis Ende des 18. Jh. unter polnisch-litauischer Herrschaft. Damit war dieser Landesteil dem deutsch-lutherischen Einflußbereich endgültig entzogen. Während die Rekatholisierung sowohl Oberschicht

Riga um 1700

als auch die Bauernschaft betraf, beschränkte sich die Polonisierung auf Adel und Bürgertum. Unter polnischer Herrschaft durften sich jetzt Juden, denen die schwedische Obrigkeit in Estland und Livland kein Ansiedlungsrecht gewährte, in Polnisch-Livland niederlassen. So entwickelten sich in den dortigen Städten – vor allem in Dünaburg (lett. Daugavpils, poln. Dwinsk) – die für Polen-Litauen typische jüdische Kultur des »Schtetl«. Heimstatt fanden in Polnisch-Livland auch die vom russischen Zaren verfolgten Altgläubigen, welche die russisch-orthodoxe Kirchenreform des 17. Jh. nicht anerkannten. So bildeten sich neben Dörfern der katholischen Lettgaller, die bis heute einen eigenen Dialekt des Lettischen sprechen, Siedlungen russischer Altgläubiger.

Auch das Herzogtum Kurland und Semgallen entwickelte sich auf besondere Weise. Es erlebte im 17. Jh. einen bemerkenswerten Aufstieg, der sich seinem bedeutendsten Herrscher, Herzog Jakob, einem energischen Vertreter des

Merkantilismus, verdankte. Mit staatlicher Förderung und unter Hinzuziehung französischer und schwedischer Fachleute entstanden Manufakturen, die Papier, Tapeten, Gewehre, Kanonen, Segel und Glas für den Export produzierten. Als Gebieter über eine eigene Flotte von Handels- und Kriegsschiffen schloß Herzog Jakob Handelsverträge mit England und Frankreich, erwarb die Andreasinsel vor der Westküste Afrikas und Tobago in der Karibik als Kolonien Kurlands. Der schwedisch-polnische Krieg von 1658–1660 bereitete dem ein Ende. Das Land war verwüstet, die Flotte und die Kolonien verloren. Zwar erholte sich das Herzogtum von diesem Schlag und bestand bis zum Ende des 18. Jahrhunderts weiter, jedoch seine Glanzzeit war unwiederbringlich dahin.

Die Oberherrschaft Schwedens über Livland währte von 1621 bis 1710. Sie blieb den Esten und Letten im nachhinein als »die gute alte schwedische Zeit« in Erinnerung. Zwar änderte sich nichts an der Unfreiheit der Bauern, jedoch

setzten die sogenannte Güterreduktion – die Enteignung von gut 80 % der Adelsgüter zugunsten der schwedischen Krone – und eine Neuordnung des Gerichtswesens der gutsherrlichen Willkür Grenzen. Das Luthertum wurde zur Staatsreligion. Infolgedessen verstärkten sich die Bemühungen, die unter der Landbevölkerung weiterhin lebendigen vorchristlichen Religionsriten auszumerzen. So brachte das 16. Jh. sowohl die Hexenverfolgung als auch die Übersetzung der Bibel ins Lettische und Estnische, die für die Herausbildung der Schriftsprache der Letten und Esten eine wichtige Rolle spielte. Die schwedische Oberherrschaft schuf durch Einrichtung von Schulen auf dem Lande und Öffnung städtischer Schulen auch für Letten und Esten erste Grundlagen für ein allgemeines Volksbildungswesen. 1632 gründete Gustav II. Adolf mit der Universität Tartu (Dorpat) die erste Hochschule Est- und Livlands.

Anschluß an das Russische Reich

Dieser Entwicklung bereitete der Nordische Krieg 1700 ein vorzeitiges Ende und leitete einen neuen Abschnitt der baltischen Geschichte ein. Im Frieden von Nystad 1721 mußte das von Rußland besiegte Schweden Estland und Livland an Zar Peter den Großen abtreten. Im Zuge der Teilung Polens wurde 1772 zunächst Polnisch-Livland dem russischen Gouvernement Witebsk einverleibt, und 1795 schließlich wurde das Herzogtum Kurland neben Est- und Livland dritte Ostseeprovinz Rußlands. Damit war erstmals der gesamte estnische und lettische Siedlungsraum in den russischen Herrschaftsbereich einbezogen.

Der Nordische Krieg und die nachfolgende Pest hatten zur Verelendung und Entvölkerung weiter Landesteile geführt. Es dauerte Jahrzehnte, ehe sich Livland davon erholen konnte. Der Wechsel der Oberherrschaft änderte nichts an der Sonderstellung der deutschen Oberschicht, die auch weiterhin weitgehende Selbstverwaltungsrechte genoß.

Die baltischen Städte blieben deutsch geprägt, mit deutscher Ratsverfassung, deutscher Amtssprache und einer überwiegend deutschen Bevölkerung, die sich durch Zuzügler aus Deutschland erneuerte. Von der Einbeziehung ins Zarenreich profitierten vor allem die baltischen Hafenstädte. Rīga und Reval behaupteten sich neben St. Petersburg als wichtigste Umschlagplätze für den russischen Außenhandel.

Auch dem Adel eröffneten sich neue Möglichkeiten. Zahlreiche Deutschbalten machten Karriere am Zarenhof und wirkten maßgeblich mit an der Modernisierung des russischen Staats- und Militärwesens. Zudem hob der Zar die schwedische Güterreduktion auf und erneuerte die alten Adelsprivilegien. Für die Bauernschaft brachte das 18. Jh. den Rückfall in die nahezu unbeschränkte Verfügungsgewalt der Gutsherren. Selbst der Kauf und Verkauf von Leibeigenen war keine Seltenheit. Vor diesem Hintergrund fand die Herrnhuter Brüdergemeinschaft in Estland und Livland großen Zulauf. Die betonte Gleichstellung aller Gemeindemitglieder unabhängig von der Standeszugehörigkeit vermittelte den Esten und Letten ein neues Selbstbewußtsein. In der zweiten Hälfte des 18. Jh. kommt es wiederholt zu Bauernunruhen, die nur durch Einsatz von Militär niedergeschlagen werden können.

Aufklärung und Bauernbefreiung
Als Hauptstadt der drei Ostseeprovinzen war Rīga zugleich ein wichtiges Bindeglied des geistigen Austausches zwischen Rußland und Westeuropa und ein Einfallstor für neue Ideen aus dem Westen. Einen nicht unbeträchtlichen Anteil daran hatte die Buchhändler- und Verlegerfamilie Hartknoch, deren Verbindungen von Königsberg über Reval bis

nach St. Petersburg und Moskau reichten. Bei Hartknoch erschienen die Erstausgaben der meisten Hauptwerke Immanuel Kants, ebenso Bücher Johann Georg Hamanns und Johann Gottfried Herders, die beide einige Jahre in Rīga wirkten. Über Hartknoch fand nicht nur die Literatur der französischen und deutschen, sondern auch der lokalen Aufklärer Verbreitung im gesamten baltischen Raum und darüber hinaus. Einer der populärsten war der Livländer Garlieb Merkel (1769–1850). Mit seiner 1797 erschienenen Philippika gegen die Leibeigenschaft (»Die Letten, vorzüglich in Liefland, am Ende des philosophischen Jahrhunderts«) entfachte er in der deutschbaltischen Öffentlichkeit eine leidenschaftliche Auseinandersetzung zwischen Befürwortern und Gegnern der Agrarreform. Merkel sah in den Letten nicht nur den Bauernstand, sondern ein Volk, das nur der Freiheit bedürfe, um in den Kreis der Kulturvölker einzutreten. Mit dieser Vision beflügelte er die wenige Jahrzehnte später entstehende lettische Nationalbewegung.

Erst auf Druck des Zaren Alexander I. fand sich der Landadel zu Agrarreformen bereit. Zwischen 1816 und 1819 erhielten die Bauern in Estland, Kurland und schließlich in Livland die persönliche Freiheit, jedoch ohne das Recht auf Grundeigentum. Auch weiterhin konnten die Gutsherren auf Fronarbeit zurückgreifen, die die Bauern als Pacht für ihr Land zu leisten hatten. Ihrer Forderung nach Landeigentum verliehen sie mit erneuten Aufständen, Petitionen an den Zaren und mit einer breiten Konversionsbewegung Nachdruck, in deren Verlauf in den 40er Jahren 126 000 Esten und Letten von der lutherischen Konfession ihrer Herren zum orthodoxen Glauben des Zaren wechselten. Ein weiterer Reformschub Mitte des 19. Jh.

ersetzte die Fronpacht durch die Geldpacht, und nach der Bauernbefreiung im übrigen Zarenreich 1861 begann mit dem Freikauf des Landes die rasche Entwicklung eines bäuerlichen Mittelstandes.

1866 ebneten die Aufhebung des Zunftzwangs im städtischen Handwerk und die Einführung der Gewerbefreiheit den Weg für den Einzug des modernen Zeitalters mit Industrialisierung und sozialer Mobilisierung, die sich vor allem in der »Eroberung« der schnell wachsenden deutschen Städte durch das neuentstehende estnische und lettische Bürgertum äußerte.

Nationales Erwachen

Als 1802 die Universität von Dorpat als deutschsprachige Hochschule den Lehrbetrieb wieder aufnahm, war sie auch estnischen und lettischen Studenten zugänglich. Doch weit bis ins 19. Jh. hinein pflegten die über eine deutsche Bildung sozial aufgestiegenen Esten und Letten sich als Deutsche anzusehen. Ein Wandel trat erst gegen Mitte des Jahrhunderts ein, nachdem sich in Dorpat estnische und lettische Studentenzirkel gebildet hatten, die im Geiste der deutschen Romantik ein Nationalbewußtsein vertraten, das auf dem Bekenntnis zur eigenen Sprache und Kultur beruhte. Dabei konnten sie auf die Vorarbeit von deutschbaltischer Seite zurückgreifen. Angeregt von Johann Gottfried Herder, der von 1764–1769 an der Domschule zu Rīga gewirkt hatte, widmeten sich vor allem Pastoren der Sammlung von Volksmärchen und -liedern sowie der Erforschung von Sprache und Ethnographie der Esten und Letten. Sie waren es auch, die die ersten muttersprachlichen Zeitungen für die bäuerliche Bevölkerung herausgaben und für die Entwicklung des Bauernschulwesens Sorge trugen –

allerdings ohne alle nationalen Zielsetzungen. Bereits Ende des 19. Jh. war die Alphabetisierung in den Ostseeprovinzen weitgehend abgeschlossen.

An diese Kulturarbeit knüpften die national gesinnten Vertreter der einheimischen Bildungsschicht, die sogenannten Jungesten und Jungletten, an, um sie als Mittel der nationalen Bewußtwerdung und der Loslösung von der Vormundschaft der deutsch-baltischen Herren fortzuführen. So war für das Erwachen des estnischen Nationalgefühls das 1857 von Friedrich Reinhold Kreutzwald herausgegebende Volksepos »Kalevipoeg« von großer Bedeutung (s. S. 277). Eine ähnliche Rolle spielte bei den Letten die umfassende Sammlung und Systematisierung der Volkslieder unter Federführung von Krišjānis Barons. Als Manifestationen des Nationalbewußtseins vor allem des erstarkenden Mittelstandes der Esten und Letten fanden 1869 in Dorpat das erste gesamtestnische und 1873 in Rīga das erste gesamtlettische Sängerfest statt.

Die junglettische bzw. jungestnische Bewegung beschränkte sich nicht auf Kultur- und Bildungsarbeit, sondern beinhaltete von vornherein auch den Kampf um ökonomische und politische Chancengleichheit des neuen nationalen Mittelstandes gegen die Privilegien der deutschbaltischen Oberschicht. Allerdings setzten sich offen nationaldemokratische Forderungen dem Verdacht der Subversion aus und wurden sowohl von deutscher als auch von russischer Seite rigoros unterdrückt.

Soweit es um die Abschaffung der politischen Sonderrechte der deutschen Oberschicht in den Ostseeprovinzen ging, fanden die Jungletten und Jungesten Unterstützung bei den russischen Slawophilen, die die »Verwestlichung« Rußlands ablehnten. Doch die Ergeb-

Krišjānis Barons hat mit der Sammlung der lettischen Volkslieder, der Dainas, einen Grundstein zum lettischen Selbstverständnis gelegt. Der Schrank, den er sich eigens anfertigen ließ, steht heute in der Akademie der Wissenschaften in Rīga

nisse der Russifizierung unter der Losung »ein Volk, eine Religion, ein Zar« waren für die jungen Nationalbewegungen ernüchternd. Als Alexander III. in den 80er Jahren den Sonderstatus der Ostseeprovinzen aufhob, eröffnete die verwaltungsmäßige Angleichung an die anderen Gouvernements des Zarenreichs dem erstarkenden estnischen und lettischen Bürgertum zwar die Möglichkeit, allmählich die Mehrheit in den Magistraten der meisten baltischen Städte zu erringen, doch auf Landesebene blieb die Alleinherrschaft der adligen Gutsbesitzer weitgehend unangetastet. Zudem wurde Russisch nicht nur Amts- und Gerichtssprache, sondern verdrängte neben dem Deutschen auch das Lettische und Estnische aus dem staatlichen Schulwesen.

Nachdem die Esten und Letten über Jahrhunderte hinweg hinter den Schranken der Ständeordnung ihre Sprache und Kultur bewahren konnten, sahen sie sich erstmals mit massiven Assimilationsbestrebungen konfrontiert. Allerdings war zu diesem Zeitpunkt die nationale Identität zu stark in ihrem Bewußtsein verankert, um von der Russifizierung ernstlich gefährdet werden zu können. Gerade in den letzten Jahrzehnten des 19. Jh. begannen die bäuerlichen Kulturen sich zu differenzierten Nationalkulturen zu entfalten, die sowohl deutsche als auch russische Einflüsse in sich aufnahmen. Die Intensivierung der Landwirtschaft, der Ausbau der Eisenbahnverbindungen der baltischen Häfen mit Zentralrußland und der damit verbundene rasche Aufschwung von Industrie und Handel machten das Baltikum mit seinen Metropolen Rīga und Tallinn zu einer der ökonomisch fortgeschrittensten Regionen des Zarenreichs.

Fortgeschritten waren auch die sozialen Gegensätze in Stadt und Land. Bereits in den 90er Jahren kam es wiederholt zu Streiks und Demonstrationen der Arbeiter. Sozialdemokratische Ideen aus Deutschland gewannen in Teilen der estnischen und lettischen Intelligenz sowie im städtischen und ländlichen Proletariat zunehmend an Popularität, insbesondere im lettischen Teil der Ostseeprovinzen mit der multinationalen Industriemetropole Rīga. Die 1904 gegründete »Lettische Sozialdemokratische Arbeiterpartei« war organisatorisch und zahlenmäßig die stärkste sozialdemokratische Organisation im Zarenreich.

Die Revolution von 1905
Nach der Niederlage Rußlands gegen Japan brachen 1905 überall im Zarenreich Aufstände auf. So auch im Baltikum, wo sich die revolutionäre Erhebung zu einem anhaltenden Flächenbrand ausweitete. Hier vermochten es die Sozialdemokraten, die unterdrückten demokratischen, sozial- und nationalrevolutionären Bestrebungen zu bündeln und organisiert freizusetzen. Von den Städten griffen die Unruhen schnell auf das Land über, wo sich der Haß der

Landlosen gegen die deutsche Gutsherrschaft entlud. Hunderte von Guts- und Pfarrhäusern gingen in Flammen auf. Der Aufstand konnte schließlich nur mit Hilfe der Armee durch Strafexpeditionen und Standgerichte niedergeschlagen werden. Hunderte Aufständischer wurden hingerichtet, Tausende zu langen Gefängnis- und Verbannungsstrafen verurteilt, soweit sie sich nicht durch Flucht nach Westeuropa oder in die USA in Sicherheit bringen konnten.

Trotz ihres Scheiterns hatte die Revolution Auswirkung auf Lettland und Estland. Eine liberalere Gesetzgebung führte zu einer spürbaren Aktivierung des gesellschaftlichen, kulturellen und politischen Lebens. Neben der in die Illegalität verbannten Sozialdemokratie formierten sich nun politische Gruppierungen des estnischen und lettischen Bürgertums. Es entstanden Gewerkschaften, und insbesondere auf dem Lande entfaltete sich das Genossenschaftswesen. Einen besonderen Entwicklungsschub erlebte das lettische und estnische Kulturleben mit einem stürmisch expandierenden Zeitungs- und Verlagswesen, Theater- und Museumgründungen, Vereinigungen von Schriftstellern und Künstlern usw. Im ersten Jahrzehnt des 20. Jh. fand die nationalkulturelle Entwicklung der Esten und Letten den Anschluß an die europäische Moderne. Die Russifizierungspolitik schwächte sich ab, indem nun Lettisch und Estnisch zumindest in den Volksschulen wieder unterrichtet werden konnte.

Der Weg in die Eigenstaatlichkeit
Die historische Wende für die baltischen Völker brachte der Erste Weltkrieg. Der Zusammenbruch des Russischen und des Deutschen Reiches ebnete den Esten, Letten und Litauern den Weg in die staatliche Unabhängigkeit.

Lettische Avantgarde im 20. Jahrhundert

Bis ins 19. Jh. hinein vollzog sich die kulturelle Entwicklung der Letten im Rahmen einer archaischen Bauernkultur. Erst am Ende des Jahrhunderts entwickelte sich mit dem »Nationalen Erwachen« und einem wachsenden lettischen Bildungsbürgertum in den Städten eine lettische Nationalkultur. Zunächst orientierte sie sich an der deutschen und russischen Klassik, fand zwischen 1910 und 1940 Anschluß an die westeuropäische Moderne und erlebte ihre Blüte in den 20er und 30er Jahren, als Lettland zum ersten Mal unabhängig war. Sie hatte teil an den maßgeblichen Avantgarde-Strömungen des frühen 20. Jh., indem sie sich um eine Synthese moderner Stilelemente mit der traditionellen, bäuerlichen Ornamentik bemühte. Für dieses Bestreben steht beispielhaft der bildende Künstler Romāns Suta.

Die Annexion Lettlands 1941 bereitete allen eigenständigen künstlerischen und geistigen Bestrebungen ein gewaltsames Ende. Kunst und Kultur in der Sowjetunion hatten der moralischen Erziehung des Volkes zu dienen und wurden in dieser Funktion vom Staat gefördert. Den Künstlerverbänden Lettlands gelang es jedoch, gewisse Freiräume zu erkämpfen. Seit den 60er Jahren steht Rīga im Ruf einer liberalen und innovativen Kulturmetropole. Anschluß an die internationale Szene fand die junge lettische Avantgarde in den 70er und 80er Jahren durch den Kontakt zu lettischen Künstlern und Kunstvermittlern im Ausland. In Berlin z.B. sorgte Valdis J. Āboliņš für ununterbrochenen Informationsfluß von West nach Ost und vermittelte lettischen Künstlern Stipendien im Ausland. Die Lettin Maija Tabāka erhielt als erste Künstlerin aus der Sowjetunion 1977 ein einjähriges DAAD-Stipendium für einen Aufenthalt in West-Berlin.

Heutzutage erregen Künstler wie Dace Lielā, Ieva Iltnere und Aija Zariņa, Andris Breže, Kristaps Ģelzis, Juris Putrams und Olegs Tillbergs nicht nur in Rīga Aufmerksamkeit. Es sind Maler und Malerinnen, Bildhauer, aber auch Video- und Installations-Künstler. Wie in allen jungen Kunstszenen läßt sich ihr Schaffen weder inhaltlich noch formal auf einen Nenner bringen.

Fotografie und Dokumentarfilm spielen eine herausragende Rolle innerhalb der gesamten baltischen, vor allem aber der lettischen Kunst. Auffallend sind die subjektive, manchmal auch intime Annäherung der Künstler an die Erfahrungen lettischer Identität. Sie entwickelten eine hochpoetische Bildsprache in der Photokunst, die als »Rīgaer Poetische Schule« ein Begriff wurde. Eine der herausragendsten Vertreterinnen der

Iveta Tavare und Elmārs Garais – Ein Porträt aus Inta Rukas Projekt „Meine Leute vom Land". ›Das Projekt ist wie eine Rückkehr, wie die Begleichung einer Schuld, wie die Suche nach einer Beziehung zu den Menschen, bei und mit denen ich meine Kindheit verbracht habe und mit denen ich durch ein unsichtbares Band verbunden bin‹ – Inta Ruka

lettischen Fotographie ist Inta Ruka, die bekanntesten Dokumentarfilmer sind Ivars Seleckis, Juris Podnieks (1950–1992) und Ilona Bruver.

Kritiker beklagen gegenwärtig eine Kunstkrise in Lettland, die mit den veränderten Bedingungen des künstlerischen Schaffens einhergehe. Viele, die jahrzehntelang gegen die Zensur anarbeiten mußten und aus dieser Reibung ihr Selbstverständnis ableiteten, sind irritiert über die Gleichgültigkeit des neuen Staates gegenüber ihrer Kunst. Die Künstler sind nun gezwungen, sich auf dem Markt zu behaupten, und da sie weder als Opposition noch als Staatsverherrlicher mehr gefragt sind, müssen sie ihre Rolle in der Gesellschaft neu definieren.

Während die bürgerlichen Parteien nach der Februarrevolution auf nationale Autonomie hinarbeiteten, propagierten die Bolschewiki die sozialistische Revolution, die mit der politischen und sozialen auch die nationale Befreiung bringen sollte. Mit diesem Versprechen fanden die Bolschewiki Zustimmung unter der Arbeiterschaft und den Landlosen des Baltikums und gingen aus den demokratischen Wahlen 1917 zu den Selbstverwaltungskörperschaften in Estland und im unbesetzten Teil Lettlands als stärkste politische Kraft hervor. An der Oktoberrevolution hatten die lettischen Schützenregimenter einen bedeutenden Anteil, und sie bildeten während des Bürgerkriegs den Kern der Roten Armee. Auch nach dem Bürgerkrieg wirkten zahlreiche lettische Bolschewiki in führenden Positionen am Aufbau der Sowjetmacht in Rußland mit.

Mit dem Vormarsch der deutschen Truppen, die bis Februar 1918 das gesamte Baltikum unter ihre Kontrolle gebracht hatten, fand die erste Phase der Räteherrschaft ihr Ende. Die bürgerlichen Parteien nutzten diese Situation, um die völlige Loslösung von Rußland zu vollziehen. Am 24. Februar 1918 folgte die Unabhängigkeitserklärung Estlands durch den estnischen Landesrat »Maapäev« und die Bildung einer provisorischen Regierung unter Konstantin Päts. Die Unabhängigkeit Lettlands unter Einschluß des bis dahin verwaltungsmäßig abgetrennten östlichen Landesteils Latgale (Lettgallen) proklamierte am 18. November 1918 der lettische Volksrat, »Tautas Padome«. Erster Ministerpräsident der provisorischen Regierung wurde Kārlis Ulmanis.

Nach einem kurzen »Zwischenspiel« der Roten Armee erkannte Sowjetrußland die Unabhängigkeit und territoriale Integrität Estlands und Lettlands 1920 an und verzichtete auf alle Souveränitätsrechte über diese Länder.

Zwei Jahrzehnte der Unabhängigkeit

Mit freien und allgemeinen Wahlen sowie der Verabschiedung von Verfassungen nach westeuropäischem Muster beschritten die jungen Republiken den Weg demokratischer Rechtsstaaten. 1921/22 wurden sie international als unabhängige Staaten anerkannt und fanden Aufnahme in den Genfer Völkerbund. Der Start in die Eigenstaatlichkeit fand unter denkbar ungünstigen Bedingungen statt. Nach sechs Jahren kriegerischer Auseinandersetzungen bot das Baltikum ein Bild der Verwüstung, insbesondere auf dem Land, wo die Menschen zum Teil in Unterständen hausen mußten. Schwerwiegend war für Lettland und Estland der Verlust nahezu der gesamten Großindustrie, die zu Kriegsbeginn mitsamt dem Großteil der Belegschaft nach Innerrußland evakuiert worden war. Beträchtlich waren auch die Bevölkerungsverluste. So hatte die größte Stadt des Baltikums, Rīga, von ihren gut 500 000 Einwohnern über die Hälfte verloren.

Um kommunistischen Einflüssen den Boden zu entziehen, war der Wiederaufbau der drei Staaten von Bemühungen um sozialen Ausgleich begleitet. Entscheidend war in diesem Zusammenhang die Durchführung einer umfassenden Agrarreform. Die Enteignung der deutschen, polnischen und russischen Großgrundbesitzer und die Neuverteilung des Bodens befriedigte den Landhunger des ländlichen Proletariates und vermittelte der Bevölkerung das Gefühl, endlich Herr im eigenen Land zu sein. Der bäuerliche Mittelstand bildete die soziale Basis der jungen Staaten und war der Motor des wirtschaftlichen Aufschwungs in den 20er Jahren mit dem

Die Landwirtschaft spielt in allen baltischen Ländern eine große Rolle

Export landwirtschaftlicher Erzeugnisse vor allem nach Deutschland und England. Während Litauen ein mehr oder minder reines Agrarland blieb, entstanden in Est- und Lettland anstelle der alten Großindustrie Klein- und Mittelbetriebe der Holz-, Lebensmittel- und metallverarbeitenden, der chemischen und der Textil-Industrie. Estland erschloß seine Brennschiefervorkommen im Nordosten des Landes. So gelang es den jungen Staaten, lebensfähige Volkswirtschaften aufzubauen, die der Bevölkerung einen für osteuropäische Verhältnisse hohen Lebensstandard sicherten.

Das Bildungswesen erfuhr in allen drei Staaten eine enorme Ausweitung und Intensivierung bis hin zur Gründung eigener Fachhochschulen und Universitäten. Literatur, Kunst, Musik und Theater der jungen Nationen konnten nun aus ihrem Nischendasein als Volksgruppenkultur heraustreten und sich ungehindert entfalten. Insbesondere die Lite-

ratur nahm im kulturellen Schaffen des Baltikums eine herausragende Stellung ein. »Die lettischen Dichter und Künstler«, so der Schriftsteller Jānis Veselis, »strebten einen gewissen Universalismus an. Sie waren nicht rein national und wollten sich nicht in die enge Schale des Völkischen einschließen. Sie suchten Anschluß an die geistigen Strömungen in Europa, übernahmen von dort einige Formen, entwickelten sie weiter, und füllten sie mit neuem Inhalt.«

Einen bedeutenden Beitrag zum Kultur- und Geistesleben im Baltikum leisteten auch die nationalen Minderheiten. In Lettland bildeten Russen, Juden, Deutsche und Polen gut ein Viertel, in Litauen ein Fünftel der Gesamtbevölkerung. In Estland waren Russen und Deutsche die größten Minderheiten, die insgesamt ein gutes Zehntel der Gesamtbevölkerung ausmachten. Die verschiedenen Volksgruppen unterhielten damals in Estland, Lettland und Litauen Verlage,

Presseorgane, Theater u. a. Kulturein-
richtungen bis hin zu eigenen Schulen.

Der erfolgreiche Wiederaufbau war
um so bemerkenswerter, als er sich unter instabilen politischen Verhältnissen
vollzog. Infolge der großen Zersplitte-
rung der Parteienlandschaft waren Re-
gierungswechsel an der Tagesordnung.
Fälle von Vetternwirtschaft und Korrup-
tion, die in der zweiten Hälfte der 20er
Jahre das Bild des politischen Lebens zu
prägen begannen, taten ein übriges, um
das Vertrauen in die demokratische Ordnung zu untergraben und antiparlamen-
tarischen Rechtsbewegungen Auftrieb
zu geben. Vor diesem Hintergrund kam
es in allen drei Republiken zur Errichtung nationalistischer, autoritärer Regime. In Litauen bereits 1926 unter Antanas Smetona, 1934 in Estland unter Konstantin Päts und in Lettland unter Kārlis
Ulmanis. Die Diktaturen konnten sich
auf die Zustimmung vor allem der bäuerlichen Bevölkerungsmehrheit und Teilen
des Bürgertums stützen, zumal die
staatlichen Maßnahmen in allen drei
Ländern auf Förderung der wirtschaftlichen und kulturellen Dominanz der
Esten bzw. Letten und Litauer abzielten.
Diese Politik brachte spürbare Ein-
schränkungen der nationalen Minderhei-
tenrechte mit sich.

Ilze Gulēns/Eva Kuhn

Unter sowjetischer
Herrschaft

Die blutige Dekade
Der Hitler-Stalin-Pakt vom 23. August
1939 besiegelte das Schicksal Estlands,
Lettlands und Litauens für die kommenden Jahrzehnte. In geheimen Zusatzpro-
tokollen wurde das Baltikum der sowjetischen Interessensphäre zugeteilt, inner-

halb derer Stalin vom nationalsozialistischen Deutschland freie Hand für eine
»territorial-politische Umgestaltung« erhielt.

Bereits im Herbst 1939 zwang Moskau den Balten unter Androhung militärischer Gewalt den Abschluß von Bei-
standspakten auf, die der Sowjetunion
die Einrichtung von Militärstützpunkten
in den drei Staaten einräumten. Litauen
wurde die Zustimmung dadurch versüßt,
daß es nach der Besetzung Ostpolens
durch die Rote Armee das Wilna-Gebiet
zurückerhielt.

Im Spätherbst erging aus Berlin ein
Aufruf an die »Volksgenossen« im Baltikum, »heim ins Reich« zurückzukehren.
Mehr oder weniger freiwillig leisteten
dem nahezu alle Deutschbalten Folge.
Damit fand die 700jährige Geschichte
der Deutschen im Baltikum ihr Ende. Es
folgten einige Monate gespannter Ruhe
in einer Atmosphäre zwischen Bangen
und Hoffen. Schließlich, im Juni 1940,
erzwang Moskau unter fadenscheinigen
Vorwänden ultimativ die »Zustimmung«
Tallinns, Rīgas und Kaunas zur totalen
Besetzung der baltischen Staaten. Unter der Regie Moskauer Sonderbevoll-
mächtigter wurden zunächst folgsame
»Volksregierungen« zusammengestellt.
Im Juli folgten Parlamentswahlen, zu denen nur Einheitslisten des »werktätigen
Volkes« zugelassen waren.

Bis zu diesem Zeitpunkt versicherten
die Moskauer Emissäre wiederholt, man
beabsichtige keineswegs die Umwand-
lung der baltischen Staaten in Sowjetrepubliken. Die Wende erfolgte erst nach
den Wahlen, deren Ergebnisse die Nach-
richtenagentur TASS bereits Stunden
vor Schließung der Wahllokale zu ver-
künden wußte. Die neukonstituierten
»Volksparlamente« riefen unverzüglich
Estland, Lettland und Litauen zu Sozialistischen Sowjetrepubliken aus und rich-

Russen raus?
Leben mit den einstigen Besatzern

Der russische Schriftsteller Anatoli Pristawkin appellierte im Januar 1991 nach den schrecklichen Ereignissen in Vilnius und dem Versuch, sowjetischer Panzer auch in Rīga zu putschen, im lettischen Fernsehen an die russischen Soldaten, nicht auf ihre Landsleute zu schießen: »Ich lebe zur Zeit in Lettland, und alles, was in diesem unglücklichen Land geschieht, betrifft mich unmittelbar. Ich weiß nicht, ob Lettland unglücklicher ist als Rußland oder Georgien, aber alles, was hier geschieht, betrifft nicht nur die Letten, sondern auch die Russen, also auch mich. Weil nämlich der Kampf um die Freiheit hier auch unserer Freiheit gilt. Und wenn hier etwas erreicht werden kann, haben auch wir Hoffnung, eines Tages frei zu sein.«

In Lettland waren zu diesem Zeitpunkt 47 % der Bevölkerung russischsprachig, in der Hauptstadt sogar 55 %. Ein großer Teil von ihnen hat den Freiheitskampf der Balten unterstützt. Nachdem die Unabhängigkeit der baltischen Staaten 1991 anerkannt wurde, hörte man in Lettland immer öfter »Lettland den Letten« und »Russen raus«. Dies sind nicht nur Wahlslogans der rechtsnationalen Partei LNNK, sondern drückt einen weitverbreiteten Wunsch in der Bevölkerung aus. Ähnlich ist die Situation in Estland, wo die Russen fast 40 % ausmachen. In beiden Ländern sieht man in

den Russen »Kolonisten« des verhaßten Sowjetregimes, die die nationale Identität und Integrität der jungen Staaten gefährden. Nur in Litauen hat sich die Bevölkerung zurückgehalten, wahrscheinlich weil der Anteil der Russen nicht so hoch ist (9 %). Hier beschloß man das liberalste Minderheitengesetz des Baltikums und machte die Erlangung der Staatsbürgerschaft nicht zum Problem. In Estland wurde 1992 ein Staatsbürgerschaftsgesetz verabschiedet, nachdem Staatsbürger werden kann, wer eine Sprachprüfung ablegt und zwei Jahre seinen Wohnsitz im Land hat. In Lettland dauerten die Auseinandersetzungen darüber länger, erst im Sommer 1994 kam es zu einer ähnlichen Einigung. Ehemalige Berufssoldaten und Angehörige des KGB sind davon ausgeschlossen.

In allen drei baltischen Staaten herrscht ein starkes Nationalgefühl. Was sich jedoch in Estland und Lettland entwickelt, ist eine gewisse nationale Überheblichkeit. Man versucht nicht die Identifikation mit dem neuen Staat zu fördern, sondern betreibt eine Ausgrenzung, die sich leicht in Feindschaft verwandeln und auf der anderen Seite einen russischen Nationalismus à la Schirinowskij fördern kann. Immer wieder hat es in den letzten Jahren verbale Angriffe auf Russen gegeben. In einem Zeitungsartikel in Estland etwa wurde über die »Zwergenliga«, die Einrichtung einer Fußball-liga für 6–7jährige berichtet, deren Präsident erklärte, »estnische Sprache und estnischer Geist« müßten auch beim Fußball zum Ausdruck kommen, man solle nur Mannschaften zulassen, deren Spieler eine Sprachprüfung bestanden hätten.

Die meisten Russen leben in den Industrieregionen, so in Narva (90 %). Die forcierte Industrialisierung nach der Besetzung zog die Ansiedlung russischer Arbeiter nach sich. Viele der Russen, die heute in den baltischen Staaten leben, sind hier geboren oder leben seit Jahrzehnten dort. Wohin sollen sie gehen, wenn sie hier Haus, Freunde und Arbeit haben? Die russischen Truppen sind seit Sommer 1994 nun aus allen drei Ländern verschwunden. Die baltischen Staaten befanden sich fast 50 Jahre in einer quasikolonialen Abhängigkeit, die verbunden war mit der Beschränkung der politischen, kulturellen und religiösen Autonomie. Daher ist vieles verständlich und nachvollziehbar, doch das Baltikum braucht heute einen neuen multikulturellen Konsens.

Eva Gerberding

teten an Moskau die Bitte um Aufnahme in den sowjetischen Staatsverband. Anfang August 1940 wurde der »freiwillige Beitritt« der baltischen Republiken feierlich vollzogen. Trotz der mühsam aufrechterhaltenen Legalitätsfassade weigerten sich die meisten westlichen Staaten, die Annexion des Baltikums völkerrechtlich anzuerkennen. Insofern existierte die baltische Eigenstaatlichkeit zumindest in rechtlicher Hinsicht auch nach 1949 fort, symbolisiert durch diplomatische Vertretungen in Washington, London und anderen westlichen Hauptstädten.

Unmittelbar nach der Annexion begann die sowjetische Gleichschaltung des wirtschaftlichen, politischen und gesellschaftlichen Lebens im Baltikum. Neben einer zunehmenden Verschlechterung der materiellen Lebensverhältnisse sorgten vor allem die Aktivitäten des allgegenwärtigen sowjetischen Geheimdienstes NKWD für wachsende Beunruhigung. Infolge von Verhaftungen, Deportationen und Hinrichtungen verschwanden nach und nach Tausende vermeintlicher »Volksfeinde«. All dies vollzog sich jedoch in aller Stille unter Vermeidung spektakulärer Terrorkampagnen. Soweit sich Widerstand regte, äußerte er sich meist in passiver Form. Den Umschlag in eine militant antikommunistische und antirussische Haltung weitester Bevölkerungskreise bewirkte erst das Trauma der Massendeportationen vom Sommer 1941. Nach vorbereiteten Listen wurden »konterrevolutionäre Personen« in der Nacht vom 13. zum 14. Juni mitsamt ihren Familien festgenommen und in Viehwaggons nach Sibirien und andere entlegene Regionen der Sowjetunion verschleppt. So verschwanden in nur einer Nacht aus Estland, Lettland und Litauen insgesamt 65 000 Menschen. Für die meisten von ihnen war es eine Reise in den Tod.

Als nach Hitlers Überfall auf die Sowjetunion vom 22. Juni 1941 die deutschen Truppen innerhalb kürzester Zeit auch das Baltikum besetzten, wurden sie vielerorts von der Bevölkerung als Befreier begrüßt. Doch die Deutschen kamen als Eroberer. Jegliche nationalen Eigenständigkeitsbestrebungen der Balten wurden rigoros unterbunden. Anstelle der drei Republiken entstanden Generalkommissariate, die mit dem Westteil Weißrußlands zum Reichskommissariat »Ostland« zusammengefaßt waren.

Die nationalsozialistischen Pläne sahen das »Ostland« als deutsches Siedlungsgebiet vor, dessen Bevölkerung teils »germanisiert«, zum Großteil jedoch entweder in den Osten umgesiedelt oder ermordet werden sollte. Der Kriegsverlauf verhinderte die Verwirklichung dieser Vorstellung. So blieb den Esten, Letten und Litauern das Schlimmste erspart. Für die jüdische Bevölkerung gab es jedoch keine Rettung. Von etwa 250 000 zum Zeitpunkt des deutschen Einmarsches vornehmlich in Litauen und Lettland lebenden Juden überlebten die NS-Vernichtungsaktionen höchstens 10 000. An der Durchführung dieses Verbrechens wirkten auch Handlanger aus der baltischen Bevölkerung mit.

Obwohl die anfangs verbreitete deutschfreundliche Haltung sehr bald in ihr Gegenteil umschlug, blieb das Verhältnis der Balten gegenüber der neuen Besatzungsmacht zwiespältig. Bewaffneten Widerstand leisteten in erster Linie die kommunistischen Partisanen. Das bürgerliche Lager tendierte eher dazu, den Krieg der Deutschen gegen die Sowjetunion zu unterstützen, solange keine Hilfe von den Westalliierten kam. So gelang es den Besatzern, eine estnische und lettische »SS Freiwilligen-Legion« für den »antibolschewistischen Feldzug« aufzustellen, wobei der Freiwilligkeit sehr bald mit Zwangsmobilisierungen nachgeholfen werden mußte. Entsprechende Bemühungen um eine litauische Legion scheiterten am hartnäckigen Boykott der Litauer.

Die Rückkehr der Roten Armee 1944 brachte zwar eine Befreiung von den deutschen Faschisten, hatte aber eher den Charakter der Eroberung von Fein-

Kurzeme/Kurland-Denkmal für lettische und deutsche Soldaten, die hier im Zweiten Weltkrieg gefallen sind

desland als den einer Befreiung »sowjetischer Heimaterde«. Etwa eine Viertelmillion Esten, Letten und Litauer begaben sich auf die Flucht nach West- und Nordeuropa. Von den in der Heimat verbliebenen versteckten sich Zehntausende in den Wäldern, um von dort den bewaffneten Kampf gegen die Sowjetmacht fortzusetzen. Ermuntert durch vage Hilfszusagen westlicher Geheimdienste lieferten die sogenannten »Waldbrüder« regulären Einheiten der Roten Armee sowie bewaffneten Formationen der NKWD über acht Jahre hinweg einen mit äußerster Erbitterung ausgetragenen Partisanenkrieg. Die anhaltenden Massenverhaftungen und Exekutionen, mit denen die Sowjetmacht das wiedereroberte Territorium endgültig zu befrieden suchte, taten ein übriges, um die Partisanenbewegung am Leben zu erhalten. Wieder rollten Deportationszüge – doch nun in weitaus größerer Zahl als im Juni 1941. Den Höhepunkt erreichten die Repressionen im Frühjahr 1949 , als im Zuge der Zwangskollektivierung der Landwirtschaft etwa 200 000 Menschen verschleppt wurden. Erst mit diesem Gewaltakt gelang es der Sowjetmacht, der Partisanenbewegung den letzten Rückhalt zu entziehen und sich auch auf dem Lande durchzusetzen.

Damit endete die »blutige Dekade«,in deren Verlauf Estland, Lettland und Litauen ein Viertel ihrer Bevölkerung verloren.

Martinš Bumanis

Gleichschaltung in der UdSSR

Bis Anfang der 50er Jahre war die sozialistische Gleichschaltung des politischen, wirtschaftlichen und geistigen Lebens in den baltischen Ländern abgeschlossen. Diese war begleitet von einer massenhaften Ansiedlung von Sowjet-

Salaspils: Gedenkstätte für die über 100 000 Menschen, die im KZ Kurtenhof ermordet wurden

bürgern. Sie kamen als Sicherheitskräfte, Fachleute und politische Kader, die für die Neuordnung eingesetzt wurden und auch über die Aufbauphase hinaus die Schalthebel der Macht in den baltischen Republiken kontrollierten. Die Stationierung beträchtlicher Kontingente regulärer Streitkräfte sowie von Truppen des Moskauer Innenministeriums und des KGB machten das Baltikum zu einer hochgradig militarisierten Region.

Die vergleichsweise gut entwickelte Infrastruktur und die Verfügbarkeit eines Grundstocks qualifizierter Fachkräfte machten das Baltikum zum bevorzugten Standort für die Ansiedlung von Großbetrieben, die mit eingeführten

Rohstoffen Produkte für die gesamte Union herstellten. Es entstand eine von Maschinenbau, Chemie, Textil- und Lebensmittelverarbeitung geprägte Großindustrie. Der Abbau der Ölschiefervorkommen in Estland spielte weiterhin eine wichtige Rolle, und auch Litauen wurde mit der Errichtung des Kernkraftwerks Ignalina Energieexporteur.

In Estland und Lettland waren die vor Ort verfügbaren Arbeitskraftreserven sehr bald erschöpft, so daß Arbeitskräfte aus anderen Republiken angeworben werden mußten – vornehmlich aus Rußland, Weißrußland und der Ukraine. Dies fiel nicht schwer, denn das Baltikum galt als »der sowjetische Westen« – sowohl hinsichtlich der kulturellen Traditionen als auch des Lebensstandards. Hier gab es höhere Löhne und eine bessere Versorgung mit Konsumgütern, Dienstleistungen und Wohnraum. Was die Zugewanderten als Errungenschaften des Sozialismus ansahen, empfanden die Einheimischen als Ausbeutung des von ihnen vor der sowjetischen Okkupation Geschaffenen. Einen höheren Lebensstandard genossen die Balten bereits zum Zeitpunkt ihrer Eingliederung in die UdSSR. Für sie blieb Vergleichsmaßstab nicht der Entwicklungsstand der Sowjetunion, sondern der des Westens, dem man sich gewaltsam entrissen fühlte. Der Nachkriegswohlstand im Baltikum bestand lediglich darin, daß hier der allgemeine Mangel geringer war als in anderen Teilen der Union.

Innerhalb weniger Jahrzehnte führte der Zustrom von Einwanderern zu einer dramatischen Veränderung der Bevölkerungsstruktur. Der Anteil der Esten an der Gesamtbevölkerung ihrer Republik fiel von 90 % in der Vorkriegszeit auf 61,5 % im Jahre 1989, der der Letten gar von 75 % auf 52 %. Lediglich die Litauer konnten aufgrund einer maßvollen Indu-

strialisierung ihrer Republik ihren Anteil an der Bevölkerung mit 80 % in etwa konstant halten. Der Integration der Zuwanderer in das sozio-kulturelle Milieu des Gastlandes schenkte die offizielle Politik wenig Aufmerksamkeit. Anpassungsbereitschaft wurde im Namen des Internationalismus dagegen von der einheimischen Bevölkerung erwartet. Insbesondere in sprachlicher Hinsicht. Während der Russischunterricht an den landessprachlichen Schulen beständig ausgeweitet wurde, ging die Vermittlung von Kenntnissen der Landessprache an den russischen Schulen zurück. Je mehr Esten, Letten und Litauer neben ihrer Muttersprache auch Russisch beherrschten, desto weniger empfanden die Zuwanderer die Notwendigkeit, sich die jeweilige Landessprache anzueignen. Dem kam auch die herrschende Parteiideologie entgegen, die jedes Beharren auf dem Gebrauch des Estnischen, Lettischen oder Litauischen dem gefährlichen Verdacht nationalistischer Engstirnigkeit aussetzte. Infolgedessen wurde die Landessprache allmählich aus immer mehr Bereichen des öffentlichen Lebens verdrängt. Diese Art der »Internationalisierung« bewirkte anstatt Annäherung der Volksgruppen eine Abwehrhaltung der Esten, Letten und Litauer gegenüber den russischsprachigen Zuwanderern, die als Kolonisten der Besatzungsmacht angesehen wurden.

Vor diesem Hintergrund wurde, wie schon im 19. Jh., die Kultur zum wichtigsten Kristallisationspunkt der nationalen Identität. Allerdings war es eine Kultur, die, von allem »Bourgeoisem« und «Nationalistischen« gesäubert, sich lediglich als Variante der ideologisch gleichgeschalteten Sowjetkultur betätigen durfte. Als solche diente sie der ideologisch-moralischen Erziehung des Volkes und wurde staatlicherseits recht

Liepāja in Lettland war unter sowjetischer Herrschaft militärisches Sperrgebiet

großzügig alimentiert. Trotz ständiger Gängelung gelang es aber den Künstlerverbänden der baltischen Republiken, sich vergleichsweise große Freiräume zu erkämpfen. Seit den 60er Jahren hatte das Baltikum unionsweit den Ruf einer liberalen und westlich orientierten Kulturregion, von der insbesondere im Bereich der bildenden Kunst, der modernen Musik, des Dokumentarfilms und der Fotografie innovative Impulse ausgingen (s. S. 38).

Nach der Zerschlagung der Partisanenbewegung Anfang der 50er Jahre lebte der Widerstand in unbewaffneter Form in den 60er Jahren wieder auf. Während in Estland und Lettland kleine, isoliert voneinander operierende Untergrundgruppen mit symbolischen Aktionen ihren Protest gegen die Besatzungsmacht zum Ausdruck brachten, entwickelte sich in Litauen unter den Fittichen der trotz aller Repressionen einflußrei-

chen katholischen Kirche eine breite religiöse und nationale Oppositionsbewegung. Bezogen auf die Bevölkerungszahl hatte Litauen den größten Ausstoß an Untergrundpublikationen in der UdSSR. Deren älteste und bekannteste war die »Chronik der Katholischen Kirche in Litauen«, die seit März 1972 erschien. Auch in Estland und Lettland brachten die 70er Jahre eine Belebung des Widerstands. Die mit der Entspannungspolitik verbundene Erleichterung des Besuchsverkehrs vereinfachte es den politisch wohlorganisierten Exilbalten, mit der Opposition in der Heimat in direkten Kontakt zu treten. Zudem entstand mit der KSZE-Schlußakte von Helsinki eine Appellationsinstanz, auf die sich die Regimekritiker in Fragen der Menschenrechte und des Völkerrechts berufen konnten.

Ende der 70er Jahre begannen Oppositionelle Estlands, Lettlands und Litau-

Frauen im Baltikum –
Zurück zur Weiblichkeit?

Eine Gleichstellung der Frauen gab es in den ehemaligen baltischen Sowjetrepubliken gewiß. Zum Beispiel in der Volkswirtschaft. Der chronische Mangel an Arbeitskräften einerseits und das niedrige Lohnniveau andererseits machten den Einzug von Frauen in Produktion, Verwaltung, Bildung und Dienstleistung zu einem gesellschaftlichen, aber auch familiären Muß. Oder in der Politik: mit einem Frauenanteil von 33 % stellte das Parlament in Rīga 1982 so manche Volksvertretung im demokratischen Westen weit in den Schatten.

Bei näherem Hinsehen zeigen sich allerdings Merkwürdigkeiten. Erst 1977 nämlich wurde in der sowjetischen Verfassung der Satz »Frauen haben die gleichen Rechte wie Männer« durch die Formulierung »Frau und Mann haben gleiche Rechte« ersetzt. Im Parlament, wo allein die Kommunistische Partei das Sagen hatte, wurden wiederum vor allem solche Frauen mit einem Sitz bedacht, die sich in ihrem Beruf hervorgetan hatten, »verdiente Melkerinnen« etwa; die Schaltstellen wirklicher Macht in Partei und Regierung blieben ihnen jedoch vorenthalten. Und in der Arbeitswelt durften sie sich im allgemeinen mit schlechter bezahlten Stellen zufriedengeben; höhere Einkommen mußten sie sich oft genug durch Zerrüttung ihrer Gesundheit erkaufen –

als Straßenbauarbeiterinnen oder am Steuer eines Mähdreschers.

Hinzu kam auch auf der politischen Ebene eine seltsam konservative Grundhaltung als Kehrseite der Gleichberechtigungsmedaille. Da wurde über die sog. Maskulinisierung der Frau geklagt, unverhohlen ihre Rolle als Mutter und Hüterin des häuslichen Herdes propagiert, die Familie als Kernzelle des Staates dargestellt. Von ähnlichen Anpassungsleistungen der Männer war dabei freilich nie die Rede. Das Ergebnis: Frauen wurden in ihrer Doppel- und Dreifachbelastung als Werktätige, Mutter und Umsorgerin des Haushaltes – einschließlich ihrer Männer – regelrecht zerrieben. Der lettische Schriftsteller Alberts Bels hat diese Rollenverteilung 1972 in seinem Roman »Būris« anhand eines kinderlosen Architektenehepaars nachgezeichnet:

»Es war Edīte, die ihrem Mann ein halbwegs menschliches Erscheinungsbild verlieh, die seine Kleidung bügelte, die Hemden und die Wäsche zur Reinigung brachte und die kleine Wäsche zu Hause erledigte; es war sie, die einkaufte, die richtige Verteilung des Familieneinkommens organisierte, es war sie, die den Körper ihres Mannes säuberte, pflegte und hegte, es war sie, die sich um sein Gewicht und um den Speiseplan kümmerte, es war sie, die diesen Luftikus dazu anhielt, rechtzeitig aufzustehen, zu essen, zu trinken, zu schlafen, zu lieben. (...) Edmunds hatte eine völlig einmalige Methode entwickelt, um sich allen Pflichten zu entziehen. Immer stimmte er allem zu, versprach alles, schwor, daß er es besorgen, mitbringen, wegbringen, erreichen, erledigen würde, daß er zur Stelle sein würde – aber er unternahm nichts, um diese Versprechungen einzulösen, er brachte nichts weg, erreichte nichts, leitete nichts in die Wege. (...) Sonntags pflegte er, ohne etwas Besonderes zu tun, sich stundenlang auf dem Sofa herumzuwälzen, halb wach, halb schlafend, mit ungeputzten Zähnen, ungewaschen, das reinste Stinktier. Bei diesen Gelegenheiten angesprochen, gab er zur Antwort, er denke nach.«

Den meisten Frauen war die bereits durch ihr Alltagsleben eigentlich widerlegte Gleichberechtigung äußerlich geblieben, nicht von selber erreicht, sondern über ökonomische Zwänge und ideologische Vorgaben an sie herangetragen. Wichtige Positionen in Politik und Wirtschaft blieben ihnen auch nach der Unabhängigkeit verschlossen. Schon in den Spitzengremien der lettischen Volksfront erreichten Frauen nicht einmal die Quote des alten Parlaments. Politikerinnen im engeren Sinne des Wortes blieben insgesamt eher die Ausnahme.

Die meisten Frauen im Baltikum haben den allgemeinen Aufbruch der letzten Jahre in die Parole »Weg von der Straßenbauarbeiterin, hin zur Weiblichkeit« umgesetzt. Symptomatisch dafür ist der Aufstieg der lettischen Illustrierten »Santa« – ein Blatt eher vom Typus »Brigitte« als »Cosmopolitan«. Noch im Dunstkreis der Volksfront konzipiert, setzt die Zeitschrift unter Santa Dansberga-Anča auf die »weibliche Frau«. Mit durchschlagendem Erfolg; obwohl vergleichsweise teuer, ist »Santa« in ihrer Kategorie mit deutlichem Abstand Spitzenreiter bei den Abonnements.

Der Weg des Baltikums in die erneute Unabhängigkeit und nach Europa – für Frauen ist er zumindest streckenweise ein Schritt zurück. Gleichsam *ex cathedra* verkündete der Erzbischof der evangelisch-lutherischen Kirche Lettlands, Jānis Vanags, Ende 1993 in einem Interview, daß für ihn Frauen im Priesteramt nicht in Frage kämen. Und die Haltung der in Litauen dominierenden katholischen Kirche zur liberalen Abtreibungspraxis versteht sich von selbst.

Baltische Frauen auf dem Marsch in die Zwänge einer partriarchalen Gesellschaft und die Heimeligkeit trauter Klischeevorstellungen: das Püppchen, die Mutter, die Hüterin des häuslichen Herdes? Gewiß auch, aber nicht nur: Die Redaktion der größten lettischen Tageszeitung »Diena« wird von einer Frau geleitet: Sarmīte Ēlerte. Und im kulturellen Bereich setzen etwa die Malerinnen Aija Zariņa, Dace Lielā und Ieva Iltnere oder die Filmemacherin Ilona Brūvere Akzente, die über die Grenzen Lettlands hinausweisen.

Und noch etwas wird der Tourist heute im Baltikum vorfinden, was zur Sowjetzeit allenfalls ganz im Verborgenen blühte: Prostitution. Der Versuch der Regierung, dieses Gewerbe Anfang 1994 durch Legalisierung unter eine gewisse Kontrolle zu bringen und die Rechte und Pflichten von Prostituierten und deren Kunden festzulegen, schlug allerdings am Protest der Kirchen und des Auslands fehl.

Ojārs J. Rozītis

ens erstmals gemeinsam und offen auf-
zutreten. Doch bereits 1983 wurde
diese Bewegung vom KGB in einer groß-
angelegten Aktion zerschlagen und die
Wortführer zu langjährigen Gefängnis-
und Arbeitslagerstrafen verurteilt. Es
folgten Jahre der Friedhofsruhe und der
Resignation angesichts verstärkter Rus-
sifizierungsmaßnahmen, des wachsenden Einwandererzustroms und der spürbaren Verschlechterung der Lebensverhältnisse. Im Rückblick gab man dieser
Phase die Bezeichnung »nationale De-
pression«. Sie fand ihr Ende erst mit
dem Machtantritt Gorbatschows, dessen Reformpolitik unerwartete Perspektiven eröffnete.

Ilze Gulēns/Eva Kuhn

Die »singende Revolution«
Gorbatschows Politik der Liberalisie-
rung und Öffnung des Sowjetsystems
ebnete den Weg für die weitgehend un-
blutige Wiederherstellung der baltischen Unabhängigkeit. Die Balten griffen die Ansätze zur Demokratisierung
als Chance auf, das Selbstbestimmungsrecht wiederzuerlangen und die
weitere Aushöhlung der nationalen Exi-
stenzgrundlagen abzuwenden. So nahm
im Baltikum die »Perestroika« sehr bald
die Form einer demokratischen und nationalen Emanzipationsbewegung von
unten an.

Erste Vorboten dieser Bewegung waren die 1986 einsetzenden Proteste gegen umweltgefährdende Großprojekte
in allen drei Republiken. Doch bereits
1987 erhielt der Protest eine eindeutig
nationale Stoßrichtung, als einige Tausend dem Aufruf der Menschenrechts-

*Das Freiheitsdenkmal in Riga –
Symbol für das Streben der Letten nach
Unabhängigkeit*

gruppe »Helsinki 86« folgten, vor dem Freiheitsdenkmal in Rīga der Opfer der Deportationen vom Juni 1941 zu gedenken. Damit begann in allen drei baltischen Republiken die Phase der sogenannten »Kalenderunruhen« – Manifestationen nationalen Protestes anläßlich bedeutsamer Jahrestage wie dem der Unterzeichnung des Hitler-Stalin-Pakts oder der Staatsgründungen Estlands, Lettlands und Litauens.

Die nationale Bewegung entwickelte eine Eigendynamik, die durch Milizknüppel und Wasserwerfer nicht mehr zu bremsen war. Ebenso wie zur Zeit des nationalen Erwachens im 19. Jh. demonstrierten die Esten, Letten und Litauer ihren nationalen Selbstbehauptungswillen im gemeinsamen Gesang der Volkslieder, in denen sie sich über Jahrhunderte der Fremdherrschaft hinweg ihre kulturelle Identität bewahrt hatten. Als »singende Revolution« wurde der gewaltfreie Umbruch im Baltikum beispielhaft für die anderen Republiken der Sowjetunion.

Allerdings war es mit Singen allein nicht getan. Um den baltischen Eigenständigkeitsbestrebungen zum Erfolg zu verhelfen, bedurfte es einer umsichtigen Politik. Die Plena der Kulturschaffenden Estlands und Lettlands unterzogen im Frühjahr 1988 50 Jahre Sowjetherrschaft einer radikalen öffentlichen Kritik und leiteten in allen drei Republiken die Formierung von Volksbewegungen zur Unterstützung der Umgestaltung ein – in Estland »Eestimaa Rahvarinne«, in Lettland »Latvijas Tautas fronte«, in Litauen »Lietuvos Persitvarkymo Sąjūdis«. Diese kurz »Volksfront« genannten Bewegungen waren Koalitionen von radikalen Systemgegnern, Umweltschützern und Reformkommunisten. Auf ihren Gründungskongressen im Herbst 1988 verabschiedeten die Volksfronten

Programme, die weitgehende Verselbständigung und Demokratisierung der Republiken anstrebten.

Die Bemühungen der Partei, deren Führung in allen drei Republiken reformorientierte Kommunisten übernommen hatten, die neue Bewegung politisch einzubinden, hatten wenig Erfolg. Die Hunderttausende Mitglieder zählenden Volksfronten erwiesen sich als eigentlicher Motor der weiteren Entwicklung im Baltikum. Unter ihren Fittichen konnten sich relativ ungehindert Pressefreiheit sowie erste Ansätze politischen Pluralismus entfalten. Zunächst erklärten die Obersten Sowjets der baltischen Republiken auf Druck der Volksfronten die Landessprachen zu Staatssprachen; es folgten Souveränitätsdeklarationen, in denen die Republiken sich in Fragen der Gesetzgebung und Wirtschaft als autonom erklärten – allerdings im Rahmen der UdSSR. Damit begann ein offener Kompetenzstreit mit der Moskauer Zentralmacht.

Die tatsächlichen Kräfteverhältnisse zeigten die Wahlen zum Volksdeputiertenkongreß der UdSSR im Frühjahr 1989. Die von den Volksfronten unterstützten Kandidaten errangen in allen drei Republiken über zwei Drittel der Mandate. In Moskau bildeten diese Deputierten den »Baltischen Block«, der mit Gesetzesinitiativen zur politischen Dezentralisierung und Wirtschaftsreform die Umgestaltung voranzutreiben versuchte. In der Hoffnung auf zügige Fortschritte der demokratischen und marktwirtschaftlichen Reform des Sowjetsystems jedoch enttäuscht, einigten sich die Volksfronten, nunmehr offen die Wiederherstellung der staatlichen Unabhängigkeit auf demokratischem Wege anzustreben.

Die Parlamentswahlen im Frühjahr 1990 wurden zur Systemwahl – für oder gegen Unabhängigkeit, Demokratie und Marktwirtschaft. Das Ergebnis war ein überwältigender Sieg der Volksfronten in allen drei baltischen Republiken – nicht zuletzt mit den Stimmen eines großen Teils der russischsprachigen Bevölkerung. Als Parlamentspräsidenten und oberste Staatsrepräsentanten der wieder unabhängigen Republiken wurden in Litauen der Volksfrontvorsitzende Vytautas Landsbergis, in Estland und Lettland die Reformkommunisten Arnold Rüütel und Anatolijs Gorbunovs gewählt. Den ersten nichtkommunistischen Regierungen im sowjetischen Machtbereich standen die pragmatischen Volksfrontpolitiker Kazimiera Prunskiene in Litauen, Edgar Savisaar in Estland und Ivars Godmanis in Lettland vor. Moskau reagierte zunächst mit einer Wirtschaftsblockade, begleitet von vergeblichen Bemühungen unionstreuer Kräfte im Baltikum, die dort lebende russischsprachige Bevölkerung gegen die gewählte Regierung zu mobilisieren. Dies kulminierte schließlich Januar 1991 im bewaffneten Putschversuch in Vilnius und Rīga, der Tote und Verletzte unter der Zivilbevölkerung forderte, die unbewaffnet mit Barrikaden und Menschenketten den sowjetischen Sondereinheiten entgegentrat. Zum Scheitern dieses Umsturzversuchs trug die öffentliche Solidarisierung des russischen Präsidenten Boris Jelzin mit den baltischen Republiken bei. Doch den endgültigen Durchbruch brachte erst die Niederschlagung des Moskauer Putsches vom August 1991. Dem folgte endlich die Anerkennung der baltischen Unabhängigkeit durch Gorbatschow und daraufhin auch durch die internationale Staatengemeinschaft. Damit war die »singende Revolution« an ihrem Ziel angelangt.

Martinš Bumanis

Wir lassen uns das Singen nicht verbieten – Sängerfeste im Baltikum

Etwa alle fünf Jahre ist es in den drei baltischen Ländern jeweils so weit – es stehen die nationalen Sängerfeste an, eine Tradition, die in Estland 1869 begann, in Lettland 1873 und in Litauen 1924. Diese Veranstaltungen suchen weltweit ihresgleichen. Man stelle sich vor: Nur etwa 1,6 Mio. Einwohner zählt Estland, aber beim Sängerfest in Tallinn im Juni 1990 sang ein Chor von 30 000 vor einem Publikum von 500 000 Menschen. Zieht man in Betracht, daß auf der Bühne nur die Sieger der regionalen Sängerwettbewerbe stehen, so darf man getrost davon ausgehen, daß jeder Lette, Este oder Litauer zumindest einmal in seinem Leben direkt oder indirekt an einem solchen Fest mitgewirkt hat. An einem Fest seines Volkes im wahrsten Sinne des (gesungenen) Wortes.

Die Wurzeln dieser Tradition reichen einerseits in die Folklore zurück, dem gemeinsamen Singen an langen Winterabenden oder zu verschiedenen Festivitäten. Die Sangesfreude etwa der Letten wird durch 1,5 Mio. vierzeiliger Volkslieder belegt – wenn man so will, ein Lied für jeden Letten. Eine andere Wurzel dürfte der deutsche Kirchengesang sein, dann aber auch aus dem deutschsprachigen Raum übernommene Bräuche wie Festumzug oder »Sängerwettstreit«. Das im Sommer 1861 in Rīga durchgeführte Sängerfest der Deutschbalten lieferte eine weitere Anregung: Zwölf Jahre später veranstalteten die Letten ihr eigenes Sängerfest mit 1003 aktiven Teilnehmern.

Johann Gottfried Herder, 1764–69 Lehrer und Domprediger in Rīga, hatte Lieder der Balten in seine Sammlung »Stimmen der Völker in Liedern« aufge-

Bei einem Sängerfest in Kaunas, Litauen

nommen. Er erkannte in ihnen eine beeindruckende Kulturleistung der bäuerlichen »undeutschen« Völker: »Ihre Lieder
sind ihr Nationalarchiv, in welchem ihre
Wissenschaft und Religion, ihre geistigen Betätigungen, vergangene Ereignisse, ihre Lebensfreude und ihre Leiden
verzeichnet sind.«

Das Joch vor allem der deutschen
Fremdherrschaft im damaligen Zarenreich sollte sich in den folgenden Jahrzehnten lockern, die Aufhebung der
Leibeigenschaft und Agrarreformen in
Estland und Lettland wurden zur Voraus-
setzung für ein wachsendes gesellschaftliches Selbstbewußtsein. Im ersten Abschnitt ihrer Geschichte brachten die lettischen Sängerfeste zwischen
1873 und 1910 diese Entwicklung auf einen kulturellen Punkt.

Schon damals standen sie freilich bei
den fernen Herrschern in Moskau in Verdacht, Ausdruck unliebsamer Bestrebungen zu sein: das eigens für das erste
Sängertreffen komponierte Lied von
Kārlis Baumanis, »Dievs, svēti Latviju«
(Gott, segne Lettland), wurde danach für
die öffentliche Aufführung verboten.
Seit der Staatsgründung 1918 lettische
Hymne, war es auf allen Sängerfesten
der Zwischenkriegsjahre unverzichtba-
rer Bestandteil des Programms. In diesem zweiten Abschnitt ihrer Geschichte
waren die Sängerfeste Schaustücke eines blühenden Kulturlebens, Stolz auf
die erreichte Selbständigkeit ihr mehr
oder weniger unterschwelliger Tenor. An
diesem Gehalt konnte dem Sowjetre-
gime der Nachkriegszeit nicht gelegen
sein. Andererseits kam die erprobte Ge-

meinsamkeit des Singens dem sozialistischen Kollektiv-Gedanken entgegen. Mithin griffen die neuen Machthaber die Tradition auf, münzten sie aber politisch um. Durfte der Anteil baltischer Chormusik am Repertoire in der Zarenzeit etwa 40 % betragen, und stieg er in den Jahren der Unabhängigkeit auf fast 100 % an, so betrug diese Quote im Zeichen der nunmehr geforderten »Internationalisierung« ungefähr 60–70 %, wovon die Hälfte wiederum »ideologische« Kompositionen sein mußten. Willkürlich wurden die Sängerfeste mit politischen Jahrestagen und Anlässen verknüpft. Trotz dieser Vereinnahmung von oben begriffen die Balten sie aber immer noch als ihre Feste, unter der Hand waren sie Ausdruck und Brennpunkt von Nationalbewußtsein unter den Bedingungen einer Fremdherrschaft. Aber bereits mit dem politischen Erwachen des Baltikums Ende der 80er Jahre ging dieser dritte Abschnitt in der Geschichte der Sängerfeste zu Ende: das erwähnte Chorkonzert in Tallinn war auch äußerlich bereits Teil der Umwälzung: Die »singende Revolution« war da.

Von den baltischen Sängerfesten strahlten Impulse auf das gesamte musikalische Leben der Baltenrepubliken aus: Z. B. haben in Lettland die vereinten Chöre im Lauf der Jahre fast 400 Original-Kompositionen oder Bearbeitungen von Volksliedern aus der Feder von etwa 70 lettischen Autoren gesungen. Auch für die »Nebenkonzerte« sind zahlreiche Werke der geistlichen, der symphonischen sowie der Instrumentalmusik entstanden. Und es ist zu vermuten, daß die Tradition der baltischen Sängerfeste weiterhin Bestand haben wird: Derzeit gibt es nicht weniger als 700 Chöre mit Prädikat.

Ilze Gulēns/Eva Kuhn

Daten zur Geschichte der baltischen Länder

9. Jt. v. Chr. Erste Besiedlung des nordbaltischen Raums

7. Jt. v. Chr. Entwicklung der Kunda-Kultur

4. Jt. v. Chr. Entstehung der Narwa-Kultur

3. Jt. v. Chr. Einwanderung der Vorfahren der finno-ugrischen Stämme

2. Jt. v. Chr. Einwanderung der Balten

Zeitenwende Bernsteinhandel mit dem Römischen Reich

7.-9. Jh. Einfälle der Wikinger in das Gebiet der Kuren und Liven

1008 Erste Erwähnung Litauens in den Quedlinburger Annalen

11.-12. Jh. Expansionsbestrebungen des altrussischen Reichs; Liven und Lettgallen geraten zeitweilig unter russische Tributherrschaft

1184 Meinhard von Segeberg beginnt Missionierung der Liven

1201 Gründung der Stadt Rīga durch Bischof Albert

1202 Gründung des Schwertbrüderordens, mit dessen Hilfe das Territorium des heutigen Estlands und Lettlands unterworfen und christianisiert wird

1219 Gründung Revals (Tallinns) durch den dänischen König Waldemar II.

1237–1561 Ordensritterstaat als Kern der Livländischen Föderation

1323 Erste urkundliche Erwähnung von Vilnius

1386/87 »Krakauer Hochzeit«, Christianisierung Litauens

1410 Schlacht bei Tannenberg; das litauisch-polnische Heer schlägt den Deutschen Orden

Ab 1523 Durchsetzung der Reformation

1558–1583 Livländischer Krieg, Untergang des Ordenstaates. Estland wird schwedisch, Livland polnisch, Kurland und Semgallen werden für über 200 Jahre polnisch-litauisches Lehnsherzogtum

1569 Union von Lublin – enger Zusammenschluß Polens und Litauens

1579 Gründung der Universität Vilnius

1600–1629 Polnisch-schwedischer Krieg um Livland; Schweden erobert Riga und Livland nördlich der Daugava

1632 Gründung der Universität Dorpat (Tartu)

1700–1721 Nordischer Krieg; Estland und Livland geraten unter russische Oberherrschaft

2. Hälfte 18. Jh. Bauernaufstände, Verbreitung der Aufklärung

1772 Polnisch-Livland wird dem Zarenreich einverleibt

1795 Dritte Polnische Teilung: Litauen, das Herzogtum Kurland und Semgallen werden Teil des Russischen Reiches

1816–19 Aufhebung der Leibeigenschaft in Estland, Kurland und Livland

1831/1863 Aufstände der Polen und Litauer gegen den Zaren

1832 Schließung der Universität von Vilnius

2. Hälfte 19. Jh. Rasche Industrialisierung; Abbau des autonomen Sonderstatus der baltischen Provinzen, verbunden mit Russifizierungsbestrebungen; nationale Bestrebungen der Jungletten und Jungesten

1861 Aufhebung der Leibeigenschaft im übrigen Zarenreich

1864 Verbot der lateinischen Schrift

1869/1873 Erstes gesamtestnisches bzw. gesamtlettisches Sängerfest

Ab 1890 Entstehung einer starken sozialdemokratischen Arbeiterbewegung

1904–05 Russisch-Japanischer Krieg

1905–07 Revolutionäre Erhebungen im Baltikum werden niedergeschlagen

1914–18 Erster Weltkrieg; ab Februar 1918 ist das gesamte Baltikum von deutschen Truppen besetzt

18. 11. 1918 Unabhängigkeitserklärung Lettlands

16. 2. 1918 Unabhängigkeitserklärung Litauens

24. 2. 1918 Unabhängigkeitserklärung Estlands

1918–20 Nach dem Vormarsch der Roten Armee Ausrufung von Sowjetrepubliken in Estland, Lettland und Litauen, Vertreibung der Roten Armee und der deutschen Truppen

1920 Friedensverträge der baltischen Staaten mit Sowjetrußland

1921/22 Aufnahme der baltischen Staaten in den Völkerbund

1926 Ablösung der parlamentarischen Demokratie durch nationalistisch-autoritäre Regime zunächst in Litauen, 1934 auch in Estland und Lettland

1939 Hitler-Stalin-Pakt

Frühsommer 1940 Annexion der baltischen Staaten durch die UdSSR

Juni 1941 Massendeportationen

1941–45 Deutsche Besatzung und Judenvernichtung

1945–50 Partisanenkrieg

1949 Zwangskollektivierung und Massendeportationen

1987 Erste offiziell geduldete nationale Massendemonstrationen nach Machtantritt Gorbatschows

1988 Gründung der national-demokratischen Volksfrontbewegungen in Estland, Lettland und Litauen

Frühjahr 1990 Wahlsieg der Unabhängigkeitsbewegungen, Bildung nichtkommunistischer Regierungen und formale Wiederherstellung der Unabhängigkeit der baltischen Staaten

Januar 1991 Putschversuch moskautreuer Kräfte in Vilnius und Rīga

August 1991 Tatsächliche Wiederherstellung und internationale Anerkennung der Unabhängigkeit der baltischen Staaten

Eva Gerberding/Ilze Gulēns/Eva Kuhn

Unterwegs in den Baltischen Republiken

Unterwegs
in
Litauen

Land zwischen Dünen und Wäldern

»Litauen heißt das Land, das mein ganzes Sinnen und Fühlen beherrscht. Kommen Sie, ich will Ihnen helfen, es zu entdecken. Ich begleite Sie in ein fernes, nebliges, zärtliches, leises Land. Lassen Sie uns die Flügel ausbreiten und über eine Landschaft fliegen, wo uns der Duft von Wasserlilien und die modrige Luft der Wälder umgibt. Das ist Litauen ...«, schwärmte der Dichter und Politiker Oscar Miłosz (1877–1939) in einer Rede in Paris 1919, und ein paar Jahre später prophezeite er: »Sehr großes Leid wird über Litauen kommen, aber gegen Ende des Jahrhunderts wird das Land zu einem Athen des Ostens werden ...«

Zwischen hellgrünen Hügeln und schwarzen Wäldern schlängeln sich kleine Flüsse und liegen dunkle Seen. Vereinzelte Gehöfte sind in der weiten, lieblichen Landschaft verstreut – so bietet sich Litauen beim Anflug auf die Hauptstadt Vilnius dem Besucher dar. Die Ankunft per Zug hat niemand besser als Alfred Döblin beschrieben: »Wie schön lebendig die Landschaft. Die Hügel werden zu Bergen. Flammendes Rot und Gelb der welkenden Bäume, dazwischen das schweigende Dunkelgrün der hohen Tannen. Lange Wagenreihen auf den Schienen, Bewegung im Zug. Draußen kleine Häuser, einzeln, in Gruppen, in Straßen, Bahnhof Wilno.«

Litauen ist die größte der drei baltischen Republiken, mit 65 000 km^2 größer als die Schweiz und knapp so groß wie Bayern. Fast ein Drittel des Landes ist mit Wald bedeckt. Der mythische Ort Litauens ist der Wald. Das zeigt sich in den alten Volksliedern, den Dainos, aber auch in der zeitgenössischen Lyrik. Die Litauer sind mit der Natur tief verbunden und stolz darauf, das letzte heidnische Volk Europas gewesen zu sein. Erst im 14. Jh. christianisiert, konnten doch die 50 Jahre Sowjetherrschaft, die einhergingen mit einer brutalen Unterdrückung der Kirche und Verbannung vieler Bischöfe und Priester, die Kirche nicht auslöschen. Im Gegenteil: Sie entwikkelte sich zum Zentrum des Widerstandes. Die litauische Unabhängigkeitserklärung vom März 1990 wurde von der Sowjetunion zunächst mit einer Wirtschaftsblockade, dann im Januar 1991 mit dem Einsatz von Militär beantwortet. Der Moskauer Putsch vom August des gleichen Jahres brachte dann schließlich die Befreiung.

Seit 1991 gibt es wieder ein unabhängiges Litauen, seither versucht die Gesellschaft sich aus eigenen Kräften zu helfen. Die Unabhängigkeitsbewegung Sąjūdis, an deren Spitze der Musikwissenschaftler Vytautas Landsbergis stand, wurde im November 1992 mit nur 20 % der Stimmen aus dem Amt geworfen. Sie hatte das Vertrauen der meisten Menschen verloren. Die industrielle und landwirtschaftliche Produktion war in einem Jahr um 50 % zurückgegangen, die Inflationsrate erreichte über 1100 %. Zu Beginn der Unabhängigkeitsbewegung war Sąjūdis die Hoffnung der Nation gewesen, und noch 1988 fühlten sich neun von zehn Bürgern Litauens als Teil dieser Bewegung.

Doch Sąjūdis beging Fehler, vor allem in der Wirtschaftspolitik: Landsbergis Landwirtschafts- und Eigentumsreform war zu radikal. Er forderte, die vor dem sowjetischen Einmarsch 1940 bestehenden Besitzverhältnisse auf dem Land

◁ *Čižiurai – Litauisches Dorf am Abend*

Nationale Renaissance durch die Musik

»Aus der Vergangenheit laß Deine Kinder Kraft gewinnen«, heißt es in der litauischen Nationalhymne. Wie die Letten haben auch die Litauer ihre *Dainos,* einen Schatz alter Volkslieder. In ihnen wird gern die Schläue der Bauern besungen, sie sind aber auch sehr melancholisch. Goethe schrieb über die litauischen Dainos: »... diese Lieder (sind) anzusehen als unmittelbar vom Volke ausgegangen, welches der Natur, und also der Poesie, viel näher ist als die gebildete Welt.«

Die Menschen in Litauen haben Lieder gesungen, um sich an ihre Geschichte zu erinnern. Sie haben im Verlauf der Jahrhunderte die Eigenart ihrer Muttersprache in den Liedern bewahrt. Johannes Bobrowski, der Dichter, der in Litauen aufwuchs, sprach von den Litauern als einem Volk der Mystiker. Diese Tendenz gibt es auch in der Musik. Der Mystizismus und die Naturverehrung aus heidnischer Zeit, damit haben die Litauer die Jahre der Fremdherrschaft überstanden und sich ihre eigene Kultur bewahrt.

Ähnlich wie die Literatur erlebte auch die Musik ihre eigentliche Geburt erst am Ende des 19. Jh. Das Besinnen des Volkes auf die eigene Geschichte war auch ein Besinnen auf die eigenen künstlerischen Wurzeln. Bedeutend war natürlich der Einfluß des großen Malers und Komponisten Mikalojus Konstantinas Čiurlionis (1875–1911), der die ersten Symphonien der litauischen Musik schuf. 1906 wurde in Vilnius die erste litauische Oper »Birutė« von Mikas Petrauskas uraufgeführt.

Mit der Entstehung eines eigenen Staatswesens begann eine neue Epoche für die Musik in Litauen. In Kaunas entstanden ein Opernhaus, ein Ballett und ein Symphonieorchester. Musikschulen und -vereine wurden überall gegründet. 1924 fand das erste große litauische Sängerfestival in Kaunas statt, das als Internationales Litauisches Liederfestival im Juli 1994 unter dem Motto »Eine Nation – eine Kultur« seinen 70. Geburtstag feierte. Aus der Džukija, dem Südosten Litauens, kommen die besten Lieder und Sänger. Viele Tausende Volkslieder wurden hier von Folkloresammlern aufgeschrieben. In Užnemunė, dem Südwesten Litauens, ist noch die alte Tradition der Kankles-Musik lebendig. Die *Kankles* ist eines der ältesten Saiteninstrumente im Baltikum. Nach dem alten Volksglauben ist es ein Instrument der Götter.

»Unsere Revolution ist eine singende Revolution«, sagen die Litauer. Jeder zehnte Litauer ist Mitglied eines Folklore-Ensembles. Ist es da verwunderlich, wenn der Musikwissenschaftler und frühere Präsident Litauens, Vytautas Landsbergis, der das Land in die Unabhängigkeit führte, sagt: »Die Litauer singen lieber, als sie sprechen.«

wiederherzustellen. Das stürzte die Bauern in große Unsicherheit; sie vor allem stimmten gegen die Sąjūdis-Regierung.

Das bäuerliche und katholisch-konservative Litauen hat aber eine tiefe Sehnsucht nach nationaler Versöhnung, und so gewann der ehemalige Kommunistenführer Algirdas Brazauskas, der sich gegen ein Freund-Feind-Denken wandte, die Sympathie der Bevölkerung. Im Januar 1993 wurde er zum Präsidenten gewählt. Er gehört der »Litauischen Demokratischen Partei der Arbeit« an, die sich sozialdemokratisch orientiert, aber aus der litauischen KP hervorgegangen ist und noch einige kommunistische Apparatschiks in ihren Reihen hat. Brazauskas ist äußerst populär, hatte er doch mit in der »baltischen Kette« zum 50. Jahrestag des Hitler-Stalin-Paktes gegen die Okkupation demonstriert, als Vorsitzender der litauischen KP noch vor der Unabhängigkeit mit Moskau gebrochen und schließlich die Kathedrale von Vilnius – unter den Sowjets als Museum genutzt – der katholischen Kirche spontan zurückgegeben. Sein Plädoyer für sorgfältig abgewogene Reformschritte und soziale Absicherung, sein Bekenntnis zur Marktwirtschaft und zur parlamentarischen Demokratie brachten ihm vor allem auf dem Land und in den Wahlbezirken mit nicht-litauischer Bevölkerung Stimmen.

Nach der jahrhundertelangen Überfremdung des Landes durch Polen und Russen besinnen sich die Litauer heute gern auf die Großmachtszeit der Fürsten Mindaugas, Gediminas und Vytautas. Die Herrscher des mittelalterlichen Großfürstentums sind so präsent, daß ihre Porträts in manchen Häusern hängen. Aber auch das Interesse für die vorchristliche Zeit ist äußerst stark. Bis heute wird das Fest der Sommersonnen-

Katholisches Litauen

wende, der Johannistag am 24. Juni, mit einem Feuer gefeiert.

Historisch war das Land ein Treffpunkt zwischen Ost und West: Viele internationale Handelswege durchquerten das Land, und es diente als Durchgang für viele Armeen. Litauen zeichnete sich immer schon aus durch religiöse und kulturelle Toleranz. Czesław Miłosz schrieb aus der Distanz des Exils: »Durch meine Familie gehöre ich Polnisch-Litauen an, einem Land vieler Sprachen und Religionen; einem Land, daß es seit dem Ende des 18. Jahrhunderts nicht mehr gibt.... Obwohl ich ein polnischer Schriftsteller bin, vergesse ich nicht, daß ich aus Litauen stamme, und in meinen Werken finden sich Spuren eines typisch litauischen, wenn nicht heidnischen, Mystizismus. (Litauen ist schließlich, neben Irland, das poetischste Land Europas.)«

Wirtschaftsperspektiven

Litauen ist ein Agrarland, es hat eine landwirtschaftliche Nutzfläche von 71 %. Mit Beginn der Sowjetzeit wurde die Landwirtschaft kollektiviert. Die Erträge gingen drastisch zurück und erreichten erst Ende der 60er Jahre den Vorkriegsstand. In der Sowjetzeit setzte auch eine Industrialisierung ein, staatseigene Betriebe wurden aufgebaut. Diese sind aber abhängig von einer Zulieferung Rußlands, wie z. B. der große Rohölverarbeitungsbetrieb Mažeikiai.

Da Litauen an Rohstoffen und besonders an Brennstoffen arm ist, beschränkte sich die Produktion auf Elektrogeräte, Werkzeuge, Textilien und Lebensmittel. Innerhalb des sowjetischen Wirtschaftssystems war das Land ein erfolgreicher Lieferant. Die Industrie in Litauen hat gegenüber Estland und Lettland nach Erreichung der Unabhängigkeit Vorteile: Das hochumstrittene Atomkraftwerk Ignalina, vom Typ wie Tschernobyl, produziert einen Überschuß an Elektroenergie. Außerdem besitzt Litauen mit Mažeikiai die einzige Erdölraffinerie des Baltikums. Doch die Industrieproduktion geht seit Erlangung der Unabhängigkeit ständig zurück. Von allen drei baltischen Staaten verzeichnete Litauen 1993 die stärksten Produktionsrückgänge.

Am schwersten betroffen ist die Landwirtschaft. Zu Zeiten der Sowjetunion war man auf die Belieferung des russischen Marktes angewiesen. Die Kolchosen wurden aufgelöst. Das führte in der ersten Zeit zur Plünderung der Kolchosen, zum Zerfall. Nach der Wirtschaftsblockade, die Rußland im April 1990 verhängte, wurde kein Futter mehr geliefert, die Tiere verhungerten.

Ministerpräsident Landsbergis übereilte die Landreform: 3–9 ha Land bekamen die ehemaligen Kolchosmitglieder. Das ist zu wenig, um davon zu leben. So produzieren die Bauernwirtschaften teilweise nur noch für die Eigenversorgung. Zudem läßt die Preissteigerung für Kraftstoffe den Transport zum Markt unrenta-

Getränkekiosk in Vilnius

Liepāja

Mažeikiai

Naujoji
Akmenė

Venta

Venta

A 222

Žemaitijos
nacionalinis
parkas

Platelių
ežeras

Žemaičių Kalvarija

A 225

Kuršėnai

Kupė

Šiauli

Baltijos

Telšiai

Bekyvos
ežeras

Palanga

Danė

Plungė

Radviliškis

Kretinga

Alantas

Venta

Dubysa

A 223

Minija

Rietavas

jūra

Klaipėda

Gargždai

A 227

Kelmė

Tytuvėnai

Juodkrantė

Kuršių nerija

Kuršių marios

Raseiniai

Pervalka

Šilutė

Jūra

A 216

Nida

Rusnė

Žemaičių
Naumiestis

Kurśskaja kosa

Kuršškij zaliv

A 228

Pagėgiai

Tauragė

Mituva

Sovetsk

Jurbarkas

A 228

Se

Neman

Nemunas

Ra

Kudirkos
Naumiestis

Kaslų Rūda

Kaliningrad

R O S S I J A

A 229

Vilkaviškis

M

P O L S K A

Litauen

N

0   5 km

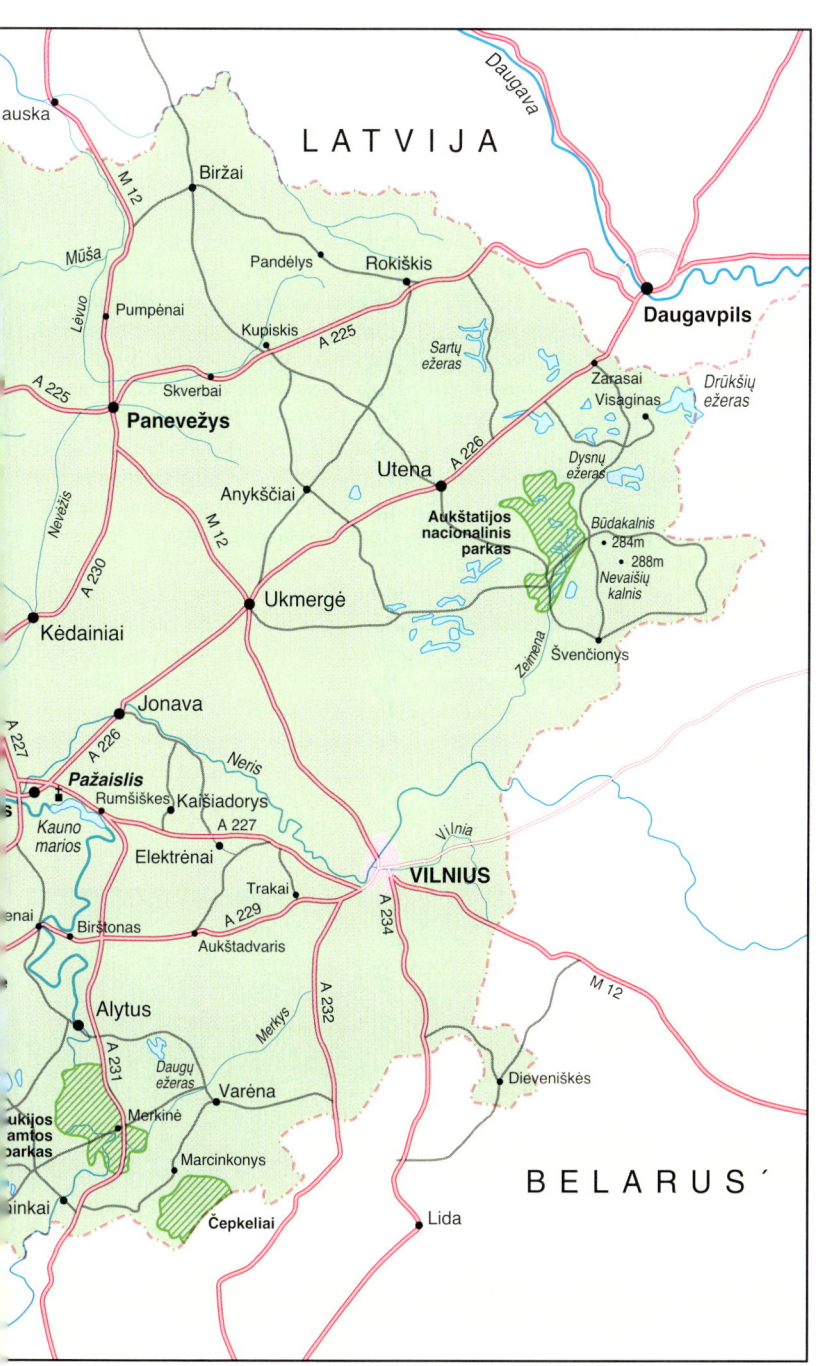

auska

L A T V I J A

Daugava

M 12

Biržai

Mūša

Pandėlys   Rokiškis

Lévuo   Pumpėnai

Kupiškis   A 225   Sartų
                               ežeras

Skverbai   Zarasai
                                            Visaginas

A 225   Drūkšių
                                                    ežeras

Panevėžys   Utena   A 226   Daugavpils

Nevėžis   Anykščiai   Dysnų
                                            ežeras

M 12   Aukštatijos   Būdakalnis
                              nacionalinis   • 284m
                              parkas   • 288m
A 230   Nevaišių
                                                   kalnis

Kėdainiai   Ukmergė

                                            Žeimena   Švenčionys

Jonava

A 227   A 226   Neris

Pažaislis   Rumšiškės   Kaišiadorys

Kauno   A 227
marios   Elektrėnai

                 Trakai   Vilnia

enai   Birštonas   A 234   VILNIUS

         Aukštadvaris   A 229

Alytus   A 232

A 231   Daugų   M 12
         ežeras   Varėna

ukijos   Merkinė   Dieveniškės
amtos
parkas

inkai   Marcinkonys   B E L A R U S´

         Čepkeliai   Lida

bel werden. Eine Technisierung der Landwirtschaft fehlt weitgehend. Das Geld für öffentliche Bauinvestitionen reicht nicht, doch wenn man über Land fährt, so stößt man in den Dörfern und Kleinstädten auf rege Bautätigkeit. Dabei handelt es sich jedoch um Privatbauten. Wenn auch 1993 der amerikanische Konzern Philip Morris eine Tabakfabrik in Klaipėda und Kraft Jakobs Suchard eine Süßwarenfabrik in Kaunas kauften, wird die Privatisierung der Großindustrie weiterhin langsam vorangehen. Man rechnet damit, sie erst 1997 abzuschließen.

In Randbereichen geht es da schneller. Fast alle Wohnungen sind bereits in privater Hand. Der Kleinhandel floriert: Geschäfte, Cafés, Kneipen und Galerien entstehen. Die beliebtesten Waren kommen aus dem Westen. Teilweise verdrängen sie die einheimischen Produkte: So wird in den meisten Kneipen dänisches oder deutsches Bier verkauft, obwohl das litauische Bier viel preiswerter ist und zudem ausgezeichnet schmeckt.

Algirdas Brazauskas verkündete bei seiner Amtsübernahme im Februar 1993, daß die Wirtschaftsreformen nicht auf Kosten der Bevölkerung durchgeführt werden, doch das wird nicht einzuhalten sein. Die Realeinkommen sind weiterhin rapide gesunken. Mit wem man auch spricht, fast alle Litauer sind mit der Regierung unzufrieden, es geht ihnen »zu langsam, und alles ist zu teuer«. Ende '94 wurden die Preise vollständig liberalisiert, das bedeutet das Ende der Subvention für Heizenergie. Die Arbeitslosigkeit ist weiterhin gestiegen, manche Betriebe mußten schließen. Durch die Einführung der neuen Währung, des Litas, im Jahre 1993 ist es aber gelungen, die Inflationsrate zu senken. Nach Meinung westlicher Experten läge die Zukunft Litauens im Tourismus, in der Dienstleistung und im Transitverkehr. Doch das wollen die Litauer nicht hören, bauen sie doch immer noch auf eine Belebung ihrer Industrie. Innerhalb der UdSSR galt Litauen als höher entwickelte Region mit einer besseren Arbeitsmoral. Doch für die verlorenen Absatzmärkte im Osten haben die litauischen Industriebetriebe noch keinen Ersatz gefunden.

Vilnius – Das »Jerusalem des Nordens«

(S. 345) »Eine Stadt, in der die Wolken aussehen wie Barock und umgekehrt«, schrieb der Literaturnobelpreisträger Czesław Miłosz über Vilnius, die Stadt, in der er seine Schul- und Studienjahre verbracht und in den dreißiger Jahren Gedichte über den Weltuntergang verfaßt hatte.

In die Wolken ragt der Gediminas-Berg mit seinem Turm, den Überresten einer Burg aus dem 14. Jh., auf dem die gelb-grün-rote litauische Flagge weht. Sie scheint drei kalkweißen Kreuzen zuzuwinken, die auf dem nächstliegenden Hügel zum Gedenken an die Christianisierung Litauens aufgerichtet wurden. Erst seit kurzem stehen sie wieder hier, nachdem die Sowjets sie in den fünfziger Jahren zerstört hatten. Zur Bekräftigung ihrer Unabhängigkeit von der Sowjetunion stürzten die Litauer 1991 zum 52. Jahrestag des Hitler-Stalin-Paktes das Lenin Denkmal auf dem Lukiškiu aikštė.

Von der Höhe des Gediminas-Turmes kann man ganz Vilnius überblicken. Es ist eine Stadt der Türme. Malerisch sind die engen Gassen durch die Altstadt, in denen kleine geduckte Häuschen stehen. Zentrum der Altstadt, eine der größten Europas, ist seit 1579 die Universität. Nach Prag ist sie die älteste Europas, ein Palastkomplex für sich mit einem Dutzend von Innenhöfen, vorwiegend im Renaissance-Stil. Die Alma mater ist ein Staat im Staate.

Vilnius ist betörend schön. »Rom des Baltikums« oder »Jerusalem des Nordens« wird es oft genannt. Es ist eine europäische Metropole, in der die Zeit stehengeblieben zu sein scheint. Die Stadt wirkt wie ein steinernes Bilderbuch der europäischen Architektur: Renaissance, Klassizismus, Backsteingotik, Barock, die Kuppeln der russisch-orthodoxen Kirchen und die Gründerzeitbauten des Bürgertums.

Vilnius ist eine Stadt, die ihr Gesicht noch nicht verloren hat, auch wenn die Hügel jenseits des Flüßchens Neris mit neuen Wohnblöcken bebaut sind. Wehmütig beschrieb Czesław Miłosz aus der Ferne der Emigration seine Heimatstadt: »enge Straßen, mit Katzenköpfen gepflastert, Rausch des Barock; beinah wie eine Jesuitenstadt irgendwo im Herzen Lateinamerikas. Der Vergleich ist nicht unbegründet, denn die Jesuiten hatten in diesem Teil Europas eines ihrer mächtigsten Zentren. Gibt es wohl viele Städte, deren Name so umstritten ist? Die Polen und die Russen sagen: Wilno; die Litauer: Vilnius; Deutsche und Weißrussen: Wilna.«

Fast 600 000 Menschen wohnen heute hier. Davon nur 50 % Litauer, und je 20 % Russen und Polen. Vilnius war nie eine Stadt nur einer Nation. Seine Vielvölkergeschichte bestimmt seine Atmosphäre. Im Laufe der Jahrhunderte siedelten hier verschiedene europäische und asiatische Völker und trieben Handel. Keine Stadt in Europa hat in diesem Jahrhundert einen so vollständigen Bevölkerungsaustausch erlebt wie Vilnius. 1917, als die Litauer ihre Unabhängigkeit vorerst wiedererlangten, stellten sie in ihrer Hauptstadt den geringsten Teil. In der Mehrzahl lebten hier Polen, Juden und Russen. Von 1920–39 hielten die Polen Vilnius besetzt, Kaunas wurde provisorische Hauptstadt Litauens.

Das Gotische Ensemble ▷

Aus der Geschichte

Der Legende nach gründete Großfürst Gediminas die Stadt. Am Abend einer Jagd nächtigte er am Ufer der Vilnia, als er von einem laut heulenden Wolf auf einem Hügel der Vilnia-Mündung träumte. Er wollte ihn mit Pfeilen erlegen, doch der Körper des Wolfes war aus Eisen. Am nächsten Tag erklärte ihm ein Traumdeuter, daß er auf diesem Hügel eine Burg erbauen müsse, die ebenso unbezwingbar sein würde wie der Wolf. Die Stadt, die zu ihren Füßen entstünde, würde ruhm- und machtvoll sein.

Ihren Namen erhielt die Stadt von dem Fluß Vilnia, »die Welle«. Erstmals urkundlich erwähnt wurde sie in einem Brief von 1323, in dem Gediminas Händler und Handwerker Europas aufforderte, in seine Stadt zu kommen. Mangels anderer Quellen gilt dieses Datum als Gründungsjahr der Stadt, obwohl sie damals schon ein blühender Handelsplatz mit unterer und oberer Burg war. Besiedelt war das Gebiet schon seit 4000 vor unserer Zeit, wie Ausgrabungen ergeben haben. 1387, als Litauen das Christentum annimmt, erhält Vilnius das Magdeburger Stadtrecht. Vilnius wächst unter Fürst Vytautas, nachdem die durch die »Krakauische Hochzeit« vereinigten litausch-polnischen Heere den Deutschen Orden bei Tannenberg 1410 vernichtend schlagen. Im 15. Jh. findet in der Stadt zweimal im Jahr eine internationale Messe statt. 1522 beginnt die erste Druckerei zu arbeiten. Gleichzeitig war der Bau einer 3 km langen Stadtmauer zum Schutz gegen Tartarenüberfälle beendet. Einige Reste der Mauer sind bis heute erhalten und ein einziges Stadttor: Das Tor der Morgenröte (Aušros vartai). Es ist eine Pilgerstätte der gläubigen Katholiken. Seit 1562 gab es eine Postverbindung von Krakau über Wien nach Venedig. Als sich Polen und Litauen 1569 in der Union von Lublin enger zusammenschlossen, begann eine langsame Polonisierung der Stadt. Sie verlor an Bedeutung, denn Krakau und Warschau spielten eine stärkere Rolle. Schriftsprache des Großfürstentums Litauens war das Weißrussische, daneben setzte sich nun die Sprache und Kultur des polnischen Adels durch. Das Litauische wird eine Sprache der Bauern.

Nach der dritten polnischen Teilung 1795 wird Vilnius zur Hauptstadt eines russischen Generalgouvernements, die drittgrößte Stadt des russischen Reiches nach Moskau und St. Petersburg. Über die Auswirkungen der russischen Herrschaft, die bis zum Ende des Ersten Weltkrieges dauert, schreibt Czesław Miłosz:»Die langjährige russische Herrschaft hatte auch ihre Spuren hinterlassen: schlechte Pflaster, ungeheure Schwierigkeiten, die Bürger zum Einhalten von Hygienevorschriften zu zwingen, und zwei riesige russische Kirchen mit Zwiebelkuppeln – ein Zeichen dafür, wie die zaristische Regierung um das seelische Wohl der nach Westen geschickten Beamten besorgt war.«

Doch die Bevölkerung wollte sich der russischen Macht nicht kampflos beugen. Den von Polen geführten Aufständen gegen den Zaren 1831 und 1863 schlossen sich auch Litauer an. Die Folgen für Vilnius waren: 1832 die Schließung der Universität und 1864 ein Verbot der lateinischen Schrift. Die Wirtschaft jedoch prosperierte, denn die Eisenbahnlinie St. Petersburg-Warschau wurde über Vilnius geführt, was die Einfuhr von Rohstoffen erleichterte. 1897 lebten in Vilnius über 150 000 Menschen.

Nach zwei Jahren deutscher Besetzung versammelten sich im September

Die Universität von Vilnius, hier die Bibliothek, ist die älteste Hochschule des Baltikums

1917 litauische Politiker, um die Unabhängigkeit des Landes wiederherzustellen. Sie wurde am 16. Februar 1918 erklärt. Auch Polen erlangte seine Unabhängigkeit und nahm schon zwei Jahre später in einem Handstreich dem jungen Nachbarstaat Litauen die Hauptstadt ab. Bis zum Beginn des Zweiten Weltkrieges gehörte Vilnius zu Polen, danach wieder für zwei Jahre zu Litauen, bis 1941 deutsche Truppen in die Stadt einzogen.

45 Jahre dauerte die sowjetische Besatzungszeit, bis im März 1990 die Unabhängige Republik Litauen proklamiert wurde. Moskau läßt, nachdem Druckmittel wie eine Wirtschaftsblockade nicht gewirkt haben, russische Panzer den Fernsehturm und das Rundfunkzentrum am 13. Januar 1991 besetzen. 14 unbewaffnete Zivilisten kommen dabei ums Leben. Das Militär drohte, auch das Parlamentsgebäude zu stürmen, vor dem

150 000 Menschen Wache hielten. Der Platz vor dem Parlament heißt nun »Platz der Unabhängigkeit«. Die von Linden gesäumte Hauptachse der Neustadt heißt wieder Gediminas-Prospekt, statt Lenin-Prospekt. Hier liegen vor allem die Ministerien und Banken. Auch der Lukiškiu aikštė hat wieder seinen alten Namen, nachdem er über vierzig Jahre Lenin-Platz hieß. An diesem Platz wurden vor über hundert Jahren die Anführer der aufständischen litauischen Bauern gehängt. Durch die schmalen Straßen rattern Trolleybusse. Mächtige Paläste im Barock- und Empirestil künden vom ehemaligen Reichtum der Stadt.

1989 stellte ein französischer Geograph fest, daß bei Vilnius das Zentrum Europas liegt. Nur 25 km nördlich von Vilnius bei dem Dorf Purnuskės liegt auf 25 Grad 19° Länge und 54 Grad 54° Breite ein schwarzer Granitblock zur Kennzeichnung der Mitte Europas.

Jüdisches Leben – Heute und damals

»Wilne, schtot fun gajsst
un mine,
Wilne, jidischlech fartracht,
wu ess murmlen schtile tfiless –
schtile sojdess fun der nacht.
Oftmol se ich dich in cholem,
hejssgelibte Wilne majn,
un di alte Wilner geto
in a nepldikn schajn.«

(Wilna, Stadt des Geistes und der Mime,
Wilna, in jüdischen Gedanken
                          versunken,
wo man das Murmeln stiller Gebete
                          hört –
die stillen Geheimnisse der Nacht.
Oft sehe ich dich im Traum,
dich, mein heißgeliebtes Wilna,
und in einem nebelhaften Schein
das alte Wilnaer Ghetto.)

Dieses schrieb in den dreißiger Jahren
ein amerikanischer Jude bei seinem Aufenthalt in Vilnius. Damals verstand man
unter dem »Ghetto« das alte Juden-
viertel der Stadt. »Jerusalem des Nordens« wurde Vilnius – jiddisch »Wilne« –
genannt; hier sprach man das reinste
Hebräisch. Aber auch Jiddisch wurde
quer durch alle Gesellschaftsschichten
gesprochen. Es gab zeitweise 105
Synagogen, und die Stadt galt als
Heimat des Gaon (Elijah ben Salomon
Salman, 1720–1797). Er war der
berühmteste Talmud-Gelehrte und
machte Vilnius zum Zentrum des jüdischen Geistes. Mehrere Jahrhunderte
war die jüdische Gemeinde Osteuropas – mit Wilne als Mittelpunkt – die

bedeutendste jüdische Gemeinschaft
der Welt gewesen, bis zu ihrer Vernichtung im Zweiten Weltkrieg.
Danach entstand Vilnius, als Hauptstadt der Sowjetrepublik Litauen.

Schon im 14. Jh. siedelten Juden
in Litauen. Das Großfürstentum Polen-
Litauen war über Jahrhunderte für
viele Juden aus allen Teilen Europas
das Asylland vor Verfolgung und
Anfeindung. Großfürst Vytautas
schützte die Juden und stellte sie den
Christen gleich. Hundert Jahre später
wurden sie für kurze Zeit vertrieben.
1568 wird erstmals eine jüdische
Gemeinde in der Stadt erwähnt. 1573
wird die erste Synagoge errichtet.
Schon im 17. Jh. waren ein Drittel der
Einwohner Juden.

Durch die polnischen Teilungen von
1771–1795 kommt die Mehrheit der
polnisch-litauischen Juden unter zaristische Herrschaft. Das Siedlungs-
recht wurde Juden im Reich Katharina
der Großen verweigert; sie hatte 1791
ein Gesetz verfügt, nach dem die
zuvor hauptsächlich in ländlichen
Gebieten lebenden Juden zwangs-
weise in die Städte umgesiedelt werden. Gewerbe und Handel dürfen sie
nur untereinander betreiben. Damit
beginnt die Geschichte des osteuropäischen Schtetls.

Im 18. Jh. entwickelt sich die
Haskala, die osteuropäisch-jüdische
Aufklärung, die Teil der allgemeinen
europäischen Aufklärung war. Ihr Ziel
ist die Erneuerung des Judentums
und die Verbreitung jüdischer Bildung

und weltlicher Wissenschaft. Sie richtet sich vor allem gegen den Chassidismus (hebr. *Chassidut* = Frömmigkeit), einer Bewegung, die unter den armen Juden großen Zulauf fand, und die auch von dem Gaon in Wilne stark bekämpft wurde. Die Stadt wurde zum bedeutendsten Zentrum der Haskala und der modernen hebräischen Literatur.

1847 wird in Vilnius im Rahmen einer Bildungsreform unter Nikolaus I. eine russischsprachige Rabbinerschule gegründet, der auch ein Gymnasium angegliedert ist. Ziel der zaristischen Politik ist die Assimilation der Juden in die russisch-orthodoxe Gesellschaft. Berufsverbote, Wohnbeschränkungen, kein Recht auf Grundbesitz, Zwangstaufe und Militärpflicht für Juden sollten dieses Ziel unterstützen. Ein aufkommender Antisemitismus bei Russen und Polen sowie die Pogrome von 1881 bewirken einen Zusammenschluß der Juden und eine stärkere Besinnung auf ihre eigene Kultur. Gleichzeitig polarisieren sich die Juden Osteuropas in Zionisten und Sozialisten. In Vilnius wird 1897 der »Bund« gegründet, die größte jüdisch-sozialistische Partei Osteuropas.

Salomon Rapaport (1863–1920) schreibt unter dem Namen An-Ski das Theaterstück »Der Dibbuk«, in dem die Problematik der osteuropäischen Juden aufgegriffen und das zum meist gespielten Stück Osteuropas wird. Rapaport war Mitbegründer der »Jüdischen Historisch-Ethnografischen Gesellschaft«. Die ostjüdische Musiktradition der Klesmorin, die heute wieder auflebt auf dem Jüdischen Musikfestival in Vilnius, verdankt ihre Überlieferung dieser Gesellschaft.

1872 stiftet der Gelehrte Straschun der Stadt eine jüdische Bibliothek, die nach ihm benannt wird und 1901 im Synagogenhof ein eigenes Gebäude erhält. Mit 35 000 Büchern ist sie vor ihrer Vernichtung die größte jüdische Bibliothek. Als 1925 das »Jüdische wissenschaftliche Institut« (IVO) zur Erforschung jiddischer Kultur und Lebensweise der ost- und mitteleuropäischen Juden in Berlin gegründet wurde, wählte man Vilnius als Sitz. Im Vorstand saßen Albert Einstein und Sigmund Freud. Die Aufgabe des Instituts ist das Sammeln und Bewahren jüdischer Kultur. Heute befindet sich der Sitz des Instituts in New York. Vilnius gehörte in der Zeit zwischen den Kriegen – als Litauen ein freier Staat war – zu Polen. Die Juden in Vilnius verstanden sich immer als polnische Juden. Ihnen war ein litauisches Staatswesen fremd.

1939 bildete die jüdische Bevölkerung in Vilnius mit fast 40 % neben Litauern und Polen die größte Gruppe von 200 000 Einwohnern. Mit dem Überfall Deutschlands auf die UdSSR marschierten deutsche Truppen im Juni 1941 in Vilnius ein. Im September 1941 errichteten die Nazis in der Altstadt zwei Ghettos, in dem die Juden auf engstem Raum unter menschenunwürdigen Bedingungen zusammenleben mußten. Ein Teil der jüdischen Bevölkerung wurde schon auf dem Weg dorthin erschossen. Weitere Vernichtungsaktionen fanden im Wald von Paneriai südwestlich der Stadt statt. Ende 1941 war eines der Ghettos schon aufgelöst, über 50 000 der Juden von Vilnius waren schon umgebracht. Zwei Jahre später, am 23. September 1943, wird auch das letzte Ghetto aufgelöst. Die noch Lebenden werden entweder in Lager deportiert oder im Wald von Paneriai ermordet. Etwa 100 jungen Menschen gelang

Überall in Litauen gab es große jüdische Viertel, hier die Grüne Straße in Kaunas um 1915

kurz vor Auflösung des Ghettos die Flucht durch die Kanalisation. Sie schlossen sich den Partisanen in den Wäldern Weißrußlands an und kamen mit den Sowjets zurück in die Stadt.

Die Überlebenden des Ghettos setzten den Toten ein Denkmal, das jedoch 1953 abgerissen wurde. In der UdSSR durfte der jüdischen Opfer der Nationalsozialisten nicht gedacht werden. Es gab nur Gedenkstätten des antifaschistischen und kommunistischen Kampfes. So wurde hier in den sechziger Jahren ein Obelisk mit Sowjetstern errichtet. Seit 1991 gibt es im Wald von Paneriai nun wieder ein jüdisches Denkmal.

»Mir lebn ejbig! Ess brent a Welt...«, wird 50 Jahre später in der Altstadt von Vilnius auf jiddisch gesungen, an einem Gedenktag zur Vernichtung des Ghettos. Es ist das Lied eines jüdischen Kabaretts aus dem Ghetto von 1943. Der Chronist

Hermann Kruk, der im Ghetto lebte, schrieb am 17. Januar 1942 nach einem Konzert im Ghetto in sein Tagebuch: »Das ist eine Beleidigung all unserer Gefühle ... Auf dem Friedhof macht man kein Theater ... Die Polizei und die Darsteller werden sich mit den Deutschen gemeinsam amüsieren, doch das Ghetto von Vilnius wird trauern.« Der israelische Dramatiker Joshua Sobol schrieb über die letzten Tage dieses Theaters im Ghetto ein Theaterstück, »Ghetto«, das Peter Zadek 1984 als deutsche Erstaufführung auf die Bühne brachte.

Zum 50. Gedenktag der Vernichtung des Ghettos wurde die Problematik der Kollaboration der litauischen Bevölkerung mit den Nazis wieder aufgeworfen. Schon vor dem Krieg war der Antisemitismus der überwiegend katholischen Bevölkerung in Vilnius massiv, ohne deren Unterstützung hätten die Nazis ihr Vernichtungswerk in

Vilnius nicht so perfekt vollenden kön- nen. In Gesamtlitauen kamen fast 200 000 Juden um. Seit Litauens Unabhängigkeit schwelt dieses Pro- blem, denn die Regierung unter Landsbergis hatte am Genozid betei- ligte Litauer rehabilitiert. Begründet wurde das mit der Willkür der So- wjets, die diese Litauer bei Kriegs- ende verurteilt hatten. Man tut sich schwer, die Beteiligung von Litauern an den Greueltaten der Nazis zur Kenntnis zu nehmen.

Die Erschießungskommandos von Paneriai waren fast ausschließlich litauische Sondereinheiten unter Auf- sicht der SS. Ein polnischer Journalist namens Kasimierz Sakowicz, der im Wald nahe von Paneriai lebte, hatte alles aufgeschrieben, was er beobach- tet hat. Seinen Bericht bewahrt das Jüdische Museum **25** in einem kleinen grünen Holzhaus in der Palmėnkalnio gatvė, einer Sackgasse am Rande der Altstadt. Auf Fotos und Begleittexten wird hier die Geschichte der Vernich- tung gezeigt. Erst jetzt nach der Unabhängigkeit konnte es entstehen. Ein erstes Museum, das 1945 von den wenigen überlebenden Juden (nur 3000 Juden aus Vilnius überlebten) errichtet worden war, wurde 1949 wieder geschlossen.

Was die Nazis nicht vernichtet hat- ten, erledigte die nachfolgende Sowjetherrschaft. So wurde auf dem alten jüdischen Friedhof der Stadt ein Sportpalast errichtet, die Grabsteine zum Straßen- und Treppenbau benutzt. Ein Teil des ehemaligen jüdi- schen Viertels im Zentrum wurde mit Wohnblöcken bebaut. In einem Hof der Altstadt, wo die älteste Synagoge der Stadt von 1573 stand, sind heute ein Kindergarten in Plattenbauweise und ein Spielplatz. Ihre Ruinen wur-

den 1949 abgerissen, das Gebäude hätte durchaus wieder aufgebaut wer- den können.

Heute leben 4000 Juden in der Stadt. Seit 1989 begannen sie sich als Minorität zu artikulieren, gründe- ten erst sogenannte Kulturgesellschaf- ten und 1991 wieder eine jüdische Gemeinde. Ihre Synagoge befindet sich in der Pylimo gatvė, das 1894 errichtete Gebäude wurde von der Zer- störung verschont. In Zeiten der Sowjetherrschaft wurde es wie so viele Gotteshäuser als Lagerraum benutzt. Seit der Unabhängigkeit ist es wieder seiner eigentlichen Bestim- mung zugeführt worden.

Nun gibt es in Vilnius wieder einen jüdischen Kindergarten, eine Schule, ein koscheres Restaurant und ein Kul- turzentrum, in dem auch eine Ausstel- lung »Erinnerung an die große Syna- goge« zu sehen ist. Seit dem Frühjahr 1992 findet regelmäßig ein internatio- nales jüdisches Musikfestival statt. Dies wird als ein erstes Zeichen für eine Renaissance jüdischer Musikkul- tur in Osteuropa gesehen.

Zwanzig Jahre bevor die Vernich- tung der jüdischen Bevölkerung in Vil- nius begann und die Stadt zu einer anderen wurde, bereiste Alfred Döblin Vilnius. Er setzte in seiner »Reise in Polen« den Juden von Vilnius ein Denkmal: »Ich kann mich nicht enthal- ten zu denken, wie ich hinausgehe: Welch imposantes Volk, das jüdische ... Was ging in dieser scheinbar kul- turarmen Ostlandschaft vor. Wie fließt alles um das Geistige. Welche unge- heure Wichtigkeit mißt man dem Gei- stigen, Religiösen zu. Nicht eine kleine Volksschicht, eine ganze Masse geistig gebunden. In diesem Religiös- Geistigen ist das Volk so zentriert wie kaum ein anderes in seinem.«

Altstadtrundgang

Kopfsteinpflaster und kaum Autos, die Altstadt darf nur mit Genehmigung befahren werden – das lädt zum genußvollen Flanieren ein. Ein Rundgang beginnt am besten auf dem Burgberg, denn vom Gediminasturm, dem Wahrzeichen der Stadt, bietet sich ein herrlicher Blick über Vilnius.

Burgberg und Kathedralenplatz

Als Großfürst Gediminas Anfang des 14. Jh. den Regierungssitz von Trakai nach Vilnius verlegte, ließ er eine Burg auf einem Hügel am Zusammenfluß von Neris und Vilnia bauen. Die sogenannte Obere Burg wurde aus Feld- und Ziegelsteinen im gotischen Stil errichtet, sie ersetzte eine Holzburg. Nach einem Brand wurde sie Anfang des 15. Jh. neu aufgebaut: Sie bekam eine Befestigungsmauer mit drei Türmen und einen dreistöckigen Palast. Nur Reste des Palastes, an dessen Rekonstruktion gearbeitet wird, und der wiederaufgebaute achteckige **Gediminasturm** 1 sind davon bis heute erhalten. Ein Museum im Turm dokumentiert die Geschichte der Stadt und ihrer Burgen. Archäologische Funde weisen darauf hin, daß hier einst eine heidnische Kultstätte war.

Der jetzige Kathedralenplatz war das Zentrum der Unteren Burg. Was geblieben ist, sind Gruften und Kellergewölbe sowie der untere Teil des **Glockenturms**

2 . Rund, aus dicken Steinen, erheben sich drei Stockwerke mit Schießscharten. Obenauf der achteckige Glockenturm. Schon im 13. Jh. hatte Mindaugas hier eine Kirche neben dem Fürstenpalast errichten lassen. Später entstanden Wälle, Türme und Befestigungsmauern, die im 15. Jh. mit der Oberen Burg verbunden wurden. Nach dem Modell im Burgmuseum hatte sie erhebliche Ausmaße. Die Kreuzritter konnten sie nicht erobern und bis zur Erfindung der Feuerwaffen gelang es niemandem, sie einzunehmen.

Im 16. Jh. wurde die Untere Burg im Renaissancestil von italienischen Baumeistern umgebaut. Wunderschön war nicht nur der Palast, sondern auch der Park – an der Stelle, wo sich auch heute der Park befindet – mit Skulpturen und Springbrunnen. Als im 17. Jh. die Burg im Krieg mit Rußland zerstört wurde, betrieb man im Park Kälberzucht. Die Burg wurde nicht wieder aufgebaut und verfiel, obwohl sie Jahrhunderte der kulturelle und administrative Mittelpunkt des Landes war. Neben der Kathedrale finden archäologische Ausgrabungen statt, man plant eine Rekonstruktion des Palastes.

Am Rande der Altstadt in der Bokšto gatvė liegt als zweite Befestigungsanlage die **Bastei** (Basteja) aus dem 17. Jh. Sie wurde im Krieg mit Rußland ebenfalls teilweise zerstört. Seit ein paar Jahren ist sie für die Öffentlichkeit geöffnet:

Vilnius   1 Gediminasturm   2 Glockenturm   3 Kathedrale   4 Mickiewicz-Haus (Nr. 11) 5 Gotisches Ensemble   6 Michael-Kirche (Architekturmuseum)   7 Johannis-Kirche 8 Russisch-orthodoxe Kirche Pjatnizkaja   9 Chodkeviciu-Palast   10 Russisch-orthodoxe Nikolaus-Kirche   11 Rathaus   12 Kasimir-Kirche   13 Philharmonie   14 Basilianer-Kloster   15 Stadttor (Aušros vartai) mit Kapelle   16 Theresienkirche   17 Russisch-orthodoxe Heiliggeistkirche   18 Jugendtheater   19 Stelle der ehemaligen großen Synagoge 20 Nikolaus-Kirche   21 Dominikaner-Kirche   22 Universität   23 Alumnatpalast 24 Peter-und-Paul-Kirche   25 Historisch-Ethnographisches Museum   26 Museum für angewandte Kunst   27 Jüdisches Museum   28 Galerie Langas   29 Galerie Vartai.

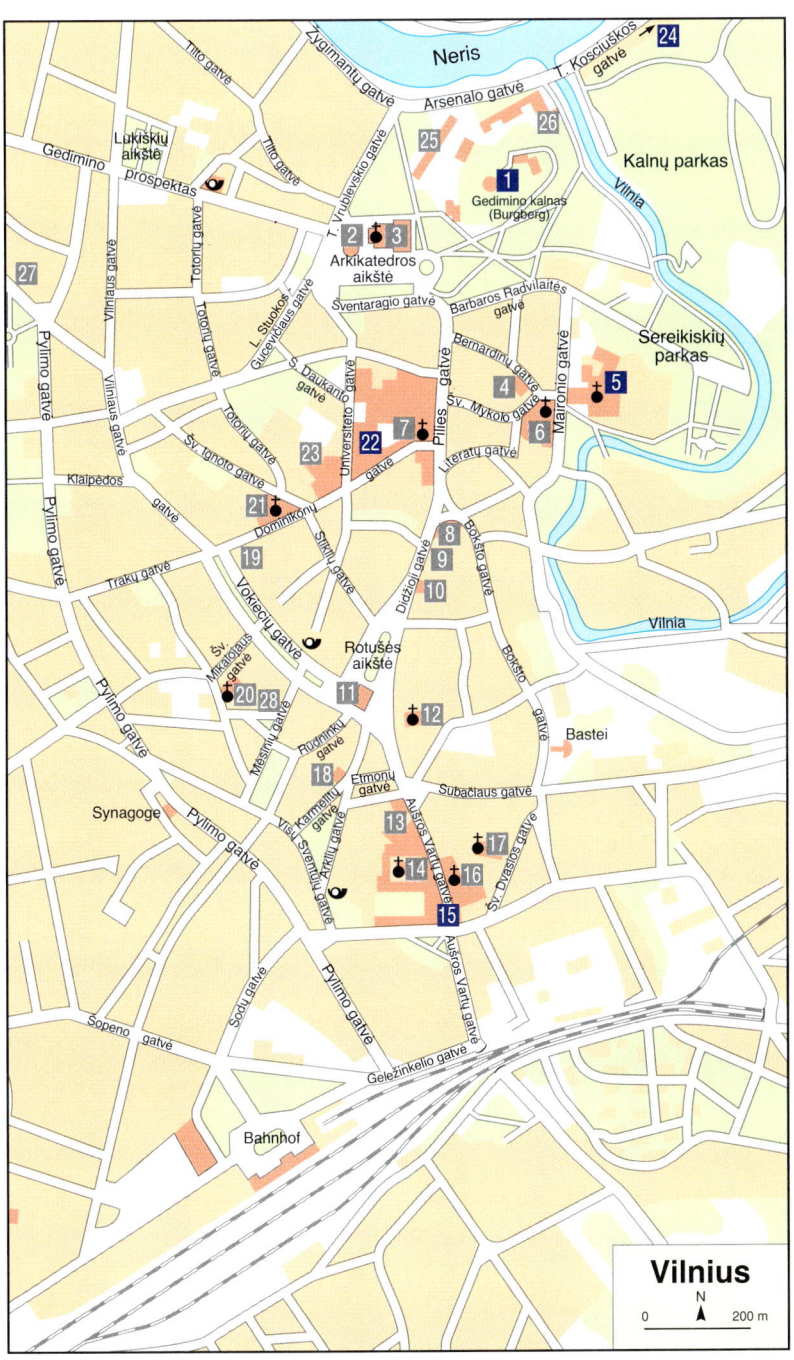

Vilnius

N

0   200 m

Von Bierhalle bis Künstlertreff

»In Wilna entweicht die Zeit durch die Tür des Cafés, begleitet vom Krach der Teller, Messer und Gabeln, während der Raum betütert blinzelt und lange ihr nach starrt.« Diese Verse schrieb Joseph Brodsky bei einem Besuch in Vilnius 1971.

Vorbei ist die Zeit der unfreundlichen Kellner, der Türsteher, die keinen Einlaß gewährten, obwohl das Restaurant nicht voll war, vorbei auch die Zeit der Suche nach überhaupt einem Restaurant. Die Stadt ist nun voll von Bierbars, Restaurants und Cafés. In Cafés *(Kavine)*, Bars *(Baras)* und Snack-Bars *(Užkandine)* bekommt man kleine Gerichte und Getränke. Im Sommer gibt es jetzt immer mehr kleine Straßencafés, in denen man zwischen den Besichtigungen kurz einkehren kann. Litauische Küche bekommt man eher in den kleinen Restaurants, Kavines und Užkandines. Die größeren Restaurants bieten in der Regel »internationale Küche«.

In einigen Restaurants muß man vorbestellen, so auch im »Stikliaj«. Das »Stikliaj« ist das erste Privatrestaurant der Stadt und rühmt sich, Könige und Präsidenten bewirtet zu haben. Nur, wer für diese erwarteten Gäste gut kocht, muß nicht auch für den Durchschnittsgast perfekt sein. Die Atmosphäre im eleganten Ambiente ist eher steif, die Bedienung betont langsam, und die Hauptgerichte schwimmen alle in der gleichen Sauce.

Gemütlicher geht es nebenan zu: in der Bierbar »Alute« vom gleichen Besitzer. Hier entspricht der Preis der Qualität der vielfältigen Gerichte, und dazu sollte man unbedingt das litauische Bier vom Faß trinken. Besonders zu empfehlen ist der kalte Borschtsch mit Röstkartoffeln. Im gotischen Keller darunter gibt es eine Weinstube.

Nicht weit davon liegt in der Šv. Jono gatvė das Restaurant »Baltijos Sakalas«. Schwere rote Vorhänge, weiße Wände und weiße Tischdecken schaffen eine elegante Atmosphäre, das Huhn in verschiedenen Varianten ist gut, die Getränke zu teuer. Nur ein paar Schritte entfernt in der Šv. Ignoto gatvė ist im Restaurant »Bočiu« die Atmosphäre besser als das Essen. Es liegt im früheren

Alte Waffen und Verteidigungsgeräte sind hier ausgestellt.

Einen Gang durch die Altstadt beginnt man nun am besten am Kathedralenplatz. Früher hieß er Šventarages-Tal, nach dem ersten litauischen Fürsten, der hier eine heidnische Feuerbestattung hatte. Deshalb heißt die Straße, die wir gleich überqueren werden, um in die Pilies gatvė einzubiegen, noch heute Šventaragio gatvė. Doch zuerst sollten wir uns die Kathedrale anschauen.

Das »Stikliaj« gehört zu den »feinen Adressen« von Vilnius

Jesuitenkloster und hat phantastische Fresken an den Wänden.

In der Altstadt, nahe dem Aušros-Tor kann man im litauisch-deutschen Joint-venture-Restaurant »Ida Basar« im Bierkeller trinken oder im Restaurant opulente Gerichte verspeisen. In der Neustadt liegt auf dem Gediminas Prospekt das Restaurant »Juoda-Raudona«, das tatsächlich – wie der Name sagt – schwarz-rot ist. Bei leiser Musik und schwacher Beleuchtung kann man hier gut speisen.

Besonders zu empfehlen ist das jüdische Restaurant am Rande der Altstadt, »Lietuvos Jeruzalė«. Der Raum ist eine Mischung aus baltischer Dekorierkunst und westeuropäischem Design, das koschere Essen (vor allem die Fischgerichte sind vorzüglich!) und die französischen Weine werden noch schmackhafter, wenn sie durch die gute Live-Musik begleitet werden.

Am Freitag- oder Samstagabend treffen sich alte und junge Jazzliebhaber im »Leandra Jazz Club«. Der exklusivste Jazzclub von Vilnius erinnert an typische Pariser Clubs. Ein buntes Durcheinander von Künstlern und Studenten trifft sich mittwochs, freitags und samstags in der »Galerie Langas« zum wilden Tanzen nach Jazzmusik.

Die Kathedrale St. Stanislaus (Arkikatedra bazilika)

3 »Der Mann, den die schöne, zarte Hedwig von Polen heiraten mußte, der erste polnisch-litauische Jagiełło, wurde – ich glaube vertraglich – Christ und hat den Tempel beseitigt. Dafür hat er die Stanislauskathedrale erbaut, zur Rache am Christentum. Wenn ein Christ das schreckliche Gebäude sieht, wird er wieder Heide. Es kommt nichts heraus bei solchen gemachten Ehen. Die Kirche sieht aus wie ein griechischer Tempel oder ein polnisches Stadttheater. Weichselantike. Die Ehe hat der Tod gelöst, Polen und Litauen sind wieder auseinander, die Kathedrale hat sich nicht rückgängig machen lassen. Der heilige Kasimir soll darin einen silbernen, eintausendzweihundert Kilogramm schweren Sarg haben; (…). Ein Glockenturm steht frei neben diesem Griechentempel oder Stadttheater.«

So beschreibt Alfred Döblin in seiner »Reise in Polen« die Kathedrale im Zentrum von Vilnius. Das hat er sich schön ausgedacht, nur die Geschichte der Kathedrale ist in Wahrheit eine andere: Erst 1783–1801 entstand ihr heutiges Gebäude, das »wie ein griechischer Tempel« aussieht. An dem Platz, wo die Kathedrale heute steht, befand sich einst eine heidnische Kultstätte für den Donnergott Perkūnas. Das haben Ausgrabungen ergeben. Zudem vermerkte Papst Urban im Jahre 1388, daß in Vil-

nius ein heidnischer Tempel abgerissen worden sei, um einer christlichen Kirche Platz zu machen. Doch schon unter Fürst Mindaugas, der sich im 13. Jh. aus taktischen Gründen hatte taufen lassen, entstand die erste christliche Kirche, die aber nach seinem Tod wieder in einen heidnischen Tempel verwandelt wurde. Fürst Jogaila (poln. Jagiełło) ließ dann 1388 eine kleine gotische Steinkirche erbauen, die 1419 abbrannte. Fürst Vytautas ließ eine größere gotische Kirche erbauen. Nach einem Brand im Jahre 1530 wurde sie im Stil der italienischen Renaissance, im Jahre 1610, abermals nach einem Brand, wurden die Kapellen im Barockstil umgebaut.

Der litauische Architekt Laurynas Stuoka-Gucevičius (1753–1798), der in Paris den Klassizismus kennengelernt hatte, gab ihr die heutige Gestalt. An der Westfassade der Kathedrale tragen sechs 20 m hohe dorische Säulen in Dreiergruppen den Portikus. In den da-

Die Kathedrale von Vilnius

hinterliegenden Nischen sieht man sechs Barockfiguren des Italieners Tomasso Righi, die die vier Evangelisten, flankiert von Abraham und Moses, zeigen. Im Giebelrelief ist die Familie Noahs beim Dankopfer zu sehen.

Zwei kleine Kapellen im Barockstil aus dem frühen 17. Jh., die Kapelle des Heiligen Kasimir und die Valavičių-Kapelle, sind im Innern erhalten. Besonders schön ist die Kasimir-Kapelle. Sie wurde zu Ehren des Enkels von Jogaila, Fürst Kasimir (1458–1484), erbaut, der hier nach seiner Heiligsprechung 1602 beigesetzt wurde. Die Fresken zeigen Szenen aus dem Leben des heiligen Kasimir.

Entlang der **Pilies gatvė,** der ältesten und im Mittelalter längsten Straße der Stadt, bauten die Handwerker und Kaufleute ihre Häuser. Die Pilies gatvė führt von der Burg bis zum **Aušros-Tor** (s. S. 85). Die kleinen Gassen, die von der Pilies gatvė abgehen, sind oft von Bögen überspannt. Vilnius wurde häufig angegriffen, und so konnte man auch die Straßen verschließen, denn unter den Bögen befanden sich Tore.

Links biegen wir in die **Bernardinų gatvė.** Im Laufe der Jahrhunderte wurden die gotischen Häuser im Renaissance- oder Barockstil umgebaut, doch in einigen Kellern, in denen Galerien oder Kneipen eröffnet haben, ist noch das gotische Rundgewölbe zu sehen, und in manchen Innenhöfen, die man durch ein Tor erreicht, sind die gotischen spitzen Giebel erhalten. Lange Zeit standen die Tore offen, nun da die Altstadt renoviert wird und Firmen oder betuchtere Klientel einziehen, sind die meisten geschlossen. Einen schönen Innenhof sieht man noch im **Mickiewicz-Haus** 4 . Hier wohnte im Jahre 1822 der Dichter Adam Mickiewicz (1798–1859), Polens Goethe, der damals in Vilnius stu-

dierte. In dem Gebäude, das zur Universität gehört, ist ein Gedenkmuseum für den Dichter eingerichtet, dessen berühmtes Poem »Pan Tadeusz« beginnt: »Litauen! Mein Vaterland!«.

Das gotische Ensemble

5 Am Ende der Straße wird der Blick frei auf das gotische Ensemble der Anna- und Bernhardiner-Kirche (Šv. Onos ir Bernardinų) mit dem ehemaligen Kloster des Berhardinerinnen-Ordens, das jetzt die Kunstakademie der Stadt beherbergt. Der Volksmund sagt über die nebeneinander stehenden Kirchen, daß die Anna-Kirche wie ein junges anmutiges Mädchen aussähe und die Bernhardiner-Kirche wie eine ältere erfahrene Frau, massiver und schwerer. Am Jahrestag des Hitler-Stalin-Paktes 1987 kamen die Menschen aus der Messe in der Anna-Kirche und versammelten sich. Hier wurde zum ersten Mal der Gedanke formuliert, daß Litauen wieder unabhängig sein müsse.

Die sehr anmutig und leicht wirkende **Anna-Kirche** gehört zu den schönsten spätgotischen Kirchenbauten von Nordosteuropa. Auch Napoleon bewunderte sie sehr, als er 1812 nach Litauen kam und soll gesagt haben: »Wenn ich könnte, würde ich diese Kirche auf meine Handfläche nehmen und nach Paris tragen.« Der Baumeister ist unbekannt. Das Besondere und Einmalige ist, daß diese kleine Kirche aus 33 verschiedenen Backsteinformen erbaut wurde.

Die **Bernhardinerkirche** wurde Anfang des 16. Jh. im gotischen Stil von Michael Enkinger erbaut und als Wehrkirche in die Stadtbefestigung miteinbezogen.

Gegenüber dem gotischen Ensemble erhebt sich die barocke **Michael-Kirche** (Šv. Mykolo) 6 . Der Kanzler des Groß-

»Wenn ich könnte, würde ich diese Kirche auf meine Handfläche nehmen und nach Paris tragen« (Napoleon über die spätgotische Anna-Kirche)

fürstentums hat sie 1594 erbauen lassen; sie wurde zur ewigen Ruhestätte seiner Familie. In der Kirche befindet sich heute das Museum für Architektur. Von der Šv. Mykolo gatvė öffnet sich ein schöner Blick auf den Glockenturm der **Johannis-Kirche** (Šv. Jono) **7** . Zu dieser ehemaligen Universitätskirche, die während der Sowjetzeit als Papierlager zweckentfremdet wurde, gelangen wir, wenn wir nun die Pilies gatvė zum Aušros-Tor hinuntergehen. Vor einem großen neuen Wohnblock neben der Kirche, der nicht in das Altstadtbild paßt, bieten

fliegende Händler Bernsteinschmuck, Keramik, Holzschnitzereien und andere Souvenirs an. Die alte Post mußte in den sechziger Jahren diesem Bau weichen. In dem grün-weißen **Haus Nr. 26** gegenüber wurde am 16. Februar 1918 vom Balkon des ersten Stockwerkes die Unabhängigkeit des Litauischen Staates proklamiert. Jedes Jahr findet am Gedenktag hier eine Kundgebung statt.

Die Pilies gatvė öffnet sich zu einem Platz, an dem man in einem kleinen Straßencafe unter Bäumen eine Pause einlegen kann. Die russisch-orthodoxe Kirche **Pjatnizkaja**  gegenüber wurde im 14. Jh. für die erste Frau, eine russische Prinzessin, des Großfürsten Algirdas gebaut. Am Ende des Platzes beginnt die Didžioji gatvė, eine der ersten Adressen im 19. Jh. Anfang des Jahrhunderts lebte im ersten Haus auf der rechten Seite der österreichische Medizinprofessor Frank, dessen Frau Christina Sängerin war und gut bekannt mit Beethoven und Haydn. Auf Anregung der Familie wurde ein Oratorium von Haydn im Rathaus aufgeführt. 1812 lebte Stendhal in diesem Haus, der die napoleonische Armee als Versorgungsoffizier auf ihrem Rußlandfeldzug begleitete. Gegenüber, in dem ebenfalls renovierten ehemaligen **Chodkevičiu-Palast**, befindet sich eine Gemäldegalerie mit litauischer Kunst des 16.-19. Jh. Der zweite Stock ist mit Möbeln des 19. Jh. eingerichtet.

Vorbei an der russisch-orthodoxen **Nikolaus-Kirche** im barocken Stil kommen wir auf den **Rathausplatz**. Nur ein paar Taxen warten am Rand des baumlosen Platzes auf Kundschaft. Das erste, gotische **Rathaus** der Stadt von 1387 wurde durch Feuer zerstört. Das jetzige Gebäude wurde von dem Architekten Laurynas Stuoka-Gucevičius, der auch der Kathedrale ihre heutige Form gab, Ende des 18. Jh. im klassizistischen Stil gebaut. Als Vilnius zum russischen Reich kam, wurde das Rathaus Theater, nach dem Ersten Weltkrieg Kunstmuseum.

Links am Rathaus vorbei, kommt man zur **Kasimir-Kirche** (Šv. Kazimiero). Mit ihrer üppig rosa-weißen Stuckfassade ist sie die erste frühe Barockkirche in Litauen. Jesuiten ließen sie 1604–18 nach dem Vorbild der römischen Haupt-

Die Kuppel der Kasimir-Kirche, erhöht von einer mächtigen Krone, dem Zeichen der polnischen Jogaila-Dynastie

Die wundertätige Muttergottes von Vilnius

Vilnius

84

Vilnius ist eine Stadt der Kirchen. 45 sind es, deren Glocken aber nie schlagen, weil es sonst nie Ruhe gäbe. Zu den berühmtesten zählt die **Kapelle im Aušros-Tor.** Seit Jahrhunderten lockt das wundertätige Bild der Muttergottes. Das kleine Bild der Madonna aus dem 16. Jh. ist versteckt hinter einem Kleid aus kunstvoll verziertem, vergoldetem Silber. Es sollte die Stadt vor einer Feuersbrunst schützen und wurde im 17. Jh. für wundertätig erklärt. Auch Alfred Döblin war bei seiner Reise nach Vilnius 1924 sehr angetan von der Madonna: »Sehr lieblich sieht die Madonna aus. Über einem großen Halbmond, der wie ein gebogenes mächtiges Tierhorn ist, erscheint sie. Von der Brust an ist sie sichtbar. Sie hat weite reich ornamentale priesterliche Kleider an. Den gekrönten Kopf hält sie nach rechts geneigt. Die beiden Hände liegen gekreuzt über der Brust. Der schmale Hals taucht aus herrlichen sehr farbigen Gewändern und Überwürfen auf. Dann kommt ein schmales hohes Gesicht, die Augen nur mit einem Spalt offen, die Lippen geschlossen. Spitze goldene Strahlen umgeben den ganzen Kopf. Sie betet, oder ist entrückt, oder hört wehmütig-milde, oder ist in ihr Leid versunken, sucht sich daraus zu erheben: ich kann schwer den Ausdruck fassen. Das Bild wirkt suggestiv, berührt.« Viele polnische

Weil in ihm das Bildnis der Madonna hängt, wurde das Aušros-Tor als einziges Stadttor von Vilnius nicht abgerissen

Pilger kommen zum Beten. Als der Papst 1993 in Litauen war, zelebrierte er hier eine Messe.

König Zigismund II. August heiratete im 16. Jh. Barbora Radvilaite (1520–1551). Sie stammte aus einer der reichsten litauischen Familien, aber dennoch war man gegen die Heirat, weil sie eine Bürgerliche war. So ließ Zigismund sich heimlich trauen. Ein Jahr vor ihrem Tod wurde sie schließlich als Königin anerkannt. Sie soll eine große Schönheit gewesen sein, und die Legende sagt, daß dieses Marienbild zum Vorbild Barbora Radvilaite hatte.

kirche der Jesuiten, Il Gesu, erbauen. Benannt wurde sie nach dem heiligen Kasimir, dem litauischen Schutzheiligen. Die Kuppel ist erhöht von einer mächtigen Krone, dem Zeichen der Jogaila-Dynastie. Nach der dritten polnischen Teilung wurde sie in eine orthodoxe Kirche verwandelt, im Ersten Weltkrieg hielten die deutschen Truppen hier protestantische Gottesdienste ab, und die Sowjets machten aus ihr ein »Museum der Religion und des Atheismus«, bevor sie in unseren Tagen ihre eigentliche Bestimmung zurückerhielt. Die Kirche wurde etliche Male geplündert. Das erste Mal, als Napoleons Armee durch die Stadt zog.

Dort, wo die Didžioji gatvė zur Aušros vartų gatvė wird, erinnert in einem Torbogen eine Tafel mit einer Inschrift daran, daß dieses Gebäude einst einem jüdischen Händler gehörte, der hier ein jüdisches Armenhaus eingerichtet hatte. Im Hof befindet sich heute das prachtvolle Gebäude der **Philharmonie** 13 . Etwas weiter die Aušros vartų gatvė hinauf gelangt man durch einen Torbogen auf der rechten Seite zum ehemaligen **Basilianer-Kloster** 14 mit seinem schönen barocken Eingangstor. In das restaurierte gotische Haus Nr. 8 ist das Restaurant Medininkai eingezogen.

Die Straße steigt ein wenig bergan und verengt sich. Aus der russisch-orthodoxen Heiliggeist-Kirche dringen die Gesänge des Frauenchores durch den davor liegenden Kloster-Garten, und weiter oben hört man durch das offene Fenster der Kapelle im alten Stadttor **Aušros vartai** 15 die Gebete vor der goldenen Madonna (s. S. 84). Das Tor ist das einzige noch erhaltene der ehemaligen Stadtmauer. Weil in ihm das Bildnis der Madonna hängt, wurde es nicht wie die anderen geschleift. Auf seiner Rückfront prangt das litauische Wappen, der

Reiter. Während der Sowjetzeit war es das einzige in der Stadt. Zwischen beiden liegt die barocke **Theresienkirche** 16 , deren Innenausstattung mit Fresken und acht vergoldeten Altären äußerst prunkvoll ist. Die **Heiliggeistkirche** (Šv. Dvasios) 17 wurde im 17. Jh. für die russisch-orthodoxe Gemeinde der Stadt erbaut, die in diesem Stadtteil lebte. Gegenüber war zu der Zeit eine Herberge für russische Kaufleute. Nach einem Brand 1749 erhielt sie durch den Architekten Glaubitz ihr heutiges Gesicht. Sie ist die wichtigste orthodoxe Kirche Litauens und Sitz des Erzbischofs, außerdem befindet sich in ihrem Hof ein Kloster. Prächtige Ikonen, wunderbare Fresken und die Gebeine der im 14. Jh. ermordeten Märtyrer Antonius, Iwan und Eustachius in der Krypta machen einen Besuch lohnenswert. Täglich um 17 Uhr findet der Gottesdienst statt und man hat Gelegenheit, den herrlichen Gesängen zuzuhören.

Vom Stadttor gehen wir die Aušros vartų gatvė zurück und biegen links in die Etmonų gatvė. Am Ende der Straße liegt das Gebäude des **Jugendtheaters** 18 , lange Jahre Litauens Forum für die interessantesten Inszenierungen.

Mit der Rudininkų gatvė betreten wir das Gelände des jüdischen Ghettos, in das die Deutschen während der Besetzung der Stadt 1941–43 die Juden einsperrten. Gleich rechts an der Hauswand von Nr. 18 erinnert eine Gedenktafel daran, daß hier eines der Tore war, durch die über 30 000 Juden in den Tod gingen. Vor der Einrichtung des Ghettos war diese Straße dicht bewohnt gewesen, hier gab es viele jüdische Läden. Der freie Platz mit Grünfläche entstand erst nach dem Krieg, als die Häuser des alten Ghettos abgerissen wurden. Wir überqueren den Platz, an dessen Ende auf einer Gedenktafel in hebräisch und litauisch zu lesen ist: »Zum Andenken an die kämpfenden Opfer des Ghettos von Vilnius«

Die enge Mėsinių, gatvė führt auf die ebenfalls schmale **Vokiečių gatvė** (die Deutsche Straße). Hier siedelten im Mittelalter deutsche Händler, Kaufleute und Handwerker. »Dejschische gas«, sagten die Litwaken, die Juden von Vilinius, vor dem Krieg, als hier viele Häuser und Geschäfte in jüdischem Besitz waren. Während der deutschen Besatzung lagen links und rechts die beiden Ghettos. Als die Sowjets dann die Stadt einnahmen, beschlossen sie, vom Rathaus einen breiten Prospekt durch die Altstadt zu ziehen. Den Anfang sollte die Deutsche Straße machen. Die Häuser auf der linken Seite blieben stehen. Es entstanden der grüne Mittelstreifen und auf der rechten Seite neue Wohnblöcke. Bei dieser Planung fiel auch die **große Synagoge** 19 den Bulldozern zum Opfer. Sie lag hinter den Wohnblöcken, wo sich jetzt ein Kindergarten und ein Spielplatz befinden.

Wir biegen links in die Šv. Mikalojaus gatvė mit der **Nikolaus-Kirche** (Šv. Mikalojaus) 20, der ältesten, erhaltenen gotischen Kirche in Litauen. Deutsche Kaufleute ließen sie im 14. Jh. noch vor der Christianisierung Litauens erbauen.

Zurück auf der Vokiečių gatvė finden wir im Hinterhof von Haus Nr. 20 die einzige evangelisch-lutherische Kirche der Stadt, die kürzlich restauriert wurde. 1555 wurde sie erbaut, der Rokoko-Altar ist von 1741.

Linker Hand, in der Dominikonų gatvė leuchtet in hellem Weiß die **Dominikaner-Kirche** (Dominikonų) 21 aus dem 17. Jh. mit dem dahinterliegenden Kloster. Hier finden Gottesdienste in polnischer Sprache statt. Sie war eine der wenigen Kirchen, die während der Sowjetzeit Gottesdienste abhielten.

Rechts biegen wir in die schmale Stiklių gatvė. Sie war das Zentrum des zweiten Ghettos und ist heute eine der wenigen schon völlig restaurierten Gassen der Altstadt. Im Eiscafé »Stikliai Ledaine« kann der Rundgang angenehm ausklingen.

Die Universität – Eine Stadt in der Stadt

22 Auf dem Weg zur Universität, die Universiteto gatvė hinunter, sollte man nicht versäumen, einen Blick in den Hof des **Alumnatpalastes** 23 zu werfen (Nr. 4). Einst lebten Studenten in dem sehr schönen dreistöckigen Renaissancekomplex aus dem 17. Jh. mit offenen umlaufenden Arkaden; jetzt sind Behörden in den Räumen untergebracht.

Das 1569/70 gegründete Jesuitenkolleg wurde 1579 zur Universität auf Initiative des Königs von Polen und Großfürsten von Litauen Stephan Bathory, der ein gebildeter Humanist war und in Padua studiert hatte. Vorerst gab es nur die theologische und philosophische Fakultät, 1641 kam die juristische Fakultät hinzu. Sie unterstand dem Jesuitenorden bis zu seinem Verbot im Jahre 1773. 1832 – Litauen gehörte inzwischen zu Rußland – ließ Zar Nikolaus I. die Universität schließen. Mit ihren 12 Innenhöfen und 13 Gebäuden, die seit dem 16. Jh. entstanden, bildet sie den bedeutendsten Architekturkomplex der Stadt.

Auf der rechten Seite führt der zur Universiteto gatvė hin offene Bibliothekshof mit dem Bibliotheksgebäude und dem – nicht so gelungenen – Denkmal von Donelaitis in das Innere der Universität. Die 1570 gegründete **Bibliothek** ist die angesehenste des Landes und umfaßt heute fast 5 Mio. Bücher,

Universität – Der große Hof mit der Johanniskirche

von denen 180 000 aus dem 15.–18. Jh. stammen.

Durch einen Torbogen betritt man den **Sarbievius-Hof,** benannt nach dem Dichter Motiejus Sarbievius (1595 bis 1640), der in der lateinischen Sprache dichtete, die auch Unterrichtssprache der Universität war. In diesem Hof liegt die gutsortierte Buchhandlung »Littera«, die in überwölbten und mit Deckenmalereien verzierten Räumen untergebracht ist. Nach rechts gelangt man über ein paar Stufen in den **Großen Hof** oder Skarga-Hof, benannt nach Petras Skarga (1536–1612), dem ersten Rektor der Universität. An drei Seiten ist er von dreigeschossigen Gebäuden aus dem 17. Jh. mit Arkadengängen umschlossen. Bei der Restaurierung zur 400-Jahr-Feier wurden die Fresken aus der Entstehungszeit entdeckt, die die Gründer der Universität darstellen. An der vierten Seite des Hofes liegt die wunderschöne, barocke **Johanniskirche** mit dem frei-

stehenden Glockenturm. An die Kirche grenzt das Hauptgebäude der Universität, über dem Eingang steht geschrieben: Alma Mater Vilnensis. Vom Großen Hof gelangt man nach rechts in den Observatoriumshof, einen kleinen Hof, der beherrscht wird von dem auffälligen Gebäude der Sternwarte mit zwei zylindrischen Türmen. Dahinter öffnet sich der kleine Druckereihof. Wendet man sich vom Sarbievius-Hof nach links, gelangt man in fünf weitere malerische Innenhöfe, die zur Pilies gatvė führen.

Die Atmosphäre der Universität gleicht noch immer der, die Alfred Döblin in seiner 1924 unternommenen »Reise in Polen« beschreibt, als Vilnius zu Polen gehörte: »Die Universität ist ein weitläufiges altes Gebäude ... Mächtige dicke Gewölbe hat die Universität, die unter den Russen ein Gymnasium war. Lange Hallen geht man, Treppen auf und ab. Ein uraltes, fabelhaft solides, sehr beruhigendes Gebäude. Im Kriege muß

Blick in die Kuppel der Peter-und-Paul-Kirche

es bombensicher sein. Kommt mir nicht gebaut, sondern organisch gewachsen vor. Elektrisches Licht paßt gar nicht zu der dichten Heimlichkeit. Diese Lese-säle, Hörsäle mit ihren alten warmen Holzbänken; alles ist gebraucht, menschlich angewohnt, angepaßt, rund geworden.«

Die Peter-und-Paul-Kirche (Šv. Apaštulų Petro ir Povilo)

24 Das Äußere der barocken Peter-und-Paul-Kirche verrät nicht, welche Schätze sie im Innern verbirgt. Gewölbe und Wände sind mit Ornamenten und etwa 2000 weißschimmernden Stuckfiguren aus der christlichen Mythologie und der Geschichte Osteuropas über und über bedeckt. Seit 300 Jahren sind sie in ihre Tätigkeiten vertieft, erstarrte Gesten der Apostel, Heiligen und Fürsten. Der Ein-druck ist überwältigend. Einst soll hier

das Heiligtum der Göttin Milda gewesen sein. Eine Holzkirche war abgebrannt, als der Hetman Mykolas Kasimir Pacas beschloß, hier eine gewaltige Kirche bauen zu lassen. Er selbst ließ sich unter der Schwelle bestatten und auf seinen Grabstein schreiben »Hic jacet pecca-tor« (Hier ruht ein Sünder). 1668–85 wurde die Kirche nach einem Entwurf des Architekten Jan Zaor erbaut. An der Innenausstattung arbeiteten die ita-lienischen Bildhauer Peretti und Galli. Durch seine Lage außerhalb der Altstadt wurde der Bau nie zerstört, sondern ist noch in seinem Originalzustand. Die Kir-che liegt unmittelbar hinter dem Kalnų-Park am Ufer des Neris (etwa 1 km vom Park).

Durch Museen und Galerien

Kaunas ist mehr für die Kunst zuständig, Vilnius für die Geschichte Litauens. Unser Gang durch die Museen wird sich daher auf die Geschichte konzentrieren.

Unterhalb des Burgberges liegt das **Historisch-Ethnographische Museum** (Lietuvos nacionalinis muziejus) 25. Es ist im Gebäude des Neuen Arsenals untergebracht. 1855 wurde das Museum gegründet und enthält heute 450 000 Exponate. Wer mehr über die bewegte Geschichte Litauens erfahren will, sollte dieses Museum besuchen. Es sind archäologische Funde der Frühzeit zu sehen, historische Münzen, Dokumente, Karten und Bilder. Der Tisch, an dem 1795 Litauens und Polens Schicksal entschieden wurde, ist dort ausgestellt. Sehenswert ist auch die neue Ausstellung über die Litauische Republik in der Zwischenkriegszeit. In der ethnographischen Abteilung kann man sich über die Trachten der verschiedenen Regionen informieren, sowie Rekonstruktionen des bäuerlichen Lebensformen besichtigen.

Das Alte Arsenal, ebenfalls unterhalb des Burgberges gelegen, beherbergt das **Museum für angewandte Kunst** (Taikomosios dailės muziejus) 26. Ursprünglich im gotischen Stil erbaut, wurde das Alte Arsenal vor ein paar Jahren im Stil des 17. Jh. restauriert. Glas, Keramik, Porzellan, Möbel und Textilien der letzten Jahrhunderte sind hier ausgestellt.

Zum vollständigen Verständnis der Geschichte darf ein Besuch im **Jüdischen Museum** (Lietuvos valstybinis žydu muziejus) 27 in der Palmėnkalnio gatvė und des **Genozidmuseums** (Paneriu muziejus) im Wald von Paneriai nicht fehlen (s. Thema Jüdisches Leben, S. 72). Im **Litauischen Staatsmuseum** (Lietuvos valstybes muziejus) in der Studentu gatvė, jenseits der Neris, ist die Geschichte Litauens unter der Sowjetherrschaft dokumentiert und der Kampf um die Unabhängigkeit. Dazu gehört

auch, daß man sich mit einem Taxi in die Dariaus ir Girėeno gatvė 25 (nahe dem Flughafen) fahren läßt. Hier im Hof einer Skulpturenfabrik (Dailės Kombinatas) sind die gestürzten Denkmäler der Sowjetzeit zu besichtigen. Lenin, Stalin, Dzerschinskij und Kapsukas, der örtliche Parteiheld, liegen auf dem Rasen.

Mitten in der Altstadt ist im ehemaligen Rathaus das **Kunstmuseum** (Lietuvos dailės muziejus) 11 untergebracht, das litauische Kunst des 20. Jh. zeigt. Direkt dahinter liegt in einem modernen Gebäude der sechziger Jahre das Zentrum für Moderne Kunst, in dem Wechselausstellungen in- und ausländischer Künstler stattfinden.

In den letzten Jahren sind in Vilnius Galerien wie Pilze aus dem Boden geschossen, jedoch nennt sich jeder kleine Souvenirladen »Galerie«. Die interessantesten Galerien in Vilnius sind die **Galerie Langas** 28 in der Ašmenos gatvė und die **Galerie Vartai** 29 in der Vilniaus gatvė. Beide zeigen nicht nur wirklich interessante moderne Kunst und sehr exquisites Kunsthandwerk, sondern bieten noch mehr: Die Galerie Vartai, die sich im dritten Stock eines Bürgerhauses der Jahrhundertwende befindet, veranstaltet in den großzügigen Räumen Kammerkonzerte. In der Galerie Langas, die auch ein Café im Hof bewirtschaftet, finden regelmäßig Jazzabende mit Tanz statt.

In der Umgebung: Wer ein bißchen mehr Zeit mitgebracht hat, sollte den klassizistischen **Verkiai-Palast** (Verkiu dvaro rumai) nicht versäumen, der etwa 10 km außerhalb der Stadt am Ufer der Neris liegt. Hier in der ehemaligen Bischofssommerresidenz, die im 19. Jh. in den Besitz der Familie Wittgenstein kam, kann man eine umfangreiche Sammlung von Möbeln und Porzellan aus dem 19. Jh. besichtigen.

Die »Stadt auf dem Wasser« – Trakai

(S. 345) »Die Lage von Trakai ist so schön und so romantisch, daß es zahlreiche Besucher anziehen würde und die Bewohner dadurch reich geworden wären, wenn es in Süd- oder Westeuropa läge. Nicht nur ein Buch, in dem diese Ecke beschrieben wäre, nicht nur ein Bild, auf dem die bemerkenswerte Ruine der Burg dargestellt wäre, hätte der Feder talentierter Schriftsteller und dem Pinsel großer Maler Arbeit verschafft«, schwärmte im 19. Jahrhundert der litauische Historiker Mykolas Balinskis.

Man kann nicht aus Litauen abreisen, ohne in Trakai gewesen zu sein. Trakai war vor Vilnius großfürstliche Residenz und ist das Wahrzeichen des Landes: Die gotische Wasserburg aus Backstein mit ihren roten massiven Wachtürmen liegt verträumt im blauen See, umrahmt von grünen Wäldern. Für die Litauer ist Trakai ein Symbol der erfolgreichen Kämpfe gegen die Kreuzritter.

In einer Seenplatte von zehn Seen, dessen größter der Galvė-See ist, liegt die **Burg**. Man betritt sie über einen langen Holzsteg. Durch den Torturm ge-

Burg Trakai

langt man in den Großen Hof, der von Mauern umgeben ist. In den links liegenden Westkasematten, die einst als Lebensmittel- und Waffenlager dienten, ist heute ein Teil des Historischen Museums untergebracht. Am Ende des Hofes trennt ein tiefer Graben die Vorburg von der Hauptburg, über eine Brücke gelangt man in den Innenhof, der mit hölzernen Galerien umsäumt ist. Hier finden oft Konzerte und Theateraufführungen statt. Die meisten Räume gehören zum Historischen Museum. Die Exponate zeigen die Geschichte Litauens und die Restaurierungsarbeiten an der Burg anhand von archäologischen Funden, Münzen und Fotodokumenten. Aus den Fenstern hat man einen überwältigenden Blick auf die Seenplatte.

Die Burg entstand im 14. Jh. Zerstört wurde sie während des Krieges mit Rußland 1655. Mit dem aufkeimenden Nationalbewußtsein Ende des 19. Jh. richtete sich das Interesse auf einen Wiederaufbau. Das, was wir heute sehen, ist das Ergebnis der Restaurationsarbeiten, die in den fünfziger Jahren begannen und Chruschtschows Mißfallen erregten, weil die Litauer sich damit zu sehr auf ihre Vergangenheit als Großmacht besinnen würden.

Zwar ist die Inselburg der eigentliche Anziehungspunkt, doch auch die **Stadt** ist sehr sehenswert. Sie war Hauptstadt

Die Karäer oder Karaimen

»Ankömmlinge aus dem Süden« nennt Czesław Miłosz die turksprachige Volksgruppe der Karäer (hebr. = Leute der Schrift). Ihre Angehörigen sind mosaischen Glaubens, erkennen aber nur das Alte Testament an und nicht den Talmud. Von ihrer Tradition her sind sie streng asketisch. Diese jüdische Sekte entstand im 8. Jh. Aus der Türkei kamen sie auf die Krim, wo sie bis zum 18. Jh. in den Bergen siedelten.

Am Ende des 14. Jh. besiegte Vytautas die Krim und brachte 383 Karäer-Familien mit als Gefangene. Er siedelte sie in Trakai, Birse, Panevėžys, Ukmergė, Pasvalys und Kaunas an. In Trakai wurden sie seine Burgmannschaft. Heute wohnen in Trakai noch etwa 120 Karäer. Erstaunlich ist, daß sie sich über 600 Jahre in fremder Umgebung ihre Traditionen bewahrt haben. In der Altstadt ist das Viertel der Karäer an den gelben Holzhäusern zu erkennen. In der Karaimu gatvė 22 kann man in dem **Museum der Karäer** (Karaimu ekspozicija) mehr über Leben und Gebräuche der Karäer erfahren, das kleine Haus mit Turmaufsatz und orientalisch anmutenden Fenstern in der Karaimu gatvė 30 ist die **Kenessa**, das Gebetshaus der Karäer. Und es gibt sogar ein karäisches Restaurant in der Karaimu gatvė 65, »Kibinai«.

des Fürstentums, bevor Gediminas sie nach Vilnius verlegte. Er vermachte die Stadt Trakai seinem Sohn Kestutis, der eine Burg auf der Halbinsel bauen ließ, von der heute nur noch Reste erhalten sind. Ursprünglich meinte man, daß die Burg auf der Halbinsel älter sei als die Wasserburg. Neueste archäologische Funde aber ergaben, daß beide etwa gleichzeitig von Kestutis erbaut wurden, um die Mitte des 14. Jh.

Die Stadt befindet sich auf der Halbinsel zwischen Bernhardiner-, Galvė- und Totoriškių-See. Sie war – vor allem unter dem Großfürsten Vytautas – im 15. Jh. eine der wichtigsten Residenzen, aber auch eine blühende Handelsstadt mit Magdeburger Stadtrecht. Doch Vilnius drängte nach vorn, und damit verlor Trakai im 16. Jh. an Bedeutung.

Die Türme der **Kirche** erheben sich über der kleinen Stadt. Sie ist eine der ältesten Kirchen Litauens, 1409 unter Vytautas erbaut. Im barock ausgestalteten Inneren ist die »Madonna von Trakai« bemerkenswert, ein Gemälde in Öl auf Holz. Maria trägt ein mit Ornamenten und Blumen verziertes Gewand aus Metall und eine Krone. Im Arm hält sie das Kind, in der linken Hand eine Blume als Symbol der Lebensfreude.

Von Vilnius liegt Trakai nur 27 km entfernt, und die Besichtigung von Burg und Stadt kann an einem schönen Sommertag bestens mit einem Bootsausflug auf den Seen verbunden werden.

Der Süden – Seen, Wälder und Kuren
Eine Fahrt von Trakai über Druskininkai nach Kaunas

Von Trakai fährt man erst Richtung Vilnius auf der A 229. Kurz vor Vilnius geht die A 232 ab, die dann zur A 233 wird. Wir sind unterwegs in den Süden Litauens, in die Dzūkija. Tiefe Fichtenwälder – ein Eldorado für Pilzsammler –, sandiger Boden, Seen und Moorgebiete kennzeichnen diese Landschaft. Nach etwa 70–80 km erreichen wir **Varėna** **1** . Es gibt zwei Orte diesen Namens, die nur 5 km voneinander entfernt liegen. In dem älteren Varėna kommen wir an. Großfürst Vytautas hatte hier Anfang des 15. Jh. seine Jagdresidenz. Die Legende hat daraus gemacht, daß der Ort von der Göttin der Jäger und Fischer gegründet wurde. Als die Eisenbahnstrecke St. Petersburg–Warschau 1862 eröffnet wurde, die 5 km südlich verlief, entstand um den Bahnhof ein zweites Varėna. Dort wurde der berühmteste litauische Maler und Komponist Mikalojus Konstantinas Čiurlionis geboren. Ihm zu Ehren wurden zu seinem 100. Geburtstag entlang der Straße von Varėna nach Druskininkai volkstümliche Holzplastiken aufgestellt, die Stationen seines Lebens und Wirkens darstellen.

Südlich von Varėna, an der Grenze zu Weißrußland, liegt das Čerkelių-Naturschutzgebiet **2** . Es ist das größte Moorgebiet Litauens. Es bietet sich nicht nur besondere Lebensbedingungen für seltene Pflanzen, sondern auch Tierarten wie Schlangen, Fisch- und Seeadler, Kraniche, Elche und Wölfe haben ihren Lebensraum im Hochmoor mit 21 Seen gefunden. Etwa 10 km hinter Varėna erreichen wir **Perloja** **3** . Der Ort, der im 15. Jh. ein königliches Gut war, bietet – au-

ßer einem Denkmal für Vytautas den Großen – keine Sehenswürdigkeiten; er ist aber in die litauische Geschichte eingegangen, da die Bewohner in den ersten Jahren der Unabhängigkeit 1918, die »Republik Perloja« ausriefen.

Kurz vor Merkinė biegen wir links ab auf die A 231 Richtung Druskininkai. Hier beginnt der **Dzūkijos-Nationalpark** **4** . 85 % des Parks, der erst 1991 geschaffen wurde, bestehen aus tiefen Wäldern, vor allem Fichten, reich an Pilzen und Beeren, aber auch an Elchen und Wölfen. Die Landschaft ist noch sehr ursprünglich und lädt zu herrlichen Waldwanderungen, aber auch zu Fahrradtouren ein. Die Verwaltung des Parks befindet sich in Marcinkonys.

»Er erkältete sich und starb«, so geht die Legende über einen polnischen Fürsten, der einst in **Druskininkai** **5** (S. 339) kuren wollte. Doch das mindert nicht den Ruf der Kleinstadt (18 000 Einwohner) als beliebten Kurort. Schon im 18. Jh. begann man hier, die Heilkräfte der salzigen Mineralquelle zu nutzen. König Stanislaus August erklärte 1794 per Dekret den Ort zur Heilstätte, doch dann kam die Russenherrschaft, und es dauerte bis 1837, daß in Druskininkai (*druska* = Salz) das erste Sanatorium für die Beamten des Russischen Reiches gebaut wurde. Einen Aufschwung erlebte der Ort durch den Bau der nahen Eisenbahnlinie. Es entstanden prunkvolle Villen und breite Alleen. Reizvoll machen den bedeutendsten Kurort Litauens am Ufer des Nemunas nicht nur die Quellen und Moorbäder, sondern die Ruhe der Wälder und die überaus wohltuende Luft. Endlose Wanderwege laden zu Erkundungen ein, aber man kann auch Bäder in den vielen einsamen Seen nehmen. Mit etwas Glück kann man Elche beim Baden beobachten.

Seit der Unabhängigkeit Litauens hat die Besucherzahl abgenommen: die Russen kommen nicht mehr, die Litauer können es sich nicht leisten, und der Westen hat diesen Ort noch nicht entdeckt.

Glanzpunkt des Ortes ist das Čiurlionis-Gedenkhaus, eingerichtet im Haus eines Verwandten, hier malte er einige Bilder und komponierte seine erste Symphonie »Miške« (Im Wald). Seine Staffelei, Palette und Reproduktionen seiner Werke erinnern an den Maler. Im Sommer finden in dem schattigen Garten Konzerte statt.

Bleibt man im Ort, lohnt sich ein Ausflug ins Raigardas Tal (Raigardo slenis) 6. Das Tal entstand durch eine ausgetrocknete alte Schleife des Nemunas. Landschaftlich ist es wunderschön und wurde zum Naturschutzgebiet erklärt. Der Sage nach soll hier eine Stadt gestanden haben, die der Donnergott Perkūnas wegen der Ausschweifungen ihrer Bewohner in den Boden versinken ließ. Den Talausgang verschließt der »Teufelsstein« in dem Dorf **Švendubrė**.

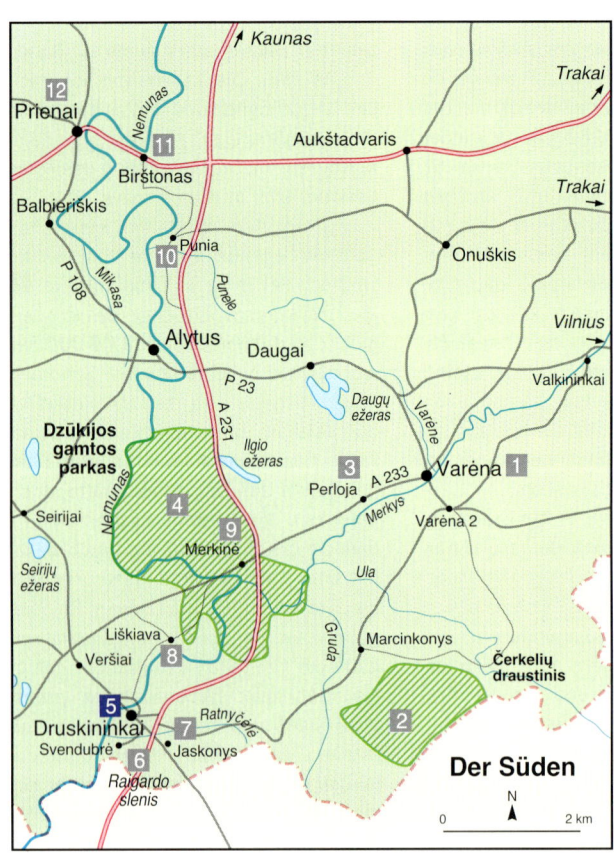

Der Süden

Von Trakai nach Kaunas – Fahrt in den Süden

Einen Spaziergang über den Sonnenweg, der 6 km aus Druskininkai hinausführt zu einer alten **Mühle**  7, sollte man ebenfalls nicht versäumen.

Druskininkai verlassen wir über die P 84 Richtung Nordwesten, um dann kurz hinter Veršiai auf der A 233 Richtung Merkinė abzubiegen. Man kann auch Druskininkai über kleine Schotterstraßen Richtung Merkinė über Liškiava verlassen. **Liškiava** 8 liegt nur etwa 10 km nördlich von Druskininkai am Ufer des Nemunas. Mauerreste auf einem Schüttberg deuten auf eine ehemalige Burg hin. Von 1704–1720 ließen Dominikaner am Ufer des Flusses ein Kloster und eine Barockkirche bauen, deren sieben mit Skulpturen im Rokokostil geschmückten Altäre und Fresken in den Kuppeln das Auge erfreuen.

Der zentrale Ort des Dzūkija-Parks ist **Merkinė** 9, das im 14. Jh. am Zusammenfluß von Nemunas und Merkys entstand. Doch schon vor 10 000 Jahren war hier eine Siedlung, wie Ausgrabungen ergaben. Vom Burghügel, den einst eine Burg schmückte, hat man einen herrlichen Blick auf die beiden Flüsse. Der König von Polen und Großfürst von Litauen, Jogaila, verlieh Merkinė die Stadtrechte. Im Zweiten Weltkrieg wurde die jüdische Bevölkerung Merkinės umgebracht, die Stadt größtenteils niedergebrannt. Erhalten geblieben ist die turmlose gotische Hallenkirche Mariä Himmelfahrt mit Renaissance- und Barockelementen.

Von Merkinė geht es über die A 231 Richtung Norden. Wir fahren immer parallel zu dem sich in breiten Schleifen nach Norden windenden Nemunas, doch zu weit ist er entfernt, um ihn zu sehen. Felder wechseln mit Wäldern ab in der spärlich besiedelten Landschaft. Kaum ein Dorf liegt am Weg. Immer wieder überholen wir ein Pferdefuhrwerk.

Entlang der Straße nach Varėna stellen Holzplastiken Szenen aus dem Leben von Čiurlionis dar

Nach etwa 40 km biegen wir links nach **Punia** 10 ab. An bessere Zeiten erinnert am Zusammenfluß von Nemunas und Punele der Burgberg Margis – einer der höchsten in Litauen –, auf dem die einst zur Kreuzritterzeit sagenumwobene Burg Pilenai gestanden haben soll und später ein Schloß, von dem nur noch das Fundament übrig ist. Ein gut gewählter Ort, denn der Blick über den breiten Nemunas, in den schnell die schmale Punele fließt, mit dem sie umgebenden dichten Wald ist beeindruckend.

Weiter geht es in Richtung **Birštonas** 11 (S. 339). Wie in Druskininkai nutzt man auch in Birštonas, das in einer weiten Schleife des Nemunas idyllisch liegt, seit dem letzten Jahrhundert die heilenden Mineralwasser und baute sich gerne eine schöne Villa. Schon zur Kreuzritterzeit gab es hier eine Burg, Vytautas kam

Mikalojus Konstantinas Čiurlionis – Komponist und Maler

»Es ist schwer, in Worte zu fassen, wie sehr mich diese wunderbare Kunst bewegt hat, die nicht nur die Malerei bereicherte, sondern auch die Vorstellung von Polyphonie und Rhythmus in der Musik erweiterte ... Dies ist ein neuer geistiger Kontinent, und Čiurlionis wird zweifelsohne sein Kolumbus bleiben«, schwärmte der französische Schriftsteller und Philosoph Romain Rolland. Čiurlionis, der 1875 in Varėna geboren wurde, wuchs in Druskininkai auf. Sein Vater, ein Organist, führte ihn schon früh an die Musik heran. Mit vierzehn Jahren kam er in die Musikschule des Fürsten Oginski von Plungė, der ihm wegen seiner außergewöhnlichen Begabung ein Studium am Warschauer Konservatorium finanzierte. Er entdeckte sein Interesse für die Malerei und studierte in Warschau später an der Kunstakademie. In seinen Kompositionen wird seine Liebe zum litauischen Volkslied, das in der Zeit des nationalen Erwachens eine Wiedergeburt erlebte, spürbar. Hervorzuheben sind zwei symphonische Dichtungen – »Miške« (Im Wald, 1901) und »Jūra« (Das Meer, 1907). Von 1908 bis 1910 arbeitete er in St. Petersburg und konzentrierte sich ganz auf die Malerei. Čiurlionis verband den Jugendstil mit der symbolistischen Tradition der europäischen Malerei. Er blieb meist landschaftlichgegenständlich, jedoch entfernte er aus seinen Landschaften alles, was er als harmoniestörend empfand. »Seine Kunst ist gerade dort am überzeugendsten, wo er menschenleere Weltlandschaften darstellt. Im leeren Raum, in der unendlichen Ausdehnung, spürt man die webende, tönende Weltseele « schreibt Nikolaj Worobjow über Čiurlionis. Er war einer der wenigen Maler-Musiker, der versucht hat, Bilder nach musikalischen Gesetzen zu malen. Er war ein Visionär, der in seinen Bildern Symbole alter Mythologien verarbeitete. 1911 kam er wegen starker Depressionen in ein Sanatorium nach Warschau, wo er im April des selben Jahres starb. Er hinterließ etwa 300 Gemälde. Seine Bilder fanden in den letzten Jahren vor seinem Tod Anerkennung und wurden auf Ausstellungen gezeigt.

zur Jagd, und im 16. Jh. war der kleine Ort sogar eine Stadt.

Auf dem Weg nach Kaunas machen wir einen kurzen Halt in **Prienai** 12, das sich ebenfalls in eine große Flußschleife des Nemunas schmiegt. Im Ort findet man ein typisches und äußerst sehenswertes Beispiel der volkstümlichen Barockinterpretation: eine Holzkirche aus dem 18. Jh., die mit einer Reihe in-

Mikalojus Konstantinas Čiurlionis
Die Erschaffung der Welt III, 1905/06
Tempera auf Papier

teressanter Holzskulpturen geschmückt ist. An der Brücke über den Nemunas blickt seit 1990 Großfürst Kestutis wieder majestisch vom Sockel hinab. In einer alten Wassermühle am Fluß, »Re-

vuona«, kann man übernachten oder doch zumindest gut essen.

Die letzten 40 km nach Kaunas sind gesäumt von Feldern, Wiesen, Schilf und Seen.

Kaunas – Die Stadt der Museen

(S. 339) Kaunas ist die litauischste und die selbstbewußteste Stadt des Landes, über die der litauisch-polnische Poet Vladislavas Sirokomle (1823–1862) nach einem Besuch urteilte: »Die Stadt ist es wert, daß sich für sie die Historiker und Poeten interessierten. Sie ist unbeschreiblich schön, ungewöhnlich wichtig war ihre Bedeutung im Handel, ihre reiche Vergangenheit, viel Hoffnung gibt es für eine vielversprechende Zukunft.«

Mit ihren fast 500 000 Einwohnern, von denen 85 % Litauer sind, ist es auch die wichtigste Industriestadt Litauens. Der alte Stadtkern mit der Burg liegt auf einer Halbinsel zwischen dem Zusammenfluß des Nemunas und der Neris. Hier überschritt Napoleon 1812 den Nemunas, um in Rußland einzufallen. Um einen Eindruck von der Stadt zu bekommen, erklimmen Sie die Žaliakalnis (die grünen Berge) oder fahren mit der Drahtseilbahn hinauf. Kaunas liegt Ihnen zu Füßen: am Horizont jenseits des Nemunas die Hänge von Aleksotas, davor die Altstadt mit ihren niedrigen Dächern und dem rechtwinkligen Straßennetz, dem weißen Turm des Rathauses und den Türmen der Vytautas-Kirche, der Kathedrale und der Jesuitenkirche. In ihrer ganzen Länge liegt unter Linden die Laisvės alėja (Freiheitsallee) vor Ihnen, das pulsierende Zentrum der Stadt, seit 1982 ist sie eine Fußgängerzone.

Aus der Geschichte

Siedlungen gab es seit Anfang unserer Zeitrechnung am Zusammenfluß der Flüsse, aber erstmalig erwähnt wurde die Stadt in einer Chronik als »Kawen« 1361. 1408 erhielt sie Magdeburger Stadtrecht, und ebenso wie Vilnius konnte sie nach der erfolgreichen Zurückschlagung der Ordensritter bei Tannenberg 1410 prosperieren. Das wurde begünstigt durch ihre Lage am größten Fluß des Landes und die Verbindung zur Ostsee. Von 1441 bis 1532 hatte die Hanse eine Niederlassung in der Stadt.

Der alte Stadtkern von Kaunas liegt am Zusammenfluß von Nemunas und Neris

Nach einem Brand im Jahre 1537 wurde das rechtwinkelige Straßennetz der Altstadt geplant und in der Folge die meisten Häuser – erstmals aus Stein – der Altstadt errichtet, die zum Teil heute noch zu sehen sind. In den kommenden Jahrzehnten entwickelte sie sich zu einer wohlhabenden Handels- und Handwerkerstadt, auch viele deutsche Händler siedelten in Kaunas.

Wie Vilnius litt auch Kaunas im 17. Jh. und Anfang des 18. Jh. unter den Kriegen, die der polnisch-litauische Staat mit Rußland und Schweden führte. Um 1720 zählte sie nur noch 1500 Einwohner. Seit 1795 gehörte Kaunas – wie ganz Litauen – zu Rußland, lediglich die jenseits des Nemunas gelegenen Be-

zirke Uznemune und Aleksotas gehörten bis 1817 zu Preußen. Durch den Kanal zwischen Dnjepr und Nemunas, der Anfang des 19. Jh. gebaut wurde, wurde Kaunas wieder zu einem bedeutenden Ort für den Handel, besonders zwischen Preußen und Rußland. Ende des 19. Jh. bekam Kaunas als westlichste Stadt zur preußischen Grenze eine Befestigungsanlage. Es wurde verboten, mehrstöckige Häuser zu bauen. So wirkt auch die Neustadt, die ab 1871 entstand, eher beschaulich.

Seine zweite Blüte erlebte Kaunas in der kurzen Zeit zwischen den beiden Weltkriegen, als es zur Hauptstadt der Republik Litauen wurde. Wirtschaftlich und kulturell profitierte die Stadt: 1920

wurde ein Opern- und Schauspielhaus erbaut, 1921 das Historische Museum, 1922 die erste litauisch-sprachige Universität gegründet, 1924 das Lehrerseminar und 1925 die Čiurlionis-Gemäldegalerie. Damals entstanden auch einige bemerkenswerte konstruktivistische Bauten: die Auferstehungskirche, die Hauptpost, die Stadtverwaltung und eine Reihe von Wohnhäusern in der Putvinskio gatvė, um nur einige zu nennen.

Gestoppt wurde dieser »Bauboom« der dreißiger Jahre 1940 durch die Sowjets und endgültig, als 1941 die Deutschen Kaunas einnahmen. Sie machten die zaristischen Festungen zu Konzentrationslagern. Neben der Autobahn Richtung Klaipėda sieht man das IX. Fort, in dem 80 000 Menschen von den Nazis ermordet wurden: zuerst die Juden aus dem Ghetto von Kaunas, dann Deportierte aus anderen Ländern und schließlich auch noch an die 10 000 russische Gefangene. Seit 1984 erinnert eine Gedenkstätte an die Opfer. Bilder und Texte dokumentieren die Ereignisse, verschweigen jedoch die litauische Beteiligung am Holocaust.

Ein Rundgang: Von der Altstadt zur Neustadt

Wir beginnen unseren Rundgang an der **alten Burg** 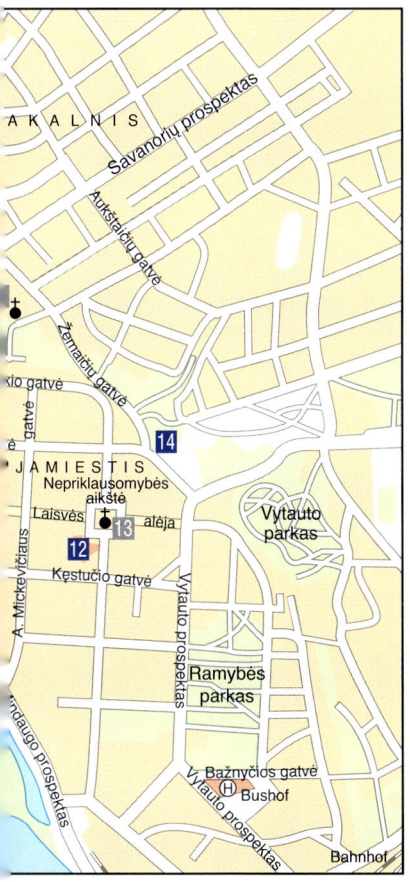. Anstelle der Holzburg, die hier an strategisch günstiger Stelle gestanden hatte, wurde im 13. Jh. eine Festung aus Stein gegen die Kreuzritter errichtet, denen es gelang, sie einige Male einzunehmen und zu zerstören. Im 16. Jh. wurde die Burg noch verstärkt und bekam ihre heutige Gestalt. Jedoch sind nur noch Teile zu sehen, denn mehr als die Hälfte wurde von der Neris weggeschwemmt. Hier waren ein Gefängnis und eine Kaserne, bis man in der Sowjetzeit begann, sie zu restaurieren und ein kleines Historisches Museum einzurichten. Die turmlose gotische Georgskirche aus dem 15. Jh. neben der Burg wurde mehrmals umgebaut. Auf der Landzunge zwischen den Flüssen Neris (Wilja) und Nemunas nahe der Burg erstreckt sich ein Park. Adam Mickiewicz hat die »Vereinigung« der beiden Flüsse poetisch beschrieben:

»Die Wilja faßt den Njemen starken Armes,
Durch Klippen trägt er sie und wilde Leere,
Preßt an die kalte Brust sein Lieb, sein warmes,
Und – stirbt mit ihm vereint im tiefen Meere.«

Von der Landzunge zwischen den Flüssen bietet sich auch ein schöner Blick auf die Turmspitzen der Stadt. An diesem Platz sprach der Papst bei seinem Besuch in Kaunas im September 1993 zu der Bevölkerung.

Von der Burg sind es nur ein paar Schritte hinunter bis zum **Rathausplatz** (Rotušės aikštė) 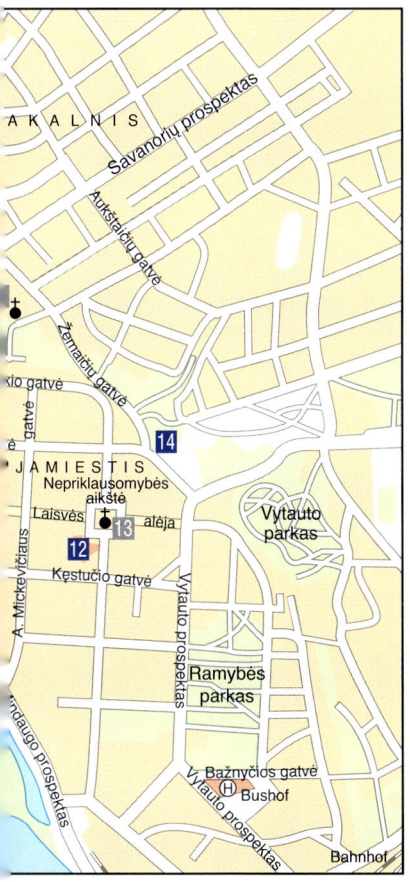. Hier, am von schö-

Kaunas
 1 *Burg*
 2 *Rathausplatz*
 3 *Perkūnas-Haus*
 4 *Vytautas-Kirche*
 5 *Drahtseilbahn*
 6 *Kathedrale*
 7 *Vytautas-Denkmal*
 8 *Metropol*
 9 *Auferstehungskirche*
10 *Čiurlionis-Museum*
11 *Teufelsmuseum*
12 *Žilinskas-Kunstgalerie*
13 *Garnisonskirche*
14 *Gemäldegalerie*

nen, teils gotischen Häusern und Kirchen gesäumten Rathausplatz scheint die Zeit stehengeblieben zu sein. Kastanien- und Ahornbäume überschatten Bänke, auf denen zu jeder Tageszeit Menschen im Gespräch sitzen. Ruhig und verschlafen ist die Atmosphäre. Lediglich am Freitagnachmittag erwacht der Platz zum Leben: Frisch verheiratete Hochzeitspaare kommen aus dem Rathaus, in der Sowjetzeit der »Hochzeitspalast«, von der amtlichen Trauung und lassen sich hier mit ihren Gästen fotografieren. Ein beliebtes Motiv sind auch die für Kaunas typischen altmodisch wirkenden Telefonzellen. Auf den Kopfsteinpflasterstraßen um den Platz herum parken Autos mit Tüllschleifen.

Im 16. Jh. wurde dieser Platz nicht nur als Marktplatz, sondern auch als administratives Zentrum angelegt. Hier fanden Hinrichtungen, Versammlungen, Festlichkeiten, Markttage und später

Der »weiße Schwan« – das Rathaus von Kaunas

auch Parademärsche statt. In den umliegenden gotischen Kaufmannshäusern aus dem 16. Jh. befinden sich heute kleine Cafés, Restaurants und Galerien.

Dominiert wird der Platz von dem **Rathaus,** das mit seinem hohen, schlanken Turm aussieht wie eine Kirche. In Kaunas nennt man es den »weißen Schwan«. Ein erstes gotisches Rathaus wurde 1542 als einstöckiges Gebäude errichtet. Der heutige Bau mit seinen barocken Formen wurde erst 1771–1780 von dem Architekten Jonas Mateker entworfen. Die fünf Stockwerke des Turms scheinen, wie bei einem Fernrohr, jeweils aus dem vorangehenden herauszusteigen; deswegen wirkt der Turm höher als er ist (53 m). Im Keller des Gebäudes, der einst als Gefängnis diente, befindet sich ein Keramik-Museum.

Links vom Rathaus erheben sich die ebenfalls weißen Türme der barocken **Jesuitenkirche** (Šv. Stanislovo) – fertiggestellt Mitte des 18. Jh. – über die Gebäude des ehemaligen Jesuitenklosters und -kollegiums. Hier unterrichtete von 1819–1823 der polnische Dichter Adam Mickiewicz. Vor dem Pacas-Palast aus dem 17. Jh. hinter dem Rathaus, in dem er von 1910 bis zu seinem Tode lebte, wurde dem litauischen Nationaldichter Maironis (1862–1932) ein Denkmal gesetzt (s. S. 104). In das Haus ist jetzt ein Literaturmuseum eingezogen, in dessen Mittelpunkt das Werk von Maironis steht. Sein Grabmal befindet sich an der Kathedrale zur Vilniaus gatvė hin.

Das Ensemble aus **Trinitatiskirche** (Šv. Trejybes) und **Masalskis-Palast** wurde 1634 errichtet. Es ist eines der wichtigsten Baudenkmäler der Renaissance in Litauen. Hier befindet sich heute das Priesterseminar der Stadt.

Gegenüber der Jesuitenkirche beherbergt eine alte Apotheke das **Museum für Medizin und Pharmazie,** und gegen-

Maironis – Der Dichter der Unabhängigkeit

Maironis eigentlich Jonas Mačiulis ist der Nationalpoet Litauens. »Pavasario balsai« (Frühlingsstimmen) ist sein wichtigstes Werk, ein Gedichtzyklus. In seinen Versen beschreibt er die litauische Landschaft voll Verehrung, doch drückt er auch eine persönliche unbestimmte Sehnsucht aus:

»... allein das Herz findet nicht Ruh, die Hoffnung blickt nicht in seine Tiefen.« Beeinflußt war Maironis von der Romantik, geleitet vom Patriotismus.

1862 wurde er in Pasandravys, in der einsamen Žemaitija (s. S. 122 f.), geboren. Er wuchs auf einem kleinen Gut auf, das sein Vater gepachtet hatte. Maironis – in der Zeit der russischen Herrschaft über Litauen geboren – gilt als Dichter der »nationalen Wiedergeburt«. Er besuchte das russische Gymnasium in Kaunas, studierte in Kiew und St. Petersburg und kam dann zurück nach Kaunas, wo er an der Universität Theologie und Literatur lehrte. Seine ersten Gedichte wurden in der Zeitschrift »Aušra« (s. Thema: Bücherschmuggel, S. 22) veröffentlicht. 1932 starb Jonas Mačiulis, genannt Maironis, in Kaunas.

über dem Rathaus ist in ein ehemaliges Handelskontor das Restaurant »Gildija« eingezogen. Wir gehen links am »Gildija« vorbei und verlassen den Rathausplatz, um in die Aleksotu gatvė Richtung Nemunasufer einzubiegen. Am Anfang der Straße steht rechter Hand das **Perkūnas-Haus** (Perkūno namai) **3**. Dieses spätgotische Haus mit spitzem Giebel, Ziertürmchen und Erker ist, ähnlich wie die Anna-Kirche in Vilnius, aus sechzehn verschiedenartigen roten Ziegelsteinarten gebaut, von einem deutschen Kaufmann zur Zeit der Hanse. Jedoch sind sich die Forscher über die Geschichte und Bedeutung des Gebäudes nicht ganz im Klaren: Vielleicht war hier einmal ein Tempel des Donnergottes Perkūnas, bei Umbauarbeiten hat man jedenfalls eine bronzene Statue gefunden, die Perkūnas darstellen soll. Von 1643 bis 1722 wurde das Gebäude von den Jesuiten als Kapelle benutzt, 1844 fand hier das erste Theater von Kaunas seine Spielstätte, und jetzt kann man hier eine Ausstellung über die Altstadt sehen. Schräg gegenüber – am Ufer des Nemunas – liegt die gotische **Vytautas-Kirche** **4**, eines der ersten Steingebäude der Stadt. Man sagt, daß Fürst Vytautas am Anfang des 15. Jh. die Kirche für die ausländischen Kaufleute der Stadt bauen ließ. Der Turm wurde erst Anfang des 16. Jh. hinzugefügt. Der Bau sollte den Litauern als Beispiel dienen, das Christentum anzunehmen.

Über die Aleksotas-Brücke kann man nun den Nemunas überqueren und di-

Das spätgotische Perkūnas-Haus

außen schlicht und wuchtig wirkenden Kathedrale.

Die **Vilniaus gatvė,** die als Fußgängerzone direkt in die Laisvės alėja führt, ist eine beliebte Flaniermeile. Auf beiden Seiten der Straße liegen Läden, Restaurants und Cafés. Neben dem gut restaurierten gotischen Haus aus dem 15. Jh. präsentiert die Galerie »Langas« in einem sehr schönen Raum wechselnde Ausstellungen von jungen litauischen Künstlern. In Haus Nr. 33 residierte der Präsident, als Kaunas 1920–40 provisorische Hauptstadt war.

Wir passieren den vielbefahrenen Savanorių prospektas durch eine Unterführung und gelangen direkt auf die **Laisvės alėja** (Freiheitsallee). 1919, im zweiten Jahr der Unabhängigkeit, wurde sie so genannt. Die sowjetischen Besatzer machten sie zur Stalinallee, was die mutigen Bürger von Kaunas sofort nach seinem Tod 1953 wieder änderten. Im Sommer kann man die 1,6 km lange Allee auf- und abbummeln oder in einem der vielen kleinen Straßencafés Passanten zuschauen. Unter den Linden laden Bänke zum Ausruhen ein, nur das Rauchen ist auf der ganzen Laisvės alėja verboten.

Gleich linker Hand liegt das **Zoologische Museum** mit seiner eindrucksvollen Sammlung seltener präparierter Exemplare der Tierwelt. (Im Keller des Gebäudes, bei den Garderoben, gibt es saubere Toiletten, immer noch eine Seltenheit, wenn man unterwegs ist!) Die Hauptpost daneben, ein Gebäude im Stil des Konstruktivismus und Funktionalismus, stammt aus der Zeit als Kaunas Hauptstadt war (1932). Nicht zu übersehen, ragt dann majestätisch auf sein Schwert gestützt Vytautas der Große empor **7**. Unter ihm die gebeugten Besiegten: ein Kreuzritter, ein Russe, ein Pole und ein Tatar. 1990, am Jahres-

rekt in der die Brücke verlängernden Straße, Skriaudžių gatvė, die Drahtseilbahn **5** besteigen, um auf die Hügel von Aleksotas hinaufzufahren. Wenn Sie noch nicht auf den »Grünen Hügeln« waren und von dort sich einen Überblick verschafft haben, genießen Sie hier den Panoramablick über die Altstadt.

Wir kehren zurück zum Rathausplatz, um nun die **Kathedrale** (Šv. Petro ir Povilo arkikatedra) **6**, das größte gotische Bauwerk Litauens, zu besichtigen. Sie liegt am Anfang der Vilniaus gatvė, die von der Altstadt in die Neustadt führt. Mit ihrem Bau wurde 1408 unter dem Großfürsten Vytautas begonnen. Trotz mehrfacher Umbauten hat sie ihren gotischen Charakter bewahrt. Sehr massiv wirkt der große Backsteinbau im Stadtbild zwischen den niedrigen Häusern. Überrascht wird man vom Interieur im spätbarocken Stil – besonders prächtig der Große Altar von 1775 – der von

Steponas Darius und Stasys Girėnas – Die Atlantikflieger

Steponas Darius (1896–1933) und Stasys Girėnas (1893–1933) wurden in Litauen geboren, emigrierten aber schon als Kinder in die Vereinigten Staaten. Beide dienten im Ersten Weltkrieg in der amerikanischen Armee. Nach Erlangung der Unabhängigkeit kam Darius nach Litauen, absolvierte die Militärakademie in Kaunas und wurde Militärflieger. 1927 kehrte er in die USA zurück, es war das Jahr, als Lindbergh den Atlantik überquerte. Darius entschloß sich, nonstop nach Litauen zu fliegen, und arbeitete vorerst für eine amerikanische Fluggesellschaft, wo er seinen Landsmann Girėnas kennenlernte.

Seit 1932 begannen die konkreten Vorbereitungen für den Flug: Sie sammelten Geld bei der Exilgemeinde der Litauer und kauften ein sechssitziges »Belanca CH-300 Pacemaker«-Flugzeug, das sie präparierten und »Lituanica« nannten. Am 15. Juli 1933 starteten sie in New York. Die zurückzulegende Strecke betrug 7186 km über Neufundland, den Atlantik, Irland, London, Amsterdam, Königsberg, Kaunas. Wegen einer schwierigen Wetterlage über Irland änderten sie ihren Kurs Richtung Norden und flogen über Schottland und die Nordsee nach Deutschland. Am 17. Juli – nach 37stündigem Flug – stürzten sie bei Soldin (damals Ostpreußen, heute Pszczelnik in Polen) ab, nur 650 km entfernt von Kaunas, ihrem Zielort.

Steponas Darius und Stasys Girėnas

25 000 Menschen warteten vergeblich am Flugfeld in Kaunas auf ihre Ankunft.

Darius und Girėnas gingen trotzdem als bewunderte Helden in die litauische Geschichte ein. Sie wurden auf dem Ehrenfriedhof von Kaunas beigesetzt. Splitter ihres Flugzeugs und andere Erinnerungsstücke an ihr großes Unterfangen sind im Militärmuseum von Kaunas zu sehen.

Die Kuppeln der russischen Garnionskirche am Ende der Laisvės alėja

tag des Hitler-Stalin-Paktes, wurde das Denkmal wieder aufgestellt. Auf dem Gebäude der Stadtverwaltung dahinter weht stolz die litauische Fahne.

Gegenüber auf der rechten Straßenseite befindet sich das **Musiktheater,** in dem 1892 die erste Aufführung stattfand und das zu einem historisch bedeutenden Ort wurde, weil hier am 15. Mai 1920 der litauische *Sejm* (Parlament) zu seiner ersten Sitzung zusammentrat. Das Musiktheater war der erste Theaterbau von Kaunas, es wurde 1932 im Stil des »litauischen Barock« umgebaut. Daneben liegt das Puppentheater und ein paar Häuser weiter das Schauspielhaus, das zu den besten des Landes zählt und am 19. Dezember 1920 mit Hermann Sudermanns »Johannisfeuer« eröffnet wurde. Auf der linken Seite befindet sich in einem Eckgebäude zur S. Daukanto gatvė das legendäre **Restaurant »Metropol«** 8 , das seine besten Zeiten als Künstlertreffpunkt in den Zwischenkriegsjahren hatte. Wir biegen in die S. Daukanto gatvė.

Die S. Daukanto gatvė führt uns zum **Vienybės aikštė** (Platz der Einheit). Dieser Platz, der zwischenzeitlich als Lenin-Platz herhalten mußte, ist ein Entwurf des berühmten Architekten Karolis Reisonas (1894–1981), der nach dem Zweiten Weltkrieg nach Australien emigrierte. Er schuf vor allem zwischen 1930–40, in den Jahren der litauischen Unabhängigkeit, viele bedeutende Gebäude im Stil des Konstruktivismus und Funktionalismus. So das Kino »Laisvės« in der Laisvės alėja 54 und auch die **Auferstehungskirche** (Prisikėlimo) 9 in der Žemaičių gatvė auf dem Žaliakalnis. Mit dem Bau auf dem Hügel wurde 1932

begonnen, aber er wurde nicht fertiggestellt. In der Sowjetzeit zog eine Radiofabrik dort ein, seit 1988 wurde die Kirche restauriert und wieder zu einem Gotteshaus. Ihre exponierte Lage ließ sie zu einem Wahrzeichen für die nationale Wiedergeburt werden. Hinter dem Platz in der Putvinskio gatvė kann man den Hügel besteigen oder mit der Zahnradbahn hinauffahren.

Am großen Vienybės aikšte befinden sich in einem Gebäude das **Čiurlionis-**

Museum (S. 108 f.) und das **Militär-
museum von Vytautas dem Großen**  🔟
(von Reisonas zusammen mit dem Archi-
tekten Dubeneckis 1931–1936 erbaut.
Die Freiheitsstatue auf dem Platz wurde
am Jahrestag der Unabhängigkeit Litauens, dem 16. Februar 1989, feierlich wieder enthüllt (dafür verschwand Lenin).
Neben dem Glockenturm erinnert eine
Skulptur an die »Bücherträger« (s. Thema
»Bücherschmuggel«, S. 22). Der Eingang zum Čiurlionis-Museum befindet

sich auf der anderen Seite in der Putvinskio gatvė gegenüber dem Teufelsmuseum 🔟 (s. S. 111). Auf dem begrünten
Platz treffen sich am Silvesterabend
viele Menschen, um hier die letzten
Gongschläge des alten Jahres vom Glok-
kenturm zu hören. Aber nicht nur dann
trifft man sich hier, der Platz ist ein beliebter Versammlungsort für vielerlei
Veranstaltungen.

Zurück auf die Laisvės alėja kommt
man vorbei am Kaufhaus »Merkurijus«

Das Restaurant »Tulpe« in Nr. 47 war in den Zwischenkriegsjahren ein Künstlertreff. Am Ende der Laisvės alėja liegt rechts, ein wenig im Hintergrund, die **Žilinskas-Kunstgalerie** 12 (s. S. 110).

Die wuchtige silbergraublaue **Garnisonskirche** 13 mit ihren vielen Kuppeln, auch »Sobor« (russisch für Kathedrale) genannt, entstand unter der russischen Herrschaft 1891–95 nach Plänen des Petersburger Architekten Leontij Benois im neobyzantinischen Stil. 1919 wurde sie eine katholische Kirche, und in der Sowjetzeit war sie Museum für Glasmalerei und Skulpturen. Nun ist sie wieder ein katholisches Gotteshaus und dominiert den Platz am Ende der Freiheitsallee.

Durch Kunstmuseen und Galerien

Kaunas wird oft die »Stadt der Museen« genannt. Und das zu recht, denn nicht jede europäische Stadt, die eine halbe Million Einwohner hat, kann mit so einer Vielfalt an Museen prahlen, wobei zweifelsohne die interessantesten die Kunstmuseen sind.

Eine Wanderung durch die Museenlandschaft sollte man am besten mit dem **Čiurlionis-Museum** 10 beginnen, das sich im Herzen der Stadt zwischen dem Vienybės aikštė und der Putvinskio gatvė befindet. Schon das Gebäude ist eindrucksvoll, ein wirkliches Meisterwerk der klassischen Moderne. Funktio-

Ein Meisterwerk der modernen Architektur – das Korall Čiurlionis-Museum

nalität verbindet sich hier harmonisch mit der klassischen Tradition und der Symbolik historischer Anspielungen. Wie schon der Name des Museums sagt, sind hier vor allem Bilder des genialen litauischen Malers und Komponisten Mikalojus Konstantinas Čiurlionis (s. Thema: Čiurlionis, S. 96 f.) zu sehen. Um sie auszustellen, kam zum alten Museum in den sechziger Jahren eine neue Galerie hinzu, die durch einen Glasgang mit dem Museum verbunden ist. Die Galerie beherbergt außer 300 Bildern des Künstlers in hervorragenden Ausstellungsräumen einen kleinen Konzertsaal, in dem man sich regelmäßig Kompositionen von Čiurlionis anhören kann. Auf die Sammlung ist nicht nur Kaunas stolz, sondern ganz Litauen. Čiurlionis Werk ist keiner Richtung klar zuzuordnen; es wird aber oft mit dem französischen Symbolismus in Zusammenhang gebracht.

Die Žilinskas-Gemäldegalerie

Im Haupttrakt des Museums ist litauische Kunst des 17. bis zur Hälfte des 20. Jh. ausgestellt. Einen besonderen Wert hat die einmalige Sammlung litauischer Volkskunst: Holzskulpturen, Eisenkreuze, Stoffe, Stickereien. Für den westlichen Besucher ist das beeindruckend, denn in den meisten westeuropäischen Ländern endete diese Art von Volkskunst schon im 18. Jh., jedoch in Litauen überlebte sie – wegen der besonderen historischen Umstände – bis ins 20. Jh., teilweise sind sogar Elemente der vorchristlichen Epoche erhalten geblieben.

Nicht weniger interessant ist die Sammlung litauischer Kunst aus der ersten Hälfte des 20. Jh. In ihr finden sich Werke verschiedener Strömungen und Richtungen der europäischen Kunst jener Zeit, beginnend mit dem Realismus und Impressionismus, und endend mit dem Expressionismus und Kubismus. In dieser Sammlung tritt am stärksten das

Werk der 1932 gegründeten Gruppe »Ars« hervor. Die Mehrzahl dieser Künstler studierte in den zwanziger und dreißiger Jahren in Paris und anderen westeuropäischen Kunstzentren. Sie übernahmen die neuesten Tendenzen der europäischen Moderne, gaben ihnen aber ein eigenes Gepräge, indem sie Traditionen der litauischen Volkskunst einbrachten.

Besonders erwähnen muß man den außerhalb aller künstlerischen Vereinigungen und Gruppen stehenden Maler Vladas Eidukevičius (1891–1941), der nach Meinung verschiedener Kunsthistoriker einer der großen Maler unseres Jahrhunderts ist. Eidukevičius reiste durch Westeuropa und studierte in den Museen die alten und modernen Meister. Deswegen kannte er sowohl die Tradition als auch moderne Strömungen, und indem er in sein Werk beides einfließen ließ, schuf er ein harmonisches unteilbares Ganzes. Der schöpferische Lebensweg dieses talentierten Künstlers endete tragisch: Er wurde an einem der ersten Tage des Krieges zwischen Hitlerdeutschland und der stalinistischen Sowjetunion umgebracht ...

Dieser Tod ist symbolisch. Im Jahre 1940 begannen die sowjetische Okkupation, der Zweite Weltkrieg, der stalinistische Terror – das ganze Unglück, das Litauen so schwer traf und die natürliche Entwicklung der Kunst unterbrach. Viele talentierte Künstler kamen um, wurden nach Sibirien deportiert oder emigrierten in den Westen. Die Dagebliebenen waren gezwungen, sich mit Forderungen des sogenannten »Sozialistischen Realismus« zu arrangieren, denn alle Strömungen der Moderne, ja sogar teilweise die realistische litauische Kunst wurde als »entartet«, »nationalistisch«, »bourgeois« etc. erklärt. Die Vernichtung – oder zumindest die Isolation – bedrohte auch die Arbeiten von Čiurlionis. Sie zu retten gelang nur unter erheblichem Einsatz der Mitarbeiter des Museums. Die Tradition der litauischen Moderne und das schöpferische Potential der Künstler blieb gegen alle Widerstände lebendig. Heute repräsentieren die Künstler Litauens praktisch alle wichtigen Richtungen der modernen Kunst, überdies – wie auch vor dem Krieg – haben sie sich ihre nationale Besonderheit bewahrt.

Das wichtigste Zentrum für moderne litauische Kunst in Kaunas ist die **Gemäldegalerie** (Kauno Paveikslu, Galerija) **14**, die sich in der K. Donelaičio gatvė, nur zwei Stationen mit dem Autobus vom Čiurlionis-Museum entfernt, befindet. In den großen Sälen dieser Galerie werden regelmäßig litauische Bilder, Skulpturen, Grafik und Kunsthandwerk gezeigt, aber auch Ausstellungen zeitgenössischer ausländischer Künstler.

Die moderne litauische Kunst ist auch in einer Reihe privater Galerien zu ehen, unter denen die interessanteste die Galerie »**Langas**« ist. Sie besitzt einen schönen Ausstellungssaal in der Hauptader der Altstadt, der Vilniaus gatvė, und Räume in einem gotischen Kellergewölbe am Rotušes aikštė. Hier befindet sich auch – im Rathauskeller – das kleine, aber interessante **Keramik-Museum**, das moderne Keramik zeigt, die in Litauen eine reiche Tradition hat.

Die Liebhaber alter Kunst sollten unbedingt eines der besten Museen von Kaunas besichtigen, die **Žilinskas-Gemäldegalerie** (M. Žilinsko Dailės Galerija) **12**. Sie befindet sich auch im Zentrum der Stadt, am Nepriklausomybės aikštė, neben der Sobor. Das Gebäude (Architekt E. Miliunas, 1988) ist im postmodernen Stil erbaut mit Anklängen an den Klassizismus. Den Kern dieser Galerie bilden westeuropäische Gemälde vom 16. bis zum Beginn des 20. Jh., aber es gibt daneben auch andere Abteilungen wie etwa eine Sammlung altägyptischer Kunst und Exponate asiatischer Kunst. Neben ausgezeichneten Werken der westeuropäischen Malerei des 17.–18. Jh., der italienischen, flämischen und holländischen Künstler, unter ihnen auch Rubens, ist die französische, belgische, deutsche und englische Malerei des 19. und 20. Jh. gut vertreten. Hier sind vor allem zu nennen: Cézanne, Corot, Courbet, Manet, Renoir, Böcklin, Corinth, Liebermann, Turner. Die Mehrheit der erwähnten Bilder stammt aus der Sammlung des litauischen Mäzens Mykolas Žilinskas (1904–1992), der in Berlin lebte. Zu Beginn der sowjetischen Okkupation hatte er sich in den Westen gerettet, wurde ein erfolgreicher Geschäftsmann und Kunstsammler. Fast seine ganze Sammlung (mehr als 1500 Bilder!) schenkte er Litauen, dadurch wurde die Galerie zur reichsten Sammlung westeuropäischer Kunst im Baltikum.

Doch das ist noch nicht alles. In Kaunas gibt es für Kunstliebhaber noch mehr zu sehen. Zum Beispiel das einzige **Teufelsmuseum** 11 auf der Welt, natürlich keine echten, sondern Abbildungen, gesammelt hat sie der Maler Antanas Žmuidzinavičius in allen Teilen der Welt. Interessant sind auch die Fresken des italienischen Malers Palloni im Kloster Pažaislis (s. S. 111).

(s. S. 111)

Arūnas Vyžintas

In der Umgebung von Kaunas

Das Kloster Pažaislis

In landschaftlich wunderschöner Lage am Südwestufer des Naherholungsgebietes Kaunasser Meer (der Nemunas ist hier gestaut), umgeben von Wiesen und Wäldern liegt eines der beeindruckendsten Architekturensembles des litauischen Barock, das Kloster Pažaislis. 1667 begannen die Bauarbeiten, die erst 1730 abgeschlossen wurden. 1712 wurde das Kloster geweiht. Der Stifter war der litauische Adelige und Kanzler von Litauen Kristupas Zigmantas Pacas. In seiner Jugend hatte er in Italien den Kamaldulenser-Orden kennengelernt, der sich in der Mission in Polen hervorgetan hatte. Diesem Orden, der sich durch sehr strenge Regeln hervortat, wurde das Kloster übergeben. Es ist der einzige Orden, der Eremitenhäuser, streng abgeschlossene Mönchsklausen, kennt. Von den ursprünglich zehn Häuschen sind noch zwei erhalten. Das Ensemble wurde von italienischen Architekten entworfen. Im Mittelpunkt der symmetrischen Anlage liegt die Klosterkirche. Sie ist mit Fresken reich geschmückt, die vor allem der florentinische Maler Michelangelo Palloni (1637–1713) schuf. Er kam auf Einladung Pacas' nach Kaunas und stattete auch die Kathedrale aus.

Als Litauen zum Russischen Reich gehörte, war Pažaislis ein russisch-orthodoxes Kloster; 1920 wurde es wieder katholisch. Während der Sowjetzeit verwandelte man es zuerst in eine psychiatrische Klinik, dann in ein Museum. Heute ist Pažaislis, das gerade sehr aufwendig restauriert wird, ein Frauenkloster, in dem 200 Nonnen leben.

Das Freilichtmuseum Rumšiškes

Die alte Ortschaft Rumšiškes – 20 km östlich von Kaunas auf dem Weg nach Vilnuis gelegen – wurde beim Stau des Nemunas in den fünfziger Jahren überflutet. Am Ufer des Kaunasser Meeres entstand ein neuer Ort, lediglich die Kirche, eine alte Holzkapelle, ist gerettet worden. Doch interessant macht Rumšiškes das ethnographische Freilichtmuseum, das idyllisch in einem parkartigen Gelände am Ufer des Sees liegt: Bauernhäuser und Mühlen, Möbelstücke und Trachten aus allen Regionen des Landes sind zu sehen. Regelmäßig finden hier am Wochenende Musik oder Tanzabende statt. In einem Gasthaus aus dem 19. Jh. werden ländliche Spezialitäten serviert.

Abschied vom Winter –
Fasching (Užgavénés) in Litauen

Zwischen dem 5. Februar und dem 6. März, genau sieben Wochen vor Ostern, findet an einem Dienstag Užgavénés statt. An diesem Tag läuft man Schlittschuh und fährt Schlitten, sofern es Frost und Schnee gibt, man tanzt, singt, lärmt, bespritzt sich mit Wasser, macht Spiele und das Wichtigste: Alle sind verkleidet, zumindest tragen sie Masken. Es finden traditionelle spaßige Kämpfe statt zwischen dem dicken Lasininis und dem dünnen Kanapinis, die symbolisch für den Kampf zwischen Winter und Frühling stehen. Die Maskierten tragen eine große Frauenpuppe – »Morė« oder »Kotrė« – aus Stroh mit sich herum, die am Abend verbrannt oder im Wasser ertränkt wird, um die Dämonen des Winters zu vertreiben. Am Abend ißt man Bliny (Buchweizenplinsen) und frönt dem Aberglauben. Wenn man an diesem Abend Käse ißt, kann man Hexen und Zauberer erkennen. Mädchen sammeln Brennholz und zählen es zu Hause ab, wenn es eine gerade Zahl ist, heiratet das Mädchen im selben Jahr.

Diese Rituale haben sich aus der vorchristlichen Zeit erhalten, waren aber während der sowjetischen Periode fast verschwunden und werden nun zu neuem Leben erweckt. Besonders schön feiert man den Fasching im Museumsdorf Rumšiškes bei Kaunas (s. S. 111).

Von Kaunas durch das Nemunastal bis Tilsit

Von Kaunas fährt man auf der A 228, der alten Burgenstraße. Kurz hinter Kaunas lohnt sich ein erster Halt in **Raudondvaris** [1]. Oberhalb des Ortes erhebt sich ein Schloß mit Wehrturm aus dem Jahre 1615, das im Laufe der Jahrhunderte mehrmals umgebaut wurde. In dem »Roten Schloß« aus Backsteinen arbeitete der Schriftsteller Arnold Zweig im Ersten Weltkrieg als Schreiber. Er hat diese Zeit in seinem Roman »Einsetzung eines Königs« geschildert. Heute ist hier eine landwirtschaftliche Schule untergebracht.

Etwa 20 km hinter dem Ort **Vilkija** [2] (von lit. *vilkas* = der Wolf) führt die Straße bis Jurbarkas dicht am Nemunas entlang. Oberhalb des Dorfes erhebt sich die neugotische zweitürmige Kirche des heiligen Georg. Im Mittelalter befand sich hier eine Zollstation, die alte Handelsstraße von Vilnius nach Königsberg führte durch Vilkija.

Hinter dem Ort beginnt der schönste Teil der Fahrt durch das Nemunastal: »Wo die Memel zwischen Weiden, Wäldern und Hügeln fließt ...«, beginnt ein litauisches Gedicht. Damit wird die Fahrt treffend beschrieben. Links der Straße zum Fluß erstrecken sich weite blühende Wiesen, manchmal Weiden, rechts etwas bergan stehen einzelne Höfe oder bunte Holzhäuser.

Machen Sie Halt in **Seredžius** [3], wo der Fluß Dubysa in den Nemunas fließt. Seredžius war im 16./17. Jh. ein bedeutender Handelsplatz. Über dem kleinen Ort liegt der aufgeschüttete Burgberg »Palemonas«, von dem man einen herrlichen Blick über das Flußtal hat. Der Legende nach stammen die Litauer aus dem römischen Adelsgeschlecht Palemon. Auf der Flucht vor der Verfolgung

Neros sei die Sippe an der Ostsee gestrandet, den Fluß hinuntergeschwommen und habe sich auf diesen Eichenhain gerettet. Soweit die Legende. Sicher ist aber, daß hier zur Kreuzritterzeit eine Holzburg gestanden hat.

Veliuona [4] ist der nächste Ort stromabwärts, in dem sich zur Kreuzritterzeit schon im 13. Jh. eine Burg befand. 1500 erhielt der Ort, damals ein blühender Marktflecken, das Magdeburger Stadtrecht. Die Renaissancekirche aus dem 17. Jh. birgt wertvolle Kunstschätze. Die berühmte gotische hölzerne »Madonna von Veliuna mit einer Weinrebe« aus dem 15. Jh. ist nun im Čiurlionis-Museum von Kaunas zu besichtigen.

Auch in **Raudonė** [5] erhebt sich ein Schloß mit großem runden Burgturm aus dem 16. Jh. Schon zur Kreuzritter-Zeit hatte hier eine Burg gestanden, wie auf so vielen Hügeln des Nemunas-Tales. Nach der Schlacht von Tannenberg verloren sie ihre Bedeutung und verfielen. In dem Park, der das Schloß umgibt, steht die große Vytautas-Eiche, unter der der Fürst gespeist haben soll. Das Schloß, das sich der reiche Holzhändler Kirschenstein aus roten Ziegeln bauen ließ, ist eines der am besten erhaltenen entlang des Flusses.

Jurbarkas [6] erhielt 1611 das Stadtrecht und war ein bedeutender Handelsplatz. Hier münden die Flüsse Imsre und Mituva in den Nemunas, und die »Raketa«, das Schnellschiff von Kaunas nach Nida, macht hier Halt (siehe S. 117 f.). Kurz hinter Jurbarkas, vor dem Ort **Šmalininkai** (Schmalleningken) beginnt das Memelland. Hier war die ehemalige Grenze Deutschlands zu Litauen/Rußland. 1867 beschrieb der Journalist Otto Glagau den Ort: »Noch mehr als Tilsit bietet Schmalleningken ein Gemisch der verschiedensten Nationalitäten, welche der Beschäftigung nach in der Hauptsache theils Kaufleute, theils Handwerker, theils – Schmuggler sind (...). In Schmalleningken übersieht man vom Ufer der Memel aus drei Reiche: Preußen, Rußland und Polen. Die Memel, die drüben Niemen heißt, bildet von Schmalleningken ab die Grenze zwischen Rußland und dem ›ehemaligen Königreich Polen‹.«

Durch Alleen – Eichen, Linden, Eschen und Ahorn schließen sich wie ein Tunnel –, führt der Weg nun weiter. In den Dörfern stehen vor allem rote Ziegelhäuser. Auf den Wiesen sieht man Störche. Sogar hoch oben auf den Elektromasten haben sie ihre Nester gebaut. Am Straßenrand stehen Milchkannen,

laufen Hühner, es gibt keine Zäune, die Kühe sind angepflockt. Ab und zu überholt man einen Pferdewagen mit Heu und Kindern oder Holz beladen.

Bevor man in das Dorf **Vilkyškiai** (Willkischken) **7** kommt, überqueren wir vier kleine geschwungene Brücken mit weißem Geländer, die erste führt über den Fluß Jūra, der in den Nemunas fließt. Vilkyškiai, in hügeliger Landschaft gelegen, ist eines der ältesten Dörfer des Memellandes. Als im 18. Jh. die meisten Bewohner an der Pest gestorben waren, zogen viele Salzburger Religionsflüchtlinge in diese liebliche, nun entvölkerte Landschaft. Der große rote Backsteinbau des Dorfes war früher eine Schule, die auch der deutsche Dichter Johannes Bobrowski besuchte. Er dichtete über den größten litauischen Fluß:

Von Kaunas nach Tilsit

»Aus der Finsternis
kommst du, mein Strom,
aus den Wolken.
Wege fallen dir zu
Und die Flüsse Jura und Mitwa,
jung aus Wäldern und lehmschwer
Szeszupe. Mit Stangen die Flößer
treiben vorbei.«

In Vilkyškiai biegen Sie Richtung Süden nach **Šereitlaūkai** (Schreitlaugken) **8** ab. Am Ufer des Nemunas erhebt sich ein Höhenzug von 46 m, der **Rambynas-Berg,** ein heidnischer Kultplatz. Der Riese Rambynas, so erzählt die Sage, brachte einen Stein hierher für den Donnergott Perkūnas. Seit dem Ende des letzten Jahrhunderts, seit das »nationale Erwachen« der Litauer begann, werden hier wieder traditionelle Feste begangen, vor allem das Johannisfest (s. S. 116). Johannes Bobrowski beschreibt den Berg in seinem Roman »Litauische Claviere«: »... auf dem Berg gibt es nichts: ein finsterer Fichtenwald, der sich die Abhänge hinunter nach Norden und Nordwesten in die Ebene fortsetzt, weg vom Strom, der sich von Süden gegen den Berg drängt. Ganz oben auf dem Rombinus, in der Mitte eine kleine Lichtung: der Stein, der Opferstein dieses gewissen Perkunos, welcher donnern kann, wie man sagt, ein heiliger Stein mit den dazu gehörigen eingehauenen Ablaufrinnen, schwarz und grau.«

In **Lumpénai** kommt man auf die A 228 zurück. Nach ungefähr 6 km gelangen wir an eine Kreuzung. Nach Süden führt die Straße nach Sovetsk (Til-

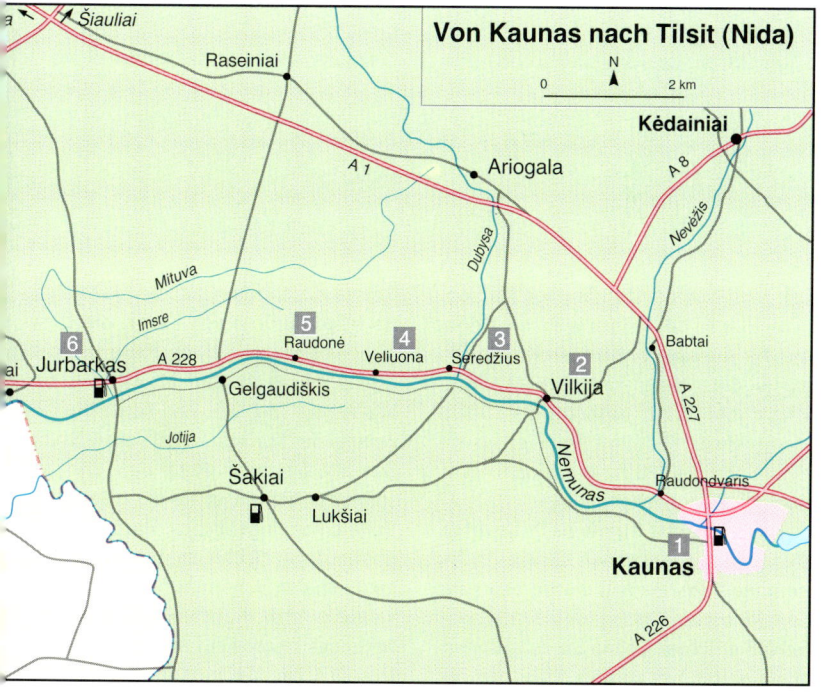

Von Kaunas nach Tilsit (Nida)

Johannisfest

»Oben auf dem Berg, die Litauer, haben ihr Feuer schon hoch. Sie singen eine Weile. Das Feuer brennt über dem Stein, ruhig, nur manchmal greift der Wind von oben her in das offene Rund hinab und dreht die Flammen auseinander. (...) Einer hat zu erzählen angefangen, jetzt, wo die jungen Leute nach und nach den Berg hinab verschwinden und die Zurückbleibenden sich enger zusammensetzen: eine alte Geschichte, vom Mägdlein Neringa (...)«, so schildert Johannes Bobrowski in seinem Roman »Litauische Claviere« das Johannisfest im Memelland.

Die alte heidnische Tradition der Sonnenwendfeier begann zum Ende des 19. Jh. mit dem »nationalen Erwachen« wieder zu entstehen. In der Nacht vom 23. auf den 24. Juni wird seither das Johannisfest gefeiert mit Musik, Tanz, Gesang und bunten Trachten. In der Nacht des Johannisfestes sollen die Vögel und Tiere des Waldes sprechen können, so die Legende. Es soll die einzige Nacht im Jahr sein, in der der Farn blüht. Wer ihn findet, wird die Gedanken anderer lesen können. Deswegen gehen die jungen Leute nachts durch den Wald, um ihn zu finden. Der Legende nach kam ein Förster nachts nach Hause, und die Tiere in seinem Hof sprachen. Er wunderte sich und dachte, er sei verrückt. Als er ins Haus kam, fiel von seinem Schuh ein Stück blühender Farn.

Ob der Farn nun blüht oder nicht, auf jeden Fall bietet diese Legende den jungen Leute die Möglichkeit, sich bei dem Fest in den Wald zu begeben.

---

sit), nach Norden nach Taurage (Tauroggen). Hier an der Kreuzung ist ein **Denkmal für die ostpreußischen Kinder** 9, die in den Wirren des Zweiten Weltkriegs ihre Eltern verloren. Der Dokumentarfilmer Eberhard Fechner ist ihrem Schicksal 1991 in seinem Film »Wolfskinder« nachgegangen.

Folgen Sie der Straße nach **Sovetsk** (Tilsit) 10 zur russischen Grenze. In **Panemunė** (Übermemel) wurde oberhalb des Nemunas Anfang des 17. Jh. ein Schloß errichtet. Gehen Sie zu Fuß (meistens warten hier zu viele Autos, um die Grenze zu passieren) auf die geschichtsträchtige »Brücke von Tilsit«, die Königin-Luise-Brücke. Über diese Brücke kamen früher zu den Markttagen die Litauer, die Memeler und sogar die Anwohner des Kurischen Haffs in die Stadt. Das alte Sandsteinportal der 1944 gesprengten Brücke ist auf der russischen Seite erhalten geblieben. Heute wird es überragt von Hochhäusern und ist flankiert von den Schornsteinen der Zellulosefabrik. 1807 trafen sich hier in der Mitte des Flusses auf einem Floß Napoleon und Zar Alexander I.

Mit dem Schiff auf dem Nemunas von Nida nach Kaunas

(S. 341) Die weiße »Raketa«, ein schnelles Tragflächenboot, hat im Hafen von Nida (s. S. 142 f.) angelegt. Die Mannschaft eilt geschäftig hin und her, einer der Männer läuft zu einem kleinen Café und kommt mit geräuchertem Fisch und Butterbroten zurück, Proviant für die Crew.

Nun dürfen die Fahrgäste an Bord, der Motor brummt schon. Um 15.30 Uhr legt die »Raketa« ab. Etwa 30 Minuten geht die Fahrt über das leicht bewegte Wasser des Kurischen Haffs bis das Schiff in das Nemunas-Delta gleitet. **Ventė** (Windenburg), das alte Fischerdorf auf einer Halbinsel im Haff, bleibt links liegen. Man sieht den Leuchtturm auf der äußersten Spitze, der Windenburger Ecke. Einst stand hier eine der ersten Ordensburgen von 1360. Damals schiffte man sich hier flußaufwärts ein. Schilf und Laubbäume säumen das Ufer, dahinter verstecken sich kleine Holzhöfe.

Der erste Halt ist in **Rusnė** (Ruß). Die Halbinsel liegt zwischen den Flüssen Atmata und Skirvytė, in die sich der Nemunas teilt, um hier ein Delta zu bilden. Einst teilte sich der Fluß bei Rusnė in 13 Arme, die meisten sind im Laufe der Zeit versandet. Sümpfe und feuchte Wiesen prägen hier die Landschaft. Im Winter steht die Halbinsel oft unter Wasser, da sie nur 0,5 bis 1,5 m über dem Meeresspiegel liegt. Im 18. und 19. Jh. war Rusnė ein blühender Handelsplatz für Holz, Getreide und Fisch. Führend im Holzhandel waren Juden, die aus Rußland hierher kamen. Hermann Sudermann, der Dichter des Memellandes, schreibt in seiner »Reise nach Tilsit«, in der das Fischerpaar Ansas und Indre

vom Kurischen Haff zu einer Fahrt den Fluß hinauf nach Tilsit aufbrechen: »Auf der rechten Seite kommt Ruß, der große Herrenort, in dem so viel getrunken wird wie nirgends auf der Welt. Vor dem Rußner Wasserpunsch fürchten sich ja selbst die Herren von der Regierung.« Wenn man weiß, wie dieser Punsch gemixt wird, kann man dies verstehen: eine Flasche Portwein wird mit einer halben Flasche Weinbrand, einem viertel Liter Rußner Wasser und 150 g Zucker erhitzt. Das ganze wird von zwei (!) Männern getrunken.

Ab Rusnė liegt der Nemunas in seiner ganzen Breite vor uns. Der Fluß entspringt in Weißrußland bei Minsk, wo er Njemen heißt, und ist fast 1000 km lang, er fließt von Osten nach Westen, begleitet von beinahe 200 Nebenflüssen. Deswegen wird der Fluß von den Litauern als ein großer Baum gesehen mit vielen Verästelungen, in denen sich Städte eingenistet haben. 1840 wurde hier auf der Memel das erste Dampfschiff als Vorbote einer neuen Zeit begrüßt. Die »Raketa« gleitet über das stille Wasser, manchmal umfährt sie kleine, grüne Inseln im Fluß. Das rechte Ufer gehört zu Rußland, zum Königsberger Bezirk, das linke zu Litauen. Das Ufer säumen blühende Wiesen und sandige Strände, an denen Kinder baden – trotz der erwiesen starken Verschmutzung von Nemunas

Raudonė an der Memel

und Haff, die vor allem die Zellulosefabriken in Sovetsk und Neman verursachen. Angler halten geduldig ihre Angeln ins Wasser. Von kleinen Steininseln, die vom Ufer ins Wasser ragen, fliegen Schwärme von Reihern auf, wenn die »Raketa« näher kommt.

Das Schiff nähert sich Sovetsk (Tilsit) auf der rechten Uferseite. Bedrückend wirken seine riesigen Fabrikgebäude um Ufer. Wir unterqueren die alte Königin-Luise-Brücke, deren schönes, altes Sandsteinportal auf der russischen Seite noch erhalten ist.

In einer weiten Schleife umfließt der Nemunas hinter Neman (Ragnit) auf russischer Seite einen Hügel mit hohen Tannenwäldern bis der Fluß Jura in ihn mündet. Das ist der Rambynas-Berg, in heidnischer Zeit eine bedeutende Kultstätte (s. S. 115). Auf beiden Seiten des Ufers beginnt jetzt ein sehr waldreiches Gebiet, das bis Jurbarkas immer dichter wird. Kurz vor Jurbarkas, ab Šmalininkai (s. S. 113), wo einst die Grenze zum Me-

melland verlief, wird der Fluß beidseitig litauisch. In Jurbarkas münden die Flüsse Imsre und Mituva in den Nemunas. Hier legt die »Raketa« ein letztes Mal – nach zweieinhalbstündiger Fahrt – vor Kaunas an.

Wenn das Schiff Kurs auf **Vilkija** nimmt, erkennt man sofort die alte Bedeutung der Stadt als Holzflößerort. Am Ufer befinden sich immer noch holzverarbeitende Betriebe. Über der Stadt erhebt sich die zweitürmige neugotische Kirche des heiligen Georg von 1908, deren Spitzen in der Abendsonne glitzern. Hinter Vilkija liegt auf einem Hügel malerisch eine kleine graue Holzwindmühle. Raudondvaris (s. S. 113) ist der letzte Ort vor Kaunas. Am Stadtrand von Kaunas legt die »Raketa« an. Vier Stunden Fahrt sind vorüber. Zu Fuß mit Gepäck in die Stadt zu gehen ist zu weit, deswegen sollte man sich abholen lassen. Kaunas begrüßt die Ankommenden hinter dem Anleger mit seinem schönsten Panorama in der Abendsonne.

Eine Tour mit dem Auto von Vilnius über Šiauliai nach Palanga

Von Vilnius fährt man die Autobahn Richtung Rīga, die kurz vor **Panevėžys** ☐1 endet. Diese Strecke ist sehr waldreich und wenig besiedelt. Panevėžys bietet keine besonderen Sehenswürdigkeiten. Es ist eine kleine Industriestadt mit etwa 150 000 Einwohnern und ein wichtiger Verkehrsknotenpunkt.

Ab Panevėžys geht es weiter auf der A 225 nach Šiauliai. Die Landschaft wirkt hier noch relativ unberührt, manche Felder scheinen gar nicht bestellt zu werden. Vereinzelt liegen Gehöfte rechts und links der Straße. In Pakalniškiai, einem kleinen Ort etwa 25 km hinter Panevėžys, ist rechter Hand eine alte Windmühle zu sehen. Kurz vor **Šeduva** ☐2 liegt links der Straße Schloß Raudondvaris aus dem 19. Jh., in dem heute eine landwirtschaftliche Berufsschule untergebracht ist. Die 1640 erbaute zweitürmige Barockkirche von Šeduva hat nach einem Brand im Jahre 1804 unter starken Umbauten gelitten. Rechts hinter dem Ort könnte man im Restaurant »Užuoveja« in einer Windmühle eine kleine Pause einlegen; die Hälfte der Strecke ist geschafft. Kurz vor Šiauliai folgen wir der Ausschilderung nach rechts. Die Straße führt an einem See entlang. Hinter dem See zeigt ein Wegweiser nach links Richtung Rīga. Wir lassen den Ort Jugnaita hinter uns und folgen wieder dem Wegweiser Richtung Rīga. Nach etwa 8 km ist rechts **Kryžių kalnas** (Berg der Kreuze) ausgeschildert, den man nach 2 km erreicht. Er ist eines der wichtigsten nationalen Denkmale Litauens.

Der Berg der Kreuze

☐3 Der Berg hat eine lange Geschichte, und für das katholische Litauen war er immer ein magischer Ort des Glaubens, aber auch des Nationalbewußtseins.

Der Berg der Kreuze ist mit Tausenden von Kreuzen aller Größen und Art besetzt (geschätzt werden 15 000). Dicht an dicht stehen sie. Geschnitzt, gedrechselt, und große Kreuze sind behängt mit kleinen Kreuzen. Ausgewanderte amerikanische Litauer haben Kreuze gebracht, Kolchosen, Fabrikkollektive. Doch es gibt nicht nur litauische Inschriften, sondern auch lettische, polnische und estnische. Vereinzelt sieht man auch russisch-orthodoxe Kreuze. Auf Inschriften liest man Widmungen für in Sibirien verschollene Angehörige wie »Ihr könnt unser Herz ausreißen, aber nicht unseren Willen zur Freiheit« oder »Für ein freies Litauen«.

Wahrscheinlich gab es einst eine hölzerne Festung hier, errichtet als Bastion gegen die Kreuzritter. Litauische Chroniken vermerken eine Festung Kula oder Kulan, Namengeber ist der Fluß Kulpe, der hier fließt.

Ein vermehrtes Aufstellen der Kreuze begann aber erst nach den litauischen Aufständen gegen den Zarismus in den Jahren 1831 und 1863. Ende des 19. Jh. wurde der Berg auch außerhalb des Landes als Wallfahrtsort bekannt.

Nach den Repressionen und Deportationen der frühen Sowjetzeit zwischen 1941–1952 erschienen immer mehr Kreuze für die nach Sibirien Verschleppten. 1961 beschlossen die Sowjetbehörden, den Berg der Kreuze wegen »religiö-

Berg der Kreuze

sen Fanatismus« mit Bulldozern nieder-
zuwalzen. Die Kreuze wurden verbrannt.
Gleichzeitig begann eine Zerstörung von
Heiligenfiguren in den Dörfern. Doch die
Menschen brachten neue Kreuze und
richteten die erhaltenen wieder auf. Es
begann ein regelrechter »Krieg« über
Jahre zwischen den Behörden und der
Bevölkerung. Bis 1985 dauerte dieser
Kampf. Im September 1993 besuchte
der Papst den Berg der Kreuze.

Nach der Besichtigung des Berges fahren wir die Straße zurück nach **Šiauliai**
4 (S. 344). Weithin sichtbar ist die
Renaissance-Kirche St.-Peter-und-Paul
mit ihrem 70 m hohen, schlanken weißen Turm. Historische Bedeutung bekam der Ort 1236. In der Schlacht von
Schaulen gelang es Fürst Mindaugas,
der verschiedene litauische Stämme
unter seiner Herrschaft vereinte, den

Schwertritterorden vernichtend zu
schlagen. Im Laufe der Geschichte hatte
die Stadt stark unter Kriegen, Plünde-
rungen und Seuchen zu leiden. Schon
nach dem Ersten Weltkrieg waren 65 %
der Stadt zerstört, und nach dem Zweiten Weltkrieg blieben nur noch 15 % der
Gebäude erhalten. Eine Altstadt ist also
nicht vorhanden. Jedoch sollte man die
Peter-und-Paul-Kirche besichtigen, die
1625 erbaut wurde. In Šiauliai werden
Fahrräder gebaut, deswegen gibt es
hier ein Fahrradmuseum, das für begei-
sterte Radfahrer einen Besuch lohnt. Es
zeigt eine Sammlung der merkwürdig-
sten Räder vom Beginn dieses Jh. bis
heute. Auch an dem Museum für Fotographie sollte man nicht vorbeigehen,
denn hier sind nicht nur alte Fotoapparate ausgestellt, sondern es sind auch
Fotos litauischer Fotographen von den
Anfängen bis zur Gegenwart zu sehen.

Ab Šiauliai ist die Strecke nach Palanga ausgeschildert. Etwa 20 km bis Kuršėnai führt eine gut ausgebaute doppelspurige Schnellstraße. Wir befinden uns in der Region Žemaitija. Sie umfaßt Litauens Westen: die gesamte litauische Küste von der lettischen Grenze bis zum Nemunas. Žemaitija heißt »niedriges Land«. Doch davon kann vorerst keine Rede sein: Die Landschaft, durch die wir fahren, ist hügelig und lieblich. Die im Sommer übersatten goldgelben Felder stehen in einem starken Kontrast zu den tiefgrünen Wäldern, vereinzelt sieht man tiefblaue Seen. Eine Landschaft von seltener Schönheit und Einsamkeit.

Kuršėnai 5 liegt beidseits des Flusses Venta. Der Name der Stadt kommt vom ausgestorbenen Stamm der Kuren, die hier einst gesiedelt haben. Erstmals erwähnt wurde der Ort 1581. Traditionell wird hier das Töpfern gepflegt. Kurz hinter Kuršėnai, in der Ortschaft **Pakumul-**

šiai, kann man links zu einem schönen See mit einem kleinen Badestrand abbiegen. Er liegt direkt hinter der Straße, ist aber von dort nicht zu sehen.

Zurück auf der Hauptstraße geht es nun bis **Telšiai** 6 (S. 345), dem Verwaltungszentrum der Žemaitija. Idyllisch liegt die Stadt, die zu den ältesten des Landes gehört, auf Hügeln am Fluß Durbinis. Der Bischofsdom des Heiligen Antonius von Padua, eine kleine, aber innen reichgeschmückte barocke Kirche, erhebt sich über der Stadt. Ihr achteckiger Turm wurde erst 1864 erbaut. Eine Besichtigung lohnt auch das Heimatkundemuseum (Kraštotyros Muziejus). Es zeigt die Geschichte der Žemaitija und verfügt über eine interessante Bildergalerie, deren bedeutendstes Stück das Gemälde »Huldigung der Könige« von Lucas Cranach ist. Telšiais jüdische Gemeinde besaß seit Anfang des 18. Jh. eine bedeutende jüdische Hochschule, an der auch viele Studenten aus dem

Die Kirche von Plateliai im Nationalpark Žemaitija

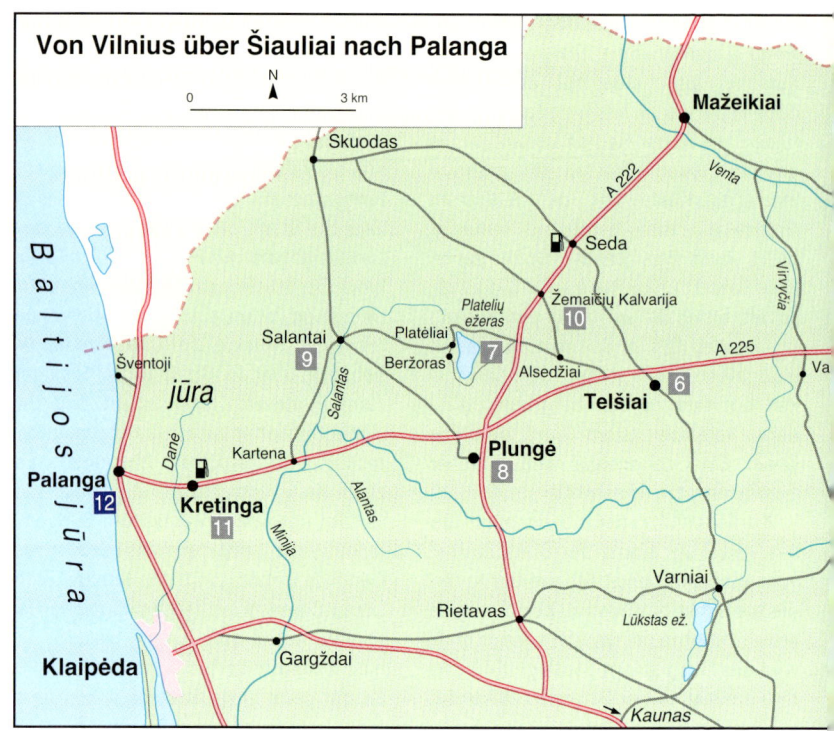

Von Vilnius über Šiauliai nach Palanga

Von Vilnius nach Palanga

Ausland studierten. Wie überall in Litauen wurden die Juden Telšiais von den Nazis mit Hilfe litauischer Kollaborateure 1941 ermordet.

Bis Plungė sind es etwa 25 km, wir biegen aber kurz vor Plungė rechts Richtung Mažeikiai ab, um einen Abstecher in den **Žemaitija Nationalpark 7** zu machen. Nach etwa 5 weiteren km folgen wir dem Wegweiser links nach Plateliai, einer Kleinstadt am gleichnamigen See. Die Landschaft mit dem 12 km^2 großen See ist eine der schönsten in der Žemaitija. Der See entstand vor über 10 000 Jahren als Formation der Endmoränen der letzten Eiszeit. Auf einer seiner sieben Inseln gab es einst bei Plateliai eine Inselburg, zu der eine Holzbrücke führte.

Kurz nach der Abzweigung beginnt die Einfahrt in den Nationalpark. Die Straße führt hügelan und rechts sehen wir den Plateliai-See, links den Ilgio-See. Der erste Ort ist im Park ist **Beržoras,** in dem überwiegend bunte Holzhäuser stehen. Auf einer dichten Allee erreichen wir **Plateliai** mit seiner gelben Holzkirche im Zentrum und leuchtend gelben Holzhäusern an der Ecke der Straße, die nach etwa 2–3 km zum See führt. Eigentlich ist die Durchfahrt verboten, am See jedoch findet man an heißen Tagen einen Autocorso vor. Ein sehr einfaches Hotel mit Badestrand und Yachtclub lädt zum Verweilen. Der Blick auf den See ist wunderschön, und man kann von hier Wandertouren oder auch Fahrradtouren auf den wenig befahre-

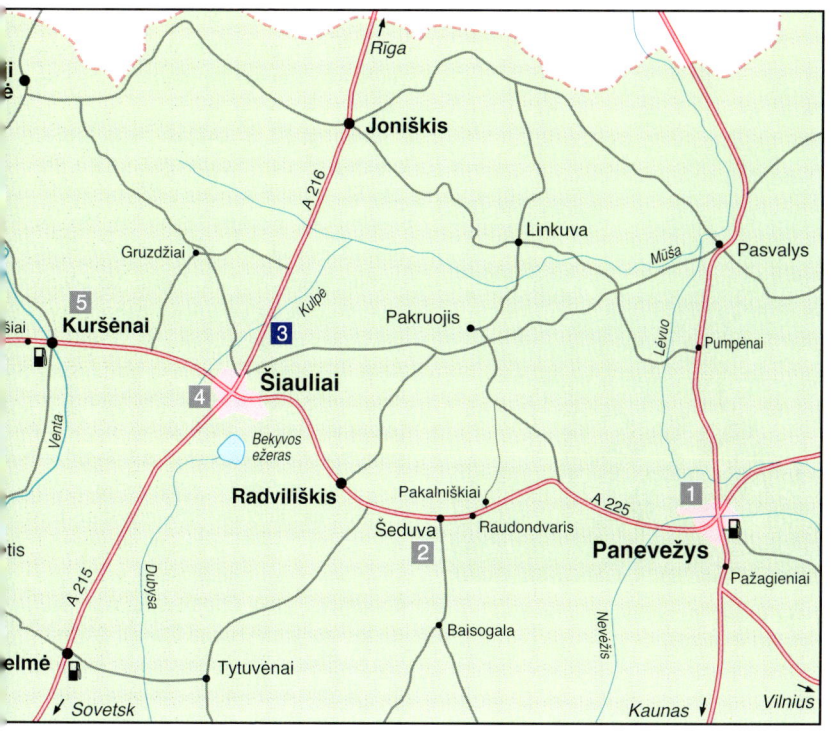

nen Straßen unternehmen. Im Ort befindet sich die Parkverwaltung, die Auskünfte erteilt.

Von Plateliai gibt es drei Möglichkeiten, den Weg nach Palanga fortzusetzen. Entweder die gleiche Strecke zurück nach Plungė (A) oder nach Salantai (B) oder nach Žemaičių Kalvarija (C).

Alternative A: In **Plungė** 8 befindet sich eine Backsteinkirche, doch nicht auf sie sollte man die Aufmerksamkeit lenken, sondern auf das kleine Holzhaus daneben. Hier lebte der bedeutendste litauische Maler und Komponist, Čiurlionis (s. S. 96 f.) im Jahre 1909 mit seiner Frau. Im Park von Plungė befand sich ein Schloß, von dem heute nur noch Teile zu sehen sind, hier auf der Musikschule wurde Čiurlionis unterrichtet. Im Park

steht die Eiche des Donnergottes Perkūnas. Sie ist 25 m hoch und hat einen Durchmesser von 1,75 m. Von Plungė geht es auf der A 225 weiter nach Kartena.

Alternative B: **Salantai** 9 erreicht man über eine Nebenstraße nach etwa 13 km. Hier am Ufer der Minija stand einst eine žemaitische Burg, die etliche Kämpfe gegen die Kreuzritter überstehen mußte. Aber nicht das ist der Grund für den Ausflug. In Salantai befindet sich das »Absurditätenmuseum« der Familie Orvydas. Vater und Sohn haben hier mit ihren Skulpturen aus Stein und Holz, die in Hof und Garten ausgestellt sind, eine surreale Bilderwelt geschaffen. Von Salantai folgen wir der Straße nach Kartena.

Das Absurditätenmuseum der Familie Orvydas in Salantai

Alternative C: Von Plateliai fahren wir weiter durch das Naturschutzgebiet auf Nebenstraßen um den See, bis wir auf die A 222 nach Mažeikiai kommen. Nach etwa 10 km biegen wir links ab in Richtung **Žemaičių Kalvarija** 10. Der »Zemaitische Kalvarienberg« ist einer der wichtigsten Wallfahrtsorte der katholischen Litauer. Als Gardai wurde der Ort schon 1253 erstmals erwähnt. Auf einigen Karten ist der Ort noch mit »Varduva« verzeichnet, wie er in der Sowjetzeit hieß. Anfang des 17. Jh. bauten Dominikanermönche hier ein Kloster und 19 Kapellen für die Stationen des Leidensweges Christi entlang einem 7 km langen Kreuzweg. Das Ende des Weges markieren die zwei Türme der 1780–85 erbauten barocken Kirche Mariä Heimsuchung. Am Altar ist ein im 17. Jh. in Rom geweihtes Bildnis der Madonna mit Kind zu sehen, das wundertätig sein

soll. Zurück geht es auf der A 222 Richtung Plungė und dann auf der A 225 Richtung Palanga über Kartena und Kretinga.

Kretinga 11 (S. 342) ist ein beliebter Ausflugsort der Palanger Badegäste, die des Strandlebens müde sind und etwas besichtigen wollen. Schon im 13. Jh. gab es hier eine žemaitische Burg. Bemerkenswert ist die Mariä Verkündigungskirche, die um 1615 errichtet, aber mehrmals umgebaut wurde. Verschiedene Stilelemente kommen hier zusammen: Gotik, Renaissance und Barock. Interessant sind besonders die geschnitzte Renaissancetür zur Sakristei und die geschnitzte Kanzel sowie die Porträts der Kirchenstifter aus dem frühen 17. Jh., die in polnisch beschriftet sind: Jan Karol Chodkiewicz und Zofia Chodkiewiczowa. Chodkiewicz war litauischer Kronfeldherr und Starost (Verwalter) der Žemaitija und hatte hier ein Gut, das später die Grafen Tiškevičius kauften, denen es bis 1940 gehörte. Neben der Kirche befindet sich ein Franziskaner-Kloster, das Anfang des 17. Jh. erbaut wurde und bis heute seine ursprüngliche Funktion beibehalten hat. In der Stadt gibt es auch ein Heimatkundemuseum, in dem man etwas über Kultur und Geschichte dieser Gegend erfährt.

Palanga – Badeort am Baltischen Meer

12 (S. 343) Zehn Staaten Nord- und Mitteleuropas liegen um die Ostsee herum. »Baltisches Meer « heißt sie in den meisten Sprachen. »Baltas« bedeutet im Litauischen und Lettischen »weiß«, das »Weiße Meer«. Und weiße Strände charakterisieren die litauische Ostseeküste, die nur 99 km lang ist (ohne die Küste des Kurischen Haffs). Die Litauische

Folklore ist reich an Liedern, Märchen und Sagen über das Meer, aber auch zeitgenössische Poeten haben es sich zum Thema gewählt, so schrieb der russische Dichter Joseph Brodsky 1971 in seinem »Litauischen Divertimento« über Palanga:

»Des Himmels Gesicht schauen darf
nur die See. Der Wanderer senkt seinen
   Blick,
in die Dünen geduckt, zum Wein, den er
   nippt,
wie ein König ohne sein Reich und die
   Harfe.

Das Haus ist verwüstet, die Herden
   geraubt.
Den Sohn hat ein Hirt in der Höhle
   versteckt.
Und vor ihm liegt nun: das Ende
   der Welt.
Übers Wasser zu wandeln, fehlt ihm der
   Glaube.«

Palanga – das bedeutet mehlfeiner Sand, ausgedehnte Kiefernwälder, Dünen, munteres Strandleben und spektakuläre Sonnenuntergänge im Meer. Palanga ist einer der renommiertesten und schönsten Bade- und Kurorte des Baltikums!

Das abendliche Flanieren über die Basanavičiaus gatvė erinnert an einen Bummel über die Friedrichstraße in Westerland zur Hochsaison. Nur ist es hier romantischer: Unter Kastanien schlendert man vorbei an Holzvillen, die einmal bessere Zeiten gesehen haben, und an Fachwerkhäusern; überall gibt es Cafés und Restaurants. Für Autos ist das Zentrum gesperrt.

In früheren Zeiten nannten die Žemaiten Palanga »die Fensterbank zur Welt« (*palangė* = Fensterbank). Als die Žemaiten ihren Hafen Klaipėda an die Kreuzritter verloren, wurde Palanga zum Hafen. Englische, schwedische, holländische und Hanseschiffe liefen ein. Honig, Bern-

Am Strand von Palanga

stein, Flachs, Pelze und Getreide wurden hier verladen. Erstmals verzeichnet wurde der Ort 1161 anläßlich eines Besuchs des dänischen Königs Waldemar I., doch schon 3000 Jahre vorher siedelten hier Menschen. 1547 wurde Palanga als Stadt urkundlich erwähnt, und 1639 erhielt die Stadt das Privileg für freien Seehandel. Seine Handelsbedeutung verlor der Ort 1795, als Litauen zum russischen Reich kam. 1824 kaufte der Graf Tiškevičius Palanga, machte es zum Badeort und legte einen wunderbaren Park an, der bis heute als der schönste Litauens gilt (jetzt Botanischer Garten). Tiškevičius ließ auch eine Seebrücke für den gräflichen Dampfer bauen, von der heute jedoch nur noch die Pfosten aus dem Wasser ragen. Im Park wurde Ende des 19. Jh. ein Schloß errichtet, in dem sich das Bernsteinmuseum befindet. Ende des 19. und Anfang des 20. Jh. erlebte der Ort seine Blütezeit als Kur- und Badeort: Adlige und Großbürger ließen sich hier Villen bauen. In der Sowjetzeit wurden hier etliche Sanatorien eingerichtet, die nun teilweise zu Hotels umfunktioniert worden sind. Fast eine halbe Million Erholungsuchende pro Jahr besuchten Palanga zu der Zeit. Das Verwaltungsgebiet des Ortes reicht von dem Dorf Nimerseta (»Nimmersatt, wo das Deutsche Reich ein Ende hat«) im Süden über 24 km bis zur lettischen Grenze im Norden zum Badeort Šventoji, der allerdings im Vergleich zu Palanga eher ein »häßliches Entlein« ist.

Am Ende des Basanavičiaus gatvė passiert man einen kleinen Platz mit einem Brunnen, bevor es über Dünen zum Strand geht. In der Mitte des Brunnens ist das Denkmal für Juratė, die Tochter des Meeresgottes, die sich in innigster Umarmung mit dem einfachen Fischer Kastutys befindet, in den sie sich verliebt hat. Sie lebte in einem Palast aus Bernstein, der auf dem Meeresgrunde lag. Dorthin brachte sie den Fischer. Doch der Göttervater Perkūnas wollte es nicht dulden, daß sie sich einen Sterblichen ausgesucht hatte und zerschmet-

Rund um den Brunnen von Palanga herrscht im Sommer lebhaftes Treiben

Das Bernsteinmuseum im botanischen Garten von Palanga

terte mit seinem Donnerkeil das Schloß. Kastutys kettete er an einen Felsen. So erklärt die Legende, warum das Meer hier Bernstein ans Ufer schwemmt. Um diesen Brunnen herum herrscht lebhaftes Treiben: Kinder werden auf Pferden rundherum geführt oder fahren in kleinen Autos herum, auf dem Brunnenrand sitzen die Eltern und schauen zu. Aus Buden und Wohnwagen werden Eis und Getränke verkauft.

Nach dem Faulenzen am Strand bietet sich ein Spaziergang zum **Botanischen Garten** an. Dieser 80 ha große Park wurde im letzten Jahrhundert von einem französischen Gartenarchitekten kunstvoll angelegt: Hier gibt es neben vielfältigen Baum- und Straucharten ein Rosarium, Gewächshäuser sowie Teiche und Springbrunnen. Doch die eigentliche Attraktion ist das **Bernsteinmuseum,** das im Neorenaissanceschloß beherbergt ist. Den Grundstock für das Museum, das 1963 eröffnet wurde, bildete eine Sammlung des Grafen Tiškevičius. Heute enthält die Sammlung 25 000 Exponate, die aber nicht alle in der Ausstellung zu sehen sind. Interessant sind vor allem der prähistorische Bernsteinschmuck und die Einschlüsse.

Inmitten des Parks erhebt sich der **Birutė-Hügel,** ein Heiligtum aus heidnischer Zeit. Die Tochter eines Adligen, Birutė, hütete hier das ewige Feuer, bis der Großfürst Kestutis sie entführte und zur Frau nahm. Sie gebar Vytautas den Großen und soll angeblich nach Kestutis Tod (1382) wieder hierher gekommen und bestattet worden sein. Von dem 22 m hohen Hügel, auf dessen Anhöhe sich eine Backsteinkapelle befindet, hat man – in dem sonst flachen Land – einen ausgezeichneten Ausblick. In der Grotte des Parks finden Dichterlesungen statt.

An einem Regentag oder nach einigen Tagen »Sonne satt« bietet sich ein Ausflug in das nur 10 km entfernt liegende Kretinga an (s. S. 124).

Litauens einziger Seehafen – Klaipėda (Memel)

Aus der Geschichte

(S. 341) Für Peter den Großen war St. Petersburg das »Fenster zum Westen«, für die Litauer ist es Klaipėda. Das historische Schicksal der Stadt ist an der Umbenennung der Lindenstraße (Liepų gatvė) zur Alexander-, Präsident Smetona-, Adolf-Hitler-, Stalin- und Gorkistraße zu sehen, einzig die Linden haben überdauert.

Schon zu Beginn unserer Zeitrechnung war der Ort von baltischen Stämmen besiedelt. Anfang des 13. Jh. stand an der Danė-Mündung eine hölzerne Burg der Žemaiten mit Namen Callaypeda. 1252 wurde sie vom livländischen Schwertbrüderorden, der später in den Deutschen Orden überging, erobert. Das Datum gilt als Gründung der Stadt Memel, zwei Jahre später baute man aus Stein die Memelburg. Die Stadt bekam zuerst das Dortmunder Stadtrecht, ab 1258 das Lübecker Recht und ab 1475 trat das Kulmer Stadtrecht in Kraft. Der Stadt kam eine große strategische Bedeutung zu: einmal sollten die Wasserwege kontrolliert werden, zudem bildete sie eine wichtige Verbindung zwischen Königsberg und Rīga. Deswegen gaben die Žemaiten und Kuren auch nicht kampflos ihr Terrain auf, sondern griffen die Burg ständig an. Der Livländische Orden konnte sich bald nicht länger gegen das erstarkende litauische Großfürstentum durchsetzen, so wurde die Stadt 1422 nach dem Melner Frieden an den Deutschen Orden übergeben. Doch die Angriffe endeten erst im Laufe des 15. Jh., als die Litauer sich stärker Polen zuwandten. Die Stadt konnte nun expandieren, Handwerk und Handel entwickelten sich. Sie stand jedoch immer in starker Konkurrenz zu den weiter westlich liegenden Hansestädten Königsberg und Danzig. 1525 wurde Memel preußisch, damit begann seine Blütezeit. Von 1529–1559 wurde eine Burg mit Bastei und Wassergraben gebaut. Die Danė hatte damals noch einen anderen Lauf: sie umspülte nicht nur die Burg, sondern auch die Altstadt.

400 Jahre lang gehörte die Stadt zu Preußen, unterbrochen durch eine sechsjährige Okkupation der Schweden während des Dreißigjährigen Krieges (1629) und durch eine fünfjährige russische Herrschaft im Siebenjährigen Krieg. Preußen verlor den Krieg, und somit verlor auch die Burg ihre strategische Bedeutung. Der Abbruch begann. Heute sind die Reste dieser Burg durch Ausgrabungen freigelegt und am Ufer der Danė zu besichtigen.

1807/08 wurde die Stadt während der napoleonischen Kriege provisorische Hauptstadt des preußischen Königreiches. Das erhöhte ihre Anziehungskraft. König Friedrich Wilhelm III. und Königin Luise residierten in der jetzigen Danės gatvė 17, damals ein Kaufmannshaus, später das Rathaus.

1854 waren im Krimkrieg Rußlands Ostseehäfen vom Feind gesperrt, so daß Rußland seinen Handel über den Memeler Hafen abwickelte. Das brachte für einige Monate einen gewaltigen wirtschaftlichen Aufschwung, der jäh gestoppt wurde durch eine Feuersbrunst, die im Oktober jenes Jahres einen Großteil der Stadt zerstörte.

Politisch bildete das Memelland bis zum Ersten Weltkrieg den Nord-Ost-Zipfel von Ostpreußen. Im Versailler Vertrag trennten die Siegermächte das Memelland von Deutschland ab. Es kam unter

Aufsicht des Völkerbundes, dann unter französische Verwaltung. Im Januar 1923 – während der Ruhrkrise – schien der Zeitpunkt günstig: litauische Freischärler besetzten das Memelgebiet, die Franzosen zogen ab. Nationalistische Litauer, die an alte großfürstliche Traditionen anknüpfen wollten, hatten schon direkt nach dem Ersten Weltkrieg nicht nur das Memelland, sondern auch das nördliche Ostpreußen bis nach Königsberg gefordert. (Ein Wunsch, der bis heute in nationalistisch gesinnten litauischen Kreisen eine Rolle spielt.)

Nach langen Verhandlungen mit dem Völkerbund trat im August 1925 die Memelkonvention in Kraft. Danach kam die Stadt als Zentrum einer autonomen Region mit Doppelsprachigkeit Deutsch und Litauisch zu Litauen. Schon seit dem 15. Jh. gab es im Memelgebiet – anders als im restlichen Ostpreußen – eine starke litauische Volksgruppe. Laut einer Volkszählung von 1910 sprachen 50,7 % deutsch und 47,9 % der Bevölkerung des Memellandes litauisch. Unter dem Druck der Nazis wurde das Memelland im März 1939 »heim ins Reich« geholt, was Hitler auf dem Theaterplatz feiern ließ.

Jahrhundertelang war die Stadt mit ihrer Umgebung ein lebendiger Beweis für das Nebeneinander verschiedener Kulturen gewesen: Neben Litauern und Deutschen trugen Juden, Russen und Engländer zum Völkergemisch bei. Die Memelländer Juden flohen 1939 nach Litauen, wenn sie nicht das Geld hatten, nach Übersee zu fliehen, und fielen dort zwei Jahre später der deutschen Vernichtung zum Opfer. Während des Krieges wurden zwei Drittel Memels zerstört, vor allem bei den letzten Kämpfen, bei denen die Deutschen bis zum Januar 1945 erbittert gegen die Rote Armee und die Litauische Division kämpften.

Die Altstadt von Klaipėda

Etwa 50 000 Einwohner hatte Memel bis zum Ende des Zweiten Weltkrieges. Drei Viertel der Stadtbevölkerung waren Deutsche. Die Nazis befahlen mit ihrem Rückzug die Evakuierung, und Memel fiel fast menschenleer an die Sowjets. Litauer und Russen kamen in die Stadt. Man besann sich auf den historischen Namen: Klaipėda. Klaipėda gehörte nun wieder zu Litauen, allerdings unter sowjetischer Herrschaft, die vierzig Jahre andauerte und Klaipėda wegen des Hafens zur geschlossenen Stadt machte. Heute leben mehr als 200 000 Menschen in der Stadt, die bis 1987 militärisches Sperrgebiet war. Damit ist Klaipėda die drittgrößte Stadt Litauens, sein einziger Ostseehafen und ein wichtiges Industriezentrum.

Die Strände nördlich von Klaipėda sind zwar noch schön, aber das Wasser ist stark verschmutzt, denn ungeklärte Abwässer werden aus der Stadt ins Meer geleitet. Die litauischen Grünen sind sehr bemüht, dagegen zu kämpfen. 15 000 Unterschriften sammelten die Grünen gegen den Bau einer Erdölstation am Nordrand der Stadt. 250 ha Wald müßten dafür gerodet werden.

Die meisten Bewohner leben heute in Trabantenstädten im Süden Klaipėdas. Der Kern der Stadt sind die Altstadt und die Neustadt links- und rechtsseitig des Flusses. Im 16. Jh. entstand die Altstadt neben der Burg. Sie ist geometrisch angelegt. Nach dem Vorbild römischer Städte wurden schon im 13. Jh. deutsche und englische mittelalterliche Städte gebaut. Leider sind nur noch einige historische Häuser erhalten und diese aus den letzten zwei Jahrhunderten, denn die Stadt brannte mehrmals nieder.

Die rechtsseitig von der Danė gelegene Neustadt wurde schon 1595 eingemeindet, aber erst im 18. Jh. entstanden

die beiden Hauptachsen: die anfangs erwähnte Liepų gatvė und die Hercus Mato gatvė. Hercus Mantas war im 13. Jh. der Anführer des letzten Aufstandes der Ureinwohner gegen die Kreuzritter, ein Denkmal in dieser Straße erinnert an ihn.

Die Altstadt steht unter Denkmalschutz und wird seit über zwanzig Jahren liebevoll restauriert. Nach dem Krieg gab des den Plan, die Altstadt niederzureißen, nichts sollte mehr an die deutsche Stadt erinnern. So wie die Sowjets es jenseits der Memel im Kaliningrader Bezirk gemacht haben.

Ein Stadtrundgang

Auch wenn man nicht aus dem Memelland stammt, wird man bei einem Gang durch die engen kopfsteingepflasterten Straßen sentimental. Man fühlt sich in die Kindheit zurückversetzt: Plätze mit Fliederbüschen, blühende Wiesen, wo Wäsche trocknet und Kinder Ball spielen. Die Zeit scheint stehengeblieben zu sein. Geparkte Autos an den Straßenrändern fehlen in manchen Straßen völlig, dadurch entsteht eine Atmosphäre wie in deutschen Kleinstädten der fünfziger Jahre. Die Architektur und die Straßennamen wie Bäckerstraße (Kepėjų gatvė) und Schmiedestraße (Kalvių gatvė) weisen darauf hin, daß hier Kaufleute und Handwerker lebten. Fachwerkhäuser und Speicher stehen sich gegenüber, dazwischen Kopfsteinpflaster. Manche Fachwerkhäuser sind allerdings nicht sofort als solche zu erkennen, da sie wegen Brandschutz verputzt sind.

Am **Teatro aikštė** **1** haben einige Händler neben der Symbolfigur des alten Memel, dem Ännchen von Tharau, kleine Tische mit Bernsteinschmuck und »Fliege in Bernstein« aufgebaut. Auf ei-

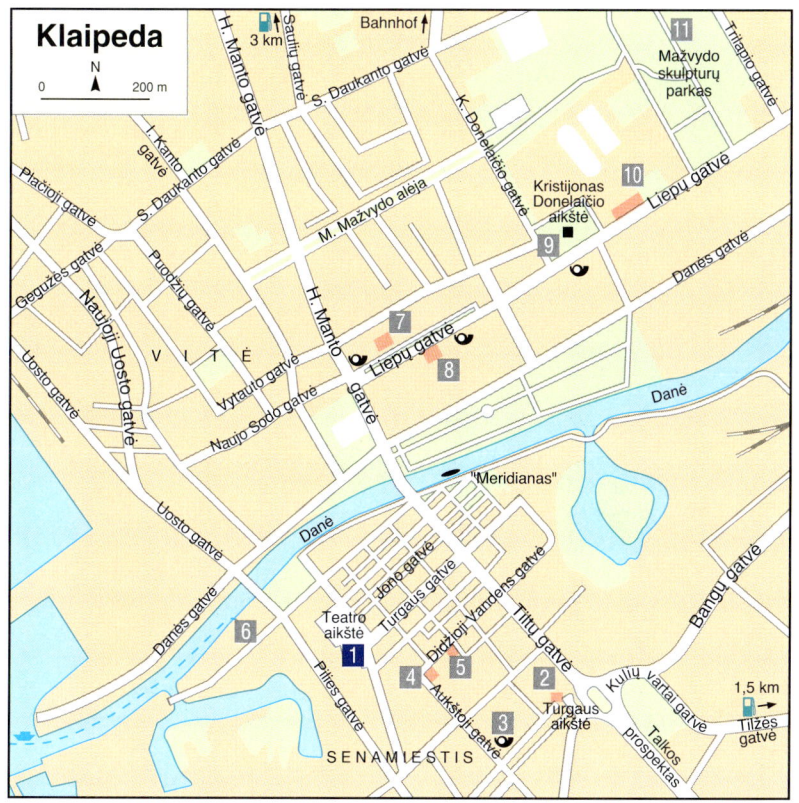

Klaipéda *1 Teatro aikšté 2 Markthalle 3 Alte Post 4 Alter Speicher 5 Zweigstelle des Klein-Litauen-Museums 6 Ruine der Memelburg 7 Hauptgebäude des Klein-Litauen-Museums 8 Uhrenmuseum und Hauptpostamt 9 Donelaitis-Denkmal 10 Gemälde-galerie 11 Skulpturenpark*

ner Bank dahinter singt ein Akkordeon-spieler auf deutsch das Lied »Ännchen von Tharau«. Auf dem Theaterplatz wur-den bereits im 18. Jh. von fahrenden Schauspielern Stücke gezeigt. 1819 wurde ein Theater gebaut, das aber auch dem großen Brand des Jahres 1854 zum Opfer fiel. 1857 wurde das jet-zige Gebäude errichtet, das erst kürzlich renoviert wurde und inzwischen einen Anbau erhalten hat. Richard Wagner di-rigierte hier einst die Königsberger Phil-harmonie. Eine neu gegründete Wagner-

Gesellschaft plant – an die Tradition an-knüpfend – regelmäßige Wagner-Fest-tage.

Vom Teatro aikšté geht es die Jono gatvé (Johannisstraße) hinunter, sie ist eine der ältesten Straßen der Stadt. Be-nannt nach der Johanniskirche, die wie fast alle alten Kirchen aus dem Stadtbild verschwunden ist. Parallel dazu die Tur-gaus gatvé, eine breite Straße, in der noch Gebäude aus dem 19. Jh. zu sehen sind. In der Tiltų gatvé befindet sich die »**Grüne Apotheke**«, die 1677 gegründet

Das Ännchen von Tharau

Im 17. Jh. lebte in dem Dorf Tharau, in der Nähe von Königsberg, das Mädchen Anna Neander, das siebzehnjährig 1636 im Königsberger Dom den Pfarrer Johannes Partatius heiratete. Der Dichter Simon Dach (1605–1659) – später Professor für Poesie – war zur Hochzeit geladen, verliebte sich in sie und schrieb auf sie das Gedicht vom »Ännchen von Tharau«. Das Gedicht wurde zum Volkslied, das vor allem durch Johann Gottfried Herder bekannt wurde, der in seiner Sammlung »Stimmen der Völker in Liedern« (1778/79) zuerst das plattdeutsche Original und dann eine von ihm verfaßte hochdeutsche Version veröffentlichte. Die Werke des in Memel geborenen Barockdichters Simon Dach wurden auch ins Litauische übersetzt. 1912 wurde ihm zu Ehren das Denkmal über einem kleinen Brunnen mit der Bronzestatue errichtet. Schüchtern, mit altmodisch-züchtigen Zöpfen steht das »Ännchen« auf einem Brunnen. Während der Enthüllung des Denkmals erkannte die Frau eines Dünenmeisters aus Smiltynė in der Skulptur ihre Tochter Gerda, der Bildhauer Künne soll die damals 13jährige auf der Fähre über das Haff gesehen und als Vorbild für das Denkmal skizziert haben.

1939 mußte die Ännchen-Statue, die dann später in den Kriegswirren verschwand, einer Hitlerbüste weichen. 1989 wurde von dem Verein »Ännchen von Tharau«, gegründet von vertriebenen Memelländern und Exil-Litauern, die neue Statue errichtet.

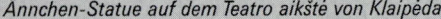

Ännchen-Statue auf dem Teatro aikštė von Klaipėda

Ännchen von Tharau ist, die mir gefällt;
Sie ist mein Leben, mein Gut und mein Geld.

Ännchen von Tharau hat wieder ihr Herz
Auf mich gerichtet in Lieb' und in Schmerz.

Ännchen von Tharau, mein Reichthum, mein Gut,
Du meine Seele, mein Fleisch und mein Blut!

Käm' alles Wetter gleich auf uns zu schlahn,
Wir sind gesinnet bei einander zu stahn.

Krankheit, Verfolgung, Betrübniß und Pein
Soll unsrer Liebe Verknotigung seyn.

Recht als ein Palmenbaum über sich steigt,
Je mehr ihn Hagel und Regen anficht;

So wird die Lieb' in uns mächtig und groß
Durch Kreuz, durch Leiden, durch allerlei Noth.

Würdest du gleich einmal von mir getrennt,
Lebtest, da wo man die Sonne kaum kennt;

Ich will dir folgen durch Wälder, durch Meer,
Durch Eis, durch Eisen, durch feindliches Heer.

Ännchen von Tharau, mein Licht, meine Sonn,
Mein Leben schließ' ich um deines herum.

Was ich gebiete, wird von dir gethan,
was ich verbiete, das läßt du mir stahn.

Was hat die Liebe doch für ein Bestand,
Wo nicht Ein Herz ist, Ein Mund, Eine Hand?

Wo man sich peinigt, zanket und schlägt,
Und gleich den Hunden und Katzen beträgt?

Ännchen von Tharau, das woll'n wir nicht thun;
Du bist mein Täubchen, mein Schäfchen, mein Huhn.

Was ich begehre, ist dir lieb und gut;
Ich laß den Rock dir, du läßt mir den Hut!

Dies ist uns Ännchen die süsseste Ruh.
Ein Leib und Seele wird aus Ich und Du.

Dies macht das Leben zum himmlischen Reich,
Durch Zanken wird es der Hölle gleich.

(Johann Gottfried Herders hochdeutsche
Übertragung des Gedichtes von Simon Dach)

wurde und heute eine Ausstellung mit Apothekerutensilien enthält. Am Ende der Tiltų gatvė lohnt ein Gang durch das dichte Gedränge des turbulenten Marktes in der **Markthalle** 2.

Hinter dem Markt kommt man zum **Tugaus aikštė.** Der frühere Friedrichsmarkt, der vor dem Krieg vorwiegend von jüdischen Geschäftsleuten bewohnt war, wird heute leider nur noch als Parkplatz benutzt. Rechts zweigt die Aukštoji gatvė ab, wo sich die **alte Post** 3 befindet. Sie ist nicht nur ein »Muß« für jeden Philatelisten, denn sie vergibt Sonderstempel, sie zeigt auch eine Kunsthandwerksausstellung. Neben einigen Fachwerkhäusern steht in der Aukštoji gatvė auch das älteste Haus der Stadt, ein Backsteinbau von 1775. Bevor man in die Didžioji vandens gatvė einbiegt, sollte man nicht versäumen, einen Blick in den **alten Speicher** 4 zu werfen. Er wurde restauriert und in seinen Räumen ist eine ständige Ausstellung experimenteller litauischer Kunst zu sehen. Daneben liegt die Verkaufs-Galerie »Bohema«. In der Didžioji vandens gatvė befindet sich auch eine Zweigstelle des **Klein-Litauen-Museums** 5, in der Trachten und Ausgrabungsfunde sowie alte Karten ausgestellt sind.

Durch die engen Gassen der Altstadt spaziert man zum Ufer der Danė. Jenseits der Pilies gatvė zum Hafen hin, sind die Ruinen der alten **Memelburg** 6 zu sehen. Einige alte Speicher am Ufer sind zu Bierlokalen und Cafés geworden. Jenseits der Brücke, die die Hauptstraßen der Altstadt mit der Neustadt verbindet, liegt ein alter Dreimaster, in dem sich das sehr beliebte Restaurant »Meridianas« befindet.

Über die Brücke zur Neustadt, der ehemaligen Friedrichstadt, gelangt man auf den architektonisch wenig ansprechenden Platz, auf dem während der Sowjetzeit das obligatorische Lenindenkmal stand. Linker Hand liegt das Hotel »Klaipėda«, gegenüber das Musiktheater. Rechts kommt man in die **Liepų gatvė,** die Lindenstraße, die ihre erste Umbenennung 1802 erfuhr zu Ehren des russischen Zaren Alexander I. Angelegt wurde die Straße 1769/70. Reiche Kaufleute und Industrielle bauten hier ihre Häuser. Heute ist sie eine der schönsten Straßen der Stadt, in der noch viel alte Bausubstanz erhalten ist. Das Hauptgebäude des **Klein-Litauen-Museums** 7, das die Geschichte des Memellandes dokumentiert, befindet sich im ehemaligen Haus des dänischen Vizekonsuls. Schräg gegenüber liegt das **Uhrenmuseum** 8 und daneben das neugotische **Hauptpostamt** von 1893, dessen Schalterhalle sorgfältig restauriert wurde. Im Turm der Post stimmt das Glockenspiel (auf Bestellung) das Lied vom »Ännchen von Tharau« an.

In den drei modernen Gebäuden hinter dem **Denkmal für den Dichter Kristijonas Donelaitis** 9 ist die **Gemäldegalerie** 10 untergebracht. Außer litauischer Kunst sind hier auch eine Sammlung russischer Kunst des 19. und 20. Jh. sowie westeuropäische Malerei zu sehen.

»Der rote Terror hat nicht nur die Lebenden ausgelöscht, sondern auch die, die bereits tot waren.« Diese Inschrift im **Mažvydas Skulpturenpark** 11 am Ende der Liepų gatvė, erinnert daran, daß hier bis 1977 der Zentralfriedhof der Stadt war. Jährlich lädt die Stadt litauische Bildhauer zu einem Workshop, die besten Arbeiten werden ausgestellt. Über hundert Skulpturen sind mittlerweile in der weitläufigen Grünanlage zu sehen.

Die Kurische Nehrung (Kuršių nerija) – Weite und Einsamkeit

»Die Kurische Nehrung ist der schmale Landstreifen zwischen Memel und Königsberg, zwischen dem Kurischen Haff und der Ostsee. Das Haff hat Süßwasser, das auch durch eine kleine Verbindung mit der Ostsee bei Memel nicht beeinträchtigt wird, und birgt Süßwasserfische. Der Landstreifen ist ca. 96 km lang und so schmal, daß man ihn in 20 Minuten oder einer halben Stunde bequem vom Haff zur See überqueren kann. Er ist sandig, waldig und sumpfig«. So beschrieb Thomas Mann eine der imposantesten Naturlandschaften Europas.

Sand, endloser, feiner kilometerweiter Sand. Im Sommer flimmernde Sonne in einer wüstenartigen Landschaft, im Winter Schneeberge oder Wind, der tiefe Spuren im Sand hinterläßt. Dieser aus reinem Sand bestehende Natur-damm, der an manchen Stellen weniger als einen Kilometer, an der schmalsten gar nur 400 m breit ist, erstreckt sich in einem sichelförmigen Bogen. Die riesigen Wanderdünen, die ruhigen Wälder, die leeren Strände machen die Nehrung zu einem der eigenartigsten Orte an der Ostseeküste und einem Urlaubsparadies für alle, die Ruhe suchen.

Im Ersten Weltkrieg wurde die Nehrung geteilt, nach dem Zweiten kam sie als Ganzes unter sowjetische Herrschaft. Nun gehört die eine Hälfte zu Litauen, die andere zu Rußland. 1961 wurden alle Dörfer zu einer Gemeinde zusammengefaßt und zur Stadt **Neringa** (S. 342) erklärt. Schon 3000 Jahre vor unserer Zeit kamen die ersten Siedler. Bis zum 13. Jh. lebten hier baltische Stämme: die Kuren, Žemaiten und Sem-

Dünenlandschaft auf der Kurischen Nehrung

Kurenkahnwimpel

I m Jahre 1844 beschloß die Königsberger Regierung, » daß jeder Berechtigte bei Ausübung der Fischerei auf dem kurischen Haff oder frischen Haff auf der Spitze des Mastes seines Gefäßes eine wenigstens zwei Fuß lange und einen Fuß breite Flagge derjenigen Farbe, welche der Ortschaft, woselbst er seinen Wohnsitz hat, ... führen soll ...«

Die Haffischerei sollte kontrolliert werden, um der Verminderung des Bestandes entgegenzuwirken. Es war nun möglich, Fischer, die sich unerlaubter Fangmethoden bedienten, zu identifizieren. Ab etwa 1870 bekamen die kurischen Wimpel eine reiche Verzierung. An langen Winterabenden schnitzten die Fischer die Motive: Elche, Häuser, Kirchen, Wasser, Dünen, einen Leuchtturm oder auch die

Sonne. Der Wimpel, der um die Mastspitze drehbar ist, besteht aus Holz und Blech. Er diente zugleich als Windrichtungsanzeiger. Jeder Ort hatte verschiedene Symbole. Schon ab 1877 mußte der Heimatort weit sichtbar auf dem Segel angebracht werden. Doch die Kurenkahnwimpel bestanden weiter. 1929 gab es etwa 450 wimpelführende Fischerkähne auf dem Haff, 1945 fand dieser Brauch ein Ende. In der Sowjetzeit setzte sich mit Gründung der Kolchosen die industrielle Fischerei durch. Außerdem konnten die neuen Bewohner der Nehrung mit den Kurenkähnen schwer umgehen. So senkten Motorkutter ihre Netze in das Haff, aus Japan führte man riesige Schleppnetze ein, mit denen man anfangs im fischreichen Haff eine große Beute machte. Doch damit begann der Raubbau. Obwohl heute das Fischen von April bis September verboten ist, gibt es auf der Nehrung überall – auch im Sommer – frischen Fisch zu kaufen.

Heute gibt es nur noch zwei Kurenkähne, die für touristische Nostalgiefahrten eingesetzt werden.

An langen Winterabenden schnitzten die Fischer die Motive für ihre Kurenkahnwimpel: Elche, Häuser, Kirchen, Wasser, Dünen ...

Legende und Wissenschaft –
Wie die Nehrung entstanden ist

Die Legende um die Entstehung der Nehrung besagt, daß auf einer dieser Inseln ein schönes Mädchen mit langen goldblonden Zöpfen lebte, mit Namen Neringa. Sie wuchs zu einer Riesin heran und half den Fischern: trieb ihnen Fische in die Netze und rettete weit in die See gelangte Schiffe. Eines Tages verursachte der Meeresgott Bangputys (Wellenbläser) solche Stürme, daß die Fischer Neringa abermals baten, ihnen zu helfen. Neringa schöpfte Sand in ihre Schürze und trug ihn zwischen die Inseln. Sie arbeitete solange, bis die Inseln verbunden waren und die Dünen hoch genug, um die tobende See aufzuhalten. So entstand ein ruhiges Gewässer: das Haff. Sie trieb viele Fische hinein, so daß die Fischer nun nicht mehr aufs Meer hinaus mußten. Der Meeresgott versuchte ihr Werk zu zerstören, doch er kam nicht dagegen an, und die Stürme verstummten. Die Fischer gaben der Landzunge den Namen Neringa.

Soweit die Legende, die wissenschaftliche Erklärung klingt natürlich nüchterner: Die letzte Eiszeit – vor etwa 13–15 000 Jahren hinterließ im Meer eine Kette von Endmoränenhügeln. Vor etwa 7000 Jahren spülte eine nordwärts gerichtete Meeresströmung von Samland Sand zwischen die Inseln, der allmählich die Zwischenräume auffüllte. So entstand eine Landzunge, die das Haff vom offenen Meer trennte. Zuerst nur bis Nida, später weiter nordwärts bis Klaipéda. Starke Westwinde bildeten die hohen Dünen. In dem damals warmen Klima wuchsen schnell Gras und Gestrüpp, Linden, Eichen, Birken und Fichten bildeten Wälder. Die ersten Sammler, Jäger und Fischer siedelten vor 4000 Jahren.

ben. Der Deutsche Ritterorden führte die Heeresstraße von Königsberg nach Livland über die Nehrung. *Mare curonensis* wurde das Kurische Haff in einer Chronik von 1320 genannt. Neben den Kuren ließen sich auf der Nehrung Deutsche nieder.

Die Kuren waren Fischer, die Deutschen Bauern und Verwalter. In deutschen Chroniken aus dem 13. Jh. finden sich Aufzeichnungen über den Fischfang im Haff. Gesiedelt wurde am Haff, nicht am Meer. Das Leben auf der Nehrung war bestimmt durch den Kampf gegen die Naturgewalten. Zu Beginn des 16. Jh. und vor allem im Siebenjährigen Krieg (1756–1763) wurde der ursprüngliche Wald von Eichen, Linden, Birken und Fichten abgeholzt, das ökologische Gleichgewicht kam ins Wanken, die Dünen begannen zu wandern, begruben 14 Dörfer. Anfang des 19. Jh. mußte der

Preila am Kurischen Haff

preußische Staat viel zahlen, um die Nehrung vor der völligen Versandung zu retten: Hunderte Hektar Land wurden mit widerstandsfähigen Bergkiefern bepflanzt und Vordünen wurden angelegt. Seit 200 Jahren sind die Menschen damit beschäftigt, die Dünen zu bepflanzen, festzulegen und auszubessern. Heute ist die große Düne bei Nida gefährdet, starker Westwind trägt den Sand ins Haff. In den letzten 20 Jahren ist sie 15 m niedriger geworden.

Von Klaipėda zur Kurischen Nehrung verkehren Auto- und Personenfähren. Es ist noch nicht lange her, da planten die Litauer hier ein Touristenzentrum. Zum Glück erkannten sie, daß die Nehrung dem Massenansturm nicht gewachsen wäre und erklärten sie 1976 zum Landschaftsschutzgebiet. Auch galt es während der Sowjetzeit, die geheimen Militärstationen vor feindlichen Blicken zu bewahren. 1991 wurde die Nehrung zum Kuršių nerija-Nationalpark erklärt.

Schon vor dem Zweiten Weltkrieg stand die Kurische Nehrung unter strengem Naturschutz, Versuche der Nazis in Nida ein »Kraft durch Freude«-Bad einzurichten, scheiterten. Damals war der Autoverkehr auf der Nehrung verboten. Auch heute versucht man, den Autoverkehr begrenzt zu halten. Die Straße nach Nida ist für Autofahrer heute nur gegen Bezahlung zu passieren, die Besucherzahl sollte eigentlich beschränkt sein. Jedoch werden die Bestimmungen zur Hochsaison leider nicht so ernst genommen.

Eine Fahrt von Norden nach Süden

In **Smiltynė** (Sandkrug) **1**, dem nördlichsten Ort der Nehrung, kommt man mit der Fähre aus Klaipėda an. Smiltynė gehört zu Klaipėda und hat den schönsten Strand der Stadt.

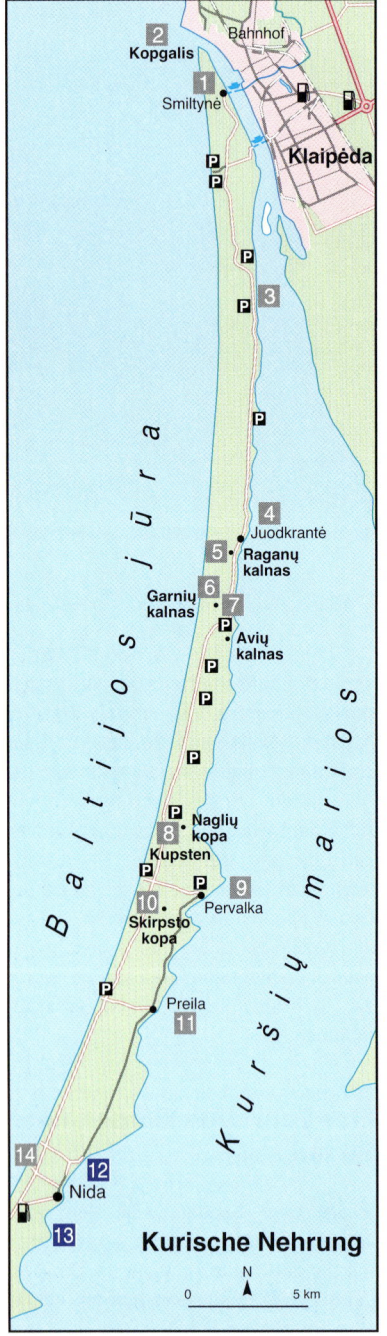

Kurische Nehrung

In der Festung **Kopgalis** 2, die 1865–71 von preußischen Ingenieuren erbaut wurde, jedoch ihren eigentlichen Zweck nie erfüllte, ist seit 1979 ein Meeresmuseum mit Riesenaquarium und einem Delphinarium untergebracht. Das ist natürlich Anziehungspunkt für viele Kinder. Schulklassen kommen mit der Fähre hierher. Von der Festung hat man einen wunderbaren Blick auf das Gewirr von Speichern, Kränen und Schiffen im Hafen von Klaipèda.

Die alte Poststraße von Memel nach Königsberg führt von Norden nach Süden über die Nehrung. Wenn der russische Zar westwärts fuhr, benutzte er diesen schmalen Weg, der bei Sturm durchaus nicht ungefährlich war. Auch Wilhelm von Humboldt befuhr die Nehrung 1809 und beschrieb die Fahrt: »So fuhr ich fast 24 Stunden lang, einen Tag und eine mondhelle Nacht, immer am Seestrande entlang, immer mit einem Rade im Wasser. Die See war sehr bewegt, ohne eigentlich zu stürmen. Manchmal ist sie so schlimm, daß neulich die Wellen das Verdeck der Chaise eines Reisenden weggerissen haben.«

Ganz so verläuft die Fahrt heute nicht mehr. Mit dem Auto ist man in einer knappen Stunde in Nida. Gehalten werden darf nur auf den gekennzeichneten Parkplätzen. Am schönsten ist die Fahrt über die Nehrung jedoch mit dem Fahrrad. Zwischen Ostsee und Straße gibt es teilweise eine Nebenstraße an den Dünen entlang, auf der es sich geruhsam radeln läßt. Über die Hageno kalva (Hagenshöhe, 38 m) und die Bärenschlucht geht es nach **Alsmins-Haken** 3, wo die Fahrt vorerst an einem Schlagbaum endet. Hier wird die Berechtigung zur Zufahrt kontrolliert oder bezahlt.

Die Kurische Nehrung

Elche in Juodkrantė

Zwischen Sanddünen begleiten Kiefern- und Fichtenwälder sowie helle Birken den Weg, teilweise reichen sie bis an den Strand. Mal ist der Blick nach rechts frei auf die Ostsee, mal nach links auf das Kurische Haff: durch idyllische Schilfbuchten und blühende Schwertlilien sieht man auf die schimmernde Wasserfläche, die glatt wie ein Binnensee ist. Doch die Idylle trügt: Das so friedlich daliegende Haff ist äußerst bedroht, nicht nur durch Klaipėdas Abwässer und die in den Hafen einlaufenden Schiffe, auch die Zellulose-Industrie auf der russischen Seite memelaufwärts trägt erheblich dazu bei. Bei großer Hitze »blüht« das Haff. Umweltschützer laufen Sturm gegen diese Entwicklung.

Juodkrantė (Schwarzort) **4** (S. 343) ist der älteste Ort der Nehrung. Auch die Dünenwanderungen konnten ihm nichts anhaben, da es hier noch einige Reste des alten Waldes gibt. Einige alte Fischerhäuser, sowie die Holzvilla »Hubertus« mit dem viereckigen Turm und den Balkons zeugen noch vom Charme, den Juodkrantė als beliebter Bade- und Kurort einmal hatte. Durch große Ferienheime hat der Ort verloren, obwohl die Umgebung immer noch sehr schön ist. Viele Wanderwege führen in die Dünen und Wälder, wo es Pilze und Schwarzbeeren gibt. Am südlichen Ortsrand führt ein Pfad hinaus zum **Raganu-Berg** (Hexenberg) **5**, auf dem ein idyllischer Rundweg von 82 hölzernen Figuren aus der litauischen Märchen- und Sagenwelt gesäumt wird.

1429 wird Juodkrantė in Briefen des Deutschritterordens erwähnt. 1743 wurde im Ort die erste Schule der Nehrung gebaut. Die neugotische Kirche des Ortes stammt aus dem Jahre 1884. Im letzten Jahrhundert war Juodkrantė Zentrum des Bernsteinvorkommens. 1860 wurde eine Bernsteinbucht angelegt, durch die viele Arbeiter angelockt wurden. 1900 hatten sich die Vorkommen schon erschöpft. Bei den Ausgrabungen der Bucht fand man fast 500 Bernsteinstücke aus dem Mesolithikum und Neolithikum. Sie wurden im Prussia-Museum von Königsberg ausgestellt. Heute sind einige Teile in deutschen Museen zu sehen oder im Privatbesitz. Kopien dieses Schatzes kann man im Bernsteinmuseum von Palanga (s. S. 127) besichtigen.

Nachdem wir den Ort verlassen haben, sieht man linker Hand den **Reiherberg** 6 (Garniŭ kalnas), auf dessen Bäume Reiher und Kormorane ihre Nester bauen. Kurz darauf kommt der Ariŭ kalnas (Schafenberg) 7 , der einen wunderbaren Rundblick über die Ostsee und das Haff bietet.

Kurz vor der Abzweigung zum Ort Pervalka (Perwelk) liegen die **Kupsten** (Tote Dünen), eine bizarre Dünenlandschaft. Von dem 53 m hohen Nagliŭ kopa (Neegelschen Berg) 8 hat man einen Rundblick über das Haff. Unter ihm liegt das Dorf Neegeln begraben. »Die Dünen, dieser wandernde Wüstensand, waren goldgelb, afrikanisch und der Himmel afrikanisch blau. Jemand muß sich doch erinnern an die frischen Winde, die einfallenden Zugvögel, die kurischen Wimpel und das kurische Platt ...«, schrieb in den siebziger Jahren wehmütig die Dichterin Marie Luise Kaschnitz.

Pervalka 9 wurde erst 1836 gegründet und ist heute der kleinste Ort der Nehrung. Hier siedelten die Bewohner der umliegenden versandeten Dörfer auf einer kleinen Halbinsel, die ins Haff reicht. »Perwelk« heißt in der Sprache der Kuren »hergeschleppt«, ein treffender Name, denn die Einwohner hatten nach der Versandung ihrer Dörfer ihre Habe hergeschleppt. Südlich von Pervalka liegt die 53 m hohe Düne **Skirpstǎo kopǎ** (Kirbste-Berg) 10 , unter der das Dorf Karvaičiai (Karwaiten) begra-

ben ist. Auf der Anhöhe der Düne ist eine Eichenskulptur errichtet zum Gedenken des Dichters, Philosophen und Theologen Ludwig Rhesa, der in dem verschütteten Dorf 1776 geboren wurde. Er lehrte an der Universität Königsberg und machte sich um die Veröffentlichung der litauischen Dainos (Volkslieder) in Deutschland verdient. Seinen Sammelband, der 1825 erschien, rezensierte Goethe wohlwollend.

Zwischen Pervalka und dem folgenden Ort Preila (Preil) erstreckt sich das Hauptgebiet der Elche, der »Elchbruch«. Die Chancen einen Elch zu sehen, sind hier am größten. Der Bestand ist in den letzten Jahren wieder angewachsen. Auch **Preila** 11 liegt abseits der Straße am Haff. Es ist das jüngste Dorf der Nehrung. Erst 1843 wurde es von Fischern des versandeten Alt-Neegeln gegründet. Hier gibt es noch viele alte Fischerhäuser, und man hat versucht, die neue Bebauung diesem Stil anzupassen.

Der letzte Ort des litauischen Teils der Nehrung ist **Nida** 12 (S. 343), die ehemalige Künstlerkolonie Nidden. Nida galt als »das schönste Dorf der Sowjetunion« und ist das touristische und administrative Zentrum Neringas. Erstmals wurde es 1385 als »Noyden« in den Chroniken des Deutschritterordens erwähnt. Jedoch fand man Spuren einer Siedlung aus dem Neolithikum. Das frühere Nida lag weiter südlich. Die Einwohner flohen im 17. Jh. vor der Pest und Versandungen. In den zwanziger und dreißiger Jahren war Nida das wichtigste Ausflugsziel der Ostpreußen. Immer noch wirkt es – in einigen Teilen, vor allem am Haff – mit seinen mehr als 50 alten Fischerhäusern sehr verschlafen. Im Kern des Dorfes sind in den sechziger Jahren Mietskasernen entstanden, die man nun begrünt, um sie besser der Natur anzupassen. Mitten im Ort, immer

Thomas Mann in Nidden

»Unser Haus lag sehr hübsch. Es lag mit Blick auf das Haff, und im Rücken hatten wir den Wald. Jeden Morgen vor dem Frühstück gingen wir im Wald spazieren, und selten begegnete man wem«, erinnert sich Katia Mann. 1929 war Thomas Mann zufällig auf die Kurische Nehrung gekommen und ließ sich dort auf dem »Schwiegermutterberg« von einem Memeler Baumeister ein Haus bauen, daß die Familie ab Sommer 1930 bewohnte. Es wurde im Stil der Fischerhäuser der Nehrung errichtet. Idyllisch liegt das braune reetgedeckte Holzhaus über dem Haff. Jedes der sechs Kinder hatte ein kleines Zimmer. Besonders eindrucksvoll ist das ehemalige Arbeitszimmer des Dichters, von hier kann der Blick weit über das Haff schweifen, der sogenannte »Italienblick«. Zwischen Kiefern und Laubbäumen hindurch sieht man von oben auf das glänzende Haff mit seinem weißen Strand.

Thomas Mann arbeitete hier an dem Roman »Joseph und seine Brüder«. In seinen Tagebüchern schreibt er über die Begeisterung, den Elchen beim Baden zuzusehen: »Der Anblick des ersten Tieres ist ein sehr imposanter Eindruck, in dieser eigenartigen Umgebung die großen wilden Tiere zu sehen. Sie sind (...) sehr langbeinig mit breit ausladendem Geweih. Auf diesen langen Beinen schreiten sie langsam dahin, ohne Furcht zu zeigen.« 1932 verbrachte die Familie den letzten Sommer in dem Haus, bevor sie in die USA emigrierte.

Liebevoll ist das Gebäude restauriert. Es soll zu einer Tagungsstätte der Thomas-Mann-Gesellschaft werden. In den unteren Räumen sind Bücher und Fotos von Thomas Mann zu sehen. Wenn man Glück hat, ist Alfredas Tytmonas anwesend. Er ist Dozent an der Universität Klaipėda, betreut das Museum und kann wunderbar erzählen.

Kurische Nehrung

143

noch majestätisch, das ehemalige Hotel »Königin Luise«. Am Haupthaus, von dessen Zimmern man durch Kastanienbäume einen wunderbaren Blick auf das Haff hat, ist noch der alte Charme zu ahnen. Im Januar 1807 übernachteten hier Königin Luise und Friedrich Wilhelm III. von Preußen auf der Flucht vor dem französischen Heer nach Memel. Mit etlichen Nebengebäuden versehen, wozu auch der ehemalige Künstlergasthof »Blode« gehört, wurde es zum Erholungskomplex »Juratė«.

Interessant ist der **Friedhof von Nida,** der Auskunft gibt über die Menschen der verschiedenen Kulturen, die hier gelebt haben: Kuren, Deutsche und Litauer. Eine Eigenart sind die Holzkreuze, *krikštai,* dicke Bretter mit geschnitzten Tier- und Pflanzenornamenten. Die neugoti-

Künstlerkolonie Nidden

Anfang des Jahrhunderts wurde Nida zu einer Künstlerkolonie. Viele Maler zog es hierher, unter ihnen Lehrer und Schüler der Königsberger Akademie. Sie mieteten sich im Gasthof Blode ein. Lovis Corinth, Ernst Ludwig Kirchner, Max Pechstein, Karl Schmidt-Rottluff, Erich Heckel und Ernst Mollenhauer kamen hierher. »Nidden war ein Malerparadies inmitten einer grandiosen Natur mit einer ständig wechselnden, lichtdurchfluteten Farbigkeit. Wo in der Welt gab es solche Gegensätze wie hier: In den strengen, frostklaren Winternächten flammte das Nordlicht über der Him-

mel, in den oft glühend heißen, trokkenen Sommermonaten stand mitunter eine Fata Morgana über der glitzernden Fläche des Haffs«, schwärmt Maja Ellermann-Mollenhauer in einem Buch über ihren Vater Ernst Mollenhauer. Er war der Schwiegersohn von Hermann Blode und letzter Besitzer des Künstlergasthofs und schrieb: »Nidden entwickelte sich zu einer ›Brücke‹-Filiale«. Berühmt war der Gasthof, der direkt am Haff lag, für seine Feste. Auch die Tänzerin Gret Palucca kam sowie Carl Zuckmayer, der Regisseur Leopold Jessner, und natürlich kehrte Thomas Mann dort ein.

sche Kirche von 1888 wurde während der Sowjetzeit als Museum genutzt. Hundert Jahre nach ihrer Einweihung konnte der erste Weihnachtsgottesdienst wieder stattfinden. Mit Unterstützung früherer Bewohner des Ortes wurde sie kürzlich restauriert. Die ehemals evangelische Kirche ist nun katholisch.

Spaziert man durch die Nagliŭ gatvė in Richtung der Hohen Düne, hat man das Gefühl, daß die Zeit stehengeblieben ist. Hier sieht es noch genauso aus, wie Thomas Mann es Anfang der dreißiger Jahre beschrieben hat: »Im Fischerdorf findet man an den Häusern vielfach ein besonders leuchtendes Blau, das sogenannte Niddener Blau, das für Zäune und Zierrate benützt wird.

Alle Häuser, auch das unsere, sind mit Stroh- und Schilfdächern gedeckt und haben am Giebel die heidnischen gekreuzten Pferdeköpfe.«

Doch nicht nur die stilisierten Pferdeköpfe sieht man, sondern auch Blumenmuster oder die Anfangsbuchstaben der ehemaligen Besitzer. Einige Bewohner haben die Zeichen der Zeit erkannt und in ihren Gärten kleine Cafés eröffnet. Die hier servierte Hausmannskost ist oftmals besser als die Einheitsküche in den Restaurants des Ortes. Am Ende der Straße befindet sich in einem der Fischerhäuser das Ethnographische Museum, zu erkennen an den zwei Kurenkähnen im Garten. Hier kann man sehen, wie die Fischer einst in diesen Häusern lebten.

Die Hauptattraktion von Nida ist die **Hohe Düne**  zum Haff, die betreten werden darf. Mit 60 m gehört sie zu den höchsten Dünen Europas. Von hier hat man einen phantastischen Blick auf Haff und Ostsee, den schon Thomas Mann genoß: »Kennen Sie die Dünen bei List auf Sylt? Man muß sie sich verfünffacht denken, man glaubt, in der Sahara zu sein. Der Eindruck ist elementarisch und fast beklemmend, weniger wenn man sich auf den Höhen befindet und beide Meere sieht, als in den tiefen eingeschlossenen Gegenden. Alles ist weglos, nur Sand, Sand und Himmel.«

So ist es auch heute noch im Tal des Schweigens, ein weites Tal zwischen zwei Dünen. Geht man hinunter, sieht man nichts als Sand. Eine Wanderung in den Dünen ist überaus erholsam und entspannend.

Auch der Nehrungswald eignet sich wunderbar für Spaziergänge. Nach einem etwa 15minütigem Gang kommt man an den **Badestrand der Ostsee** . Das Wasser der Strände ist sauber, denn Abwässereinleitungen gibt es auf der gesamten Nehrung nicht. Kurz hinter Nida befindet sich die Grenze zu Rußland.

Holzhäuser in Nida

Nida

145

Moor, Heide und Haff –
Die Nemunasniederung und Šilutė

»Blaues Haff und bunte Wiesen,
Krähenwald und Weidenstrauch,
seid gegrüßt und seid gepriesen!
Heimatstadt, du sei es auch!
Wo ein Krug auf brauener Heide
einst den lieben Namen trug,
stehst du nun im neuen Kleide,
wachs und blühe, Heydekrug!«

So pries Hermann Sudermann (1857–1928) seine Heimatstadt Heydekrug (Šilutė). Von Klaipėda nach **Šilutė**  (S. 344) sind es knapp 50 km. Besondere Reize hat das Städtchen, das von einer neugotischen Kirche aus dem Jahre 1926 überragt wird, nicht zu bieten. Doch die Heide- und Moorlandschaft zwischen Šilutė und dem Haff bietet sich für schöne geruhsame Spazier-

gänge an. Hier wurde 1511 eine Gastwirtschaft eröffnet, die dem Ort seinen Namen gab: Heidekrug (lit. *šilas* = Heide). Der Marktplatz sah einst ein buntes Treiben vieler Händler, die mit Schiffen über den Fluß Šiša aus Tilsit, Memel oder Königsberg hierher kamen. Heute ist er eine große Grünfläche, auf der regelmäßig ein kleiner Wochenmarkt stattfindet. In der Apotheke des Ortes arbeitete für kurze Zeit Hermann Sudermann, bevor er sich vom Doktor Knittel aus Ruß arbeitsunfähig schreiben ließ, um in Tilsit das Gymnasium zu besuchen.

Von Šilutė ist es nicht weit nach **Rusne** sowie Minija und Ventė. **Minija** (Minge) nennen die Einheimischen schwärmerisch »unser Venedig«, denn an beiden Ufern des Flusses, der in

Südlich von
Klaipėda

Deutsche Spuren in Šilutė

die Atmath fließt, stehen idyllische Fischerhäuser. Doch die Idylle trügt, denn im Winter ist Minija oft von Hochwasser geplagt, so daß viele Fischer in das weiter nördlich und trockener gelegene Kintai (Kinten) umgesiedelt sind. Deswegen sind viele Häuser vom Verfall bedroht, doch man hat sich zur Rettung dieses malerischen Ortes ausgedacht, hier Sommerhäuser für litauische Künstler einzurichten.

Eine Fahrt per Kahn die Minija hinab ist sehr reizvoll, da man die völlig unberührte Natur aus einer anderen Perspektive zu sehen bekommt: Seerosen, Schilf, ins Wasser ragende Bäume und dahinter geduckte Häuser. In den achtziger Jahren wurde Minija zur Kulisse für die Verfilmung von Sudermanns »Reise nach Tilsit«. Nach **Ventė** (Windenburg) **4** sind es nur ein paar Kilometer. Bei schönem Wetter hat man von hier einen immer von neuem faszinierenden Blick über das Haff auf die Kurische Nehrung, denn der Ort liegt auf einer Landzunge

im Haff. Hermann Sudermann läßt in seiner »Reise nach Tilsit« Indre und Ansas hier vorbeifahren: »..., nur drüben die Nehrung steht dunkelrot im Morgenschein. Wie sie um die Windenburger Ecke herumkommen, dort wo die Landzunge sich spitz in das Wasser hineinstreckt, lockert er erst die Segelleine und wirft dann mit raschem Griff das Steuer um, denn von nun an geht es mit vollem Wind geradewegs nach Osten. So oft sie zum Vater nach Minge fuhr, vor dieser Stelle hat sie schon immer Angst gehabt, denn wenn irgend einmal ein Unglück geschehen ist, dann war es hier.«

Einst lag hier eine Ordensburg, jetzt befindet sich an diesem südlichsten Zipfel eine ornithologische Station neben dem 1863 erbauten Leuchtturm. Schon 1929 wurde die Vogelwarte, die jetzt an einem UNESCO-Forschungsprogramm teilnimmt, gegründet. In einem kleinen Museum kann man sich mit der Vogelwelt dieser Gegend vertraut machen.

Aukštaitija – Das »Hochland« im Norden: Naturpark contra Umweltkatastrophe

»Das Land der Seen« wird Litauen häufig genannt, und wenn man in die Region Aukštaitija fährt, merkt man, daß das seine Berechtigung hat: ganze Seenketten liegen zwischen den Städten Zarasai, Utena, Molitai, Švenčioneliai und Ignalina im Nordosten Litauens. Entstanden sind die Seen aus den Gletschern der letzten Eiszeit.

Hier befindet sich der größte und erste Nationalpark Litauens, er wurde 1974 eingerichtet. Als man dieses Gebiet zum Nationalpark erklärte, hoffte man damit, zu verhindern, daß hier ein Atomkraftwerk gebaut wird, was die sowjetische Atomlobby aber dann doch gegen den Widerstand der Litauer durchsetzte. Ignalina ist bekannt geworden durch seinen Atomreaktor vom Typ Tschernobyl. 1975 wurde der erste Re-

aktor in Ignalina gebaut. Der Plan war, hier vier Reaktoren zu errichten. Doch nachdem der zweite Reaktor 1987 vollendet wurde, schritt 1988 die Unabhängigkeitsbewegung »Sąjūdis« ein und stoppte den weiteren Bau.

30 000 Hektar ist der Nationalpark groß, über 70 % seiner Fläche bestehen aus Wäldern, in denen Hirsche, Wildschweine, Wölfe, kanadische Nerze, Lurche und Elche leben. Zwischen Wiesen, Wäldern, Mooren und Heide befinden sich etwa 100 Seen und 30 Flüsse, die zum Teil die Seen miteinander verbinden. Der schönste Fluß ist der Žeimena.

80 Dörfer und Siedlungen liegen in dem Gebiet des Nationalparks. Viele haben ihre alte Struktur und die traditionellen Holzgebäude bewahrt. Gekennzeichnete Wander- und Fahrradwege führen

Die Holzkirche von Palušė

Angler im Aukštaitija-Naturpark

durch den Park. Auch für Bootstouren eignet sich dieses Gebiet, da die Seen meist miteinander verbunden sind. In dem Dorf Palušė, das am Lušiai-See liegt, kann man Boote ausleihen. Vorschläge für Bootstouren gibt es beim Touristenverband in Vilnius (s. S. 345).

Palušė (deutsch: »beim Luchs«), das nur ein paar Kilometer von Ignalina entfernt liegt, ist ein guter Ausgangspunkt für die Erkundung des Nationalparks. Hier gibt es einige Campingplätze und sehr einfache, aber durchaus schöne Touristenunterkünfte. Sehenswert ist die schlichte Holzkirche des Ortes, St. Joseph (Šv. Juozapo b.), die malerisch auf einem Hügel am Ufer des Lušiai-Sees liegt. 1747–57 wurde sie erbaut mit einem freistehenden achteckigen Glockenturm. Drei geschnitzte Barockaltäre schmücken das Innere.

Von Palušė kann man eine Waldwanderung nach Meironys unternehmen, wo sich die Parkverwaltung befindet. Nicht weit ist es von Palušė auch nach Sakarva. Ein schöner Wanderweg führt in dieses Dorf, das unter Denkmalschutz steht. Für einen längeren Spaziergang

bietet sich auch ein Ausflug nach Kaltanėnai an (10 km), einem alten Dorf am Žeimena See, das einen schönen Marktplatz und eine Kirche mit Kloster aus dem 17. Jh. hat. Aus dem See entspringt hier der Žeimena-Fluß (s. S. 150 f.).

Am entgegengesetzten Ende des Naturparks liegt Tauragnai am Tauragnas See, dem tiefsten See Litauens (60,5 m). Schon 1387 fand der Ort Erwähnung, weil Fürst Jogaila im Jahr der Massentaufungen Litauens dem Bischof von Vilnius Tauragnai vermachte. Von den sanften Hügeln hat man einen wunderbaren Blick auf die Landschaft des Parks.

Stripeikiai, etwa 10 km südlich von Tauragnai, lohnt wegen seines Imkereimuseums den Besuch. In mehreren kleinen Holzhäusern informiert es über die Geschichte der Bienenzucht. Eine Holzskulptur zeigt den Bienengott Babila. Durch den Ort fließt das Flüßchen Tauragna, an dem eine Wassermühle steht.

Zwischen Palušė und Tauragnai kann man in Ginučiai am Almajas-See in einer alten Wassermühle übernachten. Vom Ledakalnis nahe des Ortes hat man einen Rundblick über mehrere Seen.

Eine Fahrt mit Kajak oder Kanu vom Aisetas-See über den Kiauna Fluß zum Žeimena Fluß

Aukštaitija

150

Die Tour beginnt im **See Aisetas** ❶, der am westlichen Rand außerhalb des Naturparks liegt. Ausgangsort ist Saldutiškis, das auch per Bahn zu erreichen ist. Der Vorteil dieser Tour ist, daß man hier wild campen darf, was im Naturpark verboten ist. Der Aisetas-See hat eine Länge von 16 km und ist 40 m tief, aber durch seine Breite von nur einem halben Kilometer hat er eher die Form eines Flusses. Das Ufer ist sehr hoch, etwa 8–10 m. An das Ufer des Sees grenzt eines der größten Waldgebiete Litauens, der Labanoras-Wald. Das Wasser scheint dunkel, ist jedoch ungewöhnlich sauber und warm und lädt zum Baden ein. Am Uferrand rauschen Wassergras und Schilf, dazwischen blitzen weiße Wasserlilien. Im See gibt es fünf kleine Inseln mit dichten Büschen und Bäumen, sie sind ein Paradies für seltene Vogelarten. Der See ist sehr fischreich und so abwechslungsreich, daß es lohnt, hier auf dem See mehrere Tage zu verbringen und immer wieder neue idyllische Plätze zu entdecken. Will man nicht länger am See bleiben, geht die Fahrt in nördlicher Richtung weiter. Am Ende des Sees geht es weiter über den Fluß Aiseta, der etwa 4 km lang ist und in den Fluß Kiaunė übergeht. Dieser Fluß ist sehr schmal und dicht mit Schilf bewachsen, fast

ein Wasserdschungel, der bei großer Hitze leider auch sehr mückenreich ist. Doch bald wird der Fluß wieder breiter, Wasserlilien säumen nun sein Ufer. Wir erreichen den **See Kiaunas** ❷, ein sehr kleiner See mit niedrigem Ufer, das teilweise in Sumpf übergeht. Er wirkt wie eine dichte Wasserwiese, eine grüne Decke mit weißen, gelben und rosa Blumen. Schwäne und Wildenten leben hier, umgeben ist der See von Wald. Weiter paddeln wir am anderen Ende des Sees auf dem Fluß Kiaunė, der nun etwa 2 m breit ist.

Für einige Zeit verlassen wir das waldreiche Gebiet. Am Ufer stehen vereinzelte Häuser, auf den Wiesen weidet Vieh. Hier nisten Kraniche, ein deutliches Zeichen dafür, daß der Fluß sehr sauber und fischreich ist. Nach einigen Kilometern beginnt wieder der Wald und wir kommen in den **See Gilutas** ❸. Nun sind wir im Nationalpark. Das Ufer des Sees ist flach, sumpfig und waldig. In nur 5 Minuten haben wir den See überquert und paddeln weiter auf dem Fluß Kiaunė, dessen Ufer hier sehr dicht bewachsen ist.

Dann beginnt der schwierigste Teil dieser Tour: wir durchqueren den sumpfigen See Sekluotis, der voll von Algen und Moos ist, obwohl er nur 30 m breit und 1 km lang ist, dauert das etwa 30 Minuten. Am anderen

Ende liegt das kleine Dorf Kukliai, und wir sind wieder auf dem Fluß Kiaunė, an dessen beiden Uferseiten Häuser stehen. Das Wasser ist hier sehr transparent und nur 1,5 m tief, hier kann man das Boot am Ufer festmachen und baden. Nach ein paar Kilometern (insgesamt haben wir nun 75 km zurückgelegt) kommen wir in den großen **Fluß Žeimena** ◪, der aus dem gleichnamigen See des Naturparks Richtung Süden fließt. Es ist ein wasser- und kurvenreicher Fluß, dessen Breite 20–30 m beträgt. Der Flußboden ist sandig, und Kieselsteine finden sich auf dem nur 1–2 m tiefen Flußbett. Das Wasser ist so klar, daß man wie in einem Aquarium Pflanzen und Fische beobachten kann. Das Ufer ist sandig und bewaldet, manchmal ist der Wald so dicht, daß er einen Tunnel bildet, dann kann man auch Tiere sehen. Von beiden Seiten münden in den Žeimena kleine Waldflüsse. Nach einigen Kilometern dichten Waldes erscheinen die ersten Holzhäuser, manchmal sieht man kleine Holzsaunen am Ufer. Über den Fluß hängen Holzbrücken für Fußgänger.

Doch bald ist das Idyll vorbei, die Zivilisation hat uns wieder: das Rauschen der Eisenbahn und der Autos kündigt das Städtchen **Švenčionėliai** ◱ an. Hier endet die Tour.

(Routenlänge 80 km, Dauer 3 Tage mindestens.)

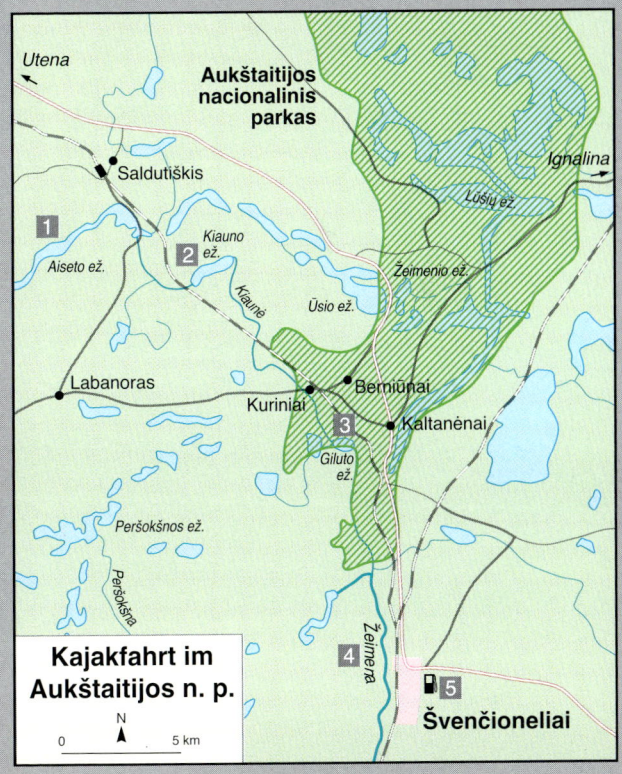

Aukštaitija-Naturpark

Lettland

Lettland – Eine kurze Einführung

Lettland, der zweitgrößte baltische Staat, liegt zwischen Estland im Norden und Litauen im Süden, im Osten grenzt er an Rußland und Weißrußland, im Westen an die Ostsee. Die Küste ist 300 km lang. Die geographische Lage Lettlands an der Grenze zu Rußland hat seine Ge-

schichte immer maßgeblich bestimmt. Als souveräner Staat auf der europäischen Landkarte ist Lettland, das dort zum ersten Mal 1918 erschien, sehr jung, es ist jedoch eine alte Kulturlandschaft, im Schnittpunkt von West-, Ost- und Nordeuropa. Lettland ist heute eine par-

lamentarische Demokratie und verfolgt ebenso wie Estland eine marktwirtschaftlich orientierte Reformpolitik. Seit dem Frühjahr 1993 verfügt es über eine eigene Währung, den Lats, der bislang relativ stabil geblieben ist. Die 100 Abgeordneten des Parlaments haben zuletzt Guntis Ulmanis von der Latvijas Zemnieku Savienība (LZS), dem national-konservativen »Bauernbund Lettlands« zum Staatspräsidenten gewählt.

Über Jahrhunderte bestimmte der Fluß Daugava die Geschichte Lettlands entscheidend mit. Schon vor über einem Jahrtausend nutzten Letten, Russen und Skandinavier die Daugava als Handelsstraße zwischen Ost und West. Im 13. Jh. weckte sie das Interesse der deutschen Ordensritter. Heute bildet die Daugava die Grenze zwischen den beiden nördlichen Provinzen Lettlands, Vidzeme und Latgale, und den beiden südlichen,

Kleine Geschichte der lettischen Sprache

Etwa 2 Mio. Menschen sprechen heute lettisch. Davon leben rund 1,3 Mio. in Lettland, 200 000 in Westeuropa, Nordamerika oder Australien. Es sind die Emigranten, die nach dem Zweiten Weltkrieg aus Lettland flohen, und deren Nachkommen. 30 000 Letten leben in den GUS-Staaten. Mittlerweile wird Lettisch auch von etwa 300 000 Nichtletten gesprochen, die nach der Unabhängigkeit in dem jungen Staat blieben.

Die lettische Sprache gehört zum baltischen Zweig der indo-europäischen Sprachfamilie wie das Litauische oder die alten Sprachformen Kurisch, Altpreußisch oder Westbaltisch. Lettisch und Litauisch sind die beiden ältesten heute noch gesprochenen indo-europäischen Sprachen. Vor etwa 4000 Jahren drängten lettische Stämme die im Baltikum ansässigen finno-ugrischen Stämme, die Vorfahren der heutigen Esten, nach Nordosten ab. Im ersten Jahrhundert nach Christus spaltete sich der baltische

Porträt von Krišjānis Barons im Skulpturenpark von Sigulda

Kurzeme und Zemgale. Von den 2,7 Mio. Einwohnern sind 53 % Letten, die zweite Hälfte in der Mehrheit Russen, Weißrussen und Ukrainer, die im Rahmen der sowjetischen Russifizierungspolitik seit dem Zweiten Weltkrieg in Lettland angesiedelt wurden. In be-

stimmten Regionen sind die Letten daher eine Minderheit im eigenen Land. So sind nur etwa 40 % der Einwohner Rīgas Letten. In Daugavpils, wo vor dem Zweiten Weltkrieg die größte jüdische Gemeinde Lettlands lebte, schrumpfte der Anteil der lettischen Bevölkerung auf

Sprachzweig in ost- und westbaltische Dialekte. Das ostbaltische Lettisch entwickelte sich aus den Sprachen mehrerer Stämme (Letgallen, Selen, Semgallen und Kuren). Die im 16. Jh. gesprochenen Dialekte bildeten die Basis für das moderne Lettisch.

Nach der Eroberung des lettischen Siedlungsraums durch den Deutschen Ritterorden im 12. Jh. stellten die Deutschbalten den Adel und dominierten Wissenschaft und Handel in den Städten. Lettisch war die Sprache der rechtlosen Landbevölkerung, die keine schriftlichen Zeugnisse hinterließ. Die ersten lettischen Texte stammen aus dem 16. Jh. Baltendeutsche, lutherische Pastoren schufen damals mit der Übersetzung der Bibel ins Lettische die Grundlage für eine lettische Schriftsprache. Pastor Ernst Glück aus Alūksne (s. S. 236) übersetzte um 1690 die Bibel direkt aus dem Hebräischen ins Lettische.

Bis ins 19. Jh. lag die Pflege und Entwicklung der lettischen Schriftsprache in den Händen deutscher Pastoren. Johann Gottfried Herder, der 1764–69 an der Domschule von Rīga lehrte, erkannte als erster die literaturgeschichtliche Bedeutung der lettischen Folklore und nahm acht Lieder in seine Sammlung »Stimmen der Völker in Liedern« auf. Seinem Beispiel folgend sammelten und pflegten deutsche Pastoren lettische Märchen, Reime und Lieder. Sie leisteten wichtige Vorarbeiten für das große Werk von Krišjānis Barons, der die lettischen Lieder, die Dainas, systematisch sammelte und zwischen 1894 und 1915 acht Bände mit 36 000 Dainas und 182 000 Variationen herausgab. Sein berühmter Dainas-Schrank (s. Abb. S. 36) ist beinahe ein Heiligtum der Letten.

Die erste lettische Zeitung, »Latviešu avizes«, erschien 1822. Begünstigt durch die rasche Industrialisierung im 19. Jh. wuchs eine lettische Intelligenz und Mittelschicht heran, die ihr nationales Selbstbewußtsein aus dem Bekenntnis zur eigenen Sprache und Volkskultur entwickelte. So schufen zu Beginn des 20. Jh. Sprachwissenschaftler wie Jānis Endzeliņš eine moderne Orthographie des Lettischen auf Basis der lateinischen Schrift und entwickelten lettische Begriffe für Lehnwörter aus dem Russischen und Deutschen.

Während der Sowjet-Herrschaft wurde die lettische Sprache immer mehr zurückgedrängt. Amtssprache war russisch. Eine Änderung leitete erst ab 1985 Michail Gorbatschows Politik der Perestroika ein. Ein erster meßbarer Erfolg der lettischen Unabhängigkeitsbewegung war im Mai 1989 die Erklärung des Lettischen zur Amtssprache durch den Obersten Sowjet der Lettischen SSR.

10 %. Insgesamt leben 70 % der Bevölkerung Lettlands in Städten, so daß der Rest des Landes, immerhin so groß wie die drei Beneluxländer zusammen, sehr dünn besiedelt ist.

Lettland hat ein typisch nordeuropäisches Klima mit nicht allzu warmen, nordisch-hellen Sommern und langen, schneereichen Wintern. Bis auf die weiten Sandstrände entlang der Ostsee und die fruchtbaren Ebenen Kurzemes ist das Land geprägt von einer lieblichen Hügellandschaft mit mehr als 2000 Seen.

Rīga – Metropole des Baltikums

(S. 359) Auf den Spuren deutscher Ordensritter nähert sich das Schiff langsam dem Hafen. Die ruhige, fast gemächliche Anreise fernab gewohnter Hektik stimmt Menschen aus dem Westen auf die lettische Mentalität ein, bereitet sie auf eine eher bedächtige Lebensweise vor. Auch Rīga besitzt viel von dieser ruhigen Gelassenheit. Von der Daugava her präsentiert sich die Altstadt seit dem 15. Jh. nahezu unverändert, eine prägnante Silhouette aus Türmen unterschiedlicher Höhe und Form, die eindrucksvoll auf die Hanse, auf Handel und Reichtum in alten Zeiten hinweist.

Das Schiff legt an. Am Horizont steht eine romantisch-kalte Sonne; Nebelschwaden durchziehen das Abendrot über der Ostsee. Bilder, die in Erinnerung bleiben werden. Den alten Hafen gibt es längst nicht mehr. Wo einst livische Geschäfte mit Rußland und Skandinavien ihren Ausgang nahmen, wo 1201 der Bremer Domherr Albert an Land ging, ein Lager für Ordensritter und die Bischofsresidenz anlegen ließ und Rīga gründete, genau dort befindet sich heute der Alberta laukums. Der Platz hat viel erlebt. Von hier aus empfiehlt sich ein Rundgang durch die alte Stadt (s. S. 163 f.) und damit durch eine Geschichte aus Schwert und Kreuz, Feuer und Gewalt, Zerstörung und Aufbau, Krieg und Frieden. Rīga, in Gebäuden und Tausenden von Pflastersteinen verewigte Historie.

Blick auf die Altstadt von Riga an der Daugava, links der Turm der Petrikirche

Macht des Heimwehs – »Wessis« in Lettland

Was haben ein Dichter in einer sowjetischen Republik und ein Mann, der in Australien mit Krokodilen ringt, gemeinsam? Der lettische Filmemacher Ansis Epners hat beide 1988 in seinem Film »Ich bin ein Lette« portraitiert. Damals, während der Gorbatschow-Ära, begannen die Letten verstärkt, ihren Nationalstolz öffentlich darzustellen. Epners machte sich mit seinem Film auf die Suche nach der gemeinsamen Identität von Letten in der Heimat und in der Emigration. Seit Lettland ein souveräner Staat ist, beschäftigt dieses Thema unter anderen Vorzeichen das ganze Land.

Stärker als in anderen ehemals sozialistischen Ländern haben ehemalige Emigranten sich hier engagiert und eine sichtbare Rolle in ihrer Heimat übernommen. Zur Zeit kommen sechs von 23 Ministern und 18 von 100 Abgeordneten des lettischen Parlaments aus dem Westen. Außer ihnen kehren Hunderte oder gar Tausende zurück. Doch was bedeutet »zurückkehren« beispielsweise für einen 25jährigen, in Boston geborenen Journalisten? Was zieht einen Angehörigen seiner Generation in ein Land, das er – wenn überhaupt – nur durch ein paar kurze Besuche kennt?

Die Gründe müssen im besonders regen lettischen Exil-Leben gesucht werden. Die etwa 200 000 Letten, die 1944/45 vor den Sowjets flüchteten,

waren felsenfest davon überzeugt, daß ihr Exil nur eine Frage der Zeit sei und daß sie bald nach Hause zurückkehren würden. Sie bauten politische Organisationen auf, die den Sturz der sowjetischen Herrschaft herbeiführen sollten. Um auch ihre Kultur und ihre Traditionen aufrecht zu erhalten, gründeten sie Verlage, in denen Tausende von Büchern und Hunderte von Zeitungen oder Zeitschriften erschienen. Lettische Samstagsschulen und Sommerlager, ein Gymnasium in Münster und ein »Latvian Studies Program« an der Universität von Western Michigan in Kalamazoo, USA, wurden organisiert. Beinahe jede Woche fanden in Großstädten, in denen mehr als einige Tausend Letten wohnten, Theatervorführungen, Lesungen und Ausstellungen, vor allem aber Chor- und Volkstanzaufführungen statt. Es verging kein Jahr, ohne daß sich bei einem der großen Sängerfeste Tausende von Letten trafen. Der Gedanke, in die Heimat zurückzukehren, war der Grundstein des exillettischen Zusammenhalts. Dieser Gedanke blieb auch in der Generation der Kinder und Enkelkinder wach und wurde immer wieder diskutiert. Nach dem Zusammenbruch der Sowjetunion und der Unabhängigkeit Lettlands gewann die Diskussion eine neue Aktualität.

Seit Ende der fünfziger Jahre konnten die Letten im Westen wieder Brief-

kontakte mit ihren Verwandten unterhalten und seit den späten sechziger
Jahren auch nach Rīga (der Rest des
Landes war militärisches Sperrgebiet)
reisen. Doch diese Kontakte wurden
stark von der Sowjetmacht kontrolliert. Erst nach 1988 kamen die
ersten Kontakte zustande, an denen
alle Letten teilhaben konnten. Ein
reger Austausch von Amateurchören,
Tanz- und Theaterensembles zwischen
dem Westen und der Heimat brachte
den Letten eine bislang nie erlebte
Euphorie. Sie gipfelte 1990 in dem
alle fünf Jahre stattfindenden Sängerfest in Rīga, das als die bis dahin
wichtigste Bezeugung lettischen
Bewußtseins galt. Das Logo des Sän-
gerfestes, zwei zusammenfließende
Flüsse, symbolisierte die Wiedervereinigung von zwei getrennten Teilen der
Nation. Auch auf der politischen Ebene
fand die »Wiedervereinigung« statt.
Die Exil-Organisationen unterstützten
die Unabhängigkeitsbewegungen und
versuchten, über ihre politischen Kontakte die neuen lettischen Politiker in
der Welt bekannt zu machen.

Als die Euphorie nachließ, mußten
die Letten aus dem Westen und aus
Lettland nach fünfzigjähriger Trennung
deutliche Unterschiede feststellen. Es
entwickelte sich eine Diskussion, wie
sie ähnlich in Deutschland unter dem
Stichwort »Ossis und Wessis« geführt
wird. Das Sowjetsystem habe die
Menschen zu Faulheit, Verantwor-
tungslosigkeit und Unredlichkeit erzo-
gen, beschweren sich die lettischen
»Wessis«. Die »Ossis« nehmen die
gönnerhafte Einstellung ihrer westlichen Verwandten übel und können
ihre Vorträge, wie Letten in Lettland
leben sollten, nur schwer ertragen.

Die Stellung der »Westletten«
beschäftigt auch das Parlament. Inzwi-

schen hat es beschlossen, daß lettische »Wessis« eine doppelte Staatsbürgerschaft erhalten und ihr Eigentum nach fünfzigjähriger Abwesenheit
zurückerhalten können. Die Bevölkerung steht dem Gesetz sehr zwiespältig gegenüber.

Die meisten Rückkehrer sind patrio-
tisch empfindende junge Menschen,
die gerade ihr Studium und höchstens ein paar Berufsjahre hinter sich
haben. Ein Großteil sind Unternehmer,
die Lettland als Herausforderung
betrachten, als Land, in dem alles
möglich ist. Für sie ist Rīga der
»wilde Osten«. Westliche Erfahrung
und westliche Ausbildung werden zur
Zeit in Lettland sehr geschätzt. Viele
Letten aus dem Westen sehen im Aufbau der jungen Republik eine Möglichkeit der Selbstverwirklichung. Trotz
aller Differenzen und Spannungen fühlen sich deshalb die Letten aus dem
Westen in ihrer neuen Heimat wohl
und sehen sich als Teil einer lettischen Nation. Durch sie, so hoffen
sie, kehrt Lettland nach Europa
zurück.

Aus der Geschichte

Urkundlich erwähnt wird Rīga erstmals im Jahre 1198. Keine 90 Jahre später, 1282, war die Stadt bereits der Hanse beigetreten. Rīga lebte vom Handel, und die deutschbaltischen Kaufleute spielten die herausragende Rolle in der Stadt. Sie formulierten die Rechte und Pflichten eines jeden Bürgers in der spätmittelalterlichen Gesellschaft. Da die Rīgaer Bürgerschaft wirtschaftlich sehr mächtig und als Kreditor gerne gesehen war, wurden ihre Privilegien von den wechselnden Mächten, Polen, Schweden und Rußland, nie angetastet. Deutsch blieb auch nach 1710, als Zar Peter I. Lettland dem russischen Reich einverleibte, die wichtigste offizielle Sprache, die Stadträte regierten weiter, allerdings von einem russischen Generalgouverneur überwacht. Prächtige offizielle und private Bauten, Gilden- und Kaufmannshäuser, dokumentieren eine kontinuierliche erfolgreiche Handelspolitik der deutschen Kaufleute.

Die mittelalterlichen Stadtmauern fielen im 19. Jh. endgültig. 1812 hatte Rīga den Angriff der napoleonischen Truppen erwartet und vorsorglich die Vorstädte

In der Altstadt von Riga – die Mārstalu iela

westlich der Daugava niedergebrannt – umsonst, Napoleons Truppen zogen vorbei. Jedenfalls mußte in den nächsten Jahrzehnten neuer Wohnraum geschaffen werden, die mittelalterliche Stadt wurde zu eng. Wie in allen europäischen Städten wurden die Reste der Stadtmauer und die Befestigungsanlagen abgetragen, eine Arbeit, die im August 1857 begann. Kurz darauf folgte der Anschluß Rīgas an das Eisenbahnnetz.

Für die lettischen Bauern endete damals die Leibeigenschaft. Auch wurden viele Restriktionen beseitigt. Nun durften Letten Handel treiben und den Gilden beitreten – Schritte von allergrößter emanzipatorischer Bedeutung. Die Teilnahme am Wirtschaftsleben und die Bildung einer intellektuellen Elite wurden möglich. In diesen bewegten Jahren wuchs die Bevölkerung Rīgas von der für das 18. Jh. stattlichen Zahl von immerhin 15 000 Einwohnern auf 60 000 in der zweiten Hälfte des 19. Jh. Da war die Stadt der zweitgrößte russische Hafen. Infolge einer massiven Industrialisierung stieg die Einwohnerzahl rasant weiter – bis zum Ersten Weltkrieg auf 520 000 Menschen, die vor allem vom Lande in die Stadt und damit auf die neuen Arbeitsmärkte zogen. Die Letten stellten nun die Mehrheit in Rīga.

Unter den beiden Weltkriegen hat die Stadt schwer gelitten. Deutsche und Sowjets kämpften um die Stadt, doch 1918 wurde hier die Unabhängigkeit proklamiert. Lettland war für gut zwanzig Jahre eine Republik, Rīga ihre Hauptstadt – bis im Zweiten Weltkrieg erst die Russen, dann die Deutschen, dann wieder die Russen Rīga besetzten. Unter den Nazis wurden die Juden Rīgas, 27 000, in den umliegenden Wäldern erschossen, insgesamt wurden 200 000 Menschen in der Umgebung von Rīga ermordet. Nach dem Krieg wurden Zehntausende von Letten aus Rīga in die stalinistischen Lager oder nach Sibirien deportiert. In der Stadt fielen das prächtige Gildehaus der Schwarzhäupter und die Petrikirche den Zerstörungen durch die Rote Armee zum Opfer.

Seit 1991 ist Rīga wieder Hauptstadt, wirtschaftlicher und kultureller Mittelpunkt eines unabhängigen Lettlands. Mit einer Million Einwohnern ist es die größte Stadt des Baltikums.

Unbekümmerte sagen: Alles begann am Wasser. Die livischen Händler hatten sich schon im ersten Jahrtausend unserer Zeit dort niedergelassen, wo die Rīga in die Daugava mündet. Sie fanden einen natürlichen Hafen vor, der dann später versandete und zugeschüttet wurde. In unmittelbarer Nachbarschaft ging der Stadtgründer Albert an Land. Der nach ihm benannte und eher nüchtern wirkende Platz bedeckt heute die Überreste der Anfänge Rīgas – Knochen und zwei einst versunkene Schiffe wurden bei Ausgrabungen gefunden.

Ein Spaziergang durch die Altstadt

(Karte siehe hintere Umschlagklappe)

Vom Alberta laukums biegen wir in die Altstadt ab. Hier, in der Alksnāju iela und der Peitavas iela befindet sich ein umfangreicher **Speicherkomplex** 🔲 aus dem 16. und 17. Jh., der von Rīgas Blütezeit erzählt. Damals hatte der Handel mit Getreide, Leinen und Hanf, die russische Händler von altersher nach Rīga brachten und verkauften, so zugenommen, daß der Bau großer Speicher für die Zwischenlagerung notwendig wurde. Ihr Untergeschoß bestand zumeist aus einer großen Lagerhalle, in die die Ware mit dem Pferdewagen transportiert wurde. An den Giebeln der Frontseite war unter einem kleinen Außendach die Hebewinde angebracht, die die Ware zwei oder auch sechs Stockwerke hob. Zwischen 1552 und 1559 entstand in der Alksnāju iela 7 der älteste Speicher von allen, den Großhändler Klaus Peitow errichten ließ.

Für den Glauben, für Moral und Ethik war in allen Hansestädten die Kirche zuständig, für die auch in Rīga reichlich Geld floß. Die Hanse bildete zu ihrer Hochzeit ein Imperium von 70 bis 80 wichtigen Städten. Sie war international organisiert. In der Mārstaļu iela entstand zwischen 1727 und 1733 eine der ganz wenigen calvinistischen Kirchen des Landes, die **Reformatorenkirche** 2 . Englische und holländische Händler gaben die einschiffige Halle mit hohem Satteldach in Auftrag. 1805 wurde der Bau zum Lagerraum zweckentfremdet, später nach dem Zweiten Weltkrieg zum Tonstudio. Erhalten blieben das barocke Sandsteinportal, das 1737 in Bremen erstellt wurde und ein barocker Turm mit schmiedeeiserner Galerie.

Rīga besitzt noch viele reiche Bürgerhäuser aus seiner Blütezeit im 17. Jh. Damals hatte der Schiffbau Hochkonjunktur. Die Nachfrage nach Gütern aus Übersee, die per Schiff eingeführt wurden, wuchs in Westeuropa ständig. Außerdem fungierte Rīga als Umschlaghafen für Waren aus Rußland. Zu diesem Zeitpunkt, unter schwedischer Herrschaft, wurde es gar zum wichtigsten Kreditgeber des schwedischen Königs. Für das **Reiternhaus** 3 an der Mārstaļu iela/Ecke Audēju iela zeichnete der renommierte Baumeister Bindeschuh verantwortlich. Beauftragt von Johann Reitern, einem vom schwedischen König in den Adelsstand erhobenen Kaufmann, der die Erlaubnis zum Bau eines dreigeschossigen Hauses erhalten hatte, schuf Bindeschuh zwischen 1684 und

1688 ein Meisterwerk im nördlichen Barockstil. Die Schauseite des Hauses wird durch ionische Pilaster auf hohen Postamenten in fünf senkrechte Achsen gegliedert. Der Mittelteil und das abschließende Gesims sind reich verziert: Der schwedische Löwe bezwingt den russischen Bären. Korinthische Säulen, an deren Kapitellen Porträts des ersten Hausbesitzers und seiner Frau angebracht sind, tragen das prächtige, von Blumen- und Fruchtgebinden umrahmte Portal. In der Mitte des flachen Giebels sind die Initialen des Eigentümers und das Baujahr als Relief angebracht. Gemessen am Standard der damaligen Zeit ist das Reiternhaus ausgesprochen groß und komfortabel. Wie in allen großen Kaufmannshäusern befanden sich im Erdgeschoß die Geschäftsräume, im ersten Stock die Wohnung des Hausherrn und seiner Familie, im zweiten die Zimmer der Angestellten, und im 14 m hohen Giebelraum lagerten Waren bis unter die Decke. Heute ist das Reiternhaus das »Haus der Journalisten«.

Das **Dannensternhaus** 4 in der Mārstaļu iela 21 weist als weiteres prächtiges Zeugnis barocker Architektur manche Ähnlichkeiten zum Reiternhaus auf. Auch hier die Fassadengliederung durch Pilaster, um zur Straßenseite hin eine repräsentative Wirkung zu erzielen. Die Innenräume sind mit Stuck, Schnitzereien und Delfter Kacheln prunkvoll und bequem ausgestaltet.

Das **Mentzendorffhaus** 5 an der Ecke Grēcinieku iela/Kungu iela wurde erst vor kurzem während der Restaurationsarbeiten in der Innenstadt wiederentdeckt. Das Besondere sind seine dekorative Innenausstattung, u. a. mit ornamentalen und allegorischen Decken- und Wandmalereien, die im 17. und 18. Jh. entstanden. Hundert Jahre später befand sich hier eine der sechs ältesten

Wandmalereien im Mentzendorffhaus

Apotheken Rīgas, und heute ist es Museum, das speziell der Lebensart wohlhabender Rīgaer Bürger gewidmet und dem Museum für Schiffahrt und Geschichte Rīgas angegliedert ist (Rīgas vēstures un kugniecības muzejs). »Domus Rigensis«, eine Begegnungsstätte für Deutschbalten und Letten, ist im zweiten Stock untergebracht.

In der Skārnu iela spiegelt die **Johanniskirche** (Jāņu baznīca) **6** Glanz und Elend, Höhen und Tiefen der Stadtgeschichte wider. Die älteste Johanniskirche ruht auf den Resten eines 1234 abgebrannten Bischofssitzes, auf dem die Dominikaner ein Kloster errichten durften. Immer wieder bekämpften sich in der Geschichte der Stadt Bürgerschaft und Bischof. Die Bürger nutzten die Johanniskirche als Festung. Im 15. Jh. wurde sie von den Soldaten des Bischofs zerstört, um schließlich am Ende des Jahrhunderts im spätgotischen Stil aus Backstein wieder aufgebaut zu werden. Aus dieser Zeit stammt ihr heutiges Erscheinungsbild mit einem Treppengiebel an der nordöstlichen Fassade. Zur

Skārņu iela hin sind zwei Besonderheiten zu sehen: eine steinere Maske mit offenem Mund, die in die Fassade eingelassen ist – dahinter saßen die Dominikaner an Sonn- und Feiertagen und predigten oder verkündigten kirchliche Nachrichten. Dann ein Kreuz, hinter dem sich ein besonders gruseliges Kapitel der Kirchengeschichte verbirgt. Es kennzeichnet einen Hohlraum, in dem sich zwei Mönche beim Bau der Kirche hatten einmauern lassen. Einem alten Aberglauben zufolge sollten diese Opfer dem Bauwerk ewigen Bestand sichern. Wie Ausgrabungen von aufrecht stehenden Skeletten in lettischen Kirchenmauern belegen, geschah derartiges häufiger. Der baltische Historiker J. Chr. Brotze berichtete im 18. Jh. über ganz ähnliche Skelettfunde und deutete diese als ein Verschmelzen von heidnischen Bräuchen und christlichen Tugenden.

Zur Zeit der Reformation wurden das Dominikanerkloster und die Kirche geschlossen und als Rüstkammer beziehungsweise Kuhstall zweckentfremdet. 1582 wurde sie der Rīgaer Jacobige-

Sandsteinrelief »Christus und die Sünderin« an Eckens Konvent

das bis 1939 Bestand hatte. Seit nunmehr 400 Jahren blieb alles unverändert – heute ist das Haus ein einmaliges architektonisches Denkmal. Das 1618 in der Mitte der Fassade angebrachte Sandsteinrelief »Christus und die Sünderin« stammt vermutlich von einem Nürnberger Meister. Ecke stand als Ratsherr, der die Interessen des polnischen Königs vertrat und zudem öffentliche Gelder veruntreut hatte, bei den Bürgern in schlechtem Ansehen. Mit dem Stift wollte er es wohl verbessern, was anscheinend nicht gelang. Sein Grab im Dom wurde geschändet, der Grabfigur Nase und Finger abgeschlagen. Heute beherbergen die oberen Stockwerke den lettischen Touristenklub, ein Privatunternehmen, das die alten Zimmer vermietet.

meinde übergeben. Die neue Gemeinde schmückte den einschiffigen Raum mit wertvollen Kunstgegenständen wie den beiden Messingkronleuchtern aus dem 17. Jh. Der bemalte Rokoko-Altar wurde zwischen 1761 und 65 von dem Lübekker Holzschnitzer Karl Appelbaum angefertigt. Jānis Rozentāls schließlich, einer der populärsten Maler Lettlands, malte 1912 das heute in der Sakristei plazierte Gemälde »Christus am Kreuz«. Der Kirchturm wurde mehrfach erneuert. Johann Daniel Felsko, Stadtarchitekt zur Zeit des Zaren Alexander II., entwarf 1849 den jetzigen neogotischen Glockenturm.

Gleich neben der Johanniskirche liegt **Eckens Konvent** 7, der 1435 erstmals urkundlich als Nachtasyl erwähnt wird. 1592, zur Zeit der polnischen Herrschaft über Lettland, erwarb der Ratsherr Nikolai Ecke das Haus und finanzierte den Umbau zum Witwenheim,

Der schmale Durchgang zwischen Kirche und Konvent führt direkt auf den **Johannishof** 8 (Jāņa sēta) – Fragmente des ersten Bischofssitzes sowie der alten Stadtmauer von 1207 bis 1209 sind erhalten, ein hölzerner Wehrgang mit Schießscharten und Teile vom ehemaligen Kreuzgang des Dominikanerklosters. Wechselnde Ausstellungen werden in Kunstgewerbeladen und Kunstgalerie an der Rückfront der Kirche gezeigt. Der Ausgang auf die Kalēju iela führt durch einen Torbogen in der historischen Stadtmauer, den von außen das Rīgaer Stadtwappen schmückt.

In der Skārņu iela liegt mit der **Georgs- oder Jürgenskirche** (Sv. Jura baznīca) 9 das älteste Gebäude der Stadt. Sie war einst Teil der Ordensburg und wurde 1205 erstmals in der livländischen Chronik erwähnt. Nach der Zerstörung der Ordensburg durch die Rīgaer Bürger 1297 folgte eine wechselhafte Geschichte. Die Bürger Rīgas bauten die ehemalige Kirche zuletzt im 16. und 17. Jh. grundlegend um, übergaben die Glocke der Petri-Kirche, zogen Zwischendecken und Aufzüge ein und nutzten das Gebäude als Speicher. Die ursprünglich sakrale Bestimmung geriet daher vollkommen in Vergessenheit, bis die Altstadt zu Beginn des 19. Jh. umgestaltet wurde. Damals wurde die unter drei verschiedenen Speichern verborgene Kirche freigelegt und renoviert. Heute beherbergen Kirche und angrenzende Gebäude das **Kunstgewerbemuseum** (Dekoratīvi lietišķās mākslas muzejs).

Direkt gegenüber prunkt das Wahrzeichen der Stadt, die **Petrikirche** (Pētera baznīca) **10**. Rīgas schönstes und eindrucksvollstes Gotteshaus wurde 1209 erstmals urkundlich erwähnt. Kirche und Turm fielen im Lauf der Jahrhunderte mehreren Bränden und Katastrophen zum Opfer, wurden mehrfach umgestaltet und erneuert. Aus der Mitte des 13. Jh. stammen noch die Außenwände der Seitenschiffe. Die Rostocker Baumeister Kersten Rumeschottel und sein Sohn Johann, die bereits die Ma-

Die Johanniskirche in der Skārņu iela

rienkirche gebaut hatten, führten nach deren Vorbild die Bauarbeiten durch. Die beiden Seitenschiffe sind von Sternengewölben auf schlanken Eckpfeilern überfangen. Rumeschottel entwarf den »Französischen Chor« – einen 50 Jahre später vollendeten Umgang mit Kapellenkranz hinter dem Chor.

Im Jahre 1491 erhielt die Kirche einen 136 m hohen gotischen Holzturm mit pyramidalem Abschluß – zu seiner Zeit die höchste Holzkonstruktion der Welt. Die Domherren Rīgas ließen daraufhin den Turm des Doms aufstocken, um nicht von den Kirchenbauten der Bürgerschaft überflügelt zu werden.

Nach dem Zusammenbruch des gotischen Turmes 1666 entstand bis 1690 ein neuer, mit seinen 121 m wieder höchster europäischer Holzturm, dessen Erscheinungsbild identisch mit dem heutigen war: Der Straßburger Baumeister Rupert Bindeschuh entwarf einen achteckigen Turm aus drei übereinandergesetzten, von offenen Galerien unterbrochenen Teilen. Außerdem schuf Bindeschuh eine neue barocke Westfassade mit drei Portalen, denen biblische und allegorische Figuren aufgesetzt waren. Glücklicherweise waren im staatlichen Archiv Lettlands die Entwürfe Bindeschuhs erhalten geblieben, so daß der 1721 schon einmal niedergebrannte Turm auch rekonstruiert werden konnte, nachdem er 1941 von deutschen Bomben in Schutt und Asche gelegt worden war – allerdings wurde nun statt Holz Metall verwendet.

Ein Fahrstuhl führt hinauf in die Galerie in 72 m Höhe, von der sich ein wunderschöner Ausblick über Rīgas Altstadt bietet. Die 1941 nahezu vollständig zerstörte Inneneinrichtung konnte nicht ersetzt werden. Alle Kunstwerke schmolzen oder platzten bei dem großen Brand, so daß den heutigen Besucher ein kahles Kirchenschiff erwartet. Es wird für Kunstausstellungen genutzt. Lediglich die Roland-Statue aus dem 19. Jh., die von dem Bildhauer Voltz nach den Entwürfen des Architekten Neumann ausgeführt wurde und die früher vor dem Rathaus stand, ist im Seitenschiff aufgestellt, ebenso einige Epitaphe und Gedenktafeln wie zum Beispiel für die Rīgabesuche der schwedischen Könige 1621 und 1992.

Geht man von der Petrikirche zum Ufer der Daugava überquert man den **Platz der Lettischen Schützen** (Latviešu Strēlnieku laukums) **11** – vor dem Zweiten Weltkrieg hieß der an die lettischen Helden der Oktoberrevolution erinnernde Ort Rathausplatz. Seine Bebauung wurde im Krieg vollständig zerstört. Unersetzbar das prächtige Schwarzhäupterhaus, das unverheirateten Kaufleuten aus Westeuropa als Gasthaus und Treffpunkt diente. Der Bau war 1384 von Gildekaufleuten in Auftrag gegeben worden und stellte den Höhepunkt der baltischen Backsteingotik dar. Heute

stellen Amateurmaler ihre Bilder an der Ecke Kaļķu und Meistaru iela auf dem grünen Platz aus, und Straßenmusikanten treten auf. Ein lebendiger Flecken; im Sommer laden dort Straßencafés zu einer Pause ein.

Die idyllische **Meistaru iela** mit ihren vielen kleinen, bunten Häusern aus dem 16. und 17. Jh. führt auf den kleinen **Gildeplatz** (Ģilda laukums) **12**, an dem sich die Häuser der Großen (heute Philharmonie) und der Kleinen Gilde befinden. Die deutschen Kaufleute hatten sich seit 1354 in der Großen Gilde zusammengeschlossen, die Handwerker seit 1352 in der Kleinen Gilde, die unverheirateten, nicht in Rīga ansässigen Kaufleute und Handwerker waren in der Bruderschaft der Schwarzhäupter zusammengefaßt. Letten und Liven waren in den Gilden nicht vertreten, hatten keinerlei Rechte und durften nur die niederen Arbeiten verrichten. Die Gilden bauten Häuser für ihr gesellschaftliches Leben, die im Laufe der Jahrhunderte mehrfach umgebaut worden sind. Die Gebäude zum

Beispiel, die heute am Ģilda laukums zu sehen sind, erhielten ihr jetziges Aussehen erst im 19. Jh. Das Bauwerk der **Großen Gilde** war ursprünglich von Franziskanern als Kloster errichtet worden. Gut erhaltene Kellergewölbe, die von romanischen Kolonnen gestützt werden, und Außenmauern aus 1,2 m dicken Dolomitquadern weisen darauf hin, daß es um die Wende des 12. zum 13. Jh. entstanden sein muß. Der jetzige Konzertsaal diente den Franziskanern im 14. Jh. als Speisesaal. Das sogenannte Münsterzimmer wurde in alle Umbauten sorgfältig einbezogen und überdauerte bis in unsere Zeit ebenso wie die 1521 angebaute Brautkammer, in der die Kaufleute traditionell die Hochzeitsnacht verbrachten. In großem Stil wurde das mittelalterliche Haus Mitte des 19. Jh. umgebaut und erhielt sein an die englische Gotik angelehntes Aussehen. Nach einem Brand 1963 wurde das Gebäude detailgetreu rekonstruiert und als Konzertsaal eingerichtet.

Gegenüber befindet sich die **Kleine Gilde.** Das heutige, neogotische Haus wurde 1866 vom Rīgaer Stadtarchitekten J. D. Felsko entworfen und enthält prachtvolle bemalte Glasfenster aus der hannoverschen Werkstatt A. Freystatt sowie mit Wappen der Zünfte und Porträts der Gemeindeältesten verzierte Fenster vom Ende des 19. Jh. Heutzutage dient es Tanzveranstaltungen aller Art, im Sommer öffnet im Garten ein Café.

Schräg gegenüber der Gildehäuser steht das **Katzenhaus** (Kaķu nams), ein auffälliger Bau von 1909. Seinen Namen verdankt es den beiden Katzenfiguren, die auf zwei spitzzulaufenden Erkerdächern angebracht sind. Sein Besitzer soll ein reicher lettischer Kaufmann gewesen sein, dem die Aufnahme in die Große Gilde verweigert worden war. Deshalb baute er sein Haus direkt gegenüber der Gilde und setzte auf das Dach zwei schwarze Katzen, die den Gildehäusern ihre Hinterteile zeigten. Darüber kam es zum Prozeß, und die Katzen mußten so gedreht werden, daß sie nunmehr die Gildehäuser anblickten.

Vom Katzenhaus führt die Zirgu iela direkt auf den Domplatz (Doma laukums), wo sich der größte Kirchenbau des Baltikums erhebt, in dem 5000 Menschen Platz finden. Der Bau des **Doms 13** wurde bereits 1211 von Stadtgründer Bischof Albert veranlaßt. Da innerhalb der engen Stadtmauer kein Platz für ein derartig gewaltiges Vorhaben war, wies der Bischof dem Domkapitel ein Grundstück außerhalb zu. Die Bauzeit des Doms zog sich weit über 50 Jahre hin. Bald darauf schlossen sich die ersten Umbauten an, so daß in ihm mehrere Stile ineinander verschmelzen. Der älteste Teil sind der Altarraum und im Querschiff die mehrere Meter hohen Mauern aus gemeißeltem Kalkstein von der Daugava. Das Nordportal aus dem 13. Jh. gilt als das großartigste gotische Portal im Baltikum. Später wurde das Mittelschiff erhöht und ein neues Kreuzgewölbe eingezogen, die Kapellen angebaut und der Turm auf 140 m aufgestockt, damit er als Teil des domherrschaftlichen Sakralbaus nicht etwa von geringerer Höhe als der von den Patriziern errichtete Turm der Petrikirche wäre. Der Holzturm brannte nieder, wurde ersetzt durch einen lediglich 90 m hohen Barockturm. Im Zuge der Neubebauung des Domplatzes durch den Stadtarchitekten Felsko wurde 1862 das Hauptportal neu gestaltet.

Die Inneneinrichtung fiel den Bilderstürmern der Reformation zum Opfer; das wunderschöne Orgelprospekt ist eine Holzschnitzarbeit von Jacob Raab aus dem Jahre 1601. Ein Meisterwerk auch die Orgel selbst, die 1884 von der Ludwigsburger Firma Walcker hergestellt wurde.

Mit ihren 6718 Pfeifen (124 Register, 4 Manuale) und 9,5 Oktaven Klangumfang war die Rīgaer Domorgel einst die größte der Welt. Sie zählt aber auch heutzutage noch zu den weltweit klangschönsten Instrumenten. Orgelkonzerte im Dom werden wegen der wunderschönen Akustik gerühmt und sind ein unvergeßlicher Genuß. Auch wenn jede Woche mehrere Konzerte stattfinden, empfiehlt es sich, frühzeitig Karten in der Verkaufsstelle gegenüber dem Haupteingang zu besorgen. Der Andrang ist immer groß.

Die schöne barocke Holzkanzel von 1641, geschmückt mit den Statuen der Apostel und Evangelisten, wurde von dem lettischen Meister Tobias Heincs geschaffen. Weiteres Beispiel hoher Schnitzkunst ist das Gestühl für die Schwarzhäupter, das 1693 die Werkstatt Dietrich Walther fertigte. Leider ist es nur bruchstückhaft erhalten. Schon bald nach dem reformatorischen Bildersturm erhielt die Kirche neuen Wandschmuck: Grabplatten und Epitaphe der Stadthonorationen, die sich für viel Geld Bestattungsplätze so nah wie möglich am Altar kauften. In den Zeiten der großen Pest wurde das Bestatten in der Kirche verboten und die Grabmäler innerhalb des Doms geräumt. Man brachte jedoch später die Grabplatten zurück und erlaubte Epitaphe (14.–18. Jh.) an den Mauern. Sehenswert sind auch zwei bemalte Glasfenster (s. Abb. S. 30). Auf dem ersten wird der Empfang des Schwedenkönigs Gustav II. Adolf in Rīga 1621 dargestellt. Das zweite Bild zeigt eine mittelalterliche Stadtszene:

Die Orgel im Dom zu Riga

»Der Meister des Livländischen Ordens, Wolter von Plettenberg, erteilt der Stadt Rīga das Recht zur freien Religionsausübung«. An der südlichen Seite des Doms ist eine Linie auf die Mauer aufgetragen, die den Hochwasserstand der Daugava von 1709 markiert. In der gleichen Nische ist der alte Wetterhahn aufgehoben, der zwei Turmbrände und 400 Jahre überstanden hat. Sein Nachfolger auf der Kirchturmspitze ist eine Kopie.

An das südliche Seitenschiff des Doms schließt sich das **Kloster** an. Die frühgotische Sakristei und der Kapitelsaal sind sehr gut erhalten, der Kreuzgang zählt zu den größten Nordeuropas. Bereits seit dem 13. Jh. befand sich in diesem Kloster die Domschule, die nach der Reformation die erste weltliche Hochschule Rīgas wurde. Von 1764 bis 69 war hier Johann Gottfried Herder tätig. Über dem Kreuzgang beherbergt das Kloster die ältesten Museen Lett-

lands, das stadtgeschichtliche Museum und das Schiffahrtsmuseum (Rīgas vēstures un kuģniecības muzejs). Die Geschichte Rīgas von den Anfängen bis zur Gegenwart wird dokumentiert und eine schöne Sammlung von Schiffsmodellen ausgestellt. Vor dem Museumsausgang der **Herderplatz** (Herdera laukums) mit einer Büste des Philosophen – ein Abguß der oberen Hälfte des Herder-Denkmals in Weimar.

Der Domplatz wurde in der zweiten Hälfte des 19. Jh. vollkommen neu gestaltet. Er befindet sich auf dem mittelalterlichen Niveau der Stadt, während die neuen Straßen 2 m darüber liegen. Stufen führen zu ihnen hinauf. Hier entstand 1852 bis 1855 auch die Börse, Kopie eines venezianischen Renaissance-Baus. Rechts davon die ehemalige Kommerzbank, heute das Radiohaus, vor dem bis Frühling 1994 noch buntbemalte Überreste der Barrikaden standen, die während des Putschversuchs 1991 gegen die russische Sondereinheit gebaut wurden. Der Domplatz diente den Rīgaern im Mittelalter als Nutzgartenfläche und als Friedhof. Davon zeugen alte Grabplatten, die im kleinen Hof des Hauses Jaņu iela 22 zu sehen sind.

Unweit des Doms, in der Mazā Pils iela, fällt eine Gruppe wunderschöner alter Häuser ins Auge, genannt die »**Drei Brüder**« (Trīs brāļi) **14**. Ihren Namen erhielten sie in Anlehnung an die »Drei Schwestern« in Tallinn, ihre Baugeschichte unterscheidet sich jedoch: Während die »Drei Schwestern« in Tallinn tatsächlich gleichzeitig von einem reichen Kaufmann für seine Töchter gebaut wurden, entstanden die »Drei Brüder« zu verschiedenen Zeiten. Das rechte Gebäude mit dem gotischen Treppengiebel ist das älteste erhaltene Wohnhaus der Stadt, errichtet um die Wende vom 14. zum 15. Jh. Es bietet interessante Einblicke in mittelalterlichen Hausbau und Wohnkultur wohlhabender Kaufleute. Im Erdgeschoß empfängt eine hohe Halle, in der ein Herd mit Mantelschornstein Wärme spendete. Sie diente der gesamten Familie als Wohnraum. Die oberen Stockwerke und der Keller fungierten als Warenlager. Das mittlere, gelbe Haus fand 1403 erstmals Erwähnung. Es gehörte dem Küster der Jakobikirche. Sein heutiges Aussehen entstand 1646 im holländischen Barockstil. Der dritte »Bruder« stammt aus dem 18. Jh. Leider sind die drei Häuser nicht zu besichtigen. Man kann jedoch den Hof betreten und die ehemaligen Portale abgetragener Häuser anschauen. In eine Wand ist das älteste Stadtwappen von Rīga eingemauert.

Nur ein paar Schritte entfernt erhebt sich die **Jakobikirche** (Sv. Jēkaba baznīca) 15, deren 80 m hoher Turm der einzig erhaltene gotische in Rīga ist. Zusammen mit den Türmen der Petrikirche, des Doms und des Schlosses ist er auf allen alten Stichen von Rīga zu sehen. Die kleine Kirche wurde 1225 außerhalb der Stadtmauern errichtet und war Vorbild für viele lettische Dorfkirchen. Wanderer und Reisende, die Rīga nicht mehr von dem Schließen der Stadttore erreichten, haben hier Unterkunft und geistlichen Beistand gefunden. In späteren Jahrhunderten wurde sie nach den Bedürfnissen einer Stadtgemeinde mehrfach umgebaut. Bei Restaurierungsarbeiten in diesem Jahrhundert wurden im Chor Wandmalereien aus dem 13. Jh. wiederentdeckt. In der Kapelle öffnete 1675 eines der ersten weltlichen Lehrinstitute Rīgas, die nach ihrem Gründer, dem schwedischen König, benannte Karlsschule. An ihr lehrte der lettische Heimatkundler Johann Christoph Brotze (1742–1823). Heute ist die Jakobikirche Sitz des Erzbischofs von

Lettland. Sie ist eines der wenigen Gotteshäuser in Rīga, das immer geöffnet ist.

Biegt man nun in die Jēkaba iela ab, stößt man direkt auf das lettische **Parlament** *(Saeima)* 16. Das Gebäude ist eine Nachbildung des Palazzo Strozzi in Florenz. Der erste akademisch ausgebildete lettische Architekt, Jānis Frīdrihs Baumanis (1843–91), und sein Kollege Robert Pflug (1834–85) entwarfen diesen imposanten, von seiner Umgebung abgehobenen Repräsentationsbau, in den 1867 der lettische Landtag einzog. Während der kritischen Januartage 1991 wurde die Saeima von der lettischen Bevölkerung bewacht. Letten vom Lande traten eine manchmal weite Reise an, um vor dem Parlament Barrikaden zu errichten und bei Lagerfeuern Tag und Nacht Wache zu halten.

Von der Saeima aus führt die schmale Klostera iela Richtung Daugava auf den Pils laukums. Am Pils laukums steht das alte **Rīgaer Schloß** (Rīgas pils) 17. 1330 ließ es der Deutsche Ritterorden außerhalb der Stadtmauer bauen – von den Bürgern zur Strafe für die Zerstörung der ersten Ordensburg, die zwischen Petri- und Johanniskirche gelegen hatte. Die Bürger hatten sie nach jahrelangem Zwist geschliffen. Schließlich unterlagen sie dem Orden doch. Dafür mußten sie eine Reihe von Demütigungen hinnehmen, wie das Einreißen der Stadtmauer. Und sie mußten eben den Bau der neuen Burg leisten. Zwischen Ordensrittern und Bürgern kam es auch weiterhin regelmäßig zu Streitereien, die meist mit Waffen ausgetragen wurden. Die Ritter nahmen es nicht hin, daß die selbstbewußten Hansekaufleute sich dem Diktat des Ordens nicht beugen wollten. Im späten 14. Jh. kam es zu gewalttätigen Auseinandersetzungen, in deren Verlauf die Bürger

Blick über die Daugava auf das Schloß von Riga

1484 das Schloß erneut zerstörten. Aber auch dieses Mal wurden sie dazu gezwungen, es wieder aufzubauen, was bis 1515 geschah. Vom Schloß aus, das direkt am Ufer der Daugava stand, konnten die Ordensritter den Hafen und den Schiffsverkehr kontrollieren.

Baumeister Nyggels aus Tallinn entwarf um 1500 eine Befestigungsanlage mit zwei Wehrtürmen, die heute noch das Panorama zur Daugava prägen. Die restlichen Gebäude wurden in den Jahrhunderten nach dem Zusammenbruch des Ritterordens mehrfach umgebaut und den jeweiligen Bedürfnissen angepaßt. So diente das Schloß als Residenz der schwedischen und später russischen Gouverneure. Ende des 18. Jahrhunderts bekam dort die livländische Gouvernementsverwaltung ihren Sitz, und der Komplex wurde erweitert und dem Zeitgeschmack entsprechend repräsentativ ausgestaltet: Nordostflügel und Schloßhof wurden im klassizisti-

schen Stil errichtet. Nach dem ersten Weltkrieg war das Schloß Sitz des ersten lettischen Staatspräsidenten. Diese Funktion soll es künftig wiedererhalten. Es wird derzeit renoviert und ist nicht zu besichtigen, doch sind in einem der Schloßflügel Museen untergebracht: das Historische Museum Lettlands, das Museum für ausländische Kunst, das Jānis-Rainis-Museum für Literatur und Kunstgeschichte im ehemaligen Stallgebäude, das Bildhauerhaus sowie ein Skulpturengarten im Park.

Biegt man vom Pils laukums in die Torņa iela, kommt man zum **Arsenāls** 18. Dieser 135 m lange, einstöckige Bau aus dem vergangenen Jahrhundert diente als Speicher des Zollamts und wurde vor einigen Jahren renoviert. Seitdem finden hier die interessantesten Kunstausstellungen Rīgas statt – ein Muß für kunstinteressierte Besucher.

Durch die Torņa iela, vorbei an den alten Kasernen aus der schwedischen Be-

satzungszeit gelangt man rechter Hand zum **Schwedentor** (Zvīedru vārti) [19]. 1698 brachen die Schweden hier ein Haus durch, um eine Ausfahrt zu den neueren Anlagen vor den Stadtmauern zu schaffen. Die Stadtmauer war zu diesem Zeitpunkt bereits von beiden Seiten mit Häusern bebaut. Das Schwedentor ist das einzig erhaltene von ursprünglich 25 Stadttoren. Rechts hinter dem Schwedentor wurde beim Abriß baufälliger Häuser ein kurzes Stück Stadtmauer wiederentdeckt, das detailgetreu renoviert wurde. Im Mittelalter war die Stadtmauer mit 28 Türmen bewehrt, von denen zwei wiederaufgebaut wurden: der ältere, viereckige Rāmera Turm (Rāmera tornis) und der spätere, runde **Pulverturm** (Pulvertornis) [20]. Ein Spaziergang durch diesen Teil der Altstadt ist sehr empfehlenswert. Die Torņa iela und Trokšņu iela (Lärmstraße) sind die ältesten Straßen in Rīga. Ihre Bebauung datiert durchgehend aus dem 17. Jh. oder

früher; sie wurden in jüngster Vergangenheit wunderschön restauriert. Auch lädt dieser idyllische Altstadtteil mit seinen diversen kleinen Läden, Kneipen und Cafés zum Flanieren und Genießen ein wie die kleinen Gassen und Straßen um den Dom.

Jugendstil in Rīga

Girlanden verzieren die Fassaden, stilisierte Blumenranken winden sich um Frauenkörper, und dämonische Masken erinnern an Notre-Dame von Paris. Auf der Alberta iela werden zahlreiche Häuser von Schmuckelementen geradezu überschwemmt. Das in Europa einzigartige Ensemble wurde entworfen von dem Architekten Michael Eisenstein (1867–1921), dem Vater des im doppel-

Rīga ist für seine vielen prächtigen Jugendstilhäuser nicht weniger berühmt als Brüssel oder Wien: Haus in der Smilšu iela (links), Jugendstileingang in der Neustadt (Mitte), Giebel von Eisenstein in der Elizabetes iela (rechts)

ten Wortsinne revolutionären Filmregisseurs Sergej Eisenstein (»Panzerkreuzer Potemkin«). Eisenstein sen. schuf hier das bekannteste Beispiel des »lettische Jugendstils«.

In Rīga fand der Jugendstil eine eigene Ausprägung und erlebte im ersten Jahrzehnt dieses Jahrhunderts eine ebenso kurze wie heftige Blüte. Rund ein Drittel des Zentrums wurde damals in diesem neuen Stil gestaltet, ein Anteil der nicht nur für das Baltikum einzigartig ist und der vor dem Hintergrund eines sprunghaften wirtschaftlichen Aufschwungs möglich war. Ab 1901 entwickelte sich Rīga zum wichtigsten Hafen und einem industriellen Zentrum des Zarenreichs. Die Einwohnerzahl wuchs in

14 Jahren von knapp 300 000 im Jahr 1897 auf über 500 000 an. Die Folge war ein Bauboom.

Als erstes »klassisches« Jugendstilgebäude gilt das Mietshaus von 1899 in der **Audēju iela 7/9** 21 des Architekten Alfred Aschenkampff. Zum berühmtesten Architekten des neuen Stils wurde in den nächsten Jahren eben jener Michael Eisenstein. Etwa 20 eigenwillige Mietshäuser entwarf der Architekt für Rīga. Das Meisterstück seiner überschäumenden Phantasie vollbrachte er mit dem bereits erwähnten Häuser-Ensemble an der **Alberta iela** 22. Hier übertrifft jede der fünf symmetrischen Fassaden die nächste an Einfallsreichtum der Gestaltung. Formen aus den

Baustilen der letzten tausend Jahre werden hier zitiert. Unbekümmert mischte Eisenstein typische Jugendstilmotive wie stilisierte Pflanzen und lineare Ornamentik mit Medusenhäuptern, Löwenköpfen und antiken Masken oder kombinierte runde, rechteckige oder elliptische Fensterformen. Auf das Haus Alberta iela 2 a pflanzte er ein rein dekoratives Stockwerk, durch dessen Fensterreihen der Himmel zu sehen ist. Nicht weniger üppig stattete er auch das Treppenhaus, eine prächtige Säulenhalle, aus. Eisensteins deutliche Handschrift zeichnet auch die operettenhaften Fassaden der prächtigen Häuser Elizabetes iela 33, 10 a/b 22 und Strélnieku iela 4 a 22. Vor allem deutsche und russische Händler waren die Auftraggeber Eisensteins. Der Geschmack dieser Klientel wurde vor allem von dem Wunsch diktiert, den Anschluß an Europa zu finden.

Während Eisenstein außerhalb Rīgas, wahrscheinlich am Polytechnikum in St. Petersburg, seine Ausbildung absolviert hatte, wuchs um die Jahrhundertwende eine Architektengeneration heran, die am Rīgaer Polytechnischen Institut stu-

Sphinghen bewachen ein Jugendstilhaus in der Alberta iela

dierte. In dieser für das Baltikum damals einzigartigen Möglichkeit liegt ein weiterer Grund dafür, daß sich gerade in Rīga eine regionale Ausprägung des Jugendstils entwickelte.

Als einer der ersten lettischen Architekten hatte Konstantīns Pēkšēns hier eine Ausbildung genossen. Pēkšēns entwarf rund 250 Wohnhäuser in Rīga. Das bekannteste steht an der Alberta iela 12. Im Vergleich zu Eisenstein arbeitete Pēkšēns wesentlich nüchterner. Er entwickkelte die kunstvolle Form aus der Funktion. Schönheit durfte für ihn nicht allein vom Ornament kommen.

Im Haus Alberta iela 12 lebte und arbeitete Jānis Rozentāls, der bedeutendste lettische Künstler der Jahrhundertwende. Heute befindet sich dort ein Rozentāls-Museum, das neben Gemälden des Jugendstil-Künstlers auch seine Entwürfe für Glasmalereien, Plakate und Buchillustrationen zeigt.

Aus dem Atelier von Konstantins Pēkšēns gingen Eižens Laube und Aleksandrs Vanags, die beiden bedeutendsten Vertreter der nächsten Rīgaer Jugendstilgeneration, hervor. Sie ließen sich von der lettischen Volksarchitektur ebenso anregen wie von dem sogenannten neuen »nordischen Stil« aus Finnland und entwickelten den »nationalromantischen Jugendstil«. Er entsprach dem Ausdrucksbedürfnis des nationalbewußten lettischen Bürgertums, das nach der Revolution von 1905 die führende Rolle im Land übernahm. Der größte von Laube und Vanags gestaltete Häuserblock liegt an der **Valdemāra iela** [23]. Die sechsgeschossigen Häuser zwischen der Hanzas iela und der Bruņinieku iela erreichen mit den für Laube und Vanags typischen steilen Giebeln die Höhe heutiger zehngeschossiger Bauten. Typisch für den lettischen nationalromantischen Jugendstil sind zwei

Gebäude auf der **Brīvības iela** [24]. An dem 1906 von Vanags errichteten Haus Nummer 58 verschmelzen nationale Motive in grauem Granit, Putz und Metall zu einer Einheit. Das Haus Nummer 47, eine Arbeit Laubes aus dem Jahr 1908, fällt durch ein steiles, mit Naturschiefer gedecktes Dach auf, das an mittelalterliche Kirchen erinnert. Heute sind diese Bauten renovierungsbedürftig. Rīga bewirbt sich als Metropole des Jugendstils um die Aufnahme in das Weltkulturerbe der UNESCO. Nicht zuletzt erhofft man sich dadurch Hilfe für den Erhalt der Bausubstanz.

Die Freiheitsstatue

Das wichtigste Denkmal Lettlands für die Letten ist die Freiheitsstatue (Brīvības piemineklis) [25], sie ist zwischen Alt- und Neustadt auf dem Brīvības bulvāris, der Hauptverkehrsader Rīgas, plaziert. Die Idee eines Freiheitsdenkmals entstand in den frühen Zwanziger Jahren, nachdem Lettland zum ersten Mal seine Unabhängigkeit proklamiert hatte. Der Entwurf wurde von dem Architekten Ernests Štālbergs nach genauen Angaben des in Lettland sehr geschätzten Bildhauers Kārlis Zāle erarbeitet. Zāle, der an vielen Orten im Lande Nationaldenkmäler schuf, realisierte den Bau der Freiheitsstatue zwischen 1931 bis 1935. In 42 m Höhe hält eine Mädchenfigur aus Kupfer, die Verkörperung der Freiheit, mit ausgestreckten Armen drei Sterne in den Himmel. Sie symbolisieren die drei historischen Provinzen Kurzeme, Vidzeme und Latgale. Die Figur steht auf einer schlanken Säule, die ihrerseits wiederum auf einem mehrere Meter hohen quadratischen Sockel verankert ist, an dessen Ecken die Skulpturengruppen »Arbeit«, »Verteidiger des Vaterlandes«,

Die Freiheitsstatue

symbolisiert die Zukunft und die Frucht-barkeit des Landes.

Die enorme Bedeutung dieses Denk-mals für die um Freiheit ringenden Let-ten speist sich vor allem aus der Nach-kriegsperiode. Den Sowjets war es 52 Jahre lang ein Dorn im Auge, doch alle Versuche, das Denkmal zu entfernen oder politisch umzudeuten, scheiterten. Als es schließlich abgetragen werden sollte, weil es angeblich durch die über Jahrzehnte verkehrsbedingten Erschüt-terungen brüchig und zu einem Sicher-heitsrisiko geworden war, ließen die Stadtväter Rīgas kurzerhand den Ver-kehr umleiten und erklärten den Platz um das Denkmal zur Fußgängerzone. Im Frühjahr 1987 dann rief die Gruppe »Hel-sinki 86« zu einer nicht genehmigten De-monstration am Freiheitsdenkmal auf, und am 14. Juni gedachten hier 5000 Letten der Opfer der stalinistischen De-portationen. Im Laufe der Unabhängig-keitsbewegung der folgenden Jahre wurde das Freiheitsdenkmal Ausgangs- oder Endpunkt unzähliger Demonstratio-nen. Auch heute noch ist es ein vielbe-suchter Ort. Dort wird lebhaft über Poli-tik diskutiert. Oder es werden Blumen am Sockel des Denkmals niedergelegt.

Spaziergang durch die Rīgaer Neustadt

1857 – in diesem Schlüsseljahr für Rīgas Neustadt erlaubte Zar Alexander II., die alten Befestigungsanlagen abzutragen; ein systematischer Aufbau der Neustadt nach den Plänen von Johann Daniel Felsko und Otto Dietze konnte beginnen. Das Ergebnis läßt sich sehen. Unser Spaziergang beginnt im Grünen. Schon vor 1857 hatte es außerhalb der Stadt-mauern exklusive Parks gegeben, die die zunehmende Bedeutung von Gartenbau-

»Familie« und »Wissenschaft und Kunst« lehnen. Die Frontseite zeigt in Richtung Altstadt und trägt die weithin lesbare In-schrift »Tēvzemei un Brīvībai« (»Für Va-terland und Freiheit«). Um den Fuß der Säule sind die Reliefs mythologischer lettischer Figuren angebracht: Lāčplēsis, der Bärentöter, der den Kampf gegen das Böse personifiziert; Vaidelotis, ein altlettischer Priester aus der Zeit vor der Christianisierung durch die Ordensritter. Die Rückseite nimmt die Gruppe »Die Kettensprenger« ein, die Lettlands Stre-ben nach Freiheit darstellt. Vorne über der Inschrift steht »Mutter Lettland« mit gesenktem Schwert und einem Ähren-bund in der Hand, neben ihr die nackten Gestalten eines jungen Mannes und ei-nes Mädchens. Die Gestaltengruppe

Begegnungen/Berührungen – Musikleben in Rīga

In Rīga blühte im 19. Jh. die deutsche Kunstmusik neben der reichen lettischen Folklore. Als das Rīgaer Theater 1835 geschlossen wird, springt kurze Zeit später die Kaufmannschaft in die Bresche. Mit ihren Geldern wird das Theater wieder eröffnet. Die Leitung übernimmt der deutsche Schauspieler, Regisseur und Schriftsteller Karl von Heltei. Als Kapellmeister verpflichtet er Richard Wagner, der von 1837 bis 1839 äußerst erfolgreich in Rīga arbeitet. Die Stadt erlebt hervorragende Operninszenierungen, der Spielplan erreicht internationales Niveau. Zeitgenössische Kritiker loben die Genauigkeit des Vortrags und die gesteigerten Tempi des Orchesters. Als Wagner 1839 vor Gläubigern aus der Stadt flieht, hat er sich allerdings mit fast allen seinen Musikern überworfen. Dennoch bleibt ihm Rīga gewogen. Zu seinem dreißigsten Geburtstag führt man den »Fliegenden Holländer« auf – nur zwei Monate nach der Premiere in Dresden. Wagner blieb nicht der einzige Musiker und Komponist von internationalem Rang, der in Rīga arbeitete oder auftrat. Nach ihm kamen Clara Schumann, Franz Liszt und Hector Berlioz, in der Rīgaer Oper dirigierten Leo Blech und Emil Kupfer.

Begonnen hatte die Blüte der europäischen Musik schon im 17. Jh., als in Rīga sogenannte Musikgesellschaften gegründet wurden. Im folgenden Jahrhundert entstanden professionelle Privatorchester. Einer der bekanntesten Mäzene war Baron O. H. von Vietinghoff.

Auch dem Rīgaer Theater wollte Vietinghoff einen internationalen Namen verschaffen. In den Theaterstädten Berlin, Hamburg, Wien und Prag hielt er sich Korrespondenten, um über Neuigkeiten aus der Bühnenwelt auf dem Laufenden zu sein.

Das Rīgaer Kulturleben wurde von der Kaufmannsgilde getragen, der seit dem 13. Jh. nur Deutsche angehören durften. Die weitgehend rechtlosen Letten pflegten ihre Lieder als zentrale künstlerische Ausdrucksform, die gerade in Rīga weiterentwickelt wurde wie sonst kaum in Europa. Hier existierten zwei musikalische Traditionen in verschiedenen Gesellschaftsschichten nebeneinander her. Musikalische Wechselwirkungen zwischen der westeuropäischen Kunstmusik und der lettischen Folklore blieben aus. Berührungen, auf die man heute stolz ist, hat es aber dennoch gegeben. »Jede dieser Persönlichkeiten hat Spuren im Gesamtbild der lettischen Musik hinterlassen und die Musikkultur Lettlands befruchtet«, meint die Musikjournalistin Ilze Liepiṇa. »Solche Berührungspunkte, Momente lebhafter Kommunikation, gibt es in der lettischen Geschichte viele. Jede dieser Episoden findet ihren Platz in der Entwicklung der Weltmusik.«

Jānis Rainis –
Der lettische Nationaldichter

Jānis Rainis (1865–1929) ist der bedeutendste Dichter Lettlands, dessen Werk eng mit dem Unabhängigkeitsstreben der Letten verknüpft ist. Der Lyriker und Dramatiker war Mitbegründer der sozialdemokratischen Partei Lettlands; im schweizerischen Exil, in das er nach der Revolution von 1905 fliehen mußte, entstanden seine wichtigsten Dramen – »Feuer und Nacht«, »Dünawind« und »Joseph und seine Brüder«.

1920 kehrte er als Kultusminister der jungen Republik in sein Heimatland zurück. Seiner Freude verlieh er in jubelnden Versen Ausdruck:

Rainis-Denkmal im Esplanāde-Park

»Ich höre den Wind, er weht nach Kurland,
Ich spür am Gesicht schon
Den sanften, den duftenden Hauch,
Ich fühle im Herzen
Das Schlagen anderer Herzen,
Es spürt meine Seele schon,
Wie uralte Schmerzen sich lösen.
Es ruhen entspannt Sehnen und Glieder;
Wie Odysseus schlafend zur Heimat gebracht,
So wiegt mich und lullt mich ein
Und führt mich hinein in der Heimat Haus,
Söhne der grünen Kiefern!
Ihr Birkenmädchen, so weiß!«

In Lettland werden er und seine Frau, die Dichterin und Frauenrechtlerin Aspāzija, hochverehrt. Alljährlich an Rainis Geburtstag beginnen die Dichtertage am Rainis-Denkmal in Rīga und dehnen sich von dort in die ganze Republik aus. Nicht nur Rainis wird von einem großen Publikum gelesen. Auch zeitgenössische Dichter waren in der Sowjetzeit wichtige Integrationsfiguren. Lyrikbände erschienen in einer ersten Auflagenhöhe von bis zu 16 000 Exemplaren – Zahlen, von denen Dichter in Deutschland nur träumen können –, und das bei einer maximalen Leserschaft von 1,4 Mio. Letten. Ojārs Vācietis und Vizma Belševica sind die bekanntesten lettischen zeitgenössischen Lyriker, zur jüngsten Generation gehört Amanda Aizpuriete.

architektur seit Beginn des 19. Jh. demonstrierten. Sie blieben allerdings ausschließlich den reichen Bürgern vorbehalten. Der neue Stadtplan dagegen sah großzügige Grünanlagen für alle vor. Die Reste der alten steinernen Bastionen wurden abgetragen und im Bastejkalns-Park zu einem grünen Hügel aufgetürmt. Der ehemalige Wassergraben, das letzte Hindernis vor der Stadtmauer, schlängelt sich nun über kleine Staustufen durch eine idyllische Grünanlage, die zur Muße einlädt. Ins Auge fallend und einem botanischen Garten nicht unähnlich der bemerkenswerte Baumbestand dieses Parks mit seinen nordischen Baumarten, die in Lettland ansonsten nicht heimisch sind. Etwas oberhalb schließlich liegt der Esplanāde-Park, auf dem sich einst der Exerzierplatz befand und den heute große alte Bäume und Rosengärten zieren. Von hier aus können alle nachfolgenden Sehenswürdigkeiten bequem in weniger als 15 Minuten erreicht werden.

Am Fuße des Bastionshügels (Bastejkalns) 26 stehen zu beiden Seiten des Spazierweges fünf Gedenksteine für die Opfer des 20. Januar 1991, als Eliteeinheiten des sowjetischen Innenministeriums das lettische Innenministerium am Raina bulvāris angriffen. Zwei von ihnen – Andris Slapiņš und Guido Zvaigzne – gehörten zum Team des lettischen Dokumentarfilmers Juris Podnieks. Sie wurden erschossen, als sie den Sturm auf das Innenministerium filmen wollten. »Filme weiter« waren die letzten Worte des Kameramanns Andris Slapiņš. Dann gab er seine Kamera weiter an Podnieks, der Slapiņš und Zvaigzne wenig später seinen Film »Baltisches Requiem« widmete. An der Gedenkstelle im Bastejkalns werden immer noch Blumen niedergelegt. Mehrere Boulevards durchschneiden die Parks, darunter der Brīvī-

bas bulvāris mit der weithin sichtbaren Freiheitsstatue (s. S. 177) als Hauptachse Rīgas.

Auf Höhe der Grünanlagen und der Freiheitsstatue liegt zwischen Brīvības und Raina bulvāris in der Merķela iela das **Hauptgebäude der Universität** von Lettland 27, das zwischen 1860 und 1885 nach den Entwürfen G. Hilbigs für das erste Rīgaer Politechnikum gebaut wurde.

Auf der anderen Seite des Pilsētas kanāls, am Aspāzijas bulvāris, befindet sich die lettische **Nationaloper** 28, ein klassizistischer Bau, der 1860 bis 1863 errichtet wurde und zunächst das Deutsche Theater beherbergte. Seit der ersten lettischen Unabhängigkeit ist es das derzeit nicht bespielte Haus der lettischen Nationaloper. Seit mehreren Jahren wird es mit finanzieller Unterstützung amerikanischer Exil-Letten renoviert. Gleich dahinter dann, in der Merķeļa iela, erhebt sich die fünfstöckige neoklassizistische Bau der Rīgaer Lettischen Gesellschaft (Latviešu biedrība). Seit 1910 dient er als Treffpunkt der lettischen intellektuellen und politischen Elite, die 1868 den ersten lettischen Verein gegründet hatte – ein Beginn des »nationalen Erwachens«. Das Gebäude schmückt ein Jugendstil-Wandbild des Künstlers Rozentāls. Es zeigt die Götter der alten Letten. Von 1944 bis 1992 diente es der sowjetischen Armee als Bezirksoffiziershaus, danach wurde es an die Stadt zurückgegeben. Derzeit wird es renoviert, wobei die alten Veranstaltungssäle, Bibliotheken und ein Restaurant, in dem man in schönen Räumen essen kann, zum Teil schon wieder instandgesetzt wurden.

Jedem, der gerne Marktatmosphäre schnuppern möchte, sei empfohlen, den Bahnhofsplatz und die Markthallen aufzusuchen. Zu den Stoßzeiten, nachmit-

Der Blumenmarkt von Riga ist bis spät in die Nacht hinein geöffnet

tags ab 16 Uhr und an den Wochenenden, verkaufen auf dem Bahnhofsplatz Hunderte von Händlern jede Art von Secondhand-Ware. Viele alte, arme Menschen bieten hier die bescheidenen Erträge ihres Gartens an, manchmal nur ein Glas Beeren oder einen Blumenstrauß. Nur wenige Meter entfernt, die Prāgas iela unter dem Bahndamm hindurch, beginnt das lebhafte, fröhliche Treiben des **Rīgaer Zentralmarkts** (Centrālais tirgus) 29. Die Hallen wurden 1930 errichtet und waren damals die größten und modernsten Europas. Die alten Zeppelin-Hangars, die die Deutschen während des Ersten Weltkrieges an der Westküste unweit von Liepāja errichtet hatten, wurden abgetragen und in Rīga als neues Ensemble wieder aufgebaut. Der Zentralmarkt ist über die Grenzen der lettischen Republik hinaus für sein reichhaltiges Angebot und seine gute Ware bekannt. Händler und Kunden kommen von weit her, man findet hier alles, was man braucht: Fleisch, Milch, Obst und Gemüse, Fisch und Meeres-

früchte. Allerdings ist der Markt für den Durchschnittsverdiener teuer.

Gegenüber den Hallen findet man rund um den Busbahnhof kaukasische Händler, die vom Lastwagen herab ihre Ware verkaufen. Sie exportieren begehrte exotische Obst- und Gemüsesorten und die Gewürze ihrer Heimat ins Baltikum. Berühmt ist der Blumenmarkt zwischen Esplanāde und Vērmanes-Park an der Ecke Merķeļa/Tērbatas iela. Bis spät in die Nacht hinein geöffnet und vielbesucht, beweist er: Das Verschenken von Blumen ist in Lettland mehr als nur eine gesellschaftliche Gepflogenheit, es ist den Letten Herzensangelegenheit.

Ein Bummel durch und rund um den **Esplanāde-Park** macht mit weiteren Sehenswürdigkeiten bekannt. Das staatliche **Kunstmuseum** (Valsts mākslas muzejs) 30 in dem schloßähnlichen, pompösen Bau von 1905 in der Valdemāra iela zeigt eine ständige Sammlung von Werken lettischer, russischer und deutscher Künstler. Darüber hinaus werden auch zeitgenössische lettische Künstler in Sonderausstellungen vorgestellt. Bei der letzten Renovierung des Gebäudes wurden im ersten Stockwerk die beeindruckenden Wandgemälde des lettischen Malers V. Purvītis freigelegt. Einige Schritte weiter schließt sich die **Kunstakademie** (Latvijas mākslas akadēmija) 31 an, deren Gebäude zu Beginn des Jahrhunderts als Handelsschule des Börsenkomitees mit einer repräsentativen Fassade im neugotischen Stil entstanden. Im großzügig geschnittenen Jugendstil-Foyer finden häufig Ausstellungen mit Studentenarbeiten statt. Vor der Akademie erinnert ein Denkmal an Jānis Rozentāls, der mit Purvītis zu den Begründern der lettischen Malerei zu Beginn dieses Jahrhunderts zählt.

Durchquert man von dort aus den Esplanāde-Park in Richtung Brīvības bulvāris, kommt man zum **Denkmal für den Nationaldichter Jānis Rainis** 32. Am Geburtstag des Dichters, dem 11.Sep-

tember 1865, beginnen hier alljährlich die Poesietage.

Eingebettet in den Park wurde die schönste aller orthodoxen Kirchen in Rīga, die **Christi-Geburt-Kathedrale** (Kristus dzimšanas katedrāle) 33. Der von fünf Kuppeln gekrönte Bau entstand zwischen 1876 und 1884 unter der Leitung des Architekten Robert Pflug. Von der wertvollen Innenausstattung ist kaum etwas übriggeblieben, da die Sowjets im Gebäude jahrzehntelang ein Planetarium, »Haus des Wissens«, und ein Café, das man »Gottes Ohr« nannte, unterbrachten. Seit der politischen Wende dient es wieder als Kirche.

Die Theater von Rīga

Das **Dailes teātris** 34, zehn Querstraßen von der Kathedrale an der Ecke Brīvības bulvāris/Bruņinieku iela gelegen, wurde 1976 im Stil des Funktionalismus erbaut.

Kaukasische Händler verkaufen direkt vom Lastwagen herab (Rigaer Zentralmarkt)

Der Zuschauerraum mit seinen 1000 Plätzen gleicht einem Amphitheater; dazu verfügt das Haus noch über zwei kleinere Säle; breite Rampen führen aus dem großen gläsernen Foyer in die oberen Stockwerke. Heute darf hier ein japanischer Autohersteller seine Wagen ausstellen – die Rīgaer Theater sind in schweren finanziellen Nöten. Trotzdem wird Programm gemacht. Das Schwergewicht liegt auf zeitgenössischem lettischen Theater und internationalem modernem Drama, vor allem dem amerikanischen. Auf den kleinen Bühnen wird viel experimentiert.

Konkurrent des Dailes teātris ist das **Nationaltheater** (Nacionālais teātris) 35, ein imposanter neobarocker Bau aus dem Jahre 1902, damals als Haus des russischen Theaters errichtet. Am 18. November 1918 wurde hier die erste Unabhängigkeit Lettlands proklamiert. Hier werden vor allem bewährte lettische Stücke aufgeführt – wie »Skroderdienas Silmačos« von R. Blaumanis.

Zur Rīgaer Theaterszene gehört die Lettische Jugendbühne in der Lāčplēša iela, die kulturpolitisch brisante Themen aufgriff. Schließlich sei noch auf das traditionelle Russische Theater in der Alt-

Der Brüderfriedhof im Winter

stadtgasse Kaļķu iela 16 ebenso hingewiesen, wie auf das nahe der Daugava im Souterrain der Peldu iela 19 gelegene »Kabata« (deutsch: »Die Tasche«), ein sehr lebendiges Zimmertheater mit avantgardistisch-experimentellem Anspruch.

Brāļu kapi – Brüderfriedhof

Nach der Freiheitsstatue ist der Brüderfriedhof (Brāļu kapi) **36** Lettlands wichtigste nationale Gedenkstätte und ein interessantes architektonisches Ensemble. Hier wurden 2000 lettische Gefallene des Ersten Weltkriegs und des anschließenden Befreiungskrieges bestattet. Später wurden hier auch Gefallene des Zweiten Weltkriegs beigesetzt.

Der Entwurf entstand aus einer Zusammenarbeit zwischen dem bedeutendsten lettischen Bildhauer, Kārlis Zāle, mit den Architekten Aleksandrs Birzenieks und Pēteris Feders sowie dem Landschaftsarchitekten Andrejs Zeidaks. Verwirklicht wurden die Pläne zwischen 1924 bis 1936.

Es entstand eine eindrucksvolle, dreigegliederte Anlage von einem halben Kilometer Länge. Durch eine breite Allee erreicht man das monumentale Hauptportal, das zu beiden Seiten von Skulpturengruppen alt-lettischer Reiter mit gesenkten Häuptern und Fahnen flankiert wird. Die 200 m lange Lindenallee verläuft vom Eingangstor zur Ehrenterrasse mit Ewiger Flamme: Der Lindenbaum symbolisiert in der lettischen Mythologie die weibliche Liebe. Die Ewige Flamme ist in einen Altar eingelassen, zu dessen Seiten ein Eichenhain mit 100

Bäumen liegt: Die Eiche ist das lettische Symbol für männliche Stärke. Von dort aus führen links und rechts Treppen zum Gräberfeld, geschmückt von zwei monumentalen Skulpturengruppen, »Verwundete Reiter« und »Gefallene Brüder«. An der Wand zwischen den Skulpturen sind zwei Totenmasken angebracht, die des Bekannten und die des Unbekannten Soldaten. Der Ewigen Flamme gegenüber, am Ende des Gräberfeldes, erhebt sich auf einem 9 m hohen massiven Sockel die Statue der trauernden »Mutter Lettland« mit den beiden toten Söhnen zu ihren Füßen. In den Sockel ist eine steinerne Urne in Flammenform eingelassen, worin sich Erde aus den 600 Landkreisen Lettlands befindet. Heraldische Figuren und Wappen, die in die das Gräberfeld umschließende Mauer eingelassen sind, stehen für die lettischen Provinzen, Landkreise und Städte.

Als Gedenkstätte symbolisiert der Friedhof den Kampf der Letten um Freiheit. Auch hier fanden in den späten achtziger Jahren Gedenkfeiern für die Opfer des Stalinismus statt. Nach dem Zweiten Weltkrieg haben die Sowjets auf dem Brüderfriedhof gefallene Rotarmisten und später auch sowjetische Funktionäre bestattet. Zudem wurde die in Zāles Konzeption nicht enthaltene »Ehrenterrasse« mit der Ewigen Flamme geschaffen, um die Gedenkstätte zu internationalisieren. Namenszüge lettischer Gefallener wurden von den Grabplatten abgeschliffen.

Seit 1993 wird der Brüderfriedhof restauriert. Im Zuge dieser Arbeiten wurden die Rotarmisten und sowjetischen Funktionäre auf einen anderen Friedhof umgebettet.

Jūrmala – Die lettische Riviera

(S. 357) 1929 wurde ein junger Diplomat an die amerikanische Gesandtschaft in Rīga versetzt: Georg F. Kennan, der spätere Kremlexperte. Rasch paßte er sich dem Lebensrhythmus der lettischen Hauptstadt an. Wie alle, die es sich leisten konnten, verlegte er seinen Wohnsitz im Sommer von Rīga nach Jūrmala, diesen »herrlichen, scheinbar endlosen Küstenstreifen«. In seinen Erinnerungen schreibt er: »Hier standen viele Kilometer weit hölzerne Sommerhäuser im Stil russischer Datschen, eingestreut zwischen die Dünen und mächtigen, schimmernden Föhren. Ich hatte auch eines von diesen Häusern, ein kleines, mit nur einem Raum. Im Juni und Juli verbrachte ich dort meine Wochenenden, badete tagsüber in der See und zu nächtlicher Stunde in dem magischen und für meine Begriffe überwältigend erotischen Zwielicht, das sich in den Wochen der Sommersonnenwende über die nördliche Welt ergießt. (...) Es war ein wundervolles diffuses Dämmerlicht, in dem das Glühen am nördlichen Himmel aus dem Sonnenuntergang sanft in den Sonnenaufgang hinüberglitt. Im Zauber dieser Naturerscheinung schienen alle menschlichen Regungen von erhöhter Bedeutung, voller Geheimnis und Verheißung.«

Seit 1877 verbindet die Bahnlinie Rīga–Tukums die lettische Hauptstadt mit Jūrmala; während der Sommersaison verkehrten vor dem Zweiten Weltkrieg die Züge im Halbstundentakt. Halb Rīga war unterwegs ans Meer, wie der Korrespondent der Londoner Times 1938 mit Erstaunen beobachtete: »Tausende Rīgaer Familien würden Ihnen beschwören, daß sie das Jahr nicht überstehen könnten, nähme man ihnen ihre

Sommer in Jūrmala. Seit Generationen haben sie bei Anbruch des Sommers die Stadt verlassen. Ein paar Wochen am Strand – wie dies für Stadtmenschen in anderen Ländern üblich wäre – würden ihnen da nicht reichen; sie müssen den ganzen Sommer haben oder zumindest

die Hälfte. Der Exodus beginnt im Mai, wenn die Schulen in ihre zehnwöchigen Ferien gehen. Für ein, zwei Wochen bewegt sich ein langer Zug von Last- und Lieferwagen mit Möbeln, Koffern, Töpfen und Pfannen die 10 Meilen an Straße hinunter, die das Zentrum von Rīga von dem nähergelegenen Ende von Jūrmala trennen. Einige bevorzugen es, ihre Sachen per Zug oder Dampfer zu schicken.«

*Sommerhäuser
in Jūrmala*

Jūrmala – ein Landstreifen an der Bucht von Rīga, eingezwängt zwischen Meer und dem Fluß Lielupe, der hier parallel zur Küste verläuft und schließlich bei Bulduri in die Ostsee mündet. Von der Mündung bis zum ehemaligen Fischerdorf Kaugurciems (oder Kauguri) erstrecken sich auf einer Länge von etwa 32 km ein herrlicher breiter, feinsandiger, flach abfallender Strand und mit Kiefern dicht bewachsene Dünen. Etwas abseits der Buch schließt sich Ķemeri mit seinen Heilquellen an. Jūrmala als flächenmäßig zweitgrößte Stadt Lettlands ist allerdings erst 1959 als Zusammenschluß der zuvor selbständigen Städte Jūrmala, Ķemeri und Sloka entstanden.

In der Nachkriegszeit machte auch der vergleichsweise hohe Lebensstandart Lettlands Jūrmala zu einem begehrten Urlaubsziel der damaligen Sowjetunion – hier lag gleichsam ein »Hauch des Westens« in der Seeluft. Für Großbetriebe und Ministerien, Gewerkschaften und Truppenteile, Partei und Kosmonauten wurden Erholungsheime in die Höhe gezogen. Als sich die Stadt in den 80er Jahren unseres Jahrhunderts nicht mehr in der Lage sah, noch weitere Feriengäste zu verkraften, verfügte sie einen Baustopp. Trotz der häßlichen Ferienheime aus der Sowjetzeit hat sich Jūrmala den einzigartigen Charme einer Sommerfrische der letzten Jahrhundertwende bewahren können. Ein-, allenfalls zweigeschossige Holzhäuser, jene »russischen Datschen«, an die sich George F. Kennan erinnert, und elegante Sommervillen beherrschen das Bild. Aus einem 1939 erschienen Lexikon ist zu erfahren, daß nur wenig mehr als die Hälfte der

Das ehemalige Hotel ›Ķemeri‹ am Strand von Jūrmala

Geschenke aus Moskau – nein, danke!
Der lettische Umweltschutzklub VAK

Als überlebensnotwendige Ressource tauchte die Umwelt in den Kostenrechnungen der sowjetischen Planwirtschaft nicht auf. Die Folgen: eine Großstadt wie Rīga und zahlreiche Fabriken ganz ohne Abwässerreinigung, Schlote ohne Filter, überdüngte Felder, wilde Chemiekippen in Wäldern, Badeverbote an der Baltischen Riviera. Dabei setzte sich die Moskauer Zentralregierung rücksichtslos über die Belange in den jeweiligen Regionen und Ländern hinweg. Mehr als anderswo mußte lokaler Umweltschutz unter diesen Bedingungen stets auch die Frage nach der politischen Macht aufwerfen. »Wir waren nicht Herren unseres eigenen Landes. (...) Der Kampf um die Umwelt war praktisch ein Kampf um unser Überleben als Volk. Wir haben schnell verstanden, daß die Öko-Bewegungen ohne politische Freiheit keinen Erfolg haben können«, erklärte der lettische Journalist und Umweltschützer Dainis Ivāns, der zu den Gründungsmitgliedern des Umweltschutzklubs VAK gehört.

Im April 1988, zwei Tage nach einer großer Kundgebung gegen den geplanten U-Bahn-Bau in Rīga, organisierte der VAK eine Kundgebung vor den Toren der Zellstoff- und Papierfabrik Sloka in Jūrmala. 2000 Menschen blockierten die Zufahrt zu dem Betrieb, dessen Schwefeldioxid-Emis-sionen um das Fünf- bis Zehnfache über der Norm liegen. Seine Abwässer fließen ungeklärt in die Lielupe, die längst ein toter Fluß ist. Von da gelangte die schmutzige Brühe in die Ostsee. Inzwischen wurde ein Abwasserkanal gebaut, die Wasserqualität der Lielupe ist gestiegen.

Am 3. September 1988 rief der Umweltschutzclub zu einem »Gebet für die Ostsee« auf: 300 000 Menschen im ganzen Baltikum bildeten eine lebende Kette. Der Protest galt Ventspils ebenso wie Liepāja. Moskau hatte Ventspils zum größten Ölhafen der UdSSR sowie zu einem bedeutenden Umschlagplatz für Kalisalze und Chemieprodukte ausbauen lassen, ohne daß entsprechende Schutzvorkehrungen für die Bevölkerung und die Umwelt getroffen worden wären. In der Gegend von Liepāja waren von sowjetischen Militärs noch im Frühjahr 1988 mit weißem Phosphor gefüllte Rauchbomben unmittelbar am Strand unsachgemäß gesprengt worden. Die ins Meer geschleuderten Rückstände sahen dem hier oft gefundenen Bernstein zum Verwechseln ähnlich. Bereits Körperwärme reicht aus, um sie zu entzünden. Im Herbst 1988 kam es zu den ersten Fällen von schweren Verbrennungen durch diesen »falschen Bernstein« – ein besonders gräßliches »Geschenk aus Moskau«.

Wohnungen an das Stromnetz angeschlossen waren, denn, so die Begründung, »die kurzen Sommernächte verringern den Bedarf an künstlichem Licht«.

Heute muß dem Besucher leider ans Herz gelegt werden, die Badehinweise auf den Schildern zu befolgen. Der in den Nachkriegsjahren höchst fahrlässige Umgang mit der Umwelt hat in den letzten Sommern zeitweise zu Badeverboten geführt. Durch den Bau von Kläranlagen in Rīga und Sloka ist aber die

Rhododendrenwald in Jūrmala

Wasserverschmutzung in der Bucht bereits spürbar zurückgegangen.

Für eine Fahrt nach Jūrmala nimmt man von Rīga aus am besten die Bahn in Richtung Sloka, Ķemeri und Tukums; seit einigen Jahren ist die Stadt für den ortsfremden Individualverkehr gesperrt. Vor der Straßenbrücke über die Lielupe kann man allerdings zeitlich begrenzte Passierscheine erwerben.

Die Badeorte von Jūrmala

Wie Münzfunde belegen, war die heilende Wirkung der schwefelhaltigen Quellen in Ķemeri **1** bei Haut- und Augenkrankheiten sowie rheumatischen Beschwerden in der Volksmedizin schon einige Jahrhunderte bekannt, als dort am 18. Juli 1837 die erste staatliche Badeanstalt eröffnet wurde, und ein Jahr später erhob Zar Nikolai I. Ķemeri per Dekret zum Kurort. Neben verschiedenen Mineralwässern wurden Schlammbadkuren auf Torfbasis angeboten. Für die Zerstreuung der Gäste sorgten Darbietungen aller Art auf der Freilichtbühne und ein im englischen Stil gestalteter Park mit Spazierwegen in einer Gesamtlänge von 15 km. Die Zahl der Gäste stieg von 123 im Jahr 1838 auf 8300 im Jahr 1914 stetig an. Vor dem Ersten Weltkrieg verband eine elektrische Straßenbahn Ķemeri mit der Küste, und 1911 konnte man den Kurort ohne Umsteigen direkt von Moskau aus mit der Bahn erreichen.

Im Ersten Weltkrieg wurden die Bäder fast vollständig zerstört. Der neue lettische Staat begann alsbald mit dem Wiederaufbau; als Schmuckstück galt damals das 1936 fertiggestellte Hotel

»Ķemeri«, von dem ein 1943 in Rīga erschienener Reiseführer zu berichten weiß, es sei »wohl das beste und schönste im europäischen Norden«. Lange Zeit war dort ein Sanatorium untergebracht. Bald war Ķemeri wieder ein elegantes Kurbad mit einem regen Kulturleben. In den Sommermonaten traten hier wie in den anderen Konzertsälen von Jūrmala Solisten aus Berlin, Dresden und Warschau auf.

Sloka 2 ist die älteste Siedlung im Küstengebiet von Rīga und besitzt noch einen historischen Kern. In den Nachkriegsjahren hat die Stadt freilich mehr wegen ihrer flußabwärts gelegenen umweltschädigenden Zellstoff- und Papierfabrik von sich reden gemacht.

Folgt man dem Fluß meerwärts, kommt man an den stillen und beschaulichen Ortsteilen Asari und Melluži vorbei nach **Dubulti 3**. Das bereits im 16. Jh. urkundlich erwähnte einstige Fischerdorf liegt an der Stelle, an der sich die Lielupe in einer scharfen Biegung der Ostsee bis auf etwa 300 m nähert. Rei-

Jūrmala

sende in Richtung Kurzeme mußten früher den Ort zwangsläufig passieren – gewiß nicht zum Schaden des einst legendären Gasthauses zu Dubulti. In den 20er Jahren des 19. Jh. entdeckten die Rīgaer Bürger das Dorf als Erholungsort. Die ersten Sommerhäuser wurden noch von ortsansässigen Fischern errichtet und vermietet.

Seit 1840 hatte Dubulti auch seinen Badeverein; die zu jenen Zeiten geltenden strengen Regelungen – getrennte Badezeiten für Damen und Herren – wurden nach 1920 gelockert, der Badeanzug blieb jedoch weiterhin obligatorisch. Bereits zu diesem Zeitpunkt verschwunden waren die im 19. Jh. so beliebten Badewagen: Diese Kabinen auf Rädern konnte man sich mieten und per Pferd zur dritten Sandbank ins Meer hinausziehen lassen. Wollte man wieder zurück ans Land, mußte man ein kleines Fähnchen über der Kabine hissen.

Der Ortsteil **Majori** 4 schließt sich Dubulti in Richtung Osten an. An der Flanierstraße Jomas iela reihen sich kleine Geschäfte, Cafés, Restaurants und Kinos aneinander. In der Jāņa Pliekšāna iela steht das Sommerhaus, in dem der lettische Nationaldichter Jānis Rainis (s. S. 180) seine letzten Lebensjahre verbrachte. Jetzt ist dort ein Museum für den Schriftsteller untergebracht, der 1893 nach einer Reise durch Deutschland und die Schweiz eine Tasche mit sozialistischen Schriften an den zaristischen Grenzbeamten vorbeischmuggelte. »Aus dieser Tasche entsprang die sozialdemokratische Partei Lettlands«, bemerkte Rainis später nicht ohne Stolz – mit 18 000 Mitgliedern war diese 1905 erheblich stärker als ihre russische Schwester.

Vor 1914 war **Bulduri** 5 der bevorzugte Sitz der deutschbaltischen Intelligenz, des Geld- und Blutadels. Kein Wunder, daß der Ortsteil zwischen Dzintari und Bulduri eine Zeitlang Edinburga hieß – zu Ehren der Eheschließung zwischen Maria, Tochter des Zaren Alexander II., und dem damaligen Herzog von Edinburgh (1874).

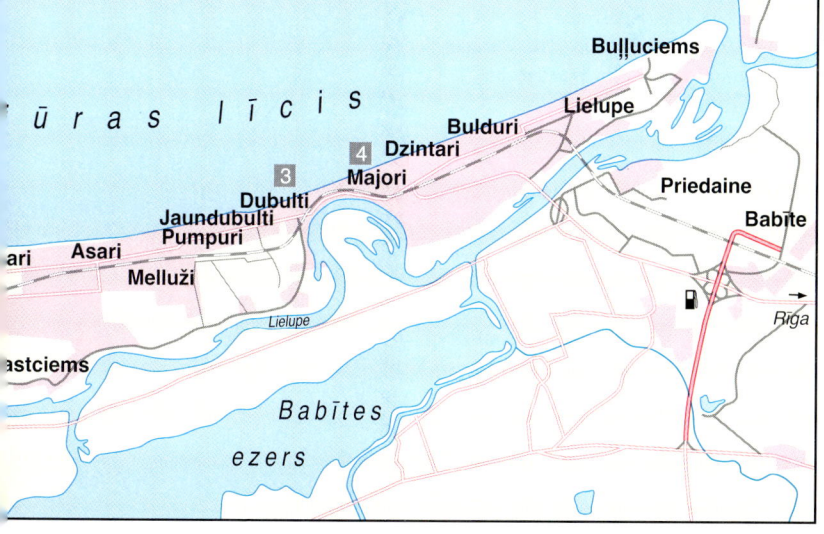

Kurzeme (Kurland)

Kurzeme, die westlichste Provinz Lettlands, ist nicht nur für ausländische Touristen ein Gebiet, das es noch zu entdek-
ken gilt. Auch viele Letten kennen diesen
Teil ihrer Heimat kaum, denn weite Teile
Kurzemes waren seit dem Zweiten Weltkrieg militärisches Sperrgebiet. Der Ma-
rinestützpunkt im eisfreien Hafen von
Liepāja (Libau) mit seinen Atom-U-Boo-
ten und die Radarstation von Skrunda
waren während des Kalten Krieges von
enormer strategischer Bedeutung. Inzwischen sind nur noch in Skrunda russische Soldaten stationiert, die in einigen Jahren ebenfalls abziehen müssen.
Durch die erzwungene, jahrzehntelange
Isolation wirkt Kurzeme heute noch stiller als der Rest Lettlands, beinahe ein
wenig verschlafen. Die Landschaft unterscheidet sich deutlich von den benachbarten Provinzen. Hügelketten,
dichte Wälder und zahlreiche Flüsse prägen das Bild. Am breiten einsamen
Sandstrand zwischen den eisfreien Häfen Liepāja und Ventspils rollt die Ostsee weit heftiger gegen das Ufer als in
der Rīgaer Bucht. Bis auf ganz wenige
Ausnahmen ist hier die Wasserqualität
gut.

In den geschichtsträchtigen Orten im
Landesinneren wie Talsi oder Kuldīga
mit ihren Burgruinen, farbigen, reich verzierten Holzhäusern und beeindruckenden Steinhäusern im Empire-Stil fühlt
sich der Besucher um mindestens 100
Jahre zurückversetzt. Niemand würde
sich wundern, wenn auf den Straßen
statt eines Wolga oder eines Traktors
eine vierspännige Kutsche auftauchen
würde.

Die kurländische Schweiz

Kurzeme

0   N   25 km

B a l t i j a s   j ū r a

Kolka

13

Slīteres rezervāts

Melnsils

Lūžna

Miķeltornis

Roja

6

Ventspils

Valdemarpils

Nogale

8

K   U   R   Z   E   M   E

Venta

Moricsalas rezervāts

A 10

7 Talsi

Usmas ezers

Abava

9

Rīga

Jūrkalne

Vanka

Ēdole

12

11

Kuldīga

Sabile

10 Kandava

Pāvilosta

5

Amula

Grīņi rezervāts

K U R Z E M E

Aizpute

Skrunda

Saldus

Durbe

A 9

Liepāja

1

Grobiņa

Priekule

Venta

2

Bernāti

Nīca

4

Bārta

Jūrmalciems

3

Papes ezers

Mažeikiai

L I E T U V A

Im 17. Jh. ging das damalige Herzogtum Kurland und Semgallen unter der Herrschaft des Herzogs Jakob einen eigenständigen Weg, auch wenn es weiterhin polnisches Lehen blieb. Herzog Jakob, ein Enkel des letzten Ordensmeisters Gotthard Kettler und Schwager des Großen Kurfürsten von Brandenburg, baute in Kurland Textil- und Metallmanufakturen auf und unterhielt Wirtschaftsbeziehungen unter anderem nach Italien, England und Frankreich. Gleichzeitig kaufte er sich ein kleines Kolonialreich zusammen, zu dem für ein paar Jahre Tobago gehörte. Namen wie die Great Courland Bay erinnern auf der Karibik-Insel noch heute an diese Zeit. Herzog Jakob importierte als erster afrikanische Gewürze nach Lettland, von wo aus sie ins russische Reich weiterverkauft wurden. 1658 eroberten die Schweden Kurland. Als Herzog Jakob nach zweijähriger Haft wieder freikam, war das Land verwüstet. In den folgenden Jahren schwächten der Nordische Krieg und die Pest das Herzogtum weiter. Während des gesamten 18. Jh. gewannen abwechselnd Polen, Deutschland und immer stärker Rußland an Einfluß in Kurland, das 1795 endgültig an Rußland angegliedert wurde.

Liepāja

1 (S. 358) Größte Stadt im heutigen Kurzeme und mit rund 113 000 Einwohnern drittgrößte Stadt Lettlands ist **Liepāja** im Südwesten des Landes. Von einer ehemaligen Flotten-Basis und Industriestadt erwartet man nicht unbedingt touristische Reize. Postkarten-Idylle in bunten Farben kann Liepāja tatsächlich

Kurzeme/Kurland

nicht bieten, doch die langsam erwachende Altstadt strahlt einen eigenen Charme aus. Hauptanziehungspunkt für einen Besuch dürfte jedoch der kilometerlange Strand sein, mit puderzuckerfeinem schneeweißem Sand und Kiefern in der wilden Dünenlandschaft. Mit etwas Glück findet man hier Bernstein. Das Wasser ist hier deutlich sauberer als in der Rīgaer Bucht. Vor einem Bad in unmittelbarer Nähe der Städte sollte man sich jedoch vor Ort über die Wasserqualität erkundigen.

Bernstein lockte schon im 13. Jh. Seefahrer aus Byzanz, Rom, Deutschland und Skandinavien in die Gegend des heutigen Liepāja, das 1253 bei seiner Übergabe an den Deutschen Orden erstmals urkundlich erwähnt wurde und 1625 Stadtrechte erhielt. Doch blieb Liepāja ein entlegenes Fischerdorf, bis es 1873 ans Eisenbahnnetz angeschlossen wurde. In Liepāja entstanden nun ein Stahlwerk (es existiert bis heute unter dem Namen »Liepājas Metalurgs« und ist das einzige des Baltikums), Textil- und Maschinenbauindustrie. Ab 1893 ratterte die erste Straßenbahn des Baltikums durch die Stadt.

Gegen Ende des 19. Jh. blühte die Stadt auch als Kurort, mit prächtigen Villen und Bädern. Gleichzeitig ließen die Militärs im Hafen die ersten U-Boote bauen. Nach dem Ende des Ersten Weltkriegs, im November 1918, war Liepāja für einige Monate Sitz der lettischen Exilregierung. Während der sowjetischen Herrschaft wurde Liepāja als Militärstützpunkt zur »geschlossenen Stadt« – tabu für ausländische Besucher und selbst für Letten nur mit Sondergenehmigung zu betreten. Heute hofft die Hafenstadt auf Tourismus und Fischerei. Aushängeschild einer lebendigen Kulturszene ist das städtische Theater, eine der renommiertesten Bühnen Lettlands.

Im traditionellen Zentrum Liepājas, am Kurenplatz, kann der Besucher ein wahres Meisterwerk barocker Schnitzkunst bewundern, den über 10 m hohen, dreistöckigen Altaraufsatz des Holzschnitzers Nicolaus Soeffrens aus dem späten 17. Jh. in der **Annenkirche** (Sv. Annas baznīca). Gebaut wurde diese Kirche zwar schon im 16. Jh., doch 1893 nach Plänen des Architekten und Stadtplaners von Liepāja, Max Paul Bertschy, völlig umgestaltet. Nach seinen Vorstellungen entstanden auch Wohnhäuser, Fabriken und Speicher, das Rathaus und die Markthalle. Bekannteste Sehenswürdigkeit Liepājas ist die **Dreifaltigkeitskirche** (Sv. Trīsvienības baznīca) an der Lielā iela, die Mitte des 18. Jh. für die Deutsche Gemeinde gebaut wurde. Von außen erinnert die dreischiffige Hallenkirche mit ihren reichen Sandsteinverzierungen an ein Schloß, im prächtigen Innern fallen die Kanzel, Herzogsloge und Beichtstuhl auf. Prunkstück ist jedoch die Orgel. Nach mehreren Erweiterungen hat sie heute vier Manuale, 131 Register und über 7000 Pfeifen.

Eine Vorstellung von dem ältesten Häusertyp in Liepāja gibt das sogenannte **Peterhaus** aus dem 17. Jh. an der

Liepāja

Ferienort Nīca

4 (S. 359) Ein paar Kilometer nördlich der lettisch-litauischen Grenze, in dem Dörfchen Nīca, hat sich in den letzten Jahren so etwas wie ein kleines touristisches Wunder ereignet. Es ist eines der wenigen Beispiele für ein gelungenes Zusammenwirken westeuropäischer Investoren mit der einheimischen Bevölkerung. Als die Pläne bekannt wurden, hier das komfortable Hotel »Nīcava« zu bauen, beschloß die Gemeinde, selbst einige ehemalige Bauernhöfe für den Fremdenverkehr herzurichten. Mittlerweile bieten acht Privatquartiere Über-nachtung mit Frühstück, zum Teil sogar Vollpension und Sauna. Nīca lockt nicht nur mit weißem Strand und kiefernbewachsenen Dünen, sondern auch mit dem fischreichen Papessee und der Flußlandschaft des Bārta mit seinen Nebenarmen.

Bis jetzt entwickelt sich der Tourismus in Nīca erfolgreich. So sehr, daß Geschäftsreisende nach Liepāja die halbstündige Fahrt nach Süden gerne in Kauf nehmen, um hier komfortabler zu übernachten.

Kungu iela 24. In diesem Holzhaus mit steilem Ziegeldach übernachtete Zar Peter I. vor seiner Reise nach Westeuropa. Einige Jahre vorher hatte man hier den Schwedenkönig Karl XII. empfangen. Aus der gleichen Zeit stammen die Speicher auf der Zivju iela. Ein gutes Beispiel für die nicht allzu zahlreichen Jugendstilbauten findet man in der Baznīcas iela 18. An der ehemaligen Prachtstraße Jūras iela, gesäumt von Bürgerhäusern der Jahrhundertwende, ist in einem herrschaftlichen Haus das **Geschichts- und Kunstmuseum** von Liepāja untergebracht.

In Meeresnähe wurde 1870 der sogenannte **Strandpark** angelegt. Mit seinen 112 Baum- und Buscharten ist er ein echtes Schmuckstück. Außerdem birgt er eine reizvolle alte Badeanstalt, ein 1902 erbautes Schlammbad und die Freilichtbühne »Pūt, vējiņi« (Weh, Windchen).

Hier finden im Sommer klassische Konzerte, Sängerfeste und Lettlands bekanntestes Rockfestival »Liepājas dzintars« statt. Vielen jungen Letten gilt Liepāja als die »Mutter des lettischen Rock«.

Im Vergleich zur südlich vom Hafenkanal liegenden Altstadt interessiert das neuere Liepāja weniger. Am ehesten fallen die Reste alter Befestigungsanlagen und die 1900–1903 erbaute Nikolauskathedrale auf. Sie wurde im Ersten Weltkrieg von deutschen Soldaten ausgeplündert und nach dem Zweiten Weltkrieg von der Roten Armee zweckentfremdet. An die Greuel des deutschen Faschismus erinnern im Norden Liepājas, in den Škede-Dünen, zwölf Massengräber. Hier liegen 19 000 Zivilisten und 7000 Kriegsgefangene bestattet, die von den Deutschen erschossen wurden.

Die Trinitatiskirche in Liepāja

Von Liepāja nach Kuldigā

Über 30 Kilometer Richtung Süden setzt sich der weiße Sandstrand fort. Wer absolute Ruhe sucht, kommt hier auf seine Kosten. Ob man nun stundenlang am Strand entlang wandert oder per Bus oder Pkw weiter nach Süden fährt, wer will, kommt immer an menschenleeren weiten Strand. Das Dorf **Bernāti** 2 ist für seinen Strand und die Kiefernwälder ebenso berühmt wie für die Tatsache, daß es am westlichsten Punkt Lettlands liegt. Ein paar Kilometer südlich, im Fischerdörfchen Jūrmal-

ciems, 3 ragt die wild-romantische Kupu-Düne 34 m empor.

Ist schon die Küste südlich von Liepāja unberührt und einsam, so gilt dies erst recht für die rund 100 Kilometer Strand nach Norden Richtung Ventspils. In den wenigen abgelegenen Küstendörfern, deren Bewohner sich selbst versorgen, ist niemand auf Besucher eingestellt. Kaufen kann man bestenfalls Brot. Nur ein nennenswerter Ort liegt an der Küste zwischen Ventspils und Liepāja: **Pāvilosta** 5, eine kleine Fischer- und Hafenstadt mit wechselhafter Geschichte, die heute im Tourismus eine

Zukunft sieht. Ein geplantes Ferienzentrum soll vor allem Wassersportler anlocken. Die Gemeinde möchte dabei einen eigenständigen Weg gehen. Versucht wird eine Einbindung der gesamten Bevölkerung in das Projekt, Neubauten in Strandnähe sind ebenso verpönt wie Betonklötze. Interessant wird der Ort durch zwei Naturschönheiten: Etwas südlich erstreckt sich das Naturschutzgebiet Grīņi, eine ehemalige Sperrzone der sowjetischen Armee, nördlich bei Jūrkalne steigt die Küste hinter dem Strand 20 m steil an.

Ventspils 6 (S. 365) ist wegen seiner Chemie-Industrie und seiner Erdölverladung ein ökologisch schwer belastetes Gebiet. Hier wird Öl verladen, das per Pipeline von sibirischen Ölfeldern über den Hafen von Ventspils in den Westen strömt. Begonnen hatte der Öl-Boom in den 60er Jahren, als die Pipeline »Druschba« (Freundschaft) gebaut wurde. In den folgenden 30 Jahren kletterte der Export auf das 90fache und erreichte 1987 rund 38 Mio. t. Etwa ein Drittel aller sowjetischen Ölexporte floß damals durch Ventspils. Nach der Unabhängigkeit sank der Ölexport um die Hälfte. Neben Öl wurden auch Chemikalien verladen. Tanks waren ungenügend abgedichtet, liefen ständig aus. In Ventspils zeigte sich Moskaus rücksichtslose Ausbeutung der Regionen in ihrer ganzen Brutalität.

Überraschenderweise wirkt die Stadt deutlich angenehmer, als man es von einer Industriestadt mit Umweltproblemen erwarten würde. Ältestes Gebäude ist die 1290 erbaute Ordensburg, die einzige erhaltene in Kurzeme. Überaus sehenswert ist das Freilichtmuseum für Fischerei an der Riņķu iela. Ob Boote, Fischereigeräte, Fischerkaten oder ganze Dorfensembles – hier kann man alles besichtigen, was mit Vergangenheit und Gegenwart des lettischen Fischfangs zu tun hat. Man sollte es bei einer Wanderung oder einem Sonnenbad am schönen Strand von Ventspils belassen, auch wenn das Wasser sauber aussieht.

Östlich von Ventspils, Richtung Talsi, passiert man nach zwei Dritteln der Strecke den **Usma-See.** Mit seinen neun Inseln und Inselchen gilt er als der schönste und größte See Kurzemes. Eine von ihnen, Moricsala, steht seit 1912 unter Naturschutz und ist damit das älteste Naturschutzgebiet Lettlands. Betreten darf man diese mit Eichen bewaldete Insel nicht. An einigen Stellen bieten sandige Uferstücke ideale Bademöglichkeiten.

Umgeben von einer wunderschönen Landschaft erhebt sich auf neun Hügeln das Städtchen **Talsi** (Talsen). Liebhaber dieser grünen, hügeligen Region, die bis nach Kandava reicht, nennen sie begeistert die »kurländische Schweiz«. Um falschen Erwartungen vorzubeugen, muß man feststellen, daß die »kurländische Schweiz« eher an die »holsteinische Schweiz« erinnert als an das Alpenland. Mit dieser Landschaft geht es dem Besucher wie mit dem Städtchen Talsi: beide bieten zwar keine Sensationen, aber die einmalige Atmosphäre nimmt ihn sofort gefangen.

Schmale, verwinkelte Gassen, die sich die Hügel hinaufwinden, sattgrüne Parks und Gärten sowie alte Holz- und Steinhäuser – für Orte wie **Talsi** 7 (S. 365) scheinen die Begriffe »malerisch« und »romantisch« geradezu erfunden. Stolz verweisen die rund 13 000 Einheimischen darauf, daß Talsi die einzige lettische Stadt ist, die sich in zwei Seen spiegelt. Archäologische Forschungen an dem einen, dem Vilkmuiža-See, bewiesen in den dreißiger Jahren, daß die kurische Kultur sich aus der nordeuropäischen entwickelt hat. Metallische

Schmuckstücke und deutliche Verweise auf Feuerbestattungen am Ufer trugen zu dieser Erkenntnis bei. Geradezu sensationell war die Entdeckung einer der ältesten europäischen Öfen, in denen Metall geschmolzen wurde. Eng mit der Geschichte der Stadt verwoben sind die beiden Hügel Dzirnavkalns und Pilskalns. Auf dem Dzirnavkalns stand die Ordensburg, von der noch Fundamente erhalten sind. Die Burg auf dem Pilskalns ist ganz verschwunden, doch muß sie eine der größten im vorchristlichen Lettland gewesen sein. Interessantestes

Gebäude ist die 1567 erbaute und mehrmals umgebaute evangelische Kirche auf dem Baznīcas kalns (Kirchberg). Über Heimat- und Kulturgeschichte informiert das »Museum der Kunst und Regionalen Studien« in der Rožu iela. Neben der ständigen Ausstellung zeigt es auch zeitgenössische Künstler der Region.

Etwas skurriler ist das Museum »Kalēji« (Schmiede). Es beherbergt nicht nur, wie der Name erwarten läßt, Landwirtschaftsgeräte und Werkzeuge, sondern auch historische Rundfunkempfän-

Wein angebaut. Durch das Urstromtal der Abava kann man einige Kilometer von Sabile Richtung Westen zu den idyllischen Stromschnellen des Flusses wandern. Die Abava eignet sich hervorragend für Kanufahrten. Einen schönen Blick über das Urstromtal hat man von **Kandava** 🔟 (S. 357), einem Ort, in dem ebenfalls die Uhren langsamer als anderswo zu gehen scheinen. Von einer ehemaligen Ordensburg sind nur noch der Burgberg und der Pulverturm übriggeblieben.

Kuldīga

🔢 (S. 358) Gegenwart oder Vergangenheit – solche Zeiteinteilungen verlieren in Kuldīga (Goldingen) ihren Sinn. Ohne einen Besuch in Kuldīga sollte man nicht aus Lettland abreisen. Der Kern der ältesten Stadt in Kurzeme besteht aus einem fast geschlossenen Ensemble von Häusern aus dem 18. und 19.Jh., die überwiegend aus Holz und mit roten Ziegeln gedeckt sind. Tatsächlich war das Handwerkerstädtchen schon mehrfach Drehort für historische lettische Filme. Eine auf Hochglanz polierte Vergangenheit sucht man hier jedoch vergebens. Alte Bausubstanz wird zwar renoviert, doch was alt ist, sieht auch alt und benutzt aus.

Die Stadt, Ende des 16. und im 17. Jh. Sitz des kurischen Herzogs, ist so etwas wie die heimliche Hauptstadt Kurzemes. In Kuldīga, das nicht an die Eisenbahn angeschlossen ist, haben sich keine Industrien entwickelt. Lange Zeit unter der erzwungenen Isolation eines militärischen Sperrgebiets leidend, erwacht es

ger und Fotoapparate. Nur mit dem Pkw erreicht man das **Jagdschloß Nogale** 8️⃣ nördlich von Talsi und östlich von Valdemārpils. Der Freiherr von Fircks ließ dieses klassizistische Schloß ab 1880 erbauen. Zur Zeit wird es liebevoll restauriert. Ein wild-romantischer Park mit mächtigen Eichen umgibt das herrschaftliche Gebäude.

Verläßt man Talsi in südlicher Richtung, so kommt man durch **Sabile** 9️⃣, das im »Guiness Buch der Rekorde« als nördlichstes Weinanbaugebiet der Welt genannt ist. Seit dem 16. Jh. wurde hier

heute mit dem aufkeimenden Tourismus zu neuem Leben.

Im Jahre 1246 entschloß sich der Deutsche Orden, am Wasserfall der Venta eine Burg zu bauen. Kuldīga entstand durch den Zusammenschluß von drei Orten, die rund um die Burg lagen. Mitte des 14. Jh. erhielt Kuldīga als erster lettischer Ort Stadtrechte, 1378 trat die Stadt der Hanse bei.

Vom historischen Ursprung Kuldīgas, einer **Ordensburg** am linken Venta-Ufer, sind nur noch Reste eines Kreuzgewölbes zu sehen. Die Burg wurde 1701 im Nordischen Krieg von den Schweden zerstört. Aus den Steinen baute man 1735 am Venta-Ufer das Schloßwärterhäuschen, auch Henkerhäuschen genannt. Rund um die Burgruine sind in ei-

nem Skulpturenpark zahlreiche Arbeiten von zeitgenössischen lettischen Künstlern zu sehen. Ein Pavillon im Park beherbergt das Kunst- und Heimatkundemuseum Kuldīgas. 1900 war er als russischer Pavillon für die Weltausstellung in Paris gebaut worden. Danach ersteigerte ihn ein Unternehmer aus Liepāja, ließ ihn zerlegen und in Kuldīga wiederaufbauen.

Ein paar Schritte flußabwärts kommt man zur 1874 gebauten **Brücke über die Venta.** Mit 165 m ist sie eine der längsten Backsteinbrücken Europas. Hier hat man einen schönen Blick auf das rund 14 000 Einwohner zählende Städtchen und auf die Ventas rumba genannte Stromschnelle. Bis zu dieser 110 m breiten Stromschnelle war die Venta

Kuldiga

früher schiffbar. Den Mittelpunkt der malerischen Altstadt bildet der **Rathausplatz** (Rāts laukums) mit dem 1860 gebauten neuen Rathaus. Die nahe, außen schlichte katholische **Dreifaltigkeitskirche** (Sv. Trīsvienības baznīca) von 1640 überrascht im Innern mit einer prächtigen Ausstattung. Die Skulptur »Madonna mit Kind« (Ende des 16. Jh.), der bemalte Beichtstuhl (1691) sowie zwei Rokoko-Seitenaltäre fallen besonders ins Auge.

Auch an der **Baznīca iela,** die in den Rathausplatz mündet, stehen einige wunderschöne Bauten. Nr. 7 ist das älteste erhaltene Haus der Stadt. Das herrschaftliche Holzhaus erhielt um 1740 seine heutige Gestalt mit Walmdach und zwei kleinen Freitreppen. In Haus Nummer 12, ebenfalls aus dem 17. Jh., nächtigte 1702 der schwedische König. Hier soll die Kriegskasse der Schweden eingemauert worden sein. Beide Häuser gehören zu den wenigen, die den Nordischen Krieg weitgehend unbeschadet überstanden haben.

Die **Katharinenkirche** (Sv. Katrinas baznīca) am Ende der Baznīca iela ist das kunsthistorisch interessanteste Bauwerk der Stadt. Schon 1252 stand hier eine Holzkirche. Die heutige Kirche und die Inneneinrichtung stammen im wesentlichen aus der zweiten Hälfte des 17. Jh. Kanzel und Altar schuf der bekannteste lettische Schnitzmeister, Nicolaus Soeffrens d..Ä., dessen Arbeiten als hervorragende Beispiele des Manierismus in Lettland gelten. Die Kirche zeichnet sich durch eine außergewöhnlich gute Akustik aus. Während der Sowjetzeit wurde sie als Konzertsaal genutzt.

Etwas weiter entlang der Venta kommt man zur Alekšupīte (Alexbach), die eine alte Wassermühle antreibt. 1965 wurde sie stillgelegt.

Etwa vier km nördlich von Kuldīga liegt der idyllische **Naturpark Riežupe** im Urstromtal des gleichnamigen Flusses. An der Mündung dieses Flusses in die Venta ist im vergangenen Jahrhundert bei der Gewinnung von weißem Sand ein Höhlenlabyrinth entstanden.

Ein Ort von Sagen und Legenden ist die mittelalterliche Burg bei **Ēdole** 🄓 nordwestlich von Kuldīga. Die bekannteste erzählt von einem unabwaschbaren Blutfleck, der entstanden sein soll, als ein Schloßherr seinen Bruder ermordete. Die ältesten Teile der Anlage am Vanka-Ufer entstanden im 13. Jh., Mauer und Torturm wurden erst später gebaut. Ihr heutiges Aussehen verdankt die Burg Umbauarbeiten um 1840. Nachdem die Festung während der Revolution 1905 brannte, wurde sie wiederhergestellt.

Das Reservat Slitere – Natur in Lettland

🄔 (S. 364) Für Naturfreunde ist Lettland ein bislang unentdecktes Paradies. Auf einer frisch abgemähten Wiese mehr als 30 Weißstörche herumstaksen zu sehen – man muß in Europa heutzutage schon lange nach einem ähnlichen Schauspiel suchen. Über 1000 Schwarzstörche nisten in der kleinen Ostseerepublik, 300–500 Wölfe und ebenso viele Luchse durchstreifen Wälder und Moore, und selbst Otter, die in der übrigen Welt vom Aussterben bedroht sind, dürfen hier begrenzt gejagt werden.

Zwar hat die sowjetische Planwirtschaft in vielen Fällen der Umwelt in Lettland unübersehbare Schäden zugefügt (s. S. 12), aber an der Ineffizienz der sowjetischen Landwirtschaft andererseits lag es, daß viele Winkel in Lettland in den letzten Jahrzehnten von Menschenhand weitgehend unberührt geblieben sind. Auf das Bearbeiten möglichst großer einheitlicher Flächen in möglichst kurzer Zeit bedacht, zudem geplagt von den Malaisen ihres chronisch reparaturbedürftigen Maschinenparks, sparten die Agrarbetriebe das eine Wäldchen und das andere Moor aus oder ließen Flußläufe unbegradigt in einer Landschaft, die vor allem in Vidzeme, Kurzeme und Latgale ohnehin zu kleinen Formen neigt. Somit konnten hier unzählige Biotope mit reichhaltiger Flora und Fauna entstehen.

Zu einem Naturschutzareal der besonderen Art entwickelte sich zwangsläufig auch die Küste von Kurzeme. Als Westgrenze der damaligen Sowjetunion war sie militärisches Sperrgebiet, dessen Betreten selbst den Einwohnern »Restlettlands« nur mit besonderer Genehmigung möglich war.

Die Verwandlung ihrer Heimat in ein Sperrgebiet bedeutete für die Bewohner der zwölf Fischerdörfer in Nordkurzeme zwischen Melnsils und Lūžna die Zerstörung ihrer traditionellen Lebensweise. 1929 lebten dort 1425 Angehörige der livischen Minderheit. Das Verbot, zum Fischen aufs offene Meer hinauszufahren, entzog ihnen die Lebensgrundlage. Abwanderungen und Assimilation waren die Folge. Die Zahl der Livischsprechenden wird heute auf nur noch wenige Hundert geschätzt.

Für die Natur jedoch erwies sich der militärische Sperrbezirk in Nordkurzeme als ungeahnter Segen. Abgesehen von den unvermeidlichen Kasernen, Bunkern und sonstigen Stellungen der sowjetischen Grenztruppen und Streitkräfte ist sie in dieser Region sich selbst überlassen geblieben. Die Landstraße von Ventspils nach Kolka zieht sich durch schier endlose, urwüchsig-dichte Kiefern- und Birkenwälder, kein militäri-

Fischerhaus bei Miķeltornis

scher Kontrollposten hält einen mehr an. In Miķeltornis ein herrlicher, absolut menschenleerer, feinsandiger weißer Strand, einige Bewohner des kleinen Dorfes fahren mit ihren schwarzgestrichenen Holzbooten schon wieder auf das Meer hinaus, und wenn man Glück hat, kann man ihnen einen frisch gefangenen Lachs abkaufen.

Die Insel Moricsala (Moritzholm) im Usma-See zwischen Talsi und Ventspils wurde mit ihrem pilz- und moosreichem Urwald bereits 1912 unter Naturschutz gestellt. 1921 folgte das Reservat von Slītere – anfangs etwa 800 ha vor allem um den stellenweise über 50 m hohen Steilhang der Zilie kalni (Blaue Berge), in den Nachkriegsjahren wuchs es auf 150 km^2 an, seit 1979 gehört auch die Moricsala administrativ dazu.

Slītere – in der Sprache der Liven bedeutet das Wort »hoher, mit Wäldern bewachsener Hang«. Erdgeschichtlich handelt es sich um die nach Norden ausgerichtete Steilküste des einstigen **Litorinameeres,** der ein 5–10 km breiter Landstreifen vorgelagert ist. Im roten Devonsandstein einiger Klippen finden sich kleinere Höhlen – so auch in einem Felsen, der Dāvida pils (Davids Burg) genannt wird. Man erzählt sich, daß hier einst ein Räuber gleichen Namens sein Unwesen getrieben habe. In dunklen Nächten soll er mit Leuchtfeuern hoch auf den Klippen Schiffe in die Irre geführt haben. Sie glaubten, sie hätten den Leuchtturm am Kolkarags vor sich, an dem vorbei sie Kurs auf Rīga nehmen mußten. Nicht wenige Schiffe sollen gestrandet und zur Beute Davids geworden sein. Aber auch ohne das Treiben des Räubers Davids ist der Kolkarags wegen seiner zahlreichen Untiefen gefährlich. Dem trägt der livische Name »Kolka« Rechnung. Übersetzt bedeutet er »Stirb auch Du«.

Fischer an der Küste von Kurzeme

Im Herbst oder Frühjahr, solange die Bäume noch nackt sind, glaubt man freilich bei einem Blick von den Zilie kalni die Farben der alten livischen Fahne zu erkennen – das Grün der Kiefern, das Weiß des Sandstrandes und das Blau des Meeres. Bei klarer Sicht ist selbst der 35 km entfernte Leuchtturm an der Südspitze der estnischen Insel Saaremaa auszumachen.

Auch Botaniker kommen in Slītere auf ihre Kosten: Im Frühjahr steht die Wiese unterhalb der Dāvida pils voller Trollblumen, und ein Duft von Knoblauch liegt in der Luft, wenn der Bärenlauch blüht. Eiben, das Haargras, der Felsenehrenpreis, das Rote Waldvöglein, die Strand-Platterbse oder der Straußfarn stehen unter besonders strengem Naturschutz wie auch einige in Slītere nistende, sehr seltene Vogelarten: Stein- und Schlangenadler, Baumfalk, Sumpfohreule, Kranich, Schwarzstorch und Hohltaube. In den Wäldern der Zilie kalni dominieren Esche, Ahorn, Ulme, Linde, Haselstrauch und Vogelbeerbaum, im vorgelagerten Küstenstreifen hingegen Kiefer und Birke; heimisch sind hier Elch, Wildschwein, Reh und Edelhirsch, aber auch Wolf und Luchs suchen diese Gegend auf.

Wie sehr die Natur in diesem Reservat sich selbst überlassen bleibt, kann man schon auf der Fahrt von Ventspils zum Kolkarags unschwer vom Auto aus erkennen. Die bei dem schweren Sturm 1969 umgestürzten oder abgeknickten Bäume sind nicht beseitigt worden. In dem fast undurchdringlichen Gewirr aus Buschwerk und kreuz und quer liegenden Stämmen kann man sich bereits auf kleiner Fläche am hellichten Tage verirren. Auch der strengen Naturschutzauflagen wegen sollte man sich deshalb bei einem Besuch in Slītere von den Mitarbeitern des Reservats führen lassen. Besichtigt werden können auch jene Flächen, die der große Waldbrand im Sommer 1992 verwüstete und die sich seitdem wieder langsam erholen. Just an diesen Stellen läßt sich eine andere Besonderheit dieser Region gut erkennen: der Wechsel von *kangari* und *vigas,* von mehreren parallel zur Küste verlaufenden, baumbestandenen Dünenketten einerseits und kleinen Gewässern und Sümpfen in den dazwischenliegenden Mulden andererseits. Die längste dieser Dünenketten – der Viskangars – erstreckt sich über fast 20 km. Die Schäden des Waldbrandes 1992 erwiesen sich im nachhinein geringer als anfangs befürchtet; es stellte sich nämlich heraus, daß die Flammen von *kangars* zu *kangars* gesprungen waren und die *vigas* weitgehend verschont hatten.

Die einzigartigen Naturschutzgebiete Lettlands, neben Slītere das 1982 eingerichtete Teīču-Reservat in Vidzeme und das Reservat bei Krustkalni, sind durch die 1993 eingeleitete Bodenreform ernsthaft bedroht, Kolchosen wurden in kleine landwirtschaftliche Betriebe aufgeteilt, und jeder dieser Neubauern wandelt sein Land in Ackerboden. Kartoffelfelder aber verschlechtern z. B. die Rast- und Futtersituation für Zugvögel erheblich. Juris Jātnieks, der Direktor des Teīču-Reservats, sieht sich in einer schwierigen Lage: »Die Bauern sind wenig interessiert am Schutz der Zugvögel, die ihre Ernte schädigen können. (...) Es ist auch schwierig für sie, den Sinn natürlich gewachsener Waldbestände einzusehen, da der Holzeinschlag ihre manchmal einzige Möglichkeit für Einkünfte in harter Währung darstellt. Viele Bauern und auch örtliche Behörden versuchen, Wald als Eigentum zu bekommen, da sich der Holzexport als Quelle relativ hohen Wohlstands innerhalb kurzer Zeit herausgestellt hat.«

Die Küste von Kurzeme

Rundāle und Jelgava – Barock in Zemgale (Semgallen)

Keine 80 km südlich von Rīga liegt mit Schloß Rundāle (Rundāles pils) das größte Barockensemble Lettlands – und auch sonst hat die Route durch die fruchtbare Ebene von Zemgale, der lettischen Kornkammer, allerhand zu bieten, etwa das mittelalterliche Bauska oder die mächtigen Fassaden des Schlosses von Jelgava, nach Rundāle ein weiteres Meisterwerk des italienischen Architekten Rastrelli.

Bauska (S. 355) am Ufer der Mēmele ist eine der ältesten Städte Semgallens. Unterhalb der Stadt vereinigt sich der Fluß mit der Mūsa zur Lielupe, die bei Bulduri in die Ostsee mündet. Hier errichtete Mengden, der Meister des Livländischen Ordens, 1443–1456 auf einem zwischen Mūsa und Mēmele liegenden 4 m hohen Dolomitfelsen eine der letzten Ordensburgen der *Terra Mariana* zur Absicherung des Handelsweges nach Litauen und der südlichen Grenze des Reiches, das das heutige Lettland und Estland umfaßte. Heute erinnert eine imposante Ruine an diese Zeit. Ein tiefer Wassergraben schützte die Feste vom Lande her. Auf dem dreieckigen Landstreifen zwischen der Burg und den beiden Flüssen entstand das Dorf Bauska. Im Nordischen Krieg ließ Zar Peter der Große 1706 die Ummauerungen der Burg sprengen. Danach verfiel sie. Auch der Palast des Herzogs Friedrich Kettler im Osten der Burg wurde im Nordischen Krieg zerstört. Ziemlich gut erhalten blieben zwei Rundtürme und die hohen Wände des Kastellbaus. Den 22 m hohen Hauptturm kann man besteigen, um den Blick auf die Flüsse und die Stadt zu genie-

ßen. Im Park vor den Ruinen erinnert zwischen Bäumen am hohen Mūsa-Ufer ein Denkmal an die im Ersten Weltkrieg und während der Befreiungskämpfe gefallenen lettischen Soldaten. Zu den Sehenswürdigkeiten der alten Stadt gehört schließlich die evangelische Heiliggeist-

Zemgale

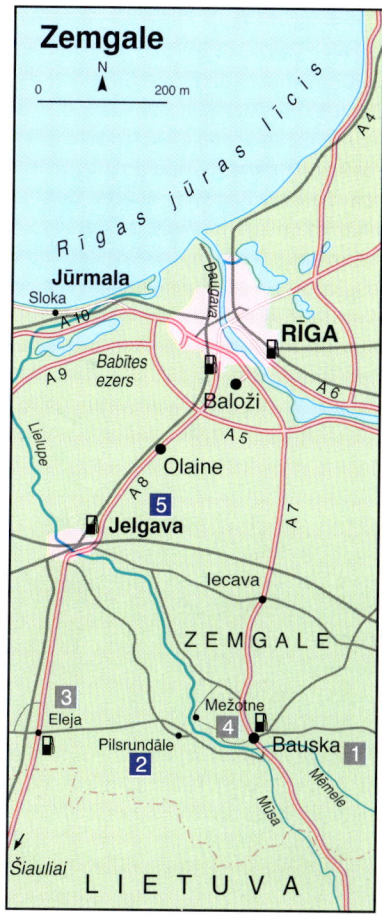

kirche (sv. Gara baznīca) im historischen Stadtkern. Das schlichte Gotteshaus wurde von der deutschen Gemeinde 1591–94 errichtet. Ab 1733 benutzte auch die lettische Gemeinde diese Räume, nachdem ihre hölzerne Kirche abgebrannt war.

Schloß Rundāle

2 (S. 355) Etwa 9 km westlich von Bauska zweigt links ein Weg zu unserem eigentlichen Ausflugsziel ab, Schloß Rundāle (Pilsrundāle), einem phantastischen barocken Architekturdenkmal, dessen Geschichte 1735 begann, als Graf Ernst Johann Biron, Günstling der Zarin Anna Iwanowna, das Gut Ruhental kaufte. Biron engagierte als Architekten für seine Sommerresidenz den berühmten italienischen Baumeister Bartolomeo Francesco Rastrelli, zu dessen bekanntesten Werken das Winterschloß der Eremitage in St. Petersburg zählt. Im August 1735 traf Rastrelli in Rundāle ein und begann, seinen Entwurf auszuarbeiten. Bereits am 24. Mai des folgenden Jahres wurde der Grundstein gelegt. 1738 konnte mit der Gestaltung des Interieurs begonnen werden. Die Vollendung geriet allerdings ins Stocken, als der im Juni 1737 zum Herzog von Kurland gewählte Biron im selben Jahr mit dem Bau eines neuen Schlosses in Jelgava – ebenfalls nach dem Entwurf von Rastrelli – angefangen hatte. Als Zarin Anna starb, fiel Biron in Ungnade und wurde 1740 nach Sibirien verbannt. Seine Bauvorhaben ruhten bis zu seiner Rückkehr 1763. Für die Malereien wurden nun die in St. Petersburg wirkenden italienischen Künstler Francesco Martini

und Carlo Zucci verpflichtet, für die dekorativen Bildhauerarbeiten der Berliner Meister Johann Michael Graff. 1768 ging die zweite Bauphase in Rundāle zu Ende, und bald auch Birons Herrschaft, dem die kurländische Ritterschaft zunehmend die Gefolgschaft verweigerte. 1769 war er gezwungen, zugunsten seines Sohnes Peter Biron auf sein Amt zu verzichten. Peter wurde zum letzten Her-

Schloß Rundāle

zog von Kurland, er trat das Herzogtum 1795 für eine Abfindung von 2 Mio. Rubeln und eine Rente auf Lebenszeit an Rußland ab. Peter Biron zog auf seine schlesischen Güter, wo sein Geschlecht bis zum heutigen Tag weiter besteht – Nachfahren haben in den letzten Jahren Rundāle mehrfach besucht. Nachdem Schloß Rundāle während der französischen Besatzung 1812, im Ersten Welt-

krieg und während der Bermontiade geplündert und beschädigt worden war, wurde es in den Unabhängigkeitsjahren wiederhergestellt. Nach dem Zweiten Weltkrieg wurden die Räume teilweise als Lager zweckentfremdet. Seit 1972 ist die Anlage Teil eines Museums und wird umfassend restauriert.

Über einen Vorhof, der auf einer Nord-Süd-Achse symmetrisch angelegt ist

und um den sich im Halbrund Wirtschaftsgebäude (Stall und Wagenschuppen) gruppieren, betritt man den eigentlichen Schloßhof durch das löwenbewachte Tor mit doppelten Säulen zu beiden Seiten. Die Schmiedegitter tragen unter der herzöglichen Krone das Monogram von Ernst Johann Biron.

Auf einer Grundfläche von 100 x 86 m schließt sich die eigentliche Residenz an. Um den nach Norden hin offenen Innenhof erhebt sich auf einem U-förmigen Grundriß ein Bau mit zwei Stockwerken über einem niedrigen Sockelgeschoß. Ost- und Westflügel werden im Norden durch kurze Querflügel abgeschlossen. Die breite Paradetreppe und der Mittelrisalit des zentralen Südflügels lockern die strenge Fassade auf.

138 Räume auf zwei Stockwerken weist das Schloß auf. Im Untergeschoß von Ost- und Westflügel waren die Küche, Wirtschafts- und Verwaltungsräume, die Gemächer für die Mitglieder

Treppenhaus in Schloß Rundāle

Ornament im Goldenen Saal

des Hofstaats sowie die Zimmer der Bediensteten angelegt, im Südflügel zwei repräsentative Treppenhäuser und der Kolonnensaal oder das Vestibül. Das obere Stockwerk hingegen blieb den Herrschaften vorbehalten – Repräsentationsräume (Ostflügel), Gemächer für den Herzog (Südflügel), die Herzogin und Gäste (Westflügel). Zwar blieb vom ursprünglichen Mobiliar wenig, doch wurde ein Teil der Lücken im Laufe der Zeit durch Schenkungen und Nachbau stilgerecht geschlossen.

Ein Gang durch die Repräsentationsräume des Ostflügels beginnt im Thronsaal – auch **Goldener Saal** genannt –, in dem der Herzog von Kurland seine Audienzen abhielt. Die Wände sind mit künstlichem blauen und rosa Marmor verkleidet und mit goldenen Stuckarbeiten von Graff verziert. Das 200 m^2 große Deckengemälde von Martini und Zucci stellt in allegorischer Form die herrschaftlichen Tugenden dar. Am Südende des Saales schließt sich ein kleines Kabinett mit fernöstlichen Porzellanvasen an.

Auf der gegenüberliegenden Seite kommt man zur **Großen Galerie:** Hier

wurden die offiziellen Bankette veranstaltet. Die allegorischen Gemälde haben die Nacht und die Morgendämmerung zum Inhalt. Von hier aus geht es durch die Kleine Galerie weiter zu dem am Ende des Ostflügels liegenden, lichtdurchfluteten **Weißen Saal,** auch »Tanzsaal« genannt. Es ist der größte Raum des Schlosses. Beachtenswert sind hier die zahlreichen bildhauerischen Arbeiten von Johann Michael Graff sowie abermals die üppige Deckenbemalung.

In der Mitte des Südflügels befindet sich das **Schlafgemach des Herzogs,** das mit grünen Seidentapeten ausgeschlagen ist; im benachbarten Ankleidezimmer sind die schönsten Stuckarbeiten in Rundāle zu bewundern. Der prächtigste Raum in diesem Flügel ist jedoch das **Rosenzimmer:** Über die Wandverkleidung aus rotem Kunstmarmor ranken sich unzählige Girlanden aus Rosen und anderen Blumen. In der Mitte des Deckengemäldes ist die Göttin Flora zu erkennen. Das **Boudoir der Herzogin** im Westflügel fällt wegen der ungewöhnlichen Form seiner Schlafnische als riesige Muschel ins Auge.

Bereits 1736 hatte Rastrelli in seinem Entwurf für das Schloß 60 ha Park vorgesehen. Durch das Vestibül zu erreichen und von den übrigen drei Seiten her von einem Kanal eingefaßt, sollte an der Rückseite der Residenz ein französischer Garten mit symmetrisch angelegten Wegen und geformten Bäumchen entstehen. Ferner war beabsichtigt, die daran anschließenden Rasenflächen mit gleichfalls streng geometrisch geführten Wegen in das Jagdgelände übergehen zu lassen, das die beiden Flüßchen und den Wald im Hintergrund harmonisch mit einbezieht. Dazu kam es nicht. Erst heute wird der gestaltete Teil des Parks nach dem Originalplan von Rastrelli fertiggestellt. Im Untergeschoß des Ostflügels können die Sammlungen des kulturhistorischen Museums besichtigt werden (Mobiliar, Gebrauchs- und Kunstgegenstände sowie Bücher aus dem 13.-19 Jh.). Im Schloßrestaurant kann man sich vor der Weiterreise stärken.

Nun geht es ins 18 km entfernte **Eleja** **3**. Im Mittelalter verlief hier der wichtige Handelsweg zwischen Rīga und Königsberg. In späteren Jahrhunderten gehörte das Gut den Grafen von Medem. Um 1800 entstand hier ein Schloß, für das der Hofarchitekt der Zarin Katharina II., Giacomo Quarenghi, den Entwurf lieferte. Zwar brannten russische Truppen auf dem Rückzug vor der deutschen Armee 1915 das Hauptgebäude nieder, doch befinden sich das Haus des Gutsverwalters, eine Scheune sowie der Teepavillon und die Rotunde im Park in gutem Zustand; auch die Grünanlagen lohnen einen Zwischenstopp. Ein weiteres schönes Beispiel für die klassizistische Architektur Quarenghis in Zemgale ist **Schloß Mežotne** bei Bauska **4** (erbaut 1797–1813). Auf den Spuren des Architekten Rastrelli und seines Herzogs Biron fahren wir weitere 26 km in Richtung Norden durch die Ebene von Zemgale nach Jelgava.

Jelgava

5 (S. 357). Die einstige Hauptstadt des Herzogtums Kurland ist heute mit 70 000 Einwohnern das viertgrößte Industriezentrum Lettlands. Der Name Jelgava leitet sich von *jalgab* ab, dem livischen Wort für »Stadt«. Urkundlich erwähnt wurde der Ort erstmals 1265, als der Livländische Orden auf dem Eiland zwischen Lielupe und deren Nebenfluß Driksa mit dem Bau einer Burg begann. Ende des 14. Jh. entwickelte sich am Ufer der Driksa eine Händler- und Handwerkersiedlung an der Handelsstraße zwischen Rīga und Litauen. Das Stadtrecht bekam Jelgava 1573 verliehen, seit 1617 war es ständige Residenz der Herzöge von Kurland, ab 1642 auch offizielle Hauptstadt. Eine Blüte erlebt sie in der zweiten Hälfte des 17. Jh. unter Herzog Jakob Kettler, während dessen Regentschaft hier eine der ersten Druckereien Lettlands eröffnet wurde. Sein Sohn Friedrich Kasimir verlieh dem Hofleben mit einer italienischen Oper und Hofkapelle Pracht und Luxus, in dessen Folge sich Berufsstände wie Perückenmacher ansiedelten. Bis weit in das 19. Jh. hinein führte auch die Poststrecke zwischen St. Petersburg und Westeuropa durch Jelgava.

Die Stadt wurde im Spätsommer 1944 zu 90 % zerstört, als die Front zwischen der Roten Armee und der deutschen Wehrmacht binnen kurzer Zeit dreimal über Jelgava hinwegging. Bedrückend erinnert daran der einsame **Turm der Dreieinigkeitskirche** (Sv. Trīsvienības baznīca) aus dem Jahre 1688 an der Kreuzung von Lielā iela und Zemgales prospekts gegenüber dem Schloß. Das Gebäude der ehemaligen **Academia Petrina** am Zemgales prospekts wurde 1951 wiederaufgebaut. 1772 von Peter Biron ins Leben gerufen, war sie die erste akademische Bildungsanstalt Lettlands. Nach einem Entwurf des herzöglichen Hofbaumeisters Severin Jensen richtete man den zweigeschossigen Längsbau zwischen 1773 und 1776 im Barockstil mit deutlichen klassizistischen Anleihen her. Johann Michael Graff übernahm auch hier wie in Rundāle die bildhauerischen Arbeiten. Über einem Mittelrisalit ragt der zweistöckige Turm 35 m hoch auf. Korinthische Kolonnen zieren sein Unterteil. Zwischen 1783 und 1919 arbeitete unter der Kuppel des

Turmes das erste astronomische Observatorium Lettlands. Der nach ihm benannten Schule stiftete Herzog Peter eine Bibliothek von 15 000 Bänden. Zu ihren Schülern gehörten der »Vater der Dainas«, Krišjānis Barons, der Dichter Juris Alunāns sowie die Präsidenten von Lettland, Litauen und Polen, Jānis Čakste, Antanas Smetona und Stanislaw Wojchiechowski. Heute ist in den Räumen ein Museum für Geschichte und Kunst untergebracht (Ģederta Eliasa Jelgavas Vēstures un mākslas muzejs).

Vor der Akademie befindet sich ein Überrest des **Freiheitsdenkmals** von Kārlis Jansons. 1932 eingeweiht, stand es ursprünglich auf dem Bahnhofsvorplatz und stellte den Nationalhelden Lāčplēšis dar, wie er seinen Feind, den Schwarzen Ritter, zu Boden drückt. Während des Zweiten Weltkriegs ließen die deutschen Besatzungsbehörden das Kreuz des Ritters wegmeißeln. Völlig zerstört wurde das Denkmal dann in der Sowjetzeit. Während des politischen Neuanfangs der letzten Jahre meldete sich ein Augenzeuge, der wußte, wohin

die Fragmente abtransportiert worden waren. Tatsächlich gelang es, eines zu finden – den Brusttorso von Lāčplēšis. Jansons Sohn Andrejs schuf inzwischen das Denkmal neu, und 1992 wurde es am alten Standort wieder aufgestellt, der von der Academia Petrina über den Zemgales prospekts zu erreichen ist.

An der Kreuzung mit der Raiņa iela stehen rechter Hand die Ruinen eines weiteren Rastrelli-Bauwerks, der **Simonkirche** (Sīmaņa baznīca) mit ihrer ungewöhnlichen Geschichte. Als Zarin Katharina II. Ernst Johann Biron 1763 die Erlaubnis zur Rückkehr aus der Verbannung erteilte und ihm den Titel des Herzogs von Kurland zurückgab, war die Errichtung eines orthodoxen Gotteshauses in Jelgava dafür Bedingung.

Die größte Sehenswürdigkeit der Stadt liegt auf der Pilssala, einer Insel zwischen Driksa und Lielupe, wo Rastrelli ein prächtiges Schloß im Auftrag des Herzogs Ernst Johann Biron entwarf. Das neue Schloß, **Jelgavas pils,** sollte am Standort der alten Ordensburg unter Beibehaltung der äußeren Wälle

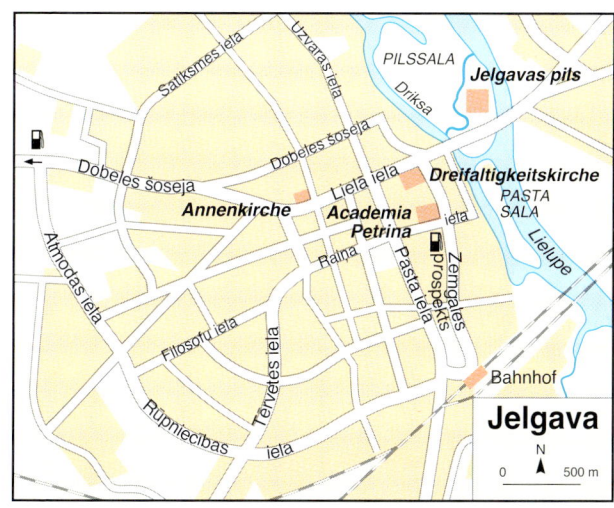

Jelgava

Schloß Jelgava

entstehen. Aus diesem Grund mußte auf einen Park verzichtet werden. Im November 1737 wurde die Burgruine gesprengt, im Juni 1738 der Grundstein gelegt. Kostensteigernd und zeitraubend wirkte sich aus, daß die Fundamente wegen des unsicheren Untergrunds auf Pfählen errichtet werden mußten. Nach der Verhaftung des Herzogs 1740 kamen die Bauarbeiten bald zum Erliegen. 1763 wurde unter der Leitung von Severin Jensen weitergearbeitet, und das Bauwerk erhielt klassizistische Züge. Am 8. Dezember 1772 bezog die Herzogsfami-

lie das neue Schloß. Ernst Johann Biron starb noch im selben Jahr. Seine in über 35 Jahren errichtete Residenz hatte er keine drei Wochen bewohnt.

Im November 1919 setzten die Bermont-Truppen auf ihrem Rückzug die gesamte Anlage in Brand. In den Unabhängigkeitsjahren wurde sie teilweise instandgesetzt. 1937 kam der im ursprünglichen Entwurf nicht vorgesehene Westflügel hinzu. Abermals den Flammen zum Opfer fiel das Schloß 1944. Die umfangreichen Restaurierungsarbeiten wurden zwischen 1955

und 1961 durchgeführt. Heute ist die einstige herzögliche Residenz Sitz der Lettischen Landwirtschaftsakademie. Als Folge der vielen Brände und zahlreichen Umbauarbeiten blieb fast nichts von der ehemals üppigen Innenausstattung erhalten. Den einstigen Prunk des Schlosses hatten illustre Gäste wie Ludwig XVIII., Cagliostro und Giacomo Casanova genossen. Rastrellis Entwurf einer U-förmigen Anlage auf einer Grundfläche von 150 x 120 m folgte demselben Prinzip wie in Rundāle. Erst 1937 schuf man die Verbindung zwischen den kurzen Querflügeln im Westen, so daß sich der Innenhof nicht mehr wie früher zur Stadt hin öffnete. Die imposante Außenfront des zentralen Baukörpers spiegelt sich auch heute noch im Wasser der Lielupe.

Der Öffentlichkeit zugänglich sind heute die Vestibüle und Gewölbegänge aus der ersten Bauperiode sowie die Gruft der kurländischen Herzöge, die in prächtigen Sarkophagen ruhen. Glanzstück ist der 1587 entstandene Prunksarg des ersten Herzogs von Kurland, Gotthard Kettler.

Sigulda und Turaida – Ausflugsziele an der Gauja

(S. 364) Etwa 40 km nordöstlich von Rīga liegen im Nationalpark Gauja (s. S. 222) die beliebten Ausflugsziele Sigulda und Ruraida. Man verläßt Rīga über die Brīvības iela und fährt über die Vidzemes šoseja (A2) an Incukalns vorbei. Schon von weitem ist der weiße Turm der Bob- und Rodelbahn von Sigulda zu erkennen, die als eine der modernsten der Welt gilt und über zwei Abfahrten von 988 bzw. 1200 m Länge verfügt.

Nach der Eröffnung der Bahnlinie Rīga-Pskow (1889) entwickelte sich Sigulda zu einem beliebten Sommertreff der Moskauer, Petersburger und Warschauer Aristokratie. Sommerhäuser, Pensionen und großzügige Grünanlagen prägten das Stadtbild. Heute zählt die Stadt etwa 12 000 Einwohner.

Ausgangspunkt für einen Bummel ist der Parkplatz vor der Burg am Ortsausgang. Als erste außerhalb Rīgas ist sie zu Beginn des 13. Jh. vom deutschen Schwertbrüderorden als Zwingburg errichtet worden. In den Kriegen des 16. und 17. Jh. wurde sie bis auf den südwestlichen Flügel mit dem Konventsaal und der Kapelle weitgehend zerstört. Auf dem Gelände der ehemaligen Vorburg wurde zwischen 1878 und 1881 das **Neue Schloß** 1 gebaut, das ab 1934 als Erholungsheim des lettischen Presseverbandes diente, in den Kriegsjahren jedoch in ein Sanatorium umgewandelt wurde. Sehenswert ist das von Niklavs Strunke gestaltete Interieur – Glasmalereien, Intarsien und Panneaux. Heute ist in dem Gebäude die Stadtverwaltung untergebracht, so daß nur die Eingangshalle an Werktagen besichtigt werden kann. Vor dem Schloß steht das Denkmal für den Publizisten und Sprach-

forscher Atis Kronvalds, der in Sigulda die ersten lettischen Lehrerkongresse veranstaltete. In unmittelbarer Nähe liegt die **Kirche** von Sigulda 2 (13. Jh., Umbau 1891). Das Altarbild »Jesus im Garten Gethsemane« (1930) von Jānis Roberts Tillbergs lohnt einen Besuch dieses Sakralbaus. Nach dem Zweiten Weltkrieg wurden hier Gottesdienste für vier Konfessionen abgehalten, darunter für die Mennoniten, aus Kasachstan eingewanderte ehemalige Wolgadeutsche. Davor das gleichfalls von T. Zaļkalns 1985 gestaltete Denkmal für Krišjānis Barons, den Sammler und Erforscher der lettischen Volkslieder.

Wenn man die zur Gauja hinunterführende Straße überquert, kommt man an die Haltestation der Seilbahn. Hier bietet sich ein prächtiger Blick ins Tal sowie auf Schloß Krimulda und Burg Turaida. Alle halbe Stunde überquert die Seilbahn den Fluß in 40 m Höhe und ermöglicht einen traumhaften Blick auf die Gauja. Bis Schloß Krimulda (s. S. 221) benötigt sie drei Minuten, man kann aber die ca. 5 km lange Strecke auch zu Fuß über die Brücke zurücklegen, die gleichfalls einen schönen Ausblick gewährt.

Das Tal ist zur Rechten parkartig gestaltet, mit Spazierwegen und kleinen Brücken. Etwa 2 km hinter der Brücke befindet sich auf der rechten Seite ein großer Parkplatz; von diesem gelangt man durch eine Unterführung auf einen Fußweg, der nach etwa 200 m zur **Gūtmaṇa ala** (Gutmannshöhle) führt 3 . Im weichen Devonsandstein der Grottenwände haben sich unzählige Besucher mit Namen, Datum oder Wappen verewigt; manche dieser Einritzungen – etwa die von Anna Magdalena von Tie-

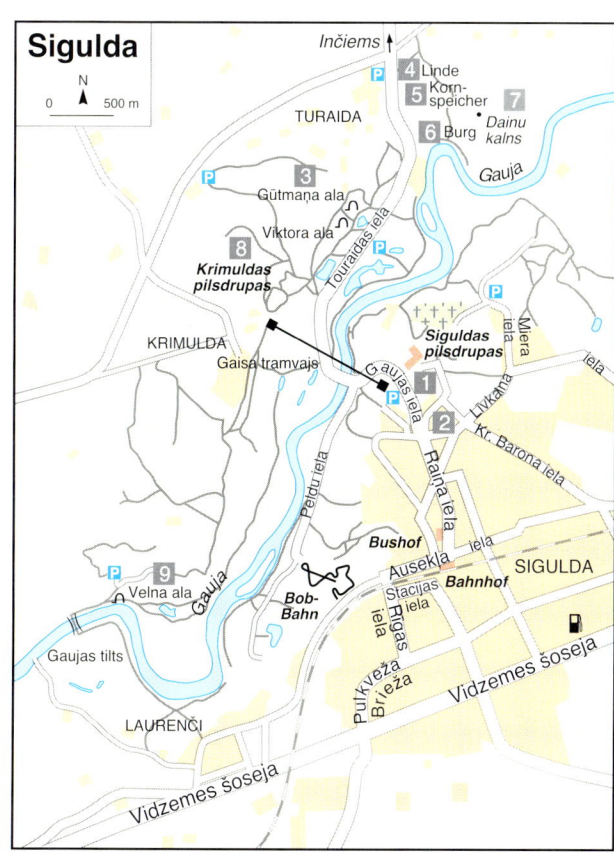

Sigulda
N
0   500 m

Inčiems

TURAIDA

[4] Linde
[5] Korn-
     speicher
[6] Burg

[7]

Dainu
kalns

Gütmaņa ala

[3]

Viktora ala

[8]

Krimuldas
pilsdrupas

KRIMULDA

Gaisa tramvajs

Touraidas iela

Gauja

Siguldas
pilsdrupas

Miera iela

[1]

Gaujas iela

[2]

Livkalna

Kr. Barona iela

Perdu iela

Raina iela

Bushof

Ausekla   iela

Stacijas
iela
Rigas
iela

Bahnhof

SIGULDA

Velna ala

[9]

Gauja

Bob-
Bahn

Gaujas tilts

Pulkveža
Brieža

Vidzemes šoseja

LAURENČI

Vidzemes šoseja

Sigulda und Turaida

senhausen – stammen bereits aus dem 17. Jh. In der Höhle entspringt eine Quelle, deren kristallklares Wasser stets die Temperatur von + 6° C hat. Die Sage will, daß hier einst ein Einsiedler (»guter Mann«) gelebt habe, der das angeblich heilende Naß an Pilger verteilte.

Mädchen, die ihre Kleider in dem Wasser tränkten, so hieß es auch, würden so schön wie Maija, die »Rose von Turaida«. Mit ihrem Namen verbindet sich eine Legende, die seit dem Drama »Die Liebe ist stärker als der Tod« des lettischen Nationaldichters Jānis Rainis (1927) jedem Schulkind bekannt ist. Maija wird 1601 im Verlauf des Schwe-

disch-polnischen Kriegs als Säugling auf dem Schlachtfeld gefunden und vom Schreiber der Burg Turaida an Kindes statt angenommen. Sie wächst zu einer wunderschönen Frau heran und verliebt sich in den Gärtner der Burg Sigulda, Viktors Heils, der ihre Zuneigung erwidert. Das Paar trifft sich, so oft es geht, an der Gutmannshöhle. Damit die Angebetete einen besseren Blick auf die Burg Sigulda hat, gräbt Viktors ihr sogar eine eigene Höhle und schmückt diese mit Blumen und Pflanzen aus seinem Garten (Viktora ala, links oben vom Eingang der Gutmannsgrotte). In Maija verliebt sich jedoch auch der polnische Of-

fizier Jakubowski. Als sie ihn zurück-
weist, greift er zu einer List: In Viktors
Namen fordert er sie zu einem Treffen an
der Gutmannshöhle auf. Als Maija dort
eintrifft, sieht sie sich getäuscht. Um
ihre Unschuld zu wahren, erzählt sie
dem Offizier, ihr Halstuch mache sie un-
verwundbar, und fordert den abergläubi-
gen Jakubowski auf, sich davon zu über-
zeugen. Der Streich seines Schwertes
tötet sie. Aus Verzweiflung über das Ge-
schehene nimmt sich der Offizier nach
einigen Tagen das Leben. Viktors Heils
aber begräbt seine Geliebte unweit der
Burg Turaida und pflanzt an der Stelle
eine **Linde** 4, die noch heute dort zu sehen ist. Daneben befindet sich das Grab
von Maija, der »Rose von Turaida«. Die
Linde ist ein Wallfahrtsort für lettische
Brautpaare. Sie kommen am Tag der
Trauung hierher, um sich unter der Linde
photographieren zu lassen. In der Sowjetzeit hatte dies auch eine politische
Bedeutung, denn nach sowjetischem

Brauch ließ man das Hochzeitsfoto vor
einer Leninstatue aufnehmen.

Unterhalb der **Burg Turaida** (Trey-
den), zu der man einen steilen Berg erklimmen muß, befindet sich linker Hand
ein alter **Kornspeicher** 5, der zu einem
Café umgebaut worden ist. Im Volksmund heißt es »Zirnītis«, nach einem lettischen Gericht aus braunen Erbsen und
zerlassenem Speck, das man dort ganz
ausgezeichnet essen kann. Etwas weiter
steht auf einem Hügel eine kleine einschiffige Holzkirche (1750), das älteste
erhaltene und zu besichtigende Gotteshaus seiner Art in Livland. Am ehemaligen Zwinger vorbei geht es zu den Überresten der eigentlichen **Burg** 6. Turaida
gehörte zum Einflußbereich des Bischofs
von Rīga, Sigulda zu dem der Kreuzritter.
Die beiden konkurrierenden Mächte be-
äugten sich stets argwöhnisch, auch
nachdem der Papst, um die ständigen
Fehden zu schlichten, die Einteilung der
Machtbereiche festgelegt hatte.

Die Burg von Turaida

Anfang des 13. Jh. stand an dieser Stelle auf einer weit ins Tal hinausragenden Landzunge die hölzerne Burg des Livenfürsten Kaupo – Toraida, der »Garten der Götter«. Wie Henricus de Lettis in seiner Chronik berichtet, hat sich dieser als erster livischer Herrscher christianisieren lassen und Papst Innozenz III. in Rom besucht. Er machte gemeinsame Sache mit den deutschen Eroberern. Nachdem seine Burg 1212 zerstört worden war, errichtet Bischof Albert von Rīga zwei Jahre später an deren Stelle die gemauerte Burg, die wir heute noch sehen. Seit 1953 werden umfassende Restaurierungsarbeiten durchgeführt. Über die mächtige Anlage ragen insgesamt fünf Wehrtürme auf. Am imposantesten ist der ca. 30 m hohe Bergfried im Innenhof der Burg, geschützt durch 3 m starke Mauern und einen Eingang in 9 m Höhe. Von der Aussichtsplattform des restaurierten Turmes bietet sich ein beeindruckender Blick ins Gaujatal.

Schon im vorigen Jahrhundert war die Gegend um Sigulda Ziel von archäologischen Expeditionen; auch der berühmte deutsche Pathologe Rudolf Virchow hat seinerzeit hier gegraben. Seit 1976 erforschen jeden Sommer Archäologen der lettischen Akademie der Wissenschaften das Gelände der Burg. Bei ihren Ausgrabungen sind sie auf die Fundamente der Holzburg Kaupos gestoßen. Ein Teil der Funde ist im Burgmuseum zu besichtigen. Im ersten Stock des Burgmuseums bietet ein Kunstgewerbeladen qualitativ gute Handarbeit an.

Auf dem Rückweg lohnt sich rechter Hand ein Abstecher in das Parkgelände – den **Dainu kalns** (Dainasberg) **7** . *Dainas* sind die vierzeiligen Volkslieder der Letten. Ihr Sammler und Erforscher Krišjānis Barons verbrachte seine letzten Jahre auf dem Bauernhof seines Sohnes

unterhalb der Burg Turaida. Wo sich früher ein Pfad zum Gehöft, das im übrigen auch »Dainas« hieß, durch die Wiesen hinunterschlängelte, wurde 1985 zum 150. Geburtstag von Krišjānis Barons der Park mit Spazierwegen und den in Naturstein gestalteten Skulpturen des Bildhauers Indulis Ranka angelegt. Diese zeigen nicht nur den Folkloristen, sondern auch Motive aus den Dainas – Stärke, Liebe, Freude, Trauer; manche erzählen gar eine ganze Zeile aus einem Volkslied in Stein nach. Die ursprüngliche Sammlung von fünfzehn Skulpturen wird ständig erweitert.

Von Turaida aus geht es an den Ruinen der Rīgaer **Domkapitelsburg Krimulda 8** aus dem 13. Jh. vorbei zum klassizistischen Schloß der Familie von Lieven. Nachdem sie 1817 in den Besitz des Gutes Krimulda gelangt war, ließ sie 1854 das Anwesen erbauen. Hier pflegte der russische Staatsmann Fürst Suworow seine Sommer zu verbringen, und im Juli 1862 hielt sich sogar Zar Alexander II. in Krimulda auf. Seit der Landreform 1921 jedoch ist in dem ehemals mondänen Gebäude ein Tuberkulose-Sanatorium untergebracht.

In den Grabstätten um Krimulda begann der deutsche Pastor August Albam 1839 als einer der ersten in Lettland mit archäologischen Arbeiten. Eine Kollektion livischer Altertümer aus der Gegend von Sigulda wurde damals an das Britische Museum in London verkauft, eine weitere nahm Friedrich von Kruse – 1828 Universitätsprofessor zu Tartu – 1853 nach Deutschland mit.

Von Krimulda aus kann man ins Gaujatal hinabsteigen und flußabwärts bis zur **Veln ala** (Teufelshöhle) **9** spazieren. In einer 30 m hohen Sandsteinklippe liegt der Eingang zu dieser Grotte 8 m über dem Fluß, der an dieser Stelle besonders tief ist.

Cēsis und der Gauja-Nationalpark

Ausflüge im Nationalpark Gauja

(S. 356) Etwa 40 km nordöstlich von Rīga beginnt der 920 km^2 große **Nationalpark Gauja** (Gaujas Nacionālais parks), der großartige Natureindrücke bietet. Die Gauja, der womöglich schönste Fluß Lettlands, schlängelt sich in bisweilen tiefen und steilen Tälern durch eine hügelige, licht bewaldete Landschaft. Goldgelbe und rotbraune, bis zu 80 m hohe Felsen, die eiszeitliche Gletscher in das Urstromtal geschnitten haben, säumen das Ufer ebenso wie Höhlen und Grotten, die der Fluß aus dem Sandstein gespült hat. Im Sommer lädt der Nationalpark zu ausgedehnten Wanderungen und Bootstouren ein, auf Sandbänken und entlang der Uferwiesen vergnügt man sich beim Baden. Im Winter ist diese Gegend ideal für den Skilanglauf.

Die Gauja, schon für die finno-ugrischen Liven ein wichtiger Transportweg, war im Mittelalter ein Teil der Verkehrsachse Rīga-Tartu-St. Petersburg. Ihre strategische Bedeutung läßt sich an der Anzahl der Ruinen der Bischofs- und Ritterburgen ablesen, die sich über ihren Ufern erheben und heute zu Besichtigungen einladen.

Während die Gegend um Sigulda als Erholungszone gilt (10 % der Gesamtfläche des Nationalparks), stehen weiter nördlich weite Gebiete, mehr als ein Drittel der Fläche, unter striktem Naturschutz und sind teilweise auch für Fußgänger verboten. Es besteht jedoch die Möglichkeit, gegen ein Entgelt an Exkursionen zu Fuß oder mit dem Pkw in der sog. neutralen Zone, die etwa die Hälfte des Parks einnimmt, teilzunehmen, die

von fachkundigen Mitarbeitern des Nationalparks durchgeführt werden. Das Büro des Parks befindet sich unweit der Anlegestelle des Fährflosses über die Gauja bei Ligatne (s. S. 224). Es ist im Sommer von 8-20 Uhr geöffnet und hilft auch bei der Anmietung von Kanus oder Pferden.

Für Exkursionen stehen verschiedene Routen zur Auswahl. Die botanische stellt dem Besucher seltene Beispiele der Flora im Nationalpark vor (hier kommen nicht weniger als 20 % der in Lettland unter Naturschutz stehenden Pflanzen vor). Auf der zoologischen Route kann man von besonderen Beobachtungsstellen aus Elche oder Wildschweine zu Gesicht bekommen. Teilweise leben die Tiere im Park unter weitgehend natürlichen Bedingungen in großräumig umzäunten Arealen, andere wiederum haben sich von Geburt an so an die Anwesenheit von Menschen gewöhnt, daß sie sich wie im Zoo betrachten lassen. Für Kinder dürfte ferner eine Route von Interesse sein, die zu den Holzfiguren der Gestalten aus dem Märchendrama »Maija und Paija« von Anna Brigadere führt.

Panoramablicke bieten sich von Pauguri und dem Turm auf dem Cepurišu kalns (Mützchenberg); vom letzteren kann man an klaren Tagen etwa ein Drittel des Nationalparks überblicken.

Nach Cēsis

Es gibt mehrere Möglichkeiten, um »das Herz von Vidzeme«, Cēsis (Wenden), eine der ältesten und schönsten Städte Lettlands, und seine äußerst reizvolle Umgebung mit ihren Naturparks und Kulturlandschaften zu erkunden. Eine

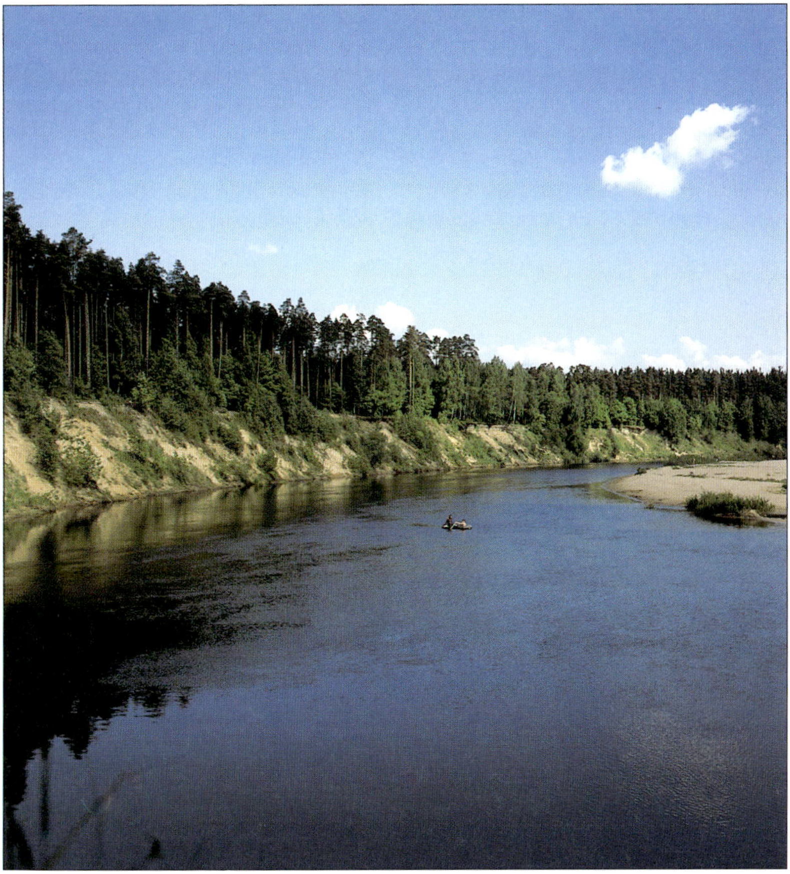

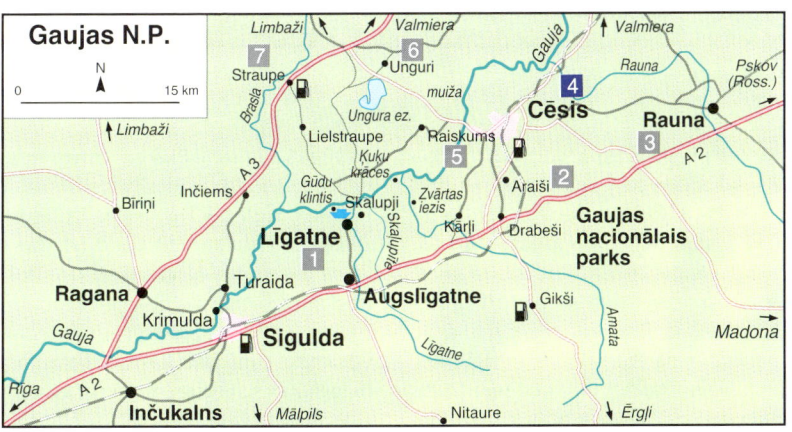

Nationalpark Gauja

Gaujas N.P.

N

0   15 km

↑ Limbaži

Limbaži ↖   ↗ Valmiera

Straupe

Unguri

↑ Valmiera

Rauna

Pskov
(Ross.)

muiža

Cēsis

Rauna

Ungura ez.

Lielstraupe

Raiskums

Gauja

Kuku
krāces

Brasla

Inčiems

Gūdu
klintis

Skaļupji

Zvārtas
iezis

Araiši

Gaujas
nacionālais
parks

Bīriņi

Līgatne

Kārļi

Drabeši

A 2

Skaļupīte

Ragana

Turaida

Augslīgatne

Gikši

Amata

Madona →

Krimulda

Sigulda

Līgatne

Gauja

Riga

A 2

Inčukalns

↓ Mālpils

Nitaure

↓ Ērgļi

davon wäre, sich in dem jüngst renovierten, komfortablen »Hotel Cēsis« in der Stadtmitte einzuquartieren, von hier aus entweder auf eigene Faust Ausflüge aufs Land zu unternehmen oder sich den vom Hotel aus organisierten Exkursionen anzuschließen. Der zweite Weg führt per Auto aus Rīga heraus auf eine

ginn des Zweiten Weltkriegs und war für ihre fortschrittliche Sozialpolitik bekannt. Heute sind die Produktionsanlagen allerdings technisch hoffnungslos überaltert.

Biegt man in Līgatne links zur Gauja ab, erreicht man nach etwa 2 km über eine asphaltierte Landstraße den Fluß

Herbstlandschaft bei Ligatne

Rundreise am Rande und durch den Gauja-Nationalpark zunächst an Sigulda (s. S. 218) vorbei auf der Vidzemes šoseja (A2) nach **Līgatne** ▮ (S. 358). Kleine Arbeiterhäuser säumen den Teich des Ortes an der Mündung des gleichnamigen Flusses. Līgatne ist rund um eine Papierfabrik entstanden, die auf eine Papiermühle aus dem 17. Jh. zurückgeht. Die Fabrik blühte bis zu Be-

und kann nun samt Pkw auf einem Holzfloß übersetzen. In der Nähe befindet sich das Büro des Nationalparks Gauja. Zwischen Sigulda und Cēsis ist diese Fähre die einzige Möglichkeit, den Fluß trockenen Fusses zu überqueren.

Der Weg von Līgatne über Kārļi nach Cēsis folgt zunächst 12 km weit einer unbefestigten Landstraße, die sich durch eine malerische Landschaft schlängelt.

Wo der Bach Skaļupīte an einem alten Holzhaus in die Gauja mündet, führt die Straße dicht an den Fluß heran. Etwa 1 km weiter biegt ein für Autos gesperrter Weg nach links in den Wald ab. Von hier aus gelangt man zu Fuß (1 km) zu einem der schönsten Plätze an der Gauja – den **Ķuķu krāces,** die zweitgrößten Strom-kühle Wasser aus den Quellen des Hochlands von Vidzeme im Sommer diesen Eindruck kaum vermittelt; zu dieser Jahreszeit ist die Amata nicht einmal befahrbar. Während des Frühjahrhochwassers jedoch stürzt sie mit atemberaubender Geschwindigkeit zu Tal – ein Umstand, den sich nicht nur abenteuerlu-

schnellen. Am linken Ufer erstreckt sich eine Sandbank, rechts säumen hohe, waldbewachsene Felsen das Ufer, die Gauja selbst ist an dieser Stelle schmal und flach. Oberhalb der Schnellen wird der Fluß jedoch tief und fischreich.

In ihrem weiteren Verlauf überquert die Landstraße die Amata, einen Zufluß der Gauja. Sie ist der schnellste Fluß Lettlands, wenn auch das flache, stets stige Amateure, sondern auch wettkämpfende Wasserslalomspezialisten zunutze machen.

Hinter der Amata-Brücke bergauf führt an einem alten Gasthaus rechts ein Nebenweg zum 2 km entfernten **Zvārtas iezis,** einem 16 m hohen Felsen am Amata-Ufer. Man kann den Fluß über eine Seilbrücke überqueren und auf einem stufenreichen Pfad den 30 m hohen Hang hinter der Klippe besteigen. Von hier aus öffnet sich ein ausnehmend schöner Blick auf die riesige Wiese am rechten Ufer des Flusses, den alten Bauernhof mit Pferdeweiden und der abseits stehenden Getreidedarre.

Kurz hinter dem ehemaligen Gutshof Kārļi mündet die unbefestigte Strecke in eine asphaltierte Landstraße nach Cēsis. Schon in Richtung Stadt, aber einige Kilometer von der Landstraße entfernt, befindet sich das alte Dorf – Āraiši **2** am Āraišu-See inmitten der sanften Landschaft Vidzemes. Die Insel im See ist ein geschichtsträchtiger Ort. Bereits 1876 hatten hier u. a. Karl Georg von Sievers und Rudolf Virchow archäologische Grabungen vorgenommen. In unserem Jahrhundert suchte der lettische Altertumsforscher Jānis Apals einen realen Hintergrund für die in vielen lettischen Sagen vorkommenden Burgen, die in einem See versunken sind. Auf der Insel im Āraišu-See wurde er fündig. Hier wurden seit 1966 auf einer Fläche von etwa 2000 m^2 die Überreste einer hölzernen »Seeburg« erschlossen, einer lettgallischen Siedlung aus dem 9. und 10. Jh. Zum Wasser hin durch einen Wall mit Wehrbauten oder Palisaden gesichert, gruppierten sich in jeder der fünf Bebauungen Wirtschaftsgebäude um die in der Mitte liegenden Wohnhäuser. Ein gepflasterter Damm verband die Insel mit dem Ufer. Die Archäologen legten die Fundamente von 151 Gebäuden und 109 tönernen Herdstellen frei; 130 Stück Tongeschirr und ungefähr 3500 weitere Altertümer konnten geborgen werden. In den zurückliegenden Jahren wurde der Wasserspiegel des Araišu-Sees künstlich gesenkt und damit begonnen, die hölzernen Gebäude der Burg zu rekonstruieren – nach Abschluß der Arbeiten soll der Wasserspiegel wieder angehoben werden.

Unweit dieser Grabungsstelle, auf einer Landzunge am westlichen Seeufer, stehen die Ruinen einer Ordensburg aus dem 14. Jh., vermutlich ein Außenposten der großen Festung in Cēsis, der im Verlauf der kriegerischen Auseinandersetzungen im 16. Jh. zerstört wurde. Läßt man den Blick von der Landstraße aus schweifen, erkennt man auf einem Hügel in der Ferne die Āraisi-Windmühle (19. Jh.), ein in Lettland seltenes Beispiel für gemauerte holländische Bauart, sowie den Park des Gutes Drabeši, das nach den Verwüstungen des Aufstandes von 1905 wiederaufgebaut wurde.

Man könnte nun direkt nach Cēsis weiterfahren, doch ist der Umweg über **Rauna** (Ronneburg) **3** lohnend. Das Dorf blickt auf eine lange Geschichte zurück. Auf dem nahegelegenen Tanisa-Berg, der sich am Ufer der Rauna aus der Ebene erhebt, siedelten bereits im ersten Jahrtausend vor Christus baltische Finnen. Später befestigten Lettgallen den Berg mit hölzernen Palisaden. Zur befestigten Stadt wurde Rauna im 13. Jh., als Erzbischof Albert II. von Rīga hier eine Burg und eine Kirche errichten ließ. Doch obwohl die Festung als größte und sicherste im Erzbistum galt und dem Erzbischof als Winterresidenz diente, wurde sie Zeit ihres Bestehens nicht weniger als neunmal eingenommen und zerstört, jedoch immer wieder erneuert – bis 1658. Danach verfiel sie. Alle Zerstörungen überstanden haben jedoch zwei in Dolomit gemeißelte Reliefs aus dem 13. und 14. Jh. – »Adam und Eva« und »Christus am Kreuz« über der südlichen und südwestlichen Eingangstür. Im Zentrum des Ortes befindet sich das Freiheitsdenkmal von 1933. Sein Schöpfer Kārlis Zemdega war bei einem Wettbewerb um die Gestaltung des Monuments von Rīga Kārlis Zāle unterlegen und hatte daraufhin seinen Entwurf in Rauna verwirklicht – eine Kokle spielende junge Frau, deren Silhouette aus der Ferne an den Dolch der alten lettischen Krieger erinnert. Im Unterschied zu den meisten anderen ähnlichen Denkmälern aus der Zwischenkriegszeit, die während der Stalin-Zeit zerstört wurden, blieb jenes in Rauna unversehrt. Die offizielle »Sowjetenzyklopädie Lettlands« von 1986 führt das Monument als »Denkmal für die im Ersten Weltkrieg gefallenen Kämpfer« auf.

Cēsis

4 (S. 356) 23 km sind es noch von Rauna nach Cēsis mit seiner schönen Altstadt. Zwar ist sie seit dem Zweiten Weltkrieg sich selbst überlassen geblieben; es entstanden hier aber auch keine sowjetischen Plattenbauten. Die 22 000 Einwohner zählende Stadt wurde 1206 erstmals urkundlich erwähnt. Bereits im 11. und 12. Jh. befand sich auf dem Riekstu kalns (Nußberg) – dem heutigen Schloßpark – eine Holzburg der Wen-

Cēsis

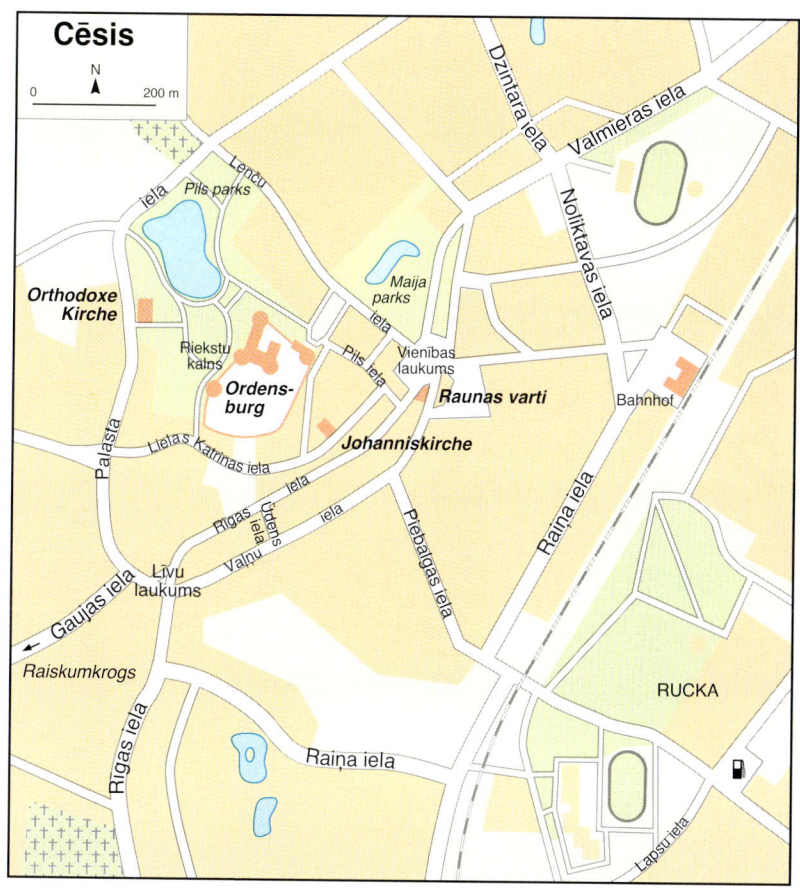

den. Dieser finno-ugrische Stamm soll am Unterlauf des Flusses Venta in Kurland gelebt haben, von den Kuren jedoch vertrieben worden sein und sich daraufhin in Cēsis angesiedelt haben. Der Befestigung gegenüber begann der Schwertbrüderorden um 1209 mit dem Bau einer eigenen, gemauerten **Burg** – die zweite nach Sigulda im Zuge der militärischen Eroberung des damaligen Livlands. Vom 13. bis 16. Jh. war sie die größte Festung des Reiches, Sitzungsort des Domkapitels und Residenz zahlreicher Ordensmeister. Damals blühte die Stadt, die schon im 13. Jh. Stadtrechte erhielt und später der Hanse beitrat. Seit der Mitte des 16. Jh. erlitt Cēsis eine Kette von Verwüstungen – im Livländischen Krieg, im Nordischen Krieg und unter dem Regiment des Grafen Bestuschew-Rjumin um 1750.

Die Burg kam 1777 in den Besitz der Grafenfamilie von Sievers, die sie teilweise erneuern und als Wohnsitz gestalten ließ. Jetzt ist dort das Stadtmuseum mit vielen Exponaten aus der bewegten Geschichte untergebracht. Von der ursprünglichen Feste ist der Westturm am besten erhalten. Hier befindet sich der »Sternsaal« mit seinem beeindruckenden spätgotischen Sterngewölbe. Außerdem ist der Bergfried zugänglich, der einen schönen Rundblick bietet.

1812 ließ Graf Karl von Sievers unterhalb des **Neuen Schlosses** einen hübschen Park mit Teich, Spazierwegen und Tuffsteinskulpturen anlegen. Die orthodoxe Kirche (1845) auf der anderen Seite des Parks ist mit Wandmalereien des estnischen Meisters Johann Koeler-Viliandi geschmückt.

Neben der Ordensburg ist die zwischen 1283 und 1287 vom Ordensmeister und Erzbischof erbaute **Johannes-**

Kirche (Sv. Jāṇa baznīca) sehenswert. Der 1748 abgebrannte Turm wurde gut 100 Jahre später durch den jetzigen ersetzt. Unter den Grabmälern der in der Kirche bestatteten Ordensmeister ist das von Wolter von Plettenberg (1494–1535) besonders prächtig, außerdem das Grabmal des Bischofs Patricius Nidecki (1588). Das Altarbild »Golgatha« stammt von Johann Koeler-Viliandi. Seit einiger Zeit finden in der Kirche wieder Konzerte an der restaurierten Orgel von 1907 statt. Rechts der Eingangstür an der südlichen Außenwand ist eine kleine, auf 1744 datierte Sonnenuhr zu finden, im Eingang selbst rechter Hand ein Eisendorn, der sich auf derselben Höhe über dem Meer wie der Hahn auf dem Turm der Petrikirche in Rīga befinden soll.

Anschließend empfiehlt sich ein Bummel über die **Rīgas iela** mit ihren schönen alten Häusern. Das Eckhaus Nr. 24 ist das älteste Wohnhaus in Cēsis (17. oder 18. Jh.), einst Sitz der Kultur- und Gesangsgesellschaft »Harmonia«. Im »Haus der Prinzessinnen« (Nr. 47) aus dem 18. Jh. wohnten Hofdamen, die wegen ihres »leichtsinnigen Lebenswandels« aus St. Petersburg ausgewiesen worden waren. Heute beherbergt es ein Hotel.

Zurück geht es über die parallel zur Rīgas iela verlaufenden Valņu iela. In Höhe der Ūdens iela sind noch Reste der ehemaligen Stadtmauer zu sehen. Die Valņu iela mündet schließlich in den Vienījbas laukums (Platz der Einheit). Hier befand sich zwischen Valņu und Rīgas iela das Raunaer Tor. Ein rekonstruiertes Fragment der Stadtmauer erinnert heute an das eine von vier Stadttoren, die Ende des 14. Jh. erstmals erwähnt wurden. Über Plappermäuler pflegen alte Einwohnerinnen auch noch heute zu sagen, sie hätten einen Mund so groß wie das Raunaer Tor.

Am Beginn der Rīgas iela (Nr. 7 und 7 a) erhebt sich das 1767 errichtete ehemalige Rathaus mit dem farbig gestalteten Stadtwappen von Cēsis an der Außenwand sowie Anbau und Wachhäuschen. Das zweigeschossige Steingebäude Nr. 16 baute 1788 ein reicher Kaufmann als Wohn- und Geschäftshaus. Das Gebäude gegenüber (Nr. 15) ist mit seiner klassizistischen Fassade – Pilastern, großen, zwanzigscheibigen Fenstern und Giebeltüren – ein schönes Beispiel für die Architektur von bürgerlichen Holzwohnhäusern in lettischen Kleinstädten um 1900. Zwei Querstraßen weiter schließlich ist das »Harmonia«-Haus wieder erreicht.

Auf dem Vienības laukums stand das 1924 errichtete und in der Stalin-Zeit abgerissene Freiheitsdenkmal von Cēsis, das an die Befreiungskämpfe gegen die deutsche Landeswehr im Juni 1919 in der Umgebung der Stadt erinnerte. Im Maija parks gleich hinter dem Platz kann man die Besichtigung mit einem Bummel im Grünen abschließen.

Die Route von Cēsis aus zurück nach Rīga führt am rechten Ufer der Gauja durch reizvolle Landschaft. Sie verläuft über die Gaujas iela in Richtung Umurga und Limbaži und überquert zunächst den Fluß, von dessen Brücke aus sich ein schöner Blick in das Urstromtal bietet. Gleich dahinter steht **Raiskuma krogs** ⑤, ein ländliches Gasthaus aus dem Jahre 1857. Nach ca. 13 km passiert man den fast 4 km^2 großen Ungura ezers (Ungura-See), dessen sandige Ufer im Sommer viele Erholungssuchende anlocken.

Ein wenig weiter in Richtung Limbaži steht rechts von der Landstraße das ehemalige Gasthaus Mazais krogs. Von hier aus führt eine prächtige Eichenallee zur nahegelegenen **Ungurmuiža** ⑥ (Gut

Orellen). Der lettische Name leitet sich von den ersten Besitzern ab, den Ungerns, denen das Anwesen von 1463 bis Mitte des 17. Jh. gehörte. 1728 erwarb Johann Balthasar von Camphausen das Gut, das bis 1920 in den Händen der Familie verblieb, und begann mit dem Bau eines neuen Wohnhauses. Bis 1752 entstand ein einstöckiges Gebäude mit Mansarde im Barockstil, das heute zu den ältesten, sehr seltenen Holzschlössern in Europa gehört. Die in den Nachkriegsjahren überputzten Wandmalereien der Innenräume aus der Entstehungszeit (18. Jh.) sind bei umfangreichen Restaurierungsarbeiten wieder freigelegt worden; eindrucksvoll auch die erhaltenen Kachelöfen. Nach vorheriger Bestellung können Besucher wie in alten Tagen einen Tee im 1753 fertiggestellten chinesischen Teehäuschen des Schloßparks genießen (Anmeldung bei der Familie Raitums, ☎ 58223, von Rīga Vorwahl 8-241).

Ein paar Kilometer hinter Ungurmuiža mündet die Landstraße aus Cēsis in die A3 von Rīga nach Valmiera. Hier biegt man links ab und kommt nach kurzer Fahrt nach **Straupe** (Roop) ⑦ (S. 365). Der im Altertum von Liven und Lettgallen bewohnte Ort liegt an der Brāsla, einem Nebenfluß der Gauja, und zählt etwa 400 Einwohner. Urkundlich erwähnt wurde Straupe zum ersten Mal 1206, als der Mönch Daniel hierher kam, um den christlichen Glauben zu verbreiten. Die Gegend gehörte zum Rīgaer Bistum. Einer der ersten Herren der Lielstraupes pils (Burg Groß-Roop) war im 13. Jh. der erzbischöfliche Vasall Fabian von Rosen. Die heutige Burg, zwei rechtwinklig zum Burgturm aus der zweiten Hälfte des 14. Jh. angeordnete Hauptgebäude, stammt aus dem frühen 18. Jh., als die Burg nach mehrfachen Zerstörungen und Wiederaufbauten im Barockstil neu errichtet wurde. Heute ist im Schloß ein Krankenhaus untergebracht. Letzter Schloßeigentümer war Hans Freiherr von Rosen, der Straupe verlassen mußte, als Deutschland nach Abschluß des Hitler-Stalin-Paktes 1939 mehr als 50 000 Deutschbalten »heim ins Reich« holen ließ. An die Burg schließt die monumentale Schloßkirche aus dem späten 13. Jh. an, die aber ebenfalls auch im 18. Jh. wesentlich verändert wurde. Die Kirche ist mit Kunstwerken des Manierismus und des Barock ausgestaltet, sehenswert die Epitaphe von Georg von Rosen (gest. 1590) und Graf Karl Gustav von Löwenwolde (gest. 1735) sowie die Orgelprospekte mit den Bildnissen der zwölf Apostel in den Füllungen und die bemalte Kanzel (1739). 1940 entstanden die Glasmalereien nach Entwürfen des lettischen Künstlers Sigismund Vidbergs. Der freistehende Glockenturm aus Holz stammt aus dem Jahre 1744.

An der Nordseite des Schlosses schließt sich ein Park an, dessen Teich Überreste des ehemaligen Wassergrabens darstellen.

Von Straupe aus geht es über Brāsla und Ragana nach Inčukalns zurück auf die Vidzemes šoseja nach Rīga.

Eichenallee zum Gut Ungurmuiža

Latgale (Lettgallen) – Grenzprovinz im Südosten

Auf dem Weg durch Vidzeme nach Latgale, dem Land der blauen Seen und zugleich die südöstliche der vier lettischen Provinzen an den Grenzen von Rußland und Belorußland, liegt an der A 2 **Bērzkrogs** **1**, wo früher die von weither anreisenden Bauern und Händler auf ihrem Weg zu den Märkten in Rīga die Nacht verbrachten – eine der historischen Herbergen verweist auf die Geschichte.

30 km weiter auf dem Weg nach Madona dehnen sich zwei der schönsten Seen Lettlands aus: Die volle Schönheit des Alauksts-Sees bietet sich vom 253 m hohen Bregžgis-Berg aus dar. Bei Ineši schmiegt sich der malerische gleichnamige See in die Landschaft. Dichter Nadelwald reicht bis an sein Ufer heran. Viele kleine, baumbestandene Inseln ragen aus dem Wasser.

Wer die Landschaft genießen möchte, der sollte in dieser Gegend die Hauptverkehrsstraßen verlassen und sich auf die kleinen Schotterstraßen begeben, die in weitgehend unberührte Natur führen. Kristallklare und fischreiche Gewässer mit verschilften Ufern bieten hier zahlreichen Wasservögeln Nist- und Futterplätze. Zwar hat der Wanderer häufig keinen Zugang zum Wasser, kann er dennoch ganze Storchsippen bei der Futtersuche beobachten.

Zwischen den beiden Seen liegt nördlich von Vecpiebalga das Dorf **Inčēni** **2**, Heimatort des in Lettland viel gelesenen, im schwedischen Exil verstorbenen Schriftstellers und Lyrikers Kārlis Skalbe. Sein Wohnhaus Saulriete wurde 1987 zur nationalen Gedenkstätte erklärt – kein richtiges Museum, ein eher bescheidener, doch den Letten sehr wichtiger Ort der Erinnerung.

Dann **Madona** **3**, der letzte größere Ort in der Provinz Vidzeme: Hier befand sich bereits während der Steinzeit eine Siedlung. In den Zwischenkriegsjahren gewann der Ort für kurze Zeit wirtschaftliche Bedeutung, als er Zentrum der lettischen Viehzucht war. In Lettland ist die Stadt auch aus anderen Gründen bekannt: In ihrer Nähe, hinter der Ortschaft Bērzaune, liegt nämlich der mit 311 m höchste lettische Berg, der **Gaiziņkalns** **4**. Wer es wagt, den klapprigen Aussichtsturm zu besteigen, wird dafür mit einem wunderbaren Blick über die Seenplatte Vidzemes belohnt.

Die Straße führt nun am Rande des **Teiču-Naturschutzparks** **5** (S. 365) entlang. Im größten Hochmoor Lettlands darf man nur zusammen mit örtlichen Führern wandern. Hinweise und Telefonnummern finden sich vor **Varaklāni** auf großen Schildern am Straßenrand.

Gleich hinter Varaklāni beginnt die Provinz Latgale. Sie gehörte von 1562 bis 1772 zum polnischen Herrschaftsgebiet, fiel dann an das Zarenreich und wurde dem Gouvernement Witebsk angegliedert. Im 19. Jh., während der Phase intensiver Russifizierung, verlor Latgale kulturell, sprachlich und ökonomisch den Anschluß an die Entwicklung des restlichen Landes. Wegen ihres eigenen lettischen Dialekts werden die Latgalen auch heute noch als Hinterwäldler belächelt. Auch ihr Katholizismus unterscheidet sie von den Bewohnern anderer Provinzen. In den 200 Jahren unter polnischer Herrschaft hatten ihn die Latgalen angenommen, und lange Zeit bedeutete ihnen ihr Glauben mehr als der lettische Nationalstaat.

Nach Latgale, der Provinz an der Periphe-
rie der lettischen Geschichte, kommt
man vor allem wegen der wunderschönen Landschaft, die zum Wandern und
Radfahren verlockt. Blaue Seen schmie-
gen sich in bewaldetes, sanftgewelltes
Hügelland. Mischwälder aus Nadelhöl-
zern und Birken sind charakteristisch,
und je weiter man nach Osten kommt,
desto dünner wird das Straßennetz. Nur
ab und an stößt man auf Bauern mit
Pferd und Wagen. Sie leben in kleinen,
armen Dörfern. Moderne Landwirt-
schaftsmaschinen besitzen sie nicht.

Mit ihren 43 000 Einwohnern ist **Rēzekne** 6 (S. 359) zweitgrößte Stadt
Latgales und zugleich seine Hauptstadt.
Ihre Geschichte mag exemplarisch für
diese Gegend stehen. Der alte Burgberg
mitten in der Stadt beheimatete schon
in der mittleren Eisenzeit eine latgali-
sche Siedlung. Zur Zeit des Ritterordens
wurde Rēzekne zur wichtigsten Befestigungsanlage gegen die Völker aus dem
Osten. Vom 16. bis 18. Jh. dann wurde
die Stadt wegen ihrer strategischen Bedeutung heftig umkämpft und befand
sich abwechselnd unter schwedischer,
polnischer und russischer Herrschaft.
Im Lauf der Jahrhunderte wieder und
wieder zerstört, war Rēzekne im 18. Jh.
nur noch ein bedeutungsloses Dorf. Erst
in der zweiten Hälfte des 19. Jh. gelang
ein Aufschwung, als die Landstraße und
die Eisenbahnlinien St. Petersburg–
Warschau und Moskau-Ventspils durch
die Stadt führten. Rēzekne wurde zum
Handelszentrum für landwirtschaftliche
Güter und wuchs schnell. Im Zweiten
Weltkrieg umkämpft, wurde Rēzekne
zum großen Teil zerstört und anschließend von den Sowjets wieder aufgebaut. In der neu entstandenen Industriestadt wurden gezielt Arbeiter aus der

Das Dorf Kraslava in Latgale

Alūksne – Die »Perle Nordvidzemes«

13 (S. 355) Das 10 000 Einwohner zählende Städtchen Alūksne liegt abseits der gängigen Reiserouten nahe der estnischen und der weißrussischen Grenze. Die »Perle Nordvidzemes« ist ein idealer Standort für Wanderungen in die Hochebene von Alūksne mit ihren sanften grünen Hügeln und in das unberührte Landschaftsschutzgebiet im Norden der Stadt.

Doch auch kulturhistorisch hat die romantische Provinzstadt einiges zu bieten, etwa die eindrucksvolle klassizistische evangelische Kirche oder das Alūksne-Gut mit einem Wohnhaus aus dem 18., einem »Neuen Schloß« aus dem 19. Jh. und einem Skulpturenpark am südwestlichen Seeufer.

Für die Entwicklung der lettischen Schriftsprache spielte der Ort eine zentrale Rolle. Hier übersetzte der Pastor Ernst Glück die Bibel ins Letti-

sche, und 1683 gründete er die erste Schule für lettische Bauernkinder in Livland. An seine Arbeit erinnert heute ein Bibelmuseum, das zahlreiche Bibelausgaben zeigt. Außerdem hält man hier an der Pils iela zwei Eichen in Ehren, die Glück pflanzte: eine, nachdem er 1685 die Übersetzung des Alten Testaments vollendet hatte; die andere, nachdem er 1689 die Arbeit am Neuen Testament beendet hatte.

Alūksne ist einer der wenigen Orte in Lettland, wo die Stadtverwaltung bemüht ist, eine touristische Infrastruktur zu entwickeln. Sie hat ein kleines Fremdenverkehrsamt eingerichtet, das bei der Vermittlung von Unterkünften (privat und Hotels), aber auch von Aktivitäten wie Ausflügen zu einer fast 200 Jahre alten, bis heute intakten Mühle hilft.

UdSSR angesiedelt, so daß Rēzekne eine sowjetische Hochburg in Lettland wurde. Die lettische Bevölkerung war vor dem Krieg aufs Land geflohen.

Nach der Unabhängigkeit erlebte die Industrie von Rēzekne einen katastrophalen Niedergang. Große Teile der Bevölkerung wurden arbeitslos. Sehenswert sind der Burgberg mit der Ruine der Ordensburg und das 1992 errichtete Befreiungsdenkmal Latgales an der Stelle, wo bereits bis in die 40er Jahre ein Freiheitsdenkmal gestanden hatte, das wie überall einer Lenin-Statue wei-

chen mußte. Für Touristen ist Rēzekne vor allem wegen des neuen Hotels interessant, das westlichen Standards entspricht. Die kleine Stadt bietet sich so als Standquartier für Tagesausflüge in die reizvolle Umgebung an, beispielsweise zu den Seen zwischen Rēzekne und Ludza.

Ludza 7 liegt eingebettet zwischen zwei Seen. In der Mitte des Ortes erhebt sich der alte Burgberg mit Ruine. Von dort bietet sich ein Rundblick über die idyllische Umgebung. Im Heimatmuseum von Ludza sind Trachten, Werk-

Die Kirche von Alūksne

zeuge und Kunsthandwerk aus Latgale ausgestellt – vor allem landestypische Keramik.

Die Landstraße von Rēzekne nach **Dagda** 8 (S. 356) führt durch das Landschaftsschutzgebiet um Ezernieki und den großen Ežezers-See mit seinen 69 Inseln, deren Zahl allerdings nur im Sommer gesichert ist: Während der übrigen Jahreszeiten taucht manche von ihnen unter. Am Seeufer des kleinen Ortes **Ezernieki** 8 entstand unter sowjetischer Regie ein riesiges Hotel aus Glas und Beton, das sehr beliebt war. Südlich

von Ezernieki in einem Gletschertal, in das der buchtenreiche Dagda-See vordringt, liegt die gleichnamige Kleinstadt, deren schneeweiße barocke Dreieinigkeitskirche aus dem 18. Jh. einen Besuch wert ist. In Sauleskalns nahe Kombuli steht am **Dridža-See** 10 ein weiteres sowjetisches Hotel, wo früher Arbeiter aus Großbetrieben der UdSSR ihren Sommerurlaub verbrachten. Unterhalb am See schließlich gibt es einen Bootsverleih, von dem aus Bootstouren zu empfehlen sind: Der Drīdža-See ist durch viele kleine Flüsse und Kanäle mit

anderen Seen verbunden, so daß mehrtägige Bootstouren unternommen werden können. Strecken von bis zu 60 km
können auf dem Wasser zurückgelegt
werden.

Zentrum der lettischen Katholiken ist
Aglona 11 (S. 355) mit seinem Dominikanerkloster und der berühmten Basilika. Die Gründung des Klosters geht auf
das Jahr 1699 zurück, als die örtliche
Großgrundbesitzerin Schotowitzki zwölf
Dominikanermönchen 17 Dörfer mit 90
Gehöften schenkte. Zunächst bauten die
Mönche das Kloster und eine Holzkirche.
1768 begannen sie den Bau der eindrucksvollen Basilika, die 1800 fertiggestellt wurde. Zwei hohe, gestufte Türme
mit offenen Glockenstühlen rahmen die
schneeweiße Hauptfassade ein. Im Innern ist die Basilika im Rokokostil mit
zartfarbigen Malereien ausgestaltet.
Hoch über dem Altar die verehrte Ikone
aus dem 16. Jh. Dem Bildnis der Muttergottes wird wundertätige Wirkung nach-
gesagt. An Mariä Himmelfahrt ist es das
Ziel zahlreicher Pilger aus ganz Osteuropa. Wer um diese Zeit hierher
kommt, kann dort die tiefe Gläubigkeit
und den volkstümlichen religiösen Ausdruck der osteuropäischen Katholiken
miterleben. Als der Papst im September 1993 Aglona besuchte, beglück-
wünschte er die Gläubigen zu ihrer
Festigkeit im Glauben, die ihnen auch
die politische Eigenständigkeit gebracht hätte.

In scharfem Kontrast zur lieblichen
Landschaft Latgales steht die Tristesse
der grauen Industriestadt **Daugavpils**
12 (S. 356). Gegründet wurde die heute
zweitgrößte Stadt Lettlands 1275 von
den Ordensrittern. Errichtet an der
Stelle einer latgalischen Siedlung, lag

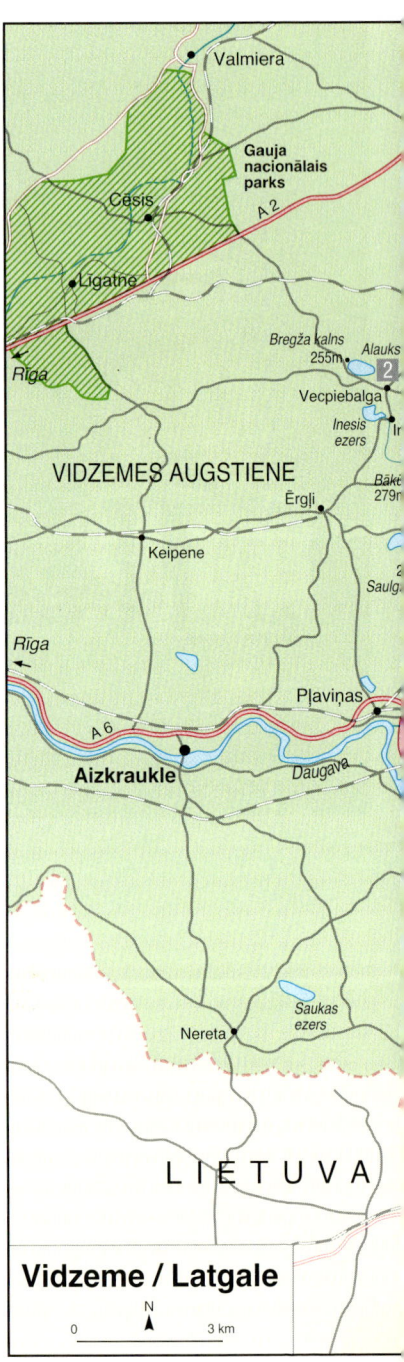

Bērzkrogs
Alūksne
13
1
Pededze
Vilaka
Pskov
Gulbene
Balvi
A 13

285m
Cesvaine
Nešaules kalns
s
Lubāna
3
Aiviekste
Madona
Lubans
ezers
une
**Krustkalnu
rezervāts**
Malta
Cirma
ezers
Lielais Ludzas
ezers
**Teiču
rezervāts**
Varaklāni
A 12
Ludza
7
5
Viļāni
A 12
Rēzekne
6
kabpils
LATGALES AUGSTIENE
Malta
Rāznas ezers
Līvanī
248m
L. Liepu kalns
Makoņkalns
289m
Preiļi
A 13
M. Liepu
kalns
8
Ezernieki
Rušonu ezers
266m
Ezezers
A 6
Aglona
Dagda
Dagdas ezers
11
9
Sīvers ezers
Višku
ezers
Saules kalns
211m
Drīdzis ezers
Kombuļi
10
Krāslava
Daugava
A 6
12
Daugavpils
A 13
Kaunas ↙

Die Basilika von Aglona, Wallfahrtsziel der Katholiken in Lettland

Schiffahrt auf der Daugava die Stadt zu einer Handelsmetropole gemacht. In der zweiten Hälfte des 19. Jh. dann führten alle wichtigen Verkehrswege in Richtung St. Petersburg, Moskau und Warschau durch Daugavpils, das immer auch eine Stadt mit einer vielfältigen Bevölkerung gewesen ist. Von den 40 000 Einwohnern vor dem Zweiten Weltkrieg waren zwei Drittel Letten, ein Drittel Russen, Polen und Juden.

Die jüdische Gemeinde ist in ganz Lettland vertrieben und ermordet worden. Als einzige von ursprünglich 43 Synagogen in Lettland blieb nur die von Daugavpils erhalten. Sie liegt in der Cietokšņa iela und besitzt eine wertvolle Sammlung religiöser Texte. Nicht weit entfernt, in der Saules iela nahe der Daugava, befindet sich das Stadtmuseum, das Ausstellungen zur Geschichte der Stadt und Latgales sowie regionaler Kunst zeigt. Die Peterskirche im Zentrum ist ihrem vatikanischen Vorbild nachempfunden.

Dort, wo die 18. Novembra iela die Bahnlinie überquert, stößt man auf die Boris-Gleb-Kirche. Sie stammt aus dem Jahre 1655, wurde 1905 umfangreich renoviert und ist vermutlich die schönste der latgalischen orthodoxen Kirchen. Den Innenraum schmücken russische Ikonen aus dem 19. Jh. Ihr gegenüber steht die neogotische evangelische Kirche und nur eine Straße weiter die katholische Marienkirche aus dem Jahre 1902. In Erinnerung an eine Marienerscheinung im Jahre 1854 wurde eine dem Beispiel von Lourdes nachempfundene Mariengrotte in der Kirche angelegt. Sie zieht viele Gläubige an.

Unweit der Marienkirche, in der Tautas iela, befindet sich die altrussischorthodoxe Kirche. Sie ist die am reichsten ausgeschmückte Kirche von Daugavpils. Der Innenraum birgt 300 Iko-

Daugavpils an einem strategisch wichtigen Punkt im Vielvölkereck zwischen Deutschen, Litauern, Polen und Russen. Auch die Schweden drangen bis hierher vor. Die wechselnde Herrschaft spiegelt sich in wechselnden Stadtnamen, vom deutschen Dünaburg über das polnische Dvinsk zum russischen Borisoglebsk.

Der jetzige Altstadtkern mit Festung und Kirche stammt aus der ersten Hälfte des 19. Jh., als Daugavpils russisch war. Die Wohn- und Wirtschaftsgebäude im Burghof sowie die damalige Neustadt vor den Mauern der Festung sind charakteristisch für die im ganzen Zarenreich verbreitete klassizistische Architektur. Die Fassaden wurden in St. Petersburg entworfen und genehmigt. Das Gelände war der Öffentlichkeit jahrzehntelang nicht zugänglich, da es von der Roten Armee genutzt wurde. Früher hatte die

nen, viele davon aus Silber gearbeitet. In dem hübschen Sommerhausviertel Mežciems nordöstlich des Stadtzentrums liegt die ebenfalls wunderschöne orthodoxe Alexander Newski-Kathedrale aus dem Jahr 1864.

Im Zweiten Weltkrieg wurde Daugavpils nahezu vollständig zerstört. Der Stadtkern wurde danach im sowjetischen Plattenbaustil wieder aufgebaut. Metall- und Maschinenbaukombinate, eine Chemiefaserfabrik wurden angesiedelt – Arbeitsplätze für Zehntausende sowjetischer Arbeiter, deren Ansiedlung in Daugavpils die Russifizierung der neuen Republik vorantreiben sollte. Von den heutigen 130 000 Einwohnern der Stadt sind nur 10 % Letten. Die Industrie in Daugavpils war von der Sowjetunion abhängig. Durch deren Zusammenbruch steht auch die Industrie in Daugavpils vor dem Bankrott. Aufgrund zunehmender Arbeitslosigkeit – die Quote liegt derzeit bei 25 % – droht Daugavpils die Entwicklung zum sozialen Pulverfaß.

Die Daugava bei Daugavpils

Unterwegs in Estland

Estland – Ein kurzer Überblick

Estland ist das nördlichste, kleinste und am dünnsten besiedelte der drei baltischen Länder. Bei einer Fläche von nur 45 215 km^2 hat es aber mit rund 3794 km die mit Abstand längste Küste. Anschaulicher als diese Zahlen freilich ist die Aussage, daß allein zwei Drittel der Küstenlänge auf die rund 1500 Estland vorgelagerten Inseln entfallen. Das Staatsgebiet ist immerhin noch größer als Dänemark oder Belgien. Es mag sein, daß Estland bei einem Blick auf die Karte in Relation zu seinem östlichen Nachbarn Rußland kleiner erscheint als es ist. Es hat ja auch oft genug in der Geschichte in dessen übermächtigem Schatten gestanden.

Die südliche Grenze verbindet die Esten mit den Letten, mit denen sie historisch und kulturell eng verbunden sind. Estlands Westgrenze bildet die Ostsee, und im Norden liegt der Finnische Meerbusen.

Von den nur rund 1,5 Mio. Einwohnern sind 62 % Esten, die restlichen sind Russen, Ukrainer und Weißrussen, die vorwiegend während der sowjetischen Besatzung aus der früheren Sowjetunion eingewandert sind. Die Esten gehören, anders als ihre baltischen Nachbarn, nicht zur indo-germanischen, sondern zur finno-ugrischen Sprachenfamilie. Sie sind also mit Finnen, Ungarn und mit einem Dutzend weiterer ethnischer Gruppen wie Setu und Websen verwandt, die hauptsächlich im europäischen Teil Rußlands wohnen. Ihre Vorfahren gelangten etwa um 2500 v. Chr. an die Ostseeküste, wo sie sich assimilierten und um die Wende zum

◁ Blick auf die Turmspitzen von Tallinn

zweiten Millenium eine ausgeprägte ethnische Gruppe bildeten. Nach der Eroberung durch den deutschen Ritterorden Anfang des 13. Jh. etablierten sich Gutsbesitzer zumeist deutscher Abstammung. Sie unterwarfen die Esten und machten aus ihnen Leibeigene. Das Land wurde abwechselnd, manchmal gleichzeitig, vom Ritterorden, von dänischen, polnischen und schwedischen Eroberern regiert, dann 1721 zu einer Provinz des russischen Zarenreiches. Erst die Abschaffung der Leibeigenschaft 1816/19, früher als in Rußland, eröffnete den Esten die Möglichkeit, ein eigenes nationales Bewußtsein zu entwickeln. Die in der zweiten Hälfte des 19. Jh. gebildete Bewegung »das nationale Erwachen« trug zu dieser Entwicklung bei. Das durch die russische Revolution entstandene Chaos nutzten die Esten und riefen am 24. Februar 1918 eine souveräne demokratische Republik aus, deren Recht auf Selbständigkeit das Volk im nachfolgenden Unabhängigkeitskrieg durchsetzte. Diese erste Phase des unabhängigen estnischen Staates dauerte bis 1940. 1939, zum Ausbruch des Zweiten Weltkrieges, wurde das Land durch den Abschluß des geheimen Hitler-Stalin-Pakts den Sowjets überlassen. Als Ende der 80er Jahre das sowjetische Imperium zerfiel, konnte Estland sich von der Sowjetunion lösen. Am 20. August 1991 wurde die Wiederherstellung seiner Souveränität proklamiert.

Kulturell vor allem durch den deutschen und skandinavischen Einfluß geprägt, hat sich Estland stets die eigentümlichen finno-ugrischen Grundzüge bewahrt. Die für ihre Herzlichkeit und Gastfreundschaft bekannten Esten sind ein besonders musisches Volk. Das

Die »Sachsen« verlassen das Land

Die estnische, demokratische Republik erließ 1925 ein Minderheitenstatut, das man beim Völkerbund in Genf als »Visitenkarte Estlands zum Eintritt in die europäische Völkergemeinschaft« bezeichnete. Es sah vor, daß jeder Staatsbürger seine Volkszugehörigkeit selbst bestimmen konnte und daß jede nationale Minderheit ihre kulturellen Angelegenheiten (wie muttersprachliche Schulen) durch eine Kulturselbstverwaltung regeln konnte. Die größte nichtestnische Minderheit war die Bevölkerungsgruppe der Russen (8,2 %). Sie siedelten zum größten Teil ostwärts von Narva, am Peipussee und im Petschurgebiet.

Die Bedeutung der deutschen Balten läßt sich nicht an ihrer Zahl messen. In den letzten Vorkriegsjahren waren 16 346 Bürger im deutschen Nationalkataster eingetragen, nur 1,5 % der estnischen Bevölkerung. In Lettland waren es immerhin 62 144 (2,3 %); zusammen also rund 75 000 Deutschbalten. Aber Geschichte und Kultur beider Länder sind von Deutschen stark geprägt. 1918 durch eine Bodenreform nach der Staatsgründung enteignet, waren den Großgrundbesitzern nur »Restgüter« verblieben.

Das estnische Wort für Deutscher heißt *sakslane* (Sachse), weil viele der deutschen Einwanderer seit dem 13. Jh. aus Niedersachsen kamen. In der Zeit der Gutsbesitzer entstand daraus ein neues Wort: *saks.* Und das heißt: der »Herr«. Die estnischen Bauern wurden von ihren Gutsherren gnadenlos ausgebeutet. Die Sprache der »Sachsen« war jahrhundertelang Amtssprache im Baltikum (außer in Litauen, dessen Geschichte anders verlief). Deutsch blieb auch während der schwedischen und russischen Regierungszeit Amtssprache. Alle Landpastoren bis 1918 waren Deutsche. Sie kodifizierten die Landessprachen Estnisch und Lettisch. Bis zum Ende der ersten Republik blieben die größten Kirchen der Hauptstadt Tallinn (Reval) Eigentum deutscher Gemeinden. 7000 Deutsche in der Hauptstadt hatten vier Gymnasien zur Verfügung, und in jeder estnischen Provinzstadt gab es eine deutsche Schule.

Das Ende der deutschen Minderheiten in Estland und Lettland kam blitzartig, allerdings aus nicht ganz heiterem Himmel. In den ersten Oktobertagen 1939 wurde eine Vereinbarung zwischen der Sowjetunion und dem Deutschen Reich bekannt, daß die Baltendeutschen »heim ins Reich« geholt würden. Es war eine Sache von Tagen, bis die ersten Umsiedlerschiffe die baltischen Häfen mit Kurs nach Deutschland verließen. 75 000 Menschen verließen ihre Heimat mehr oder weniger freiwillig, um in eine ungewisse Zukunft zu gehen. Heute leben die Deutschbalten verstreut über die ganze Welt.

Estland

N

0   20 km

Aegn.
Viims
Naissar   *Tallinna*   ps
laht

T

Väike-
Pakri
Suur-Pakri   **Keila**
Osmussaar   **Paldiski**   **Saue**   H

K

RAPLA

L ä ä n e   m e r i

Tahkuna ps   **Vormsi**
Noarootsi
Sviby   ps
Kärdla   *Hari kurk*   **Haapsalu**   **Märjama**
Rohuküla
HIIUMAA   Heltermaa   *LÄÄNEMAA*
Mardihansu
laht   *Kassari*   *Matsalu laht*   **Naturschutzgebiet**
HIIUMAA   *Kassari*   Lihula   **Matsalu**
laht   *Väinameri*   **(Vogelschutzgebiet)**
Soela väin   **Pärnu-**
Jaagupi   Toot
Orissaare   Kuivastu   Virtsu
Tagamõisa   **Muhu**   Lavassaare   *PÄR*
ps
Vilsandi s   *SAAREMAA*   **Pärnu**   Si
Vilsandi   **Naturschutzgebiet**   **SAAREMAA**   *Pärnu*
Naturschutz-   **Viidumäe**   *laht*
gebiet Vilsandi
und Vaika-Inseln   **Kuressare**   *Kihnu väin*
Abruka   **Kihnu**

Sõrve ps   Ikla
Ainaži   Staic
Kura kurk   **Ruhnu**   **Salacgr**
Kolka

L i i v i   l a h t

R i i a   l a h t

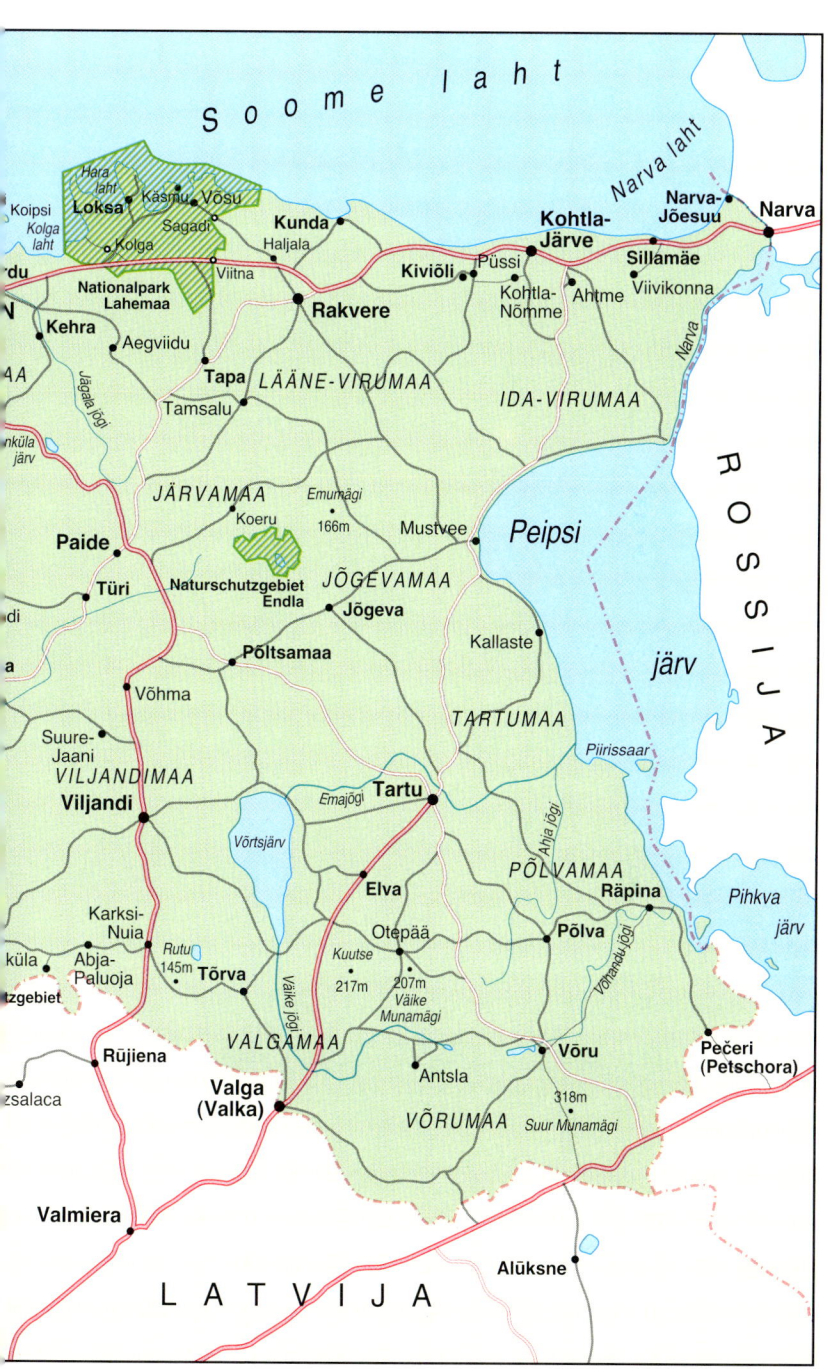

S o o m e   l a h t

Narva laht

Koipsi
Kolga
laht
Loksa
Härä
laht
Käsmu
Sagadi
Kolga
Võsu
Kunda
Haljala
Narva-
Jõesuu
Narva
Kohtla-
Järve
Sillamäe
Viivikonna

Viitna
Nationalpark
Lahemaa
Kiviõli
Püssi
Kohtla-
Nõmme
Ahtme

Kehra
Aegviidu
Rakvere

Tapa
LÄÄNE-VIRUMAA
IDA-VIRUMAA
Narva

Jägala jõgi
Tamsalu

JÄRVAMAA
Emumägi
166m
Mustvee
Peipsi

Paide
Koeru

Türi
Naturschutzgebiet
Endla
JÕGEVAMAA
Jõgeva
järv

Põltsamaa
Kallaste

Võhma
TARTUMAA

Suure-
Jaani
VILJANDIMAA
Piirissaar

Viljandi
Emajõgi
Tartu

Võrtsjärv
Ahja jõgi

Elva
PÕLVAMAA
Pihkva
järv

Karksi-
Nuia
Rutu
145m
Tõrva
Kuutse
217m
Otepää
207m
Väike
Munamägi
Räpina
Põlva

Abja-
Paluoja
küla
tzgebiet
VALGAMAA
Väike jõgi
Võhandu jõgi
Võru
Pečeri
(Petschora)

Rūjiena
Antsla
318m
Suur Munamägi

zsalaca
Valga
(Valka)
VÕRUMAA

Valmiera

Alūksne

L A T V I J A

R O S S I J A

Estland

247

Jan Kross – Ein Botschafter der estnischen Literatur

»Herr von Bock sprach die Bauernsprache, und zwar recht anständig ...« Wenn der estnische Schriftsteller Jan Kross in dem Roman »Der Verrückte des Zaren« seine Figur Jakob Mätti von der »Bauernsprache« reden läßt, so spiegelt sich darin die Stellung der Esten in ihrer eigenen Heimat wider. Jan Kross, Autor weiterer historischer Romane, führt den Leser in das Estland des 19. Jh., beherrscht von Deutschbalten und zum russischen Zarenreich gehörend. Die Esten lebten als weitgehend rechtlose Bevölkerung überwiegend auf dem Land. Ihre Sprache galt im Gegensatz zur quasi »offiziellen« Kultursprache Deutsch als »Bauernsprache« der ungebildeten Landbevölkerung.

So ist die nationale Identität der Esten immer wieder ein Thema des 1920 geborenen Erzählers Jan Kross. Für seine Romane, die in 20 Sprachen übersetzt wurden, muß man sich Zeit nehmen. Kross, häufig mit Dostojewski verglichen, erzählt langsam und weit ausholend, jedoch nie weitschweifig. Seine Geschichten sind feinsinnig konstruiert und beschreiben treffend Charaktere, soziale Verhältnisse und Landschaften. Fiktion und Authentizität werden meisterhaft vermischt.

Im deutschsprachigen Raum wurde er durch die Romane »Professor Martens Abreise« und »Der Verrückte des Zaren« bekannt. Ersterer zieht die Lebensbilanz eines alternden Völkerrechtlers und Diplomaten um 1900, der den Mächtigen zu Diensten war. Der zweite, bekanntere Roman schildert das abenteuerliche Schicksal des deutschbaltischen Adeligen Timotheus von Bock, einem Freund und Vertrauten des Zaren, der tatsächlich von 1787 bis 1836 in Estland lebte. So wie sein historisches Vorbild ist auch die Romanfigur mit einem estnischen Bauernmädchen verheiratet, dem sie den Zugang zur Bildung ermöglicht. Kross erzählt die Geschichte aus der Perspektive eines Bruders dieser Frau.

Jan Kross, in den vierziger Jahren Jurist und Theaterkritiker, wurde 1944 von den deutschen Besatzern verhaftet. 1946 steckten ihn die Sowjets ins Gefängnis, erst acht Jahre später wurde er aus sibirischer Lagerhaft und Verbannung entlassen. Im einsetzenden »Tauwetter« nach Stalins Tod begann er intensiv zu schreiben – zunächst experimentelle Lyrik, später Prosa. Seit 1970 erschienen zahlreiche historische Romane, die fast alle im Estland des 16. bis 19. Jh. spielen. »Ich möchte noch einmal wiederholen«, sagte er 1989 bei einer Diskussion in der Evangelischen Akademie Loccum, »daß es nicht ganz adäquat ist, zu sagen oder anzunehmen, daß ich mich bewußt in der Geschichte versteckt habe, um dadurch für die heutige Zeit relevante Antworten zu geben. So einfach war das nicht. Ich

bin an und für sich ein Liebhaber der Geschichte gewesen und fühlte mich in diesen fernen Zeiten nicht nur gut versteckt, sondern auch im allgemeinen behaglich.«

Auf die Frage nach der politischen Aufgabe des Schriftstellers antwortet Kross gern mit einer Geschichte: Vor 30 Jahren durfte er mit seiner Frau an einer Reise nach Ägypten teilnehmen. Als sie in Luxor für ihre Tochter ein kleines Lederkamel kaufen will, fragt der Ladenbesitzer, in welcher Sprache er mit seiner Frau sprechen würde: »Ich sage: Estnisch. Ach so, und wo spricht man das? Da erblicke ich eine geniale Möglichkeit. Hinter ihm an der Wand, an einem mücken-beschmutzten Spiegel steckt eine Karte. Man sieht die Ostsee, Skandi-navien, Finnland. Ohne zu zögern, ziehe ich die Karte hervor und zeige siegreich auf die Stelle, wo die Spra-che gesprochen wir. Aber etwas stimmt nicht. Ich sehe es an seinen Augen. Ich schaue runter auf die Karte, und an der Stelle, wo mein Fin-ger ist – blaues Wasser. Die Ostsee, nur blaues Wasser. Estland, das ganze Baltikum gibt es nicht. Das war so ein eigenartiger Augenblick, ich fühlte, wie mir unter den Füßen die Erde weggleitet. Diese blaue Leere im Bewußtsein Europas gilt es auszufüllen.«

Estland ist ein Leseland. Das mag verwundern bei einem Land, dessen geschriebene Literatur erst durch Friedrich Reinhold Kreutzwalds Bear-beitung der Volksdichtung »Kalevi-poeg« in der zweiten Hälfte des 19. Jh. den Durchbruch der eigenen Spra-che feierte. Während der estnischen Unabhängigkeit nach dem Ersten Weltkrieg wies das estnische Verlags-wesen die höchste Pro-Kopf-Produk-tion von Büchern in ganz Europa aus. Diese Leselust blieb auch während der sowjetischen Herrschaft erhalten. Von der breiten Palette zeitgenössi-scher estnischer Schriftsteller sind im deutschsprachigen Raum außer den Romanen von Jan Kross nur wenige erhältlich. Interessant ist die von Irja Gröholm und Cornelius Hasslblatt her-ausgegebene Sammlung moderner estnischer Erzählungen »Trugbilder«.

Darüber hinaus prägt bei uns vor allem die 1946 geborene Viivi Luik mit ihrem Roman »Der siebte Frie-densfrühling« das Bild der estnischen Literatur. Darin führt sie eine Ausein-andersetzung mit dem Stalinismus aus der bewußt naiv gewählten Per-spektive eines fünfjährigen Mädchens. Luiks Buch fügt Erinnerungssplitter aus dem Jahr 1951 aneinander. Die Wahrnehmungen des Kindes werden unterstützt durch behutsam einge-streute authentische Texte der Zeit. So entsteht ein subjektiver und durch die unverkrampfte Unbekümmertheit fast wertfeier Einblick in den estnischen Alltag unter Stalin. Viivi Luik besticht durch Lebendigkeit, poetische Kraft und scharf gestochene Bilder. In ihrer ländlichen Nicht-Idylle hat Weinerlich-keit keinen Platz.

zeigt sich nicht nur an den nationalen Sängerfesten, sondern läßt sich auch an der Reihe weltbekannter estnischer Komponisten wie Rudolf Tobias, Eduard Tubin oder Arvo Pärt belegen.

Neben den zahlreichen steinernen Zeugen seiner wechselvollen Geschichte, den Burgruinen und den Herrenhäusern, hat die abwechslungsreiche und in großen Teilen nahezu unberührte Natur Estlands die größte Anziehungskraft auf Besucher. Die riesigen grünen Wälder, blaue Seen und ausgedehnte weiße Sandstrände lassen Naturfreunde ins Schwärmen geraten. In dem durch die Eiszeit geprägten Land entdeckt der Reisende verschiedenartige Landschaften: mit Windmühlen und Wacholder geschmückte Inseln im Westen, felsige Strände, das einzigartige steile Kalksteinufer, Glint genannt, an der Nordküste, zahlreiche Sümpfe und Moore, weite Wiesen und Gehölze im Landesinneren. In der hügeligen Moränenlandschaft des Südens treffen wir auf die meisten der zahlreichen Seen. Daher ist Estland besonders für naturnahe Sportarten wie den Fischfang geeignet. Es sind zehn staatlich geführte Jagdreviere zu verzeichnen. Immer beliebter ist der Wassersport: Die Anzahl der Anlaufstellen für Segeltouristen wird von Jahr zu Jahr größer. Empfehlenswert sind vor allem die kleinen Häfen der westestnischen Inseln mit ihrem reizvollen Ambiente. Auch für Wintersportler ist Estland ein attraktives Ziel, insbesondere für den Skilanglauf.

Estland hat besonders im Sommer viele Attraktionen zu bieten. In Tallinn wird in der ersten Juniwoche das Tallinner Altstadtfest gefeiert. Folkloristische Veranstaltungen erinnern in der geschmückten Altstadt an die Vergangenheit. Performances und Konzerte werden veranstaltet, und auf dem Rathaus-platz findet ein Kunstjahrmarkt statt. In diesen »weißen Nächten«, in denen es nicht richtig dunkel wird, feiert man seit alters her. Der allerorten begangene Johannistag, das Fest der Sonnenwende am 23. Juni, ist heidnischen Ursprungs – eine Überlieferung, die tief in der heimischen heidnischen Kultur verwurzelt ist.

Estlands Wirtschaft im Aufschwung

Im Gegensatz zur wirtschaftlichen Talfahrt der baltischen Nachbarn im Süden deutete sich in Estland 1994 erstmals seit der Unabhängigkeit ein Wirtschaftswachstum an. Der Stand des Bruttoinlandsprodukts von 1990 ist allerdings bisher nicht annähernd wieder erreicht – die Produktion war in den darauffolgenden Jahren auf weniger als die Hälfte geschrumpft. Die positiven Folgen der ökonomischen Lichtblicke sind für den Großteil der Bevölkerung kaum spürbar. Der individuelle Konsum sank im Gegenteil drastisch. Das »Wirtschaftswunder« ist ein zaghafter Aufschwung.

Es ließe sich eine Liste mit Gründen für den Aufschwung anlegen: Die Währungssicherheit, eine schnelle Marktumstellung von Ost nach West, die traditionell starke Nordeuropa-Anbindung und äußerst vorteilhafte Anreize für Unternehmer gehören zu den wichtigsten Posten.

Estlands traditionelle Orientierung in Richtung Nordeuropa hatte unter anderem zur Folge, daß die beiden größten ausländischen Investorenländer heute Finnland und Schweden heißen. Dagegen rangiert Deutschland unter »ferner liefen«, liegt allerdings im Bereich von Im- und Export auf Rang drei: Gekauft werden Kupfer und Nickel, chemische Halbfabrikate sowie Bekleidung und

Holzwaren. Deutsche Exporte nach Estland bestehen vor allem aus Kraftfahrzeugen und Maschinen.

Mit Einführung der estnischen *Kroon* im Juli 1992 wurde eine Wende in der Geldpolitik zur Stabilität hin erreicht, die bis heute anhält. Die Festlegung auf die Deutsche Mark im Krone-DM-Verhältnis von acht zu eins bremste eine ungeheuer schädliche Inflation von über 1000 % auf 35,6 % im Jahr 1993 herunter und machte die Ökonomie für ausländische Investoren berechenbarer. Sie wurden zudem durch den Verzicht auf jegliche Steuern auf Im- und Exportwaren angelockt, der Estland in ein Unternehmerparadies verwandeln soll – zumindest finanzpolitisch. Auch wenn die niedrigen Lohnkosten einen mächtigen Investitionsanreiz darstellen, existieren Defizite in der Infrastruktur und bei dem Bildungs- und Leistungsstandard.

Die Privatisierungspolitik auf dem Lande und in der Industrie wurde kontinuierlich durchgeführt, wobei die deutsche Treuhandanstalt in Gestalt der »Treuhand Osteuropa Beratungsgesellschaft« sowie die US-amerikanische Beratungsgesellschaft »US-AID« entscheidend beteiligt waren und derzeit noch sind. Nach großen Problemen während der Übergangswirren von 1991 und 1992, als mafiaähnliche Geschäftspraktiken zu privaten Supergewinnen führten und zugleich zum gesamtgesellschaftlichen Niedergang beitrugen, funktionierte die weitere Umstrukturierung der Volkswirtschaft weitgehend marktwirtschaftlich seriös, wobei beim Verkauf von bisherigem Staatseigentum auf längerfristige Investitionspläne und Arbeitsplatzgarantien geachtet wurde. Die Privatisierung von Estlands Landwirtschaft wurde behutsamer durchgeführt als beispielsweise in Litauen, wo die bis dahin existierenden Kolchos-Güter über Nacht aus ideologischen Gründen zerschlagen wurden, was zu einem sofortigen, katastrophalen Einbruch der Produktion führte. Insgesamt wurden in Estland seit 1993 pro Quartal etwa 4000–4500 neue Firmen gegründet. Die offizielle Arbeitslosenquote liegt zwischen zwei und drei Prozent; man muß aber von einer verdeckten Nichtbeschäftigung in vielen Großbetrieben ausgehen, so daß die Quote de facto an der Grenze zur Zweistelligkeit liegen dürfte.

Eine Reglementierung des privaten Konsums findet heute nur noch über den Preis statt. Von den insgesamt günstigen Wirtschaftsdaten mit relativ starker Wachstumstendenz spürt der überwiegende Teil der 1,6 Mio. Einwohner nichts oder wenig. Das monatliche Durchschnittseinkommen liegt bei 1200 Kronen (150 DM) brutto, von denen noch eine 26prozentige Einkommensteuer bei 300 Kronen Steuerfreiheit abgezogen wird. Besonders hart trifft es die sozial Schwachen – vor allem Rentner und Arbeitslose, zumal sich die Mieten, Preise für Grundnahrungsmittel sowie Tarife im öffentlichen Nah- und Fernverkehr vervielfachten. Alles in allem wird in Estland davon ausgegangen, daß in etwa 90 % der Bevölkerung wirtschaftlich schlecht dastehen – ihnen stehen zehn Prozent gut Verdienender gegenüber.

Die Hauptstadt Tallinn

(S. 380) Ein unvergleichliches Panorama bietet Tallinn dem Besucher, der sich von der Seeseite nähert. Wie ein Scherenschnitt ragen die Umrisse der alten Hansestadt in den Himmel: Die Kirchen von Domberg und Unterstadt, der Hafen mit seinen Kränen und besonders markant die Nadelspitze und der grünpatinierte Turm der Oleviste Kirche, der die Satteltürme der Stadtmauer, die barocken Hauben der Häuser, die gotischen Kirchtürme und den Turm des Rathauses weit unter sich läßt. Auf holprigen Straßen und durch verwinkelte Gäßchen gelangt man ins Zentrum der Altstadt. Auf den ersten Blick scheinen die Gebäude viel Gemeinsames zu haben, erst bei genauerem Hinsehen wird deutlich, daß jede Fassade die Visitenkarte des Hausherrn ist und dessen Platz in der Standeshierarchie der mittelalterlichen Stadt deutlich macht. Obwohl die Altstadt insgesamt mittelalterlich wirkt, ist sie ein reizvolles Gemisch aus Gotik, Renaissance, Barock und Klassizismus.

Aus der Geschichte

Der Name Tallinn wird von *Taani Linn* abgeleitet, was im Estnischen »Stadt der Dänen« bedeutet. Erstmals urkundlich erwähnt wird Tallinn 1154. Später taucht in schwedischen Chroniken der Name *Lyndanyse* auf, in dänischen ist die Rede von *Revele,* woraus sich das deutsche *Reval* entwickelte. Mit der Ankunft des dänischen Königs Waldemar II., der 1219 mit 1500 Schiffen vor der Küste Estlands landete, die alte Burg der Esten zerstörte und eine neue bauen ließ, begann für die Esten eine fast 770 Jahre andauernde Fremdherrschaft. Auf dem 50 m hohen Kalkberg, dem heutigen Domberg, von dem aus das Meer hervorragend zu kontrollieren war, schufen sich die dänischen Eroberer, wenig später dann der deutsche Schwertritterorden, ideale Voraussetzungen für eine florierende Hafen- und Handelsstadt. Im Schutz der Burg entwickelte die Stadt ihre charakteristische Doppelgestalt: Auf der sicheren Höhe ließen sich der Bischof, königliche Vasallen und Ritter nieder, während zu ihren Füßen Händler- und Kaufmannsfamilien siedelten. Zwischen den Bewohnern von Ober- und Unterstadt kam es bald zu heftigen Machtkämpfen und blutigen Streitigkeiten. Mauern und Türme wurden hochgezogen und die Tore, die tagsüber passierbar waren, wurden nachts fest verschlossen. Durch den wirtschaftlichen Aufschwung Tallinns gelangten einige Kaufleute in der Unterstadt zu großem Reichtum. Sie schlossen sich in Gilden zusammen, sagten sich von der dänischen Oberhoheit los und gaben sich eine eigene Gerichtsbarkeit. Der Beitritt Tallinns zum Bund norddeutscher Städte, der späteren Hanse, brachte der Stadt einen gewaltigen wirtschaftlichen und künstlerischen Aufschwung. Mit dem Zerfall des Ordensstaates im 16. und 17. Jh. sank auch die Bedeutung Tallinns, das mittlerweile zu Schweden gehörte.

Während des Nordischen Krieges eroberte Zar Peter I. 1710 Tallinn. Aus dieser Zeit stammen die barocken Bauten. Der Zar, der deutsche Adel und die reichen Kaufleute wurden sich schnell einig: Die Oberschicht erhielt die Privilegien zurück, die sie unter den Schweden eingebüßt hatte. Imponierte die befestigte Stadt zu Zeiten des Barock sogar großen Herrschern, so galt sie später in den Augen eines jungen Offiziers aus der Hauptstadt des Zarenreiches als architektonisches Fossil: »Alle Revaler Straßen sind krumm und so schmal, daß der Kutscher unter ständigem Glockengeläut fahren muß, um einen Zusammenstoß zu vermeiden ... keine von ihnen verläuft parallel zur anderen, oder ist gleich breit. Laternen hängen an Schnüren über der Mitte der Straße; die grüne Farbe, Eisengitter und schwarzweiße Streifen nahe den Fensterrahmen geben der Stadt ein finsteres Aussehen.« So beschreibt der spätere Dekabrist A. Betushew nach einem winterlichen Besuch die Stadt, die er »eigenartig« in der Wirkung findet und am liebsten abreißen lassen würde. Eine weitere Besonderheit der schmalen Gassen

der Unterstadt: Sie konnten abgeschlossen werden. An den Häuserecken waren Eisenringe befestigt, durch die Ketten mit großen Schlössern gezogen wurden. Noch heute findet man an einigen Häusern in der Altstadt solche Eisenringe. Jetzt, wo die Altstadt nur mit einem Passierschein befahrbar ist, wären die alten Ketten vielleicht schmückender als die häßlichen Buden an den Stadttoren, wo die Passierscheine für die Altstadt kontrolliert werden.

Mit Eröffnung der Bahnlinie 1870 begann erneut der Aufschwung Tallinns. Der Hafen wurde als Fenster nach Europa zum drittgrößten des russischen Imperiums ausgebaut. 1905 und 1917 hinterließen die Revolutionen ihre Spuren in der Stadt. Das Burgzentrum, nach den Nordischen Kriegen halbleer und

In der Altstadt von Tallinn

Jung und beständig –
Die Esten und ihre Liebe zum Theater

Ohne Zweifel: Die Esten lieben das Theater! Jährlich besuchen in Estland mehr Menschen ein Theater als das Land Einwohner zählt. Und vielfältig ist sie – die darstellende Kunst im nördlichsten der drei baltischen Staaten! Es gibt estnisches und russisches Schauspiel, große Oper, Operette und Ballett, aber auch Jugend- und Puppentheater. Mit etwa siebzig Neuinszenierungen und mehr als 4500 Vorstellungen im Jahr ist die Leistung der zwölf festen Theatertruppen des Landes beträchtlich.

Dabei blicken die Esten auf eine ausgesprochen kurze Theatergeschichte zurück. Erstes wichtiges Ereignis war die Gründung des »deutschen Liebhabertheaters« 1784 in Tallinn durch August von Kotzebue. Hier wurde zum ersten Mal ein Schauspiel in estnischer Sprache aufgeführt.

Erst 100 Jahre später wurde mit der Aufführung von Lydia Koidulas »Der Vetter von Saaremaa« in der alten Universitätsstadt Tartu, dem Zentrum der nationalen Bewegung Estlands, das estnische Nationaltheater aus der Taufe gehoben. Veranstalter war – da es noch kein eigentliches Berufstheater gab – der 1865 gegründete Laienschauspieler- und Gesangsverein »Vanemuine«. Diese Schauspieltruppe entwickelte sich zwischen 1880 und 1890 unter dem Leiter August Wiera zum führenden Theaterensemble Estlands. Mit 100 Darstel-

lern führte es Werke junger estnischer Autoren auf, brachte Molières »Geizigen« (1886), Shakespeares »Der Kaufmann von Venedig« (1888) und »Der Widerspenstigen Zähmung« (1889) in estnischer Sprache auf die Bühne. 1906 wurden aus »Vanemuine« und dem damals neugegründeten Tallinner »Estonia« die beiden ersten Berufstheater Estlands. Der Reigen professioneller Theater wurde 1911 durch die Gründung des »Endla« in Pärnu ergänzt. In diesen drei Städten baute man entsprechende, zum Teil stattliche Theatergebäude und trug so zur Festigung der jungen, nationalen Theaterkultur Estlands bei.

Das Tallinner »Estonia«-Theater ist heute zweifelsohne die wichtigste Musikbühne des Landes. 1944 zerstört, finden in dem originalgetreu wiederaufgebauten Gebäude musikalische Aufführungen aller Art statt – von der großen Oper über Operette und Musical bis hin zum Ballett – letzteres ist in Estland übrigens eine sehr geschätzte Kunstgattung. Als erste und entscheidende Schauspielbühne Estlands ist das Tallinner Schauspielhaus zu nennen. Sein hervorragendes Ensemble nimmt sich hauptsächlich der jungen estnischen Dramatik an. Durch kleinere Bühnen des Landes, z. B. das Theater in Rakvere, wird das bunte Theaterleben Estlands mit Gastspielen im ganzen Land bereichert.

Ende des 19. Jh. als Gefängnis genutzt, brannte während der Oktoberrevolution ab. Nach Abzug der deutschen Truppen, die Estland während des Ersten Weltkrieges kurze Zeit besetzt hielten, wurde Tallinn 1918 Hauptstadt der Freien Republik Estland. Doch die Freiheit sollte nicht lange währen, russische Truppen besetzten Estland, und 1940 wurde Tallinn gegen den Willen der Bevölkerung Hauptstadt der Sowjetrepublik Estland. 1941 eroberte wiederum die deutsche Wehrmacht Tallinn, aber drei Jahre später wurde mit dem Einzug der Roten Armee die Sowjetherrschaft wiederhergestellt. Die sozialistische Ära hat architektonische Sünden im Stadtbild hinterlassen. Das zwölfstöckige Hochhaus des ZK der KP hat eine tiefe Narbe im Stadtbild verursacht; oberhalb des Kadriorg-Park thront die Bettenburg Lasnamäe, die für 100 000 Einwohner errichtet wurde, und etwas außerhalb liegt Mustamäe, Tallinns älteste Trabantenstadt aus der Sowjetzeit. Heute hat die Stadt ca. 500 000 Einwohner. Ein Drittel aller Bewohner Estlands leben in der Hauptstadt, deren wunderschöne Altstadt in den letzten Jahren sorgfältig restauriert worden ist.

Spaziergänge durch Tallinn – Das Herz der Altstadt

Wir beginnen den Rundgang an der Nordseite des Friedensplatzes (Vabaduse väljak), wo früher eines der vielen Stadttore Tallinns, das Harju-Tor, stand. Vor dem Tor wurde 1535 einer der mächtigsten Adeligen Estlands, Johann von Uexkyll, hingerichtet. Vom Rat der Stadt wurde er zum Tode verurteilt, weil er einen Bauern innerhalb der Stadtmauern zu Tode gefoltert hatte – eine schwere Verletzung des Stadtrechtes.

Über die **Harju,** die heute eine belebte Einkaufsstraße ist, erblickt man die **Nikolaikirche** 1 (Niguliste kirik), die im 13. Jh. vom deutschen Orden für 200 Handwerker- und Kaufmannsfamilien errichtet wurde und auch zu ihrem Schutz diente. Das Gotteshaus dient heute als Filiale des Estnischen Kunstmuseums und als Konzertsaal. Sehenswert ist der zweiflügelige Hochaltar, der in der Lübecker Werkstatt Herrmann Rodes hergestellt wurde und seit 1481 die Nikolaikirche schmückt. Lyrisch-verträumt und farbintensiv zeigt der Altar Szenen aus dem Leben des Märtyrers Viktor, dem zweiten Patron der Seefahrer. In der Antoniuskapelle befindet sich ein Fragment des »Totentanzes« (Ende 15. Jh.), ein Gemälde, das man dem Lübecker Meister Bernt Notke zuschreibt. Ganz in der Nähe der Kirche steht das Denkmal für den Schriftsteller Eduard Vilde (1865–1933): ein Buch aus Stein mit Auszügen aus Vildes Werk.

Durch die Kullassepa, wo im Mittelalter Gold- und Silberschmiede ihr Handwerk ausübten, gelangt man in das Zentrum der Altstadt, auf den belebten **Rathausplatz,** der auch als Marktplatz dient. Hier ist die Stelle gekennzeichnet, die die Mitte der Stadt symbolisiert. Wer will, kann überprüfen, ob er die fünf Kirchen der Stadt von hier aus erblicken kann. Das **Rathaus** 2 , zum Ausgang des 15. Jh. errichtet, ist glücklicherweise unverändert erhalten geblieben und in seiner stilreinen Spätgotik im Baltikum einzigartig. Ein wuchtiger, solider Bau mit einem schlanken Turm. Im Hauptgeschoß mit seinen repräsentativen Gemächern hatten Rat und Bürgerschaft der Stadt ihren Sitz. Über dem Eingang des Abgeordnetensaales hängt eine Tafel mit der lateinischen Inschrift: »Abgeordneter, wer auch immer Du sein magst, wenn Du das Rathaus betrittst,

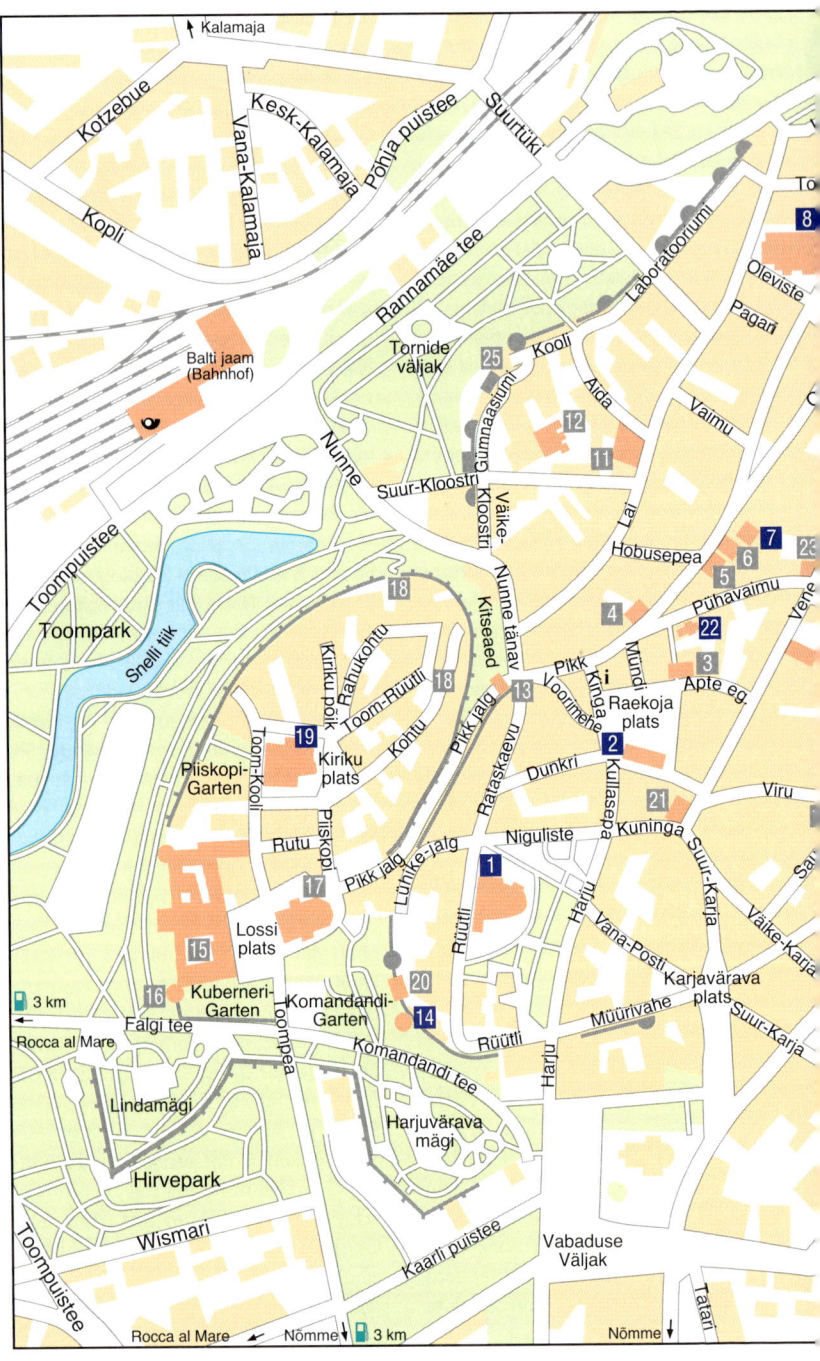

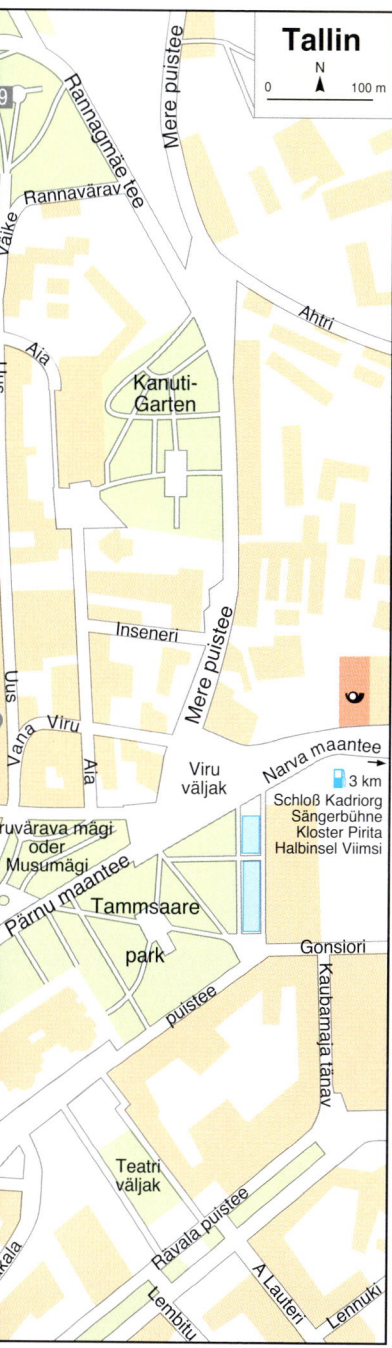

Tallin

N
0 · 100 m

um öffentliche Pflichten zu erfüllen, lasse Dein Privatleben vor der Tür. Wut, Unrecht, Feindschaft, Freundschaft, Schmeichelei; ordne Deine Person und Deine Sorge der Gemeinschaft unter, weil Du, direkt oder indirekt, über andere Menschen entscheidest, stehst Du selber unter Gottes Rechtsprechung.«

In der nordöstlichen Ecke des Rathausplatzes steht die älteste **Apotheke** **3** Tallinns aus dem 15. Jh. Von 1583 bis 1911 war sie im Familienbesitz der Burcharts, die aus Ungarn stammten und außerordentlicher medizinischer Kenntnisse gerühmt wurden. In alten Zeiten konnte man hier nicht nur Medikamente, sondern auch Tabak, Gewürze, Süßigkeiten, alkoholische Getränke und sogar Seidenstoffe erwerben. Vor der Passage Saikang sollte man einen Blick auf die

Tallinn

1 *Nikolaikirche*
2 *Rathaus*
3 *Ratsapotheke*
4 *Große Gilde*
   (Museum für estnische Geschichte)
5 *Kanutigilde (Draakonigalerii)*
6 *Olaigilde*
7 *Schwarzhäuptergilde*
8 *Olaikirche*
9 *Dicke Margarete*
10 *Komplex ›Drei Schwestern‹*
   (Stadtarchiv)
11 *Kunstgewerbemuseum*
12 *Ehemaliges Kloster St. Michael*
13 *Turm zum Langen Domberg*
14 *Kiek in de Kök*
15 *Schloß Toompea*
16 *Langer Hermann*
17 *Alexander-Newski-Kathedrale*
18 *Aussichtsplattform*
19 *Domkirche*
20 *Mägdeturm*
21 *Städtisches Packhaus*
22 *Heiliggeistkirche*
23 *Stadtmuseum*
24 *Ehemaliges Katharinenkloster*

200 Jahre alte **Sonnenuhr** werfen. Hier ist im Pflaster ein Zeichen in Form eines L zu erkennen, der Rest eines Kreuzes. An dieser Stelle wurde Pastor Elias Panicke 1694 geköpft, weil er eine junge Magd im Wirtshaus erschlagen hatte, aus Ärger über ihre schlecht zubereiteten Eierspeisen – so der Volksmund.

Durch eine schmale Gasse, die Kinga, gelangt man in die Pikk, die den Stadtkern mit dem Hafen verbindet. Salz, Heringe oder Eisen – alles, was auf dem Seewege aus anderen Ländern im Hafen eintraf – wurde über die Pikk in die Stadt befördert. Auch die Exportgüter – Korn, Pelze und Flachs – wurden durch diese Straße zum Hafen geschafft. Hier stehen noch heute die mittelalterlichen Handelshäuser, die Unterkünfte der Kaufleute und ihre Gildehäuser.

Die **große Gilde** 4, ein für die Hansestädte typischer Bau, wurde 1407 bis 1410 für die Gilde der Kaufleute und Reeder erbaut. Heute befindet sich hier das Museum für Estnische Geschichte mit einer Sammlung von Urkunden seit dem 13. Jh. Das Gebäude betritt man durch eine solide Eichentür mit mächtigen Klopfern in Form von bronzenen Löwenköpfen. Gegenüber befindet sich das Traditions-Café »Maiasmokk« (Der süße Zahn) mit seiner schönen Erkerfassade. Vom Eckzimmer aus überblickt man den oberen Teil der Pikk. Das Haus mit der Nr. 25 besitzt eine originale Fassade. Wer den Blick aufwärts richtet, begegnet dem Auge eines eleganten Herren; um diese Skulptur richtig betrachten zu können, überquert man die Straße. Hinter einem großen Schaufenster, über dem zwei bedrohliche Drachen liegen, befindet sich die »Drachengalerie«, eine bekannte Kunstgalerie Tallinns (Pikk-Str. 18).

Haus Nr. 20 ist das Gebäude der **Kanutigilde** 5, einer Vereinigung der »feineren« Handwerker, die meist aus Deutschland stammten. Das Haus, im 13. Jh. erbaut, wurde im 19. Jh. mit einer Fassade im Tudorstil, einer englischen Variante der Neogotik, verkleidet. Geschmückt ist es mit den Statuen von Martin Luther und Kanutus, dem Schutzheiligen der Gilde. Die **Olaigilde** 6, gegründet im 13. Jh., war die Organisation der einfacheren, estnischen Handwerker. Starke Meinungsverschiedenheiten führten im 17. Jh. zu ihrer Auflösung. Ihr prächtiger Saal mit sechs Sterngewölben in ihrem Gilde-Haus in der Pikk ist heute ein beliebter Ort für Festlichkeiten. Das Gildehaus ging später in den Besitz der Brüderschaft der Schwarzhäupter über und wurde mit deren benachbartem Haus vereinigt. Ende des 14. Jh. traten alle Ledigen aus der Großen Gilde aus und gründeten die **Schwarzhäuptergilde** 7. In ihren Reihen wurden nur unverheiratete Kaufleute geduldet. Der Name der Gilde bezieht sich auf den Schutzheiligen St. Mauritius, der schwarz wie die Nacht war. Die reichverzierte Renaissancefassade des Schwarzhäupterhauses aus dem 16. Jh. stammt von dem niederländischen Baumeister Arent Passer. Im Gebäude sieht man die Wappen der hanseatischen Handelskontore von Brügge, Novgorod, London und Bergen. Die Reliefs zwischen den Fenstern des ersten Stocks bilden die Schwarzhäupter bei einem Turnier ab.

Die imposante Turmspitze der **Olai Kirche** 8 (Oleviste kirik) aus dem 13. Jh. dominiert das gesamte Erscheinungsbild von Tallinn. Der Turm gehörte früher mit 159 m Höhe zu den höchsten der Welt. Nach einem Blitzeinschlag in den Turm wurde die völlig abgebrannte Kirche ab 1828 in ihrer ursprünglichen Form wiederaufgebaut und 1840 wieder

◁ *Der Rathausplatz*

*Portal des Schwarz-
häupterhauses*

eingeweiht. Früher fanden hier beliebte Veranstaltungen statt: Der Chronist Balthasar Russow berichtet von Auftritten italienischer Seiltänzer, deren Seil von der Kirchturmspitze bis hinüber zur Stadtmauer gespannt wurde.

Die Pikk verläßt man durch das Suur Rannavärav (Große Strandpforte). Der massive, niedrige Kanonenturm auf der rechten Seite hat einen Durchmesser von 24 m und eine Mauerstärke von 4,7 m, und so trägt er seinen Namen zu Recht: **Dicke Margarete** 9 (Paks Margareeta). Er wurde zu Anfang des 16. Jh. erbaut und 1970 von polnischen Spezialisten restauriert und beherbergt das estnische Schiffahrtsmuseum. Wir werfen nun einen Blick auf das Häuserensemble **Drei Schwestern** 10 (Kolm õde) bei der Hausnummer 71. Das linke Eckhaus zeichnet sich durch eine reiche Fassade aus, mit einem von barocken Schnitzereien dekorierten Portal aus der Mitte des 17. Jh. Früher waren in den »Drei Schwestern« Handelskontore untergebracht, heute befindet sich dort ein Tourismusbüro. Links blickt man in die Tolli, deren gesamte rechte Seite

heutzutage vom **Tallinner Stadtarchiv** eingenommen wird. Hier werden Dokumente aufbewahrt, die bis in das 13. Jh. zurückreichen. In ganz Nord- und Osteuropa gibt es kein anderes Archiv, das in einer solchen Zahl spätmittelalterliche und frühneuzeitliche Archivalien, darunter sehr wertvolle aus der Hansezeit, aufweisen könnte. Hier finden interessante historische Ausstellungen statt.

Die Lai führt uns zurück in das Zentrum der Altstadt. Vor dem typischen bürgerlichen Wohnhaus Nr. 29 stehen Linden, die auf Anordnung Peters des Großen gepflanzt wurden. Hier soll im 15. Jh. Bernt Notke, der Schöpfer des »Totentanzes«, gelebt haben. In der Lai reihen sich das Naturkundliche Museum in Nr. 27 (Eingang über den Hof), das **Kunstgewerbemuseum** 11 im alten Lagerhaus und direkt gegenüber das Gesundheitsmuseum aneinander. Nun wenden wir uns zur Suur-Kloostri, wo im 13. Jh. ein Zisterzienserinnenkloster gegründet wurde. Vor 350 Jahren wurde hier im ehemaligen **Kloster St. Michael** 12 vom schwedischen König Gustav Adolf eine Schule eingerichtet. 1716 ging die

Der lange Domberg

das erste Tallinner Theater. Auf dem Weg zum Stadtkern begegnet man am Fuße des Dombergs der sehenswerten Skulptur »Roe Deer« von Jan Koort (1883–1935), dem bekannten estnischen Bildhauer.

Am Ende der Nunne steht das einzige Stadttor Tallinns, das in seiner ursprünglichen Form überlebt hat: **Turm zum Langen Domberg** 13 (Pikka Jala Torn). Dieses Tor verband die Unterstadt, wo die Kaufleute und Handwerker wohnten, mit dem Domberg der Oberstadt, dem Adelssitz. Das gegenseitige Mißtrauen war dermaßen ausgeprägt, daß diese Mauer genau so hoch war wie die gegen äußere Feinde. Weiter geht es entlang der Rataskaevu. Diese ruhige Straße verdankt ihren Namen einem alten Brunnen. Im Haus Nr. 22 lebte der Künstler Michel Sittow (1469–1525), ein geborener Tallinner, der es bis zum Hofmaler der spanischen Königin Isabel brachte. Das Haus Nr. 16 soll mit einem Fluch belastet sein. Nach einer Legende hat der Teufel in diesem Haus Hochzeit gefeiert, weshalb man das Fenster im oberen Stock zumauerte, damit er nicht mehr entweichen konnte.

Von hier gelangen wir nun wieder zur **Nikolaikirche.** An ihrer Westseite führt ein enger und steiler Aufgang, der Lühike Jalg, zum Domberg. Hier kann man das Museum Adamson-Erics (1902–1968) besuchen, eines prominenten und vielseitigen estnischen Künstlers. Die Rataskaevu geht über in die Rüütli, eine der ältesten Straßen Tallinns. Die Häuser der rechten Seite sind restauriert und vermitteln einen besonders schönen Eindruck vom mittelalterlichen Tallinn. Am Ende der Straße (Nr. 24) lebte der Henker. Eine Begegnung mit ihm galt als Unglück. Damit man ihn bereits von weiter her sehen konnte, ging er immer rotgekleidet. Erst im 17. Jh. wurde sein Amt

zugehörige Klosterkirche an die Russisch-orthodoxe Gemeinde über. Die Ikonostase aus dem 18. Jh. gehört zu den besten Holzschnitzereien in Estland. Ab 1633 war die erste Druckerpresse Tallinns in diesem Konvent in Betrieb. Die Nordseite des Schulhofes wird durch die Stadtmauer abgeschlossen.

Kloostrivärav ist das jüngste Tor Tallinns. Durch eine schmale Gasse erreicht man die belebte Nunne tänav, die die Unterstadt mit dem Tallinner Bahnhof verbindet. Auf der gegenüberliegenden Seite befindet sich das 1952 gegründete Puppentheater. Der baltendeutsche Schriftsteller August von Kotzebue (1761–1819) gründete hier 1784

vom Rat der Stadt aufgewertet, indem ihm gestattet wurde, mit seiner Familie an der Messe teilzunehmen – allerdings getrennt von den übrigen Kirchenbesuchern.

Domberg (Toompea): Die Oberstadt

Es geht los beim **Kiek in de Kök** (Guck in die Küche) **14**, einem der mächtigsten Kanonentürme des gesamten Ostseeraumes, der 1475 erbaut wurde. Der Blick aus seinen Fensteröffnungen ermöglichte die Einsicht in die Küchen der Stadt, daher sein Name.

Rechts liegt der Lossiplatz; hier beginnen alle Wege und enden an den Umfassungsmauern der Burg. Das **Schloß Toompea 15** war Regierungssitz verschiedener Herrscher. Nach der Vertreibung der Dänen errichtete der deutsche Schwertritterorden 1229 zwei Festungen, die Große und die Kleine Burg. Knapp zehn Jahre später mußten die Deutschen wieder einen Teil der Burg an die Dänen abtreten; diese teilten sie, indem sie eine Mauer von Osten nach Westen zogen. Der Livländische Orden, der 1346 in die Burg einzog, nahm weitere Veränderungen vor. Nachdem Tallinn dem russischen Imperium einverleibt worden war, wollte Katharina II. umfangreiche Renovierungsarbeiten vornehmen und ließ deshalb einen Teil der Burg abreißen. So sind heute von der mittelalterlichen Burganlage nur die West- und die Nordmauer und drei Türme erhalten geblieben. Dazu gehört der 45 m hohe **Pikk Hermann** (langer Hermann) **16**, auf dem seit der Unabhängigkeit Estlands wieder die blau-schwarz-weiße Landesfahne weht. Die unter Katharina II. erbaute Barockfassade des Schlosses wurde während der Oktoberrevolution zerstört und später wieder aufgebaut. Heute ist das Schloß Sitz der estnischen Regierung. Gegenüber ragen fünf Zwiebeltürme der russisch-orthodoxen **Alexander-Newski-Kathedrale 17** in den Himmel. Sie wurde zwischen 1894 und 1900 erbaut. Hier befindet sich die größte Glocke Estlands mit einem Gewicht von über 15 Tonnen. Diese Kathedrale russischen Typs ist außen und innen reich geschmückt. Auf der Nordseite des Schlosses befindet sich einer der **Aussichtsbalkone der Stadt 18**. Von hier aus hat man einen traumhaften Blick auf den finnischen Meerbusen und die Außenbezirke von Tallinn: Nõmme, Mustamäe, Oismäe und Kopli.

Neben dem Schloß steht die **Domkirche 19** (Toomkirik) aus dem 13. Jh. In ihrer Grunderscheinung spätgotisch, haben zahlreiche An- und Erweiterungsbauten bis in das 18. Jh. das Äußere und Innere der Kirche verändert. Sehenswert sind die Grabmäler mit lebensgroßen Figuren der Verstorbenen und mit den Wappen der adligen Familien.

Gegenüber dem Domchor steht das Haus der Ritterschaft von Estland, dessen Interieur seit seiner Erbauung in der Mitte des vorigen Jahrhunderts größtenteils unverändert geblieben ist.

Durch die schmale Kohtu-Straße gelangt man zu einer weiteren Aussichtsterrasse. Hier hat man eine atemberaubend schöne Aussicht über das Gewirr der Altstadtgassen mit ihren unregelmäßigen Fassaden und hohen Giebeln. Nun gehen wir zum **Mägdeturm** (Neitsitorn) **20**, in dem ein gemütliches Cafe untergebracht ist. Durch den Garten des Dänischen Königs kommen wir zum Lühike jalg (Tor zum kurzen Domberg).

Auf dem Weg zurück in die Unterstadt über den Lühike jalg berührt der Weg die Nordfassade der **Nikolaikirche**. Von hier erreicht man die Kuniga. Am **Al-**

ten Markt (Van turg), kreuzen sich fünf Straßen. Die Westseite wird begrenzt durch das **Städtische Packhaus** 21, das Mitte des 17. Jh. aus drei Speichern entstand. Es wurde von auswärtigen Kaufleuten genutzt, die dort ihre Waren einlagerten und Geschäfte abschlossen. In einem mittelalterlichen Gebäude gegenüber ist das nette Café »Gnoom« untergebracht.

Wir befinden uns nun wieder auf dem Rathausplatz. In einer schmalen Gasse dahinter ist in ein ehemaliges Gefängnis eine Zweigstelle des Tallinner Stadtmuseums eingezogen. Es zeigt eine Ausstellung über die Geschichte der estnischen Fotografie. Von hier aus sieht man bereits die **Heilig-Geist-Kirche** 22 (Pühavahimu kirik), 1316 zum ersten Mal in den Annalen der Stadt erwähnt, die als Kirche des Armenhauses und als Ratskapelle diente. Architektonisch eher bescheiden, besitzt das Gebäude einen wertvollen Hochaltar des Lübecker Meisters Bernt Notke aus dem Jahr 1483. An der Hauptfassade des Kirchengebäudes sieht man die älteste, buntbemalte Holzuhr Tallinns (1684).

Am Fuße der steilen Pühavaimu trifft man auf das Tallinner **Stadtmuseum** 23 (Vene 17) in einem ehemaligen Patrizierhaus. Die ständige Ausstellung dokumentiert Tallinns Geschichte von 1700–1918.

Das frühere **Katharinenkloster** 24, gegründet vom Dominikanischen Orden im Jahre 1246, ging nach der Reformation 1531 in Flammen auf. Teilweise restauriert, vermitteln die Ruinen heute noch einen Eindruck von dem einst mächtigen Gebäudekomplex. An der ursprünglichen Stelle des Refektoriums

Die Alexander-Newski-Kathedrale auf dem Domberg

ist die neoklassizistische Kirche der Peter und Paul-Kongregation erbaut worden. Ihre Fassade trägt die selbstbewußte Inschrift: *Hic Vere Est Domus Dei Et Porta Coeli.* (Wahrlich, hier ist das Haus Gottes und das Tor zum Himmel.)

Entlang der Stadtmauer

Jede mittelalterliche Stadt brauchte wirkungsvolle, schützende Befestigungsanlagen. Tallinns Befestigung in der ersten Hälfte des 13. Jh. bestand aus einem Erdwall mit Holztürmen, der von einem Graben umgeben war. Gegen Ende des 13. Jh. wurde die erste steinerne Mauer erbaut und in der Folgezeit ständig ausgebaut. Anfang des 16. Jh. umfaßte die Verteidigungsanlage Tallinns 27 Türme. Die Mauer wurde letztendlich von 6 auf 16 m erhöht. Im 18. Jh. begann die Zerstörung der Stadtmauer. Als Tallinn Mitte des 19. Jh. an militärischer Bedeutung verlor, wurde ein Großteil der Tore abgetragen und die Maueröffnungen vergrößert. Tallinns Stadtmauer gehört zu den besterhaltenen Befestigungsanlagen in Nordeuropa. Bei den vorherigen Rundgängen haben wir die Stadtmauer schon an verschiedenen Stellen gesehen; der jetzige Spaziergang führt auf beiden Seiten an der Mauer entlang, wo man am besten erkennen kann, wie Tallinn sich gegen seine Feinde wappnete.

Wir beginnen wieder am **Harju-Tor.** Die Straße zwischen der Mauer und den Wohnhäusern heißt Müürivahe. Schon nach wenigen Metern erkennt man die verschiedenen Bauphasen der Stadtmauer. Vor dem ersten Turm verschwindet sie hinter neueren Gebäuden. Neben dem Assauwe-Turm befindet sich das Museum für Theater und Musik.

Am **Karjaväräv** (Vieh-Tor) kreuzen sich sechs Straßen. Heutzutage erinnert nur noch der Name an die Zeiten, in denen hier das Vieh auf die Weiden außerhalb der Stadtmauer getrieben wurde. Wir folgen nun dem Weg, den früher die Hirten und ihre Herden genommen haben. Bald taucht ein Turm zwischen den Dächern der niedrigen Häuser auf, der Hinke-Turm, in dem sich heute ein Wirtshaus befindet.

Der niedrige nahegelegene Hügel mit dem kleinen Park auf seiner Kuppe ist der kümmerliche Überrest der einstigen Bastion Viruvärava, einst zur Sicherung des **Viru-Tores** errichtet. Heute hat dieser friedliche Ort einen neuen Namen: **Musumägi** (Kuss-Berg).

Die Stadtmauer entwickelte sich mit der Zeit zu einem Korsett, das der wachsenden Stadt die Luft zum Atmen nahm. Eine Bresche wurde durch den Bau der Uus-(Neue) Straße geschlagen. Geht man nach rechts durch das Viru-Tor liegt die Stadtmauer auf der linken Seite, zu sehen ist sie nur ab und zu zwischen oder hinter den Häusern. Die Gebäude gehen auf das 17. Jh. zurück, es herrschen Barock oder das verspieltere Rokoko vor. Das Haus mit der Nr. 15 wurde 1751 erbaut und diente früher als Hanfsortier- und Lagerhaus. in der Nähe liegt der mächtige **Bremer Turm,** benannt nach der alten Hansestadt und im ersten Viertel des 15. Jh. vollendet. Damals hatten die Türme anstelle von Dächern Plattformen, von denen aus Eindringlinge mit dem Katapult beschossen wurden.

Ca. 20 m von hier entfernt steht ein Mauerfragment, das die verschiedenen Bauphasen dokumentiert: Die älteste niedrig und mit gewölbten Nischen, später erhöhte man sie mit Hilfe von Stützpfeilern, und in der dritten Phase erreichte man die heutige Höhe der Mauer.

Die nächste Straße führt zum ältesten Hafen, an zwei Bastionen vorbei: Rechts die Himselius-Bastion, auch Väi-

Tallinns Stadtmauer gehört zu den besterhaltenen in Europa

kese-Rannavärava Bastion (Schmales Küstentor) genannt. Links steht die Großes-Küstentor-Bastion und ganz in der Nähe ein ehemaliges Pulvermagazin, ein interessanter Bau auf Stützpfeilern. Wir erklimmen die Höhe der **Großen Küstentor-Bastion** und werden mit einem weiten Blick über den Hafen belohnt. Hinter uns steht der beeindruckende Kanonenturm **Dicke Margarete** 9 (Paks Margareeta). Am Turm ist ein altes gotisches Wappen mit der Inschrift 1529 zu sehen – dem Jahr der Vollendung. In der Nähe haben wir Gelegenheit, das nächste Bollwerk zu besteigen, die südliche Schräge der Bastion Skane.

Danach begeben wir uns wieder zur Innenseite der Stadtmauer. Am Fuße der Treppe steht eine ehemals von Pferden angetriebene Getreidemühle aus dem 14. Jh. Sie diente den Bewohnern der Stadt Tallinn, wenn es wegen Wasserknappheit oder während einer Belagerung nicht möglich war, zum Mahlen

des Korns eine der drei Wassermühlen zu nutzen. Das fast einen Kilometer lange Fragment der Westmauer hat sein Aussehen aus dem 16. Jh. bewahrt. Durch die Enge der Straße und die Wucht der Stadtmauer fühlt man sich schnell erdrückt. Deshalb entschwinden wir durch einen Durchbruch aus dem 19. Jh. in Richtung eines großen, weiten Parks. Er nennt sich **Tornide Väljak** 25, und von hier oben können wir auf einem Spaziergang zu einem Brunnen die Stadtmauer mit einer Kette von neun Türmen aus sicherer Distanz bewundern.

Die Gasse Falgi Tee verband den Domberg mit der **Unterstadt.** Sie wurde auf Anordnung des Ältesten der Mariengilde, Hans Falck, 1856 gebaut. Nachdem man die breite Mayer-Treppe hinabgestiegen ist – benannt nach einem Stadtrat, der sie 1865 bauen ließ – findet man sich am Ausgangspunkt in der Nähe des Harju-Tores wieder.

In der Umgebung von Tallinn

Das Freilichtmuseum Rocca al Mare
Ein Ausflug in die estnische Volkskultur

2 Auf der bewaldeten Halbinsel Kakumäe lebt Estlands bäuerliche Vergangenheit unverändert weiter. Wo der Tallinner Bürgermeister Girard de Soucanton 1863 seinen Sommerlandsitz errichten ließ, wurde im Jahr 1964 das mit 73 km^2 größte Freilichtmuseum des Landes eröffnet. Aus Liebe zu Italien hatte der reiche Kaufmann dem Ort wegen der großen Findlinge aus der Eiszeit, die vor der Küste liegen, den wohlklingenden Namen »Rocca al Mare« gegeben. Heute repräsentieren hier 70 originalgetreu aufgebaute Bauernhöfe aus dem Norden, Süden, Westen des Landes und dem Inselgebiet die charakteristische Wohn- und Lebensweise der estnischen Landbevölkerung durch die Jahrhunderte.

Handwerker fertigen hier an alte Traditionen anknüpfend Kunstgewerbe. Schafe und Ziegen weiden auf den Wiesen zwischen den schönen alten Bauernhöfen, deren Wohngebäude je nach Epoche und Region von Zäunen aus Holz, Mauern aus Kalkstein oder moosbewachsenen Platten mit farbigen Flech-

Im Freilichtmuseum Rocca al Mare

ten umfriedet sind. Teilweise ist auch die originale Inneneinrichtung zu besichtigen, und der Besucher lernt die sozialen Unterschiede und verschiedenen Lebensweisen durch die Jahrhunderte kennen. So stammt z. B. der kleine westestnische Sassu-Jaani-Hof, in dem im Sommer sonntags Folklore-Darbietungen stattfinden, noch aus der Zeit der Leibeigenschaft. Der Hof von Kutsari aus der Zeit nach Abschaffung der Leibeigenschaft am Ende des 19. Jh. hingegen hat schon größere Ausmaße. Ein Kauf der Häuser war nunmehr möglich, jedoch noch ohne Land. Außer den Höfen können die Kalksteinschmiede und verschiedene Brunnen besichtigt werden, eine Wassermühle und eine der ältesten Holzkirchen Estlands. Einen Vorgeschmack auf Estlands Inseln geben die Bocksmühlen auf ihren Steinsockeln. Am Buchtufer ist ein typischer nordestnischer Fischerhof errichtet worden. Zum Abschluß sollte man in der Schenke, dem klassizistischen Wirtshaus von Kolu, einkehren und die typische ländliche Küche ausprobieren. Ein einmaliges Erlebnis ist es, hier in alter Tradition Johannis zu feiern.

Gartenstadt Nõmme

1 Die im Süden Tallinns gelegene Gartenstadt (40 000 Einwohner) war von 1926 bis 1949 ein selbständiger Ort, heute ist sie eng mit Tallinn zusammengewachsen.

Nõmme gehörte dem Gutsbesitzer Nikolai von Glehn, der in den 70er Jahren des letzten Jahrhunderts begann, einen Teil seines Landes zu verkaufen. Am Steilhang von Mustmägi baute der Landedelmann, der als kauziger Utopist galt, 1886 sein Schloß, das von einem großen Park umgeben ist. Vor dem Schloß

begrub von Glehn sein Pferd und errichtete an dieser Stelle einen Obelisken. Andere interessante Skulpturen sind dort ebenfalls aufgestellt: Der Nationalheld Kalevipoeg (s. S. 277) auf dem zu lesen steht: Nur »Blöde« erkennen Kalevipoeg nicht. Den von Glehn gestalteten Drachen auf dem gegenüberliegenden Hügel nennt man bis heute »das Krokodil«. Noch immer eindrucksvoll sind die Überreste des Palmenhauses. Das runde Steingewölbe mit farbigem Glas, an der Nordseite grasbewachsen, erinnert an die phantasievolle Architektur Antonio Gaudis.

Glehn gründete in Nõmme Fabriken, die Besiedlung schritt voran, und im ersten Viertel des 20. Jh. wohnten dort 2000 Menschen in 450 Häusern. Deutsche nutzten diesen schönen Ort damals als Sommerfrische, später bauten auch estnische Arbeiter hübsche kleine Holzhäuser. Architektonisch interessant sind die Jugendstilbauten mit großen verglasten Veranden und holzgeschnitzten Verzierungen, aber auch das Zentrum mit der basilikalen Markthalle und dem funktionalistischen Geschäfts- und Verwaltungsgebäude, in dem jetzt ein Kino untergebracht ist.

Es lohnt sich, durch Nõmme zu spazieren, die Villen der Sommerfrischler und die Arbeitersiedlung zwischen Bäumen zu betrachten. Aus dieser »Waldstadt«, die auf sandigem Heideboden errichtet wurde und daher auch ihren Namen hat – *nomm* heißt auf deutsch »Heide«, ist heute ein Wohnort für Künstler geworden. Hier leben Schriftsteller, Schauspieler und Musiker. Mit dem Vorortzug, aber auch mit dem Bus ist Nõmme für den Besucher leicht zu erreichen.

Umgebung von Tallinn

Tallinn und
Umgebung
1 Nõmme
2 Rocca al Mare
3 Kadriorg
4 Sängerbühne
5 Pirita

Barock in Estland:
Kadriorg (Katharinental)
Der Park und der Palast
des Architekten
Niccolò Michetti

3 Nach dem Wirrwarr der engen Gassen der Altstadt läßt sich auch ein anderes Tallinn entdecken, großzügig und naturverbunden: In dem beschaulichen
Park in Meeresnähe, gestaltet im 18. Jh.
im Auftrag des russischen Zaren Peter
der Große für seine geliebte Gattin Katharina. In Kadriorg, etwa 2 km vom
Stadtkern entfernt, findet man Ruhe
und Erholung inmitten alter Bäume, Rasenflächen und Fliederbüsche, zwischen Schwanenteich und Springbrunnen. Am Fuße des Hügels Lasnamägi
richtete der Zar für seine Besuche in

Tallinn 1714 ein Sommerhaus ein. Das
sog. **Peterhäuschen** ist heute während
der Sommermonate als Gedenkstätte
Peters I. und Museum zu besichtigen.
Persönliche Gegenstände und Klei-
dungsstücke zeugen von den häufigen
sommerlichen Aufenthalten des Zaren.
   In dieser schönen Gegend am Meer
sollte eine prunkvolle Residenz entstehen. Mit den Plänen hatte Peter I. den italienischen Architekten Niccolò Michetti
beauftragt; ausführender Architekt war
Gaetano Chiaveri, der Erbauer der Hof-
kirche in Dresden. Der Grundstein wurde
1718 gelegt, und die drei besonders
kenntlich gemachten Ziegelsteine an
der Nordostwand des Gebäudes soll der
Zar eigenhändig gemauert haben. Die
Ausbauarbeiten verzögerten sich jedoch
über den Tod des Zaren (1725) hinaus
bis 1736. Das repräsentative Barock-

schloß mit Haupt- und Nebenflügeln steht einzigartig für diese Bauweise in Estland. Zu Ehren der Zarin wurde die Anlage **Katharinental,** estnisch kurz Kadriorg *(org* = Tal) genannt. Das an einen Hang gebaute, vorne drei- und zur Rückseite hin zweigeschossige Gebäude, ist auch im Inneren sehenswert. Von den nach einem Brand 1850 noch erhaltenen und restaurierten Räumlichkeiten ist der schönste der **Weiße Saal** mit seinen abwechslungsreichen Stuckverzierungen und einer ausgemalten Decke mit Motiven aus den Metamorphosen des Ovid.

Ursprünglich war auch der Park in strenger barocker Symmetrie angelegt. Katharinental wirkt heute mit dem wunderschönen alten Baumbestand, dem Vogelgesang und vielen Eichhörnchen etwas verwildert. Es läßt sich darin ausgiebig umherschweifen, am Denkmal Friedrich Reinhold Kreutzbergs, dem Schöpfer des Nationalepos Kalevipoeg (s. S. 277), vorbei zum Denkmal des Bildhauers Jaan Koort, das den Künstler bei der Arbeit darstellt, bis zum bekannten **Russalka** am Meeresufer. Das 1902 von Amandus Adamson geschaffene Monumentaldenkmal war das erste dieser

Der Weiße Saal in Schloß Kadriorg

Größe in Tallinn und erinnert an den Untergang des Kriegsschiffes Russalka 1893 im Finnischen Meerbusen. Der große Bronzeengel über dem Schiffsbug aus Granitstein dient vor allem als Hintergrundmotiv für Familienfotos. Unweit des Denkmals vergnügen sich Sonntagsausflügler in einem kleinen Park mit Karussell und Riesenrad. Interessant ist für den Besucher der zum staatlichen Museum gehörende Skulpturengarten hinter dem Schloß. Viele der damaligen Büsten und Figuren schmückten später allerdings den Park des Schlosses in St. Petersburg.

In der kurzen Zeit der Unabhängigkeit des estnischen Staates in den Dreißiger Jahren diente das Schloß als Residenz des Präsidenten. Anschließend beherbergte es das Estnische Kunstmuseum, das nach umfangreichen Renovierungs- und Umbauarbeiten voraussichtlich 1996 wieder dort einziehen wird.

In Kadriorg befindet sich ein weiteres Museum, das ehemalige Wohnhaus des bekannten estnischen Schriftstellers Anton-Hansen Tammsaare (1878–1940). In seinem Hauptwerk »Tõde ja õigus« (Wahrheit und Recht) beschreibt er das estnische Land- und Stadtleben. Seine Romane »Bauer Korboja« und »Satan mit gefälschtem Paß« liegen auch in deutscher Übersetzung vor.

Pirita am Ufer der Tallinner Bucht

Am Rande des Lasnamägi befindet sich, umgeben von einem Erholungspark, der Sängerfestplatz, ein wie von der Natur geschaffenes Amphitheater, der Lauluväljak ▣ . Die Bühne gleicht einer riesigen Muschel, in der 30 000 Sänger Platz haben. Für alle Beteiligten sind die Sängerfeste, die hier im 5-Jahres-Tur-

nus abgehalten werden, ein unvergeßliches Erlebnis (s. S. 274 f.).

Pirita ▣ , der beliebte Naherholungsort mit dem Flair eines Kurortes, hat außer dem Sängerfestplatz noch mehr zu bieten: einen wunderschönen Sandstrand mit Panoramablick auf die Stadt, das olympische Segelzentrum und das Brigittenkloster. Der Name Pirita ist von der einst im Kloster lebenden hl. Brigitta abgeleitet. Die Nonne Brigitta hat die Belagerung Tallinns durch den litauischen Fürsten Vaclav unblutig beendet, indem sie ungeachtet ihres Nonnenstatus eine Liebesbeziehung zum Fürstensohn unterhielt.

In den Badeort mit seinen hübschen Datschen und gepflegten Gärten zieht es im Sommer die Städter, trotz der schlechten Wasserqualität des Meeres. Der feine, weiße Sand erstreckt sich über 2 km. Der Blick bei Sonnenschein auf das Panorama der Stadt mit blitzend weißen Segeln auf dem funkelnden Meer und Tallinns Türmen im Hintergrund bleibt unvergessen. Zur Rast bieten sich das Strandrestaurant oder abends die Regati-Bar an. Die eindrucksvollste Aussicht bietet jedoch der Teletorn ganz in der Nähe, in dessen Turmspitze das Restaurant »Galaxy« zum Verweilen einlädt.

Das Flußufer von Pirita, gesäumt von einem idyllischen Fußweg, bietet sich für erholsame Spaziergänge an, von denen einer zur Klosterruine Pirita führt. Ursprünglich war Pirita ein gemischtes Kloster. Die Wohngemächer der Mönche befanden sich auf der einen, die der Nonnen auf der anderen Seite der Kirche. Gegründet 1407, wurde das Kloster vom schwedischen Orden der hl. Brigitta im Jahr 1436 erbaut. Selbst die Ruine des 1577 im Livländischen Krieg zerstörten Klosters läßt seine einstige beeindruckende Größe und Schönheit erahnen. Die Fassade der Klosterkirche und die Überreste der Kreuzgänge, die Ausgrabungen und Gräber im Klosterbereich verstärken diesen Eindruck. Im Sommer sollte man sich über die zahlreichen Konzert- oder Theateraufführungen in der unvergleichlichen Atmosphäre der Klosterruine informieren. In starkem Kontrast zur imposanten Ruine steht das moderne Segelzentrum an der Flußmündung. Die Schale für das olympische Feuer ist Zeuge der 1980 ausgetragenen olympischen Segelregatten. Der Boykott der damaligen Olympischen Sommerspiele durch die westlichen Länder verhinderte, daß Pirita bekannt wurde. Zum Komplex gehören ein Fluß- und ein Seehafen, der Yachtklub mit Hotel und das ehemalige olympische Dorf. Die nüchterne, moderne Betonarchitektur ist keine Augenweide, aber wer auf seinem Ostsee-Segeltörn einen Halt in Estland machen möchte, findet hier einen komfortablen Ankerplatz.

Die Ruine des Brigitten-klosters in Pirita

Freiheit zum Singen –
Zur Musikkultur in Estland

Mit der »Singenden Revolution« rückte im Sommer 1988 das kleine Estland in den Mittelpunkt des Weltgeschehens. Gleich zweimal kam es in diesem Sommer zu politisch-musikalischen Demonstrationen: Am 17. Juni – genau am 48. Jahrestag des Einmarsches der Roten Armee in das Land – trafen sich auf dem Sängerfest-Platz östlich von Tallinns Zentrum, dem **Lauluväljak,** mehr als 170 000 Esten. Zur Wahl ihrer Volksvertreter für Moskau stimmten sie mutig verbotene patriotische Lieder an. Knapp drei Monate später, am 11. September, kam es dann zur größten Demonstration in der Geschichte Estlands: Mehr als 300 000 Menschen, ein Drittel der gesamten estnischen Bevölkerung, versammelten sich wieder auf dem Lauluväljak. Erneut sangen sie couragiert jene Lieder, die verboten waren. An diesem Tage wurde dann auch die estnische blau-schwarz-weiße Fahne wieder aufgezogen. Ihr Hissen wurde jahrzehntelang mit Zwangsarbeit in Sibirien geahndet.

Die »Singende Revolution«, wie sie vom Karikaturisten Heinz Valk bereits am 17. Juni 1988 tituliert worden war, stand ganz im Zeichen der Forderung nach Annullierung des Hitler-Stalin-Pakts. So sollte der Sängerfest-Platz vor den Toren Tallinns – wie Lennart Meri, einer der führenden Köpfe des Widerstandes und heutiger Staatspräsident, sagte – »unser letztes

Schlachtfeld« werden und die Musik das »schützende Schild des Volkes«.

Es besteht kein Zweifel: Estland, das »Land der tausend Stimmen«, kann mit seinen Runengesängen und Volksliedern auf eine mehr als 2500 Jahre alte Musiktradition zurückblikken. Als im 13. Jh. deutsche Kreuzritter das Land eroberten, war es vorbei mit der alten, tradierten Musikkultur. Die heidnischen Gesänge wurden verboten und zugunsten des christlichen Kirchenliedes verdrängt. Dennoch ging ein Teil dieser archaischen, vorchristlichen Gesänge nicht verloren. Aus ihnen entwickelte sich das estnische Volkslied. Diese Lieder wurden zu unterschiedlichsten Anlässen vorgetragen; es waren Wiegen- und Kinderlieder, Johannis- und Martinslieder, Hochzeitslieder, Lieder der Freude, aber auch der Trauer, sie handelten von Unterdrückung und Leibeigenschaft. Während die älteren, eher episch vorgetragenen Weisen sich durch kurze, einfache Melodik, gleichmäßigen Rhythmus und monoton erscheinende, rezitativische Wiederholungen auszeichnen, sind die jüngeren Lieder weitaus komplizierter: Charakteristisch sind der größere Umfang, die lyrische Ausgestaltung der Verse und die abwechslungsreiche Rhythmik. Jahrhundertelang wurden Tausende von Liedern nur mündlich überliefert.

Erst Mitte des vorigen Jahrhunderts besannen sich die Esten auf ihre kulturellen Ursprünge und sammelten ihre Volksverse. In Anlehnung an die deutschen patriotischen Liedertafeln organisierte Johann Woldemar Jannsen (1819–1890), Journalist und Herausgeber zahlreicher Volksliedsammlungen, das erste estnische Sängerfest in Tartu (Dorpat) vom 18. bis 21. Juni 1869. Aus ganz Estland strömten die noch jungen, meist kirchlich organisierten Chöre mit 845 Sängern herbei. Diese Feierlichkeiten mit ihren patriotischen Ansprachen wurden zu einer einzigen nationalen Beschwörung – auch wenn nur zwei der gesungenen Lieder auf estnisch vorgetragen wurden: »Mein Vaterland, mein Glück und meine Freude«, eine Übersetzung Jannsens aus dem sprachverwandten Finnischen sowie »Mein Vaterland ist meine Liebe« (Mu isamaa on minu arm) nach einem Text der bedeutenden Dichterin Lydia Koidula. Beiden Liedern sollte in der Geschichte Estlands noch eine wichtige Rolle zukommen.

Und wie steht es mit der Kunstmusik? Erst spät konnte sich in Estland eine Musiksprache entwickeln. Die wenigen estnischen Komponisten hatten bis in das 20. Jh. hinein keine Möglichkeit, in ihrer Heimat Musik zu studieren. Sie gingen nach St. Petersburg, Moskau oder Leipzig. Als 1918 die Republik Estland ausgerufen wurde, konnte Abhilfe geschaffen werden. Gleich für das darauffolgende Jahr beschloß man die Errichtung zweier Musikhochschulen, in Tallinn und Tartu.

Bereits um die Jahrhundertwende, mit dem Beginn wirtschaftlichen Wachstums und einer heranwachsenden Bürgerschicht, entwickelte sich auch in Estland eine städtische Musikkultur. Es wurden Konzertchöre von hohem künstlerischem Niveau gegründet, die sich an schwierige Werke zeitgenössischer Komponisten heranwagten. Es wurden Orchester ins Leben gerufen und Opernhäuser gebaut. 1908 wurde die erste estnische Oper uraufgeführt, »Lembitus Tochter« von Artur Lemba (1885–1963). Ein Jahr später entstand die erste Symphonie, aus der Feder des gleichen Komponisten. Schließlich wurde 1942 mit »Krat« von Eduard Tubin (1905–1982) das erste estnische Ballett uraufgeführt.

Zu den Begründern der estnischen Nationalmusik gehört der Komponist Rudolf Tobias (1873–1918). Spätestens seit der Uraufführung des Oratoriums »Des Jona Sendung« (1909) galt er als einer der führenden Vertreter des nordöstlichen Jugendstils. Artur Kapp (1878–1952) hingegen gilt eher als ein Vertreter der russischen Musik im Stile Tschaikowskys. In diesem Zusammenhang ist noch Heino Eller (1887–1970) zu erwähnen, der sich stark der modernen französischen Musik näherte und selten volkstümliche Elemente in seine Musik einfließen ließ. Als einer der führenden Pädagogen seines Landes bildete er zahlreiche junge Komponisten aus, so auch den weltbekannten zeitgenössischen Komponisten Estlands, Arvo Pärt, der 1935 in Paide geboren wurde. Seine zutiefst religiös empfundenen Werke zeichnen sich durch Formenstrenge und Einfachheit aus. Wie Pärt emigrierten während der Sowjetzeit zahlreiche estnische Komponisten in das westliche Ausland. Dennoch konnte sich in dem kleinsten baltischen Land eine pulsierende Musikszene entwickeln, die eine Spannweite von ernster Musik über Jazz bis hin zum Pop vorzuweisen hat.

Nationalpark Lahemaa – Natur und Herrenhauskultur

Von der Hauptstadt in die Natur

Fährt man von Tallinn nach Osten zum Nationalpark **Lahemaa,** führt die Straße an staubigen Fabriken, Lagerstätten und der sowjetischen Plattenbausiedlung Lasnamäe entlang.

Nördlich der neu ausgebauten Straße in Richtung Narva folgt **Maardu.** Dieser Ort, in dem sich neben Chemiefabriken die letzte der sieben Phosporit-Lagerstätten Estlands befindet, in der noch abgebaut wird, ist einer der ökologischen Brennpunkte des Landes. In der durch den Phosphatabbau entstandenen Mondlandschaft wächst so gut wie nichts mehr – außer dem Umweltbewußtsein der Bevölkerung. Dank erbitterten Kampfes hat nun die Politik endlich einen Schlußpunkt unter die aus sowjetischer Zeit stammende Planung für weitere Abbauvorhaben auf dem Gebiet des Naturschutzgebietes Lahemaa gesetzt. Außer der ökologischen »Erblast« der Lagerstätte besitzt der Ort Maardu ein barockes Herrenhaus, dessen klassizistische Fassade vom Ende des 18. Jh. stammt.

Dort, wo die Fernstraße M 11 den Fluß **Jöelähtme** überquert, zeugen **Steinkistengräber** von bronzezeitlicher Besiedlung (ungefähr 800 v. Chr.). Die Gräber sind von Bruchsteinmauern umrandet und ihr Inneres mit Steinen gefüllt. Die beim nahegelegenen Dorf **Rebala** von Archäologen ausgegrabenen Siedlungsspuren gehören zu den ältesten Funden im nordeuropäischen Waldgürtel. Kunstgeschichtlich Interessierte sollten sich die Kirche von Jöelähtme näher betrachten. Auffallend sind die mit 1,65 m ungewöhnlich dicken Mauern. Das fast quadratische Gebäude wurde im 14. Jh. als Festung errichtet. Erst nach dem Umbau der Schießscharten zu Fenstern und der Hinzufügung eines Turms entstand daraus eine Kirche.

Nördlich von **Jägala Joa** ist der mit 8 m höchste Wasserfall Estlands zu finden. Im Winter läßt der Frost seine Wassermassen jäh zu bizarren, eindrucksvollen Eisgebilden erstarren. Im Sommer kann man durch den Jägala waten, denn dann reicht das Wasser nur bis ans Knie.

Über die bei **Kaberneeme** an der Küste gelegene große Düne Kalevi-Liiva geht die Sage, daß sie der Riese Kalevipoeg hier aufschüttete. Der Held ging von Finnland kommend hier an Land, als er auf einen Stier traf, der androhte, mit einem Schluck die See leerzutrinken. Kalevipoeg bewarf ihn mit Sand und überlistete so den Stier. Vom Gipfel der Düne aus hat man einen guten Überblick auf die gegenüberliegende Inselkette. An das Konzentrationslager Kalevi-Liiva, in dem 1942 bis 1944 etwa 6000 Menschen umgekommen sind, erinnert heute nur noch ein Gedenkstein.

Für eine Rast bietet sich der Ort **Valkla** (Wallküll) mit der schönsten Schenke der Strecke an. Hier machten schon vor Jahrhunderten die Postkutschen Station. Man kann sich gut vorstellen, wie die Kutschen durch das schiefstehende Tor fuhren, zum einfacheren Hineinfahren absichtlich so gebaut, damit die Gefährte die Kurve in den engen Hof schafften. Wohn- und Wirtshaus aus dem Ende des 18. Jh. sind aus Holzbalken, die dazugehören-

Das Kalevipoeg-Nationalepos

Mit einem Schwerthieb zerschlug er einen schweren Amboß, »ohne daß die blanke Schneide/auch nur eine leichte Schramme/sichtbar nachbehalten hätte«. Niemand konnte es mit dem Riesen Kalevipoeg (Sohn des Kalev) aufnehmen. Schon als Kind schnitzte er sich Klötzchen aus einem Granitblock. Als er gegen eine Übermacht einmal in Gefahr geriet und sich mit einer Planke verteidigte, gab ein Igel ihm den rettenden Rat: »Schlag' mit der Kante!« Da der Igel bis zu dieser Begegnung nackt und schutzlos war, schenkte der Riese ihm zum Dank ein Stück seines Kleides. »Seit diesem Vorfall trägt der Igel/dieses dornbesetzte Röckchen/das ihm sichern Schutz gewährt.«

Rund 18 000 Verse in 20 Gesängen beschreiben die Taten dieses Helden und Herrschers. Entstanden sind sie als Volkspoesie, jedoch nicht als einheitliche Sage, sonder als lose Reihe von Gedichten, die nur durch den gemeinsamen Helden miteinander verknüpft sind. Die heutige Form des Epos stammt aus dem 19. Jh. Mitglieder der Estnischen Gesellschaft sammelten um 1840 diese Sagen im Volk. Die erste Druckfassung gab der Arzt Friedrich Reinhold Kreutzwald 1857 heraus. War bis dahin Literatur in Estland deutschsprachig gewesen, so gilt die Veröffentlichung von diesem mythisch-märchenhaften Werk als die Geburtsstunde der estnischen Literatur.

»Kalevipoeg« erzählt in bildhafter Sprache Episoden von Heldentaten, Liebe, Tragik und Tod. Als der Held auf einer abenteuerreichen Fahrt vergebens seine entführte Mutter Linda sucht, läßt er sich ein riesiges Schwert schmieden. Bei einem Gelage tötet er den Sohn des Schmiedes und wird verflucht. Durch sein eigenes Schwert werde er umkommen, ruft der Schmied ihm zu. Kalevipoeg wird Herrscher seines Landes, besteht viele Abenteuer und lebt doch immer mit der Angst vor dem Fluch. Eines Tags durchquert er einen Fluß, gleitet aus, und sein messerscharfes Schwert trennt ihm die Beine ab. Kalevipoeg verblutet.

Die Geschichte von Kalevipoeg ist im Bewußtsein der Esten mit markanten Punkten in der Landschaft verknüpft. Kaum ein großer Findling im Lande, mit dem der Held nicht geworfen haben soll. Die Hügel der Drumlinslandschaft bei Jõgeva entstanden, als der Riese pflügte, heißt es. Auf dem Lindastein am See Ülemiste weinte seine Mutter um seinen toten Vater, bis der See entstand, und der Kalkfelsen des Dombergs in Tallinn sei sein Grab, berichtet die Legende.

Lahemaa

277

den Ställe aus Kalkstein erbaut. Ähnliche ehemalige Postkutschenstationen findet man auch in Jöelahtme und **Viitna**. Der Findling unter der Eiche im Hof kennzeichnet die Stelle, an der im Januar 1919 die Offensive der estnischen Truppen gegen die Rote Armee begann, die zur Befreiung Estlands führte. »Bis hierher und nicht weiter« steht auf der Tafel.

In **Kiiu** trotzt noch heute Estlands kleinste Festung dem »Feind«: Ein Vasallen- oder Wehrturm des Gutsherrn Fabein von Tiesenhausen, erbaut im 16. Jh. Während man sich früher nur bei Gefahr in das windmühlenartige Gebäude zurückzog, lädt heute ein Café zum freiwilligen Verweilen ein. Die Kirche von **Kuusalu** (Kusal), mit Barockturm und einem teilweise erhaltenen Altar des Meisters Elert Thiele (1660), stammt aus dem 13. Jh. Um die heidnischen Esten, die nur schwer von ihren Göttern und Bräuchen ließen, zu christianisieren, weihte man die Kirche dem hl. Laurentius. Dessen kirchlicher Feiertag wurde aber auf den 10. August verlegt, dem Festtag der mächtigsten estnischen Gottheit, dem Feuerschutzgeist *Laurits.*

Lahemaa – »Land der Buchten«

(S. 377) Etwa 40 km östlich Tallinns beginnt der einzigartige Nationalpark **Lahemaa**. Hinter dem Namen »Land der Buchten« *(laht* = Bucht und *maa* = Land) verbirgt sich eine 649 km^2 große Naturlandschaft zwischen der Küste am Finnischen Meerbusen im Norden und der Fernstraße von Tallinn nach Narva im Süden. Das Gebiet zwischen Kuusalu im Westen und Viitna im Osten ist beispielhaft für die verschiedenen Landschaftsformen Estlands. Zwei Drittel seiner Fläche sind bewaldet, ein Fünftel des Parks

wird von Hochmoor bedeckt, außerdem gibt es 14 Seen sowie zahlreiche Bäche und Flüsse. Die von der letzten Eiszeit stark zerklüftete Küste birgt kleine Buchten mit malerischen Fischerdörfern. In der nahezu unberührten Landschaft leben nur 16 Einwohner pro km^2, und sie wird nur zu 20 % landwirtschaftlich genutzt.

Die ehemalige Sowjetunion erklärte 1971 Lahemaa zu ihrem ersten Nationalpark, und bis 1989 konnte das Reservat nur mit Sondergenehmigung besucht werden. Auch heute hat die Verwaltung Teile des Parks (ca. 8 % der Gesamtfläche) zum absoluten Schutzgebiet erklärt. Die Reservate **Suurekörve, Laukasoo, Udriku, Koljaku-Oandu** und **Vainupea** dürfen nur zu Forschungs- bzw. Naturschutzzwecken betreten werden. Dank dieser Maßnahme leben dort heute noch vom Aussterben bedrohte Tierarten wie Braunbären, Luchse und Nerze. Seltene Vogelarten wie Seeadler und Kraniche, Prachttaucher und Höckerschwäne, sogar Schwarzstörche nisten hier. Lahemaas kulturelle Sehenswürdigkeiten sind die größtenteils im 18. Jh. erbauten schloßartigen Herrenhäuser und Parks der Gutshöfe.

Obwohl es eine Autoroute durch den Nationalpark gibt, läßt er sich auch gut in Etappen durchwandern. So starten wir in **Viitna** **1**, wo sich die Verwaltung des Nationalparks befindet. Hier beginnen Lehrpfade durch den Kiefernwald mit seinen idyllisch gelegenen Seen oder durch Fachkräfte geleitete Exkursionen. Im Ort lohnt vor allem der Besuch der 1892 fertiggestellten typischen Schenke, die originalgetreu restauriert wurde. Empfehlenswert ist auch die Wanderung durch das Hochmoor **Viru raba**. Hier führt ein Brettersteg bis zu einem hölzernen Aussichtsturm, von dem aus der Blick über den

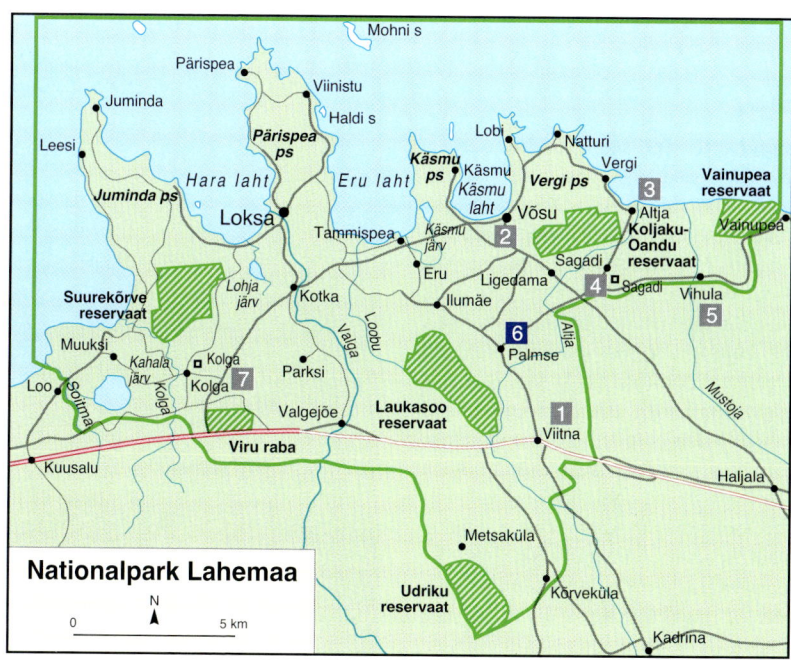

Lahemaa

bunten Moorteppich streift. Seinen rötlichen Schimmer verdankt das Moor dem »fleischfressenden« Sonnentau. Die unzähligen Teiche, von denen der Moorteppich durchbrochen wird, entfalten ihre volle Farbenpracht, wenn sich im Wasser der blaue Himmel spiegelt. Im Frühjahr verleiht der Duft der weißen Sumpfportblüten dem Moor seine charakteristische Note.

Beginnen läßt sich eine Tour durch den Nationalpark auch gut vom Seebad **Võsu** 2 aus. Der Ort entstand um 1856 und avancierte bald zum Erholungsort von Intellektuellen und Künstlern. Eine Reihe hölzerner Sommerhäuser erstreckt sich entlang der Straße. Alles wirkt ruhig und beschaulich, auch der schöne weiße Sandstrand mit seinen schattenspendenden Kiefern. Mit ihren relativ milden Wassertemperaturen bie-

tet die flache, windgeschützte Bucht ideale Bademöglichkeiten. Charakteristisch für die ganze Küste sind herrliche Buchten mit mehreren Landzungen. Festlandeis formte einst den Küstenstreifen mit den vorgelagerten kleinen unbewohnten Inseln, darunter auch die Insel **Mohni** (Mohn). Hier erwartet uns eine Bilderbuchlandschaft mit hohen Kiefern und von niedrigen Mauern umgrenzten Feldern. Die kleine Insel **Kuradisaar** (Teufelsinsel) kann bei Niedrigwasser sogar zu Fuß auf einem Deich erreicht werden. In den ruhigen Buchten der Halbinseln **Juminda** und **Pärispea** wird vor allem Fischfang betrieben. Hier, am nördlichsten Punkt des estnischen Festlandes, wurden die Steine für Tallinns Kopfsteinpflaster gewonnen. Und von der Steilküste stammen die Kalksteinplatten, die in mittelalterlichen Häu-

*Altja ist ein 400 Jahre altes Fischerdorf
östlich von Võsu*

sern heute noch als Fußbodenbelag anzutreffen sind.

An der Bucht von **Käsmu** liegen
mächtige, teils mannshohe, bemooste
Findlinge. Die riesigen Steine machen
eine weitere Besonderheit Lahemaas
aus. Die größten und bekanntesten sind
bei **Loksa**, in **Viinistu** und im Wald der
Halbinsel **Juminda** zu finden. Festland-
gletscher haben die Steine einst aus
dem Norden mitgebracht; sie stammen
aus dem skandinavischen Raum. Auch
der Kiefernwald der Halbinsel Käsmu ist
im Nordosten mit einem Meer von moos-
überzogenen Steinen übersät. Trotz der
beschwerlichen Kletterei lohnt es sich,
ihn zu durchstreifen. Käsmu ist seit
Ende des 19. Jh. wegen seines eisfreien
Hafens in der geschützten Bucht bekannt für den Schiffsbau und seine
Flotte. Von der Höhe des Glints bei Ilumäe hat man einen herrlichen Ausblick
über Kiefernwälder und die Halbinsel.
Auf dem alten Friedhof von **Ilumäe,** der
eine kleine Kirche umgibt, finden sich
Grabmäler aus mehreren Jahrhunderten. Die Wappen in den Fenstern der
Kapelle aus dem 18. Jh. stellen die freie
Bauernschaft dar. Darunter am Eingangstor die Grabplatten der Familie
von der Pahlen, die auf Palmse residierte
und die Kreutzwald in seiner Landes-
dichtung als »gute Herren« beschreibt.

Altja 3 , ein typisches, nahezu unverändert gebliebenes Fischerdorf östlich
von Võsu, ist 400 Jahre alt. Ein original-
getreues Uustalu-Gehöft, Kneipen,
Schuppen für die Netze und auch eine
der traditionellen großen Schaukeln stehen auf dem Hügel. Einst war es allein
Frauensache, die schweren Boote aus
dem Wasser zu ziehen, während die

Männer die Netze flickten. Im Geologischen Museum von Altja wird die Herkunft der über die Küste verstreuten
Findlinge nachvollziehbar. Von Altja
führt ein Weg zu einem weiteren interessanten Gutshof, nach **Sagadi** 4 (Sag-
gad). In dieser rechteckigen, dem Stil
des 18. Jh. entsprechenden symmetrischen Anlage ist heute das Estnische
Forstmuseum untergebracht. Schön ist
der Blick von der Parkseite auf das um

1750 errichtete Hauptgebäude mit dem Schwanenteich, von 1687 bis 1939 im Besitz der Familie von Fock. Ein Gutshof mit anderem Charakter ist **Vihula** 5 (Viol). Wenn man den kleinen Hügel bei der Mühle erklimmt, hat man einen guten Blick über die gesamte, von einer Kalksteinmauer umgebene Anlage aus Holz- und Steinhäusern.

Das Prachtstück unter den Gutshöfen ist **Palmse** 6. Hier soll es schon im 13.

Jh. ein Dorf gegeben haben und ein Gut, das der Dänische König einem Zisterzienserkloster schenkte. Der Sage nach sind die zahlreichen kleinen und großen bemoosten Steine im Wald versteinerte Teufel, die nach dem Umzug des Klosters im 16. Jh. dort saßen und vergeblich auf die Rückkehr der Nonnen warteten. Von 1674 bis 1923 war Palmse im Besitz der deutsch-baltischen Familie von der Pahlen. Das Gutshofensemble

Gutshöfe –
Rettung durch List

Manchmal geht die Geschichte seltsame Wege. Ausgerechnet einem gewitzten Kolchos-Vorsitzenden mit besten Kontakten nach Moskau verdankt der Gutshof **Palmse** seinen heutigen tadellosen Zustand. Mit dem Argument, man brauche Räume für den Zivilschutz, hatte der findige Funktionär über Jahre Millionenbeträge lockergemacht, die umgehend in die Restaurierung dieser Perle unter den Gutshöfen flossen. So bewahrte sozialistisches Geld dieses steinerne Zeugnis der Feudalzeit vor dem Verfall, dem traurigen Schicksal Hunderter Herrenhäuser. Die Herren dieser Güter hießen von Uexküll, von Stenbock oder, wie auf Palmse, von der Pahlen. Über Jahrhunderte waren die Gutshöfe Lebensmittelpunkt der deutsch-baltischen Barone gewesen, über Jahrhunderte hatten sie von den Herrenhäusern aus ihren Besitz verwaltet. Ihre Vorfahren, Adelige aus Westfalen oder Sachsen, hatten im 13. Jh. gemeinsam mit den Rittern des Deutschen Ordens das Land unterworfen und als Lehen vom Orden oder vom Bischof Land erhalten. Durch Landankauf und die Zinsknechtschaft der estnischen Bauern wuchsen diese Güter. Es entstand eine politisch-kulturelle Führungsschicht, die mit etwa hundert Familien zwar verhältnismäßig klein war, deren Rolle aber auch unter schwedischer und russischer Herrschaft bis hinein in unser Jahrhundert unangetastet blieb. Noch 1918 gehörten 60% der landwirtschaftlichen Nutzfläche in Estland dem deutsch-baltischen Adel.

Bis in die zweite Hälfte des 18. Jh. lebte der kleine Kreis von deutsch-baltischen Adelsfamilien relativ bescheiden auf seinen Gütern. Ein wirtschaftlicher Aufschwung, ermöglicht durch härtere Frondienste der Bauern und den lukrativen Getreidehandel, führte zum Bau von repräsentativen Gutshöfen mit dem zentralen Herrenhaus, umgeben von einem Park. Der Gutshof war der Mittelpunkt des sozialen Lebens. Hier wurde entschieden, wer Pfarrer oder Lehrer wurde, ob und wo eine Schule gebaut wurde, und hier sprach der Gutsherr Recht.

Kein Wunder, daß diese stabilen Verhältnisse eigenwillig-konservative Charaktere hervorbrachten. Knorrigkauzig, so beschrieb man den typisch deutsch-baltischen Baron, eher naturverbunden als gebildet, gesellig und autonom entscheidend. Dem russischen Reich, zu dem Estland und Lettland seit dem nordischen Krieg gehörten, fühlte man sich nur durch die Treue zum Zaren verbunden. Auf seine abgelegenen Güter holte sich der deutsch-baltische Adel die Architektur Westeuropas – oft mit wunderlich anmutenden Ideen. Graf Friedrich Georg Magnus von Berg ließ sich bei den Plänen für sein Gutschloß **San-**

Gutsschloß Sangaste

gaste (S. 380) vom britischen Königs-
schloß Windsor inspirieren; Ernst von
Nockern kopierte mit **Alatskivi** den
schottischen Sitz des britischen
Königshauses, Balmoral Castle.
Andere Adelsfamilien gestalteten ihre
Parks mit »chinesischen« Brücken,
»germanischen« Tempeln oder »römischen« Ruinen.

Die deutsch-baltische Führungsschicht beherrschte das Baltikum
über beinahe sieben Jahrhunderte
uneingeschränkt. Sie stellte die Verbindung zu Westeuropa dar, brachte
technischen Fortschritt ins Land,
baute das Postwesen auf und errichtete Schulen, deren Unterrichtssprache bis in das 19. Jh. hinein Deutsch
war. Der Gedanke, daß dieses Leben
jemals bedroht sein könnte, kam ihr

nicht. Zwar hatten sich die Konflikte
mit der weitgehend recht- und besitz-
losen Landbevölkerung mehrfach in
Bauernaufständen entladen, doch die
konnten immer niedergeschlagen werden. So erkannte bei der russischen
Revolution von 1905 niemand die Zeichen der Zeit. Auf dem Baltikum
brannten fast 200 Gutshöfe, 80 Adelige wurden umgebracht. Blutige Strafexpeditionen stellten die alte Ordnung
wieder her. Nicht mehr für lange Zeit.
Mit der Unabhängigkeit der baltischen
Staaten wurden die deutschen Grundherren weitgehend entschädigungslos
enteignet. Nach der radikalen Enteignung verblieben in Estland nur 3 %
des Landes in deutscher Hand, in Lettland ganze 1,3 %. Ein großer Teil der
Herrenhäuser stand leer. Den neuen

Eigentümern fehlten sowohl das Interesse als auch das Geld, die stummen Zeugen der alten Herrlichkeit zu erhalten – die Pracht verfiel. Dieser Prozeß beschleunigte sich während der sowjetischen Herrschaft. In manchem Konzertsaal lagerte Saatgut, in Ballsälen parkten Traktoren. Nur die Hälfte der noch erhaltenen Herrenhäuser wurde genutzt, als Sanatorien, Museen oder Schulen.

Heute versucht man zu retten, was noch zu retten ist. Man wendet sich an die ehemaligen Besitzer. Tatsächlich kommt von einzelnen Hilfe in Form von Originalplänen, Skizzen oder etwa alten Photos. Ohne Forderung nach Rückgabe, betont die Deutsch-Baltische Landsmannschaft.

Trotz gelegentlicher Hilfe aus dem Westen wird noch manches Gutshaus verfallen – vergehen, wie die Zeit, die sie verkörperten. Nicht aus jedem Herrenhaus wird ein Hotel mit Konferenzzentrum wie in Sangaste, und einen engagierten Kolchosvorsitzenden mit Gefühl für die Geschichte gab es nur auf Palmse.

bestand nicht nur aus dem Herrenhaus und einer stattlichen Anzahl von Wirtschaftsgebäuden, Ställen und Scheunen – auch eine Schnapsbrennerei, ein Badehaus und ein Palmengarten gehörten zu dem Anwesen. Der gepflegte Park war einer der größten des Landes und genauestens durchgeplant. Einen ersten, groben Eindruck von dem Gelände mit seinen Hügeln, Wasserfällen, Felsen, kleinen Seen mit Pavillons und Flüssen mit ihren Brücken erhält man durch die Schautafel am Besucherparkplatz. Der Landschaftspark und das Herrenhaus sind im barocken Stil des 18. Jh. errichtet. Das erste Hauptgebäude aus Stein, mit dessen Bau Ende des 17. Jh. begonnen worden war, bekam erst 100 Jahre später sein heutiges Aussehen.

Es empfiehlt sich, den markierten Weg durch den Park zu nehmen, der über eine Brücke zum Stausee mit einer kleinen künstlichen Kaskade und zum Pavillon führt, der über den Oruveski-Stausee ragt. Wandert man weiter nach Osten, kommt man zu den »Teufelssteinen«, und von hier aus geht es über das ehemalige Verwalterhaus zum Zentrum des Guts zurück. Insgesamt kann man 38 km kreuz und quer auf Wegen durch den Park spazieren. Im Herrenhaus, heute ein Museum der Barockarchitektur, finden Konzerte statt. In der Schnapsbrennerei, deren Produkt früher auch nach Rußland exportiert wurde, sind heute ein Café, eine Bibliothek und ein Konferenzsaal eingerichtet. Außerdem kann man in der historischen Schmiede wieder die alte Handwerkskunst bewundern.

Höhepunkt der kulturellen Veranstaltungen ist das Festival der *Viru Säru* im Juni – dann kommen Volkstänzer und -musiker aus Virumaa zu einem Folklorefest nach Palmse.

Eines der größten und ältesten Herrenhäuser des Baltikums befindet sich in **Kolga** 7 . Sein derzeitiger Zustand kann leider nur als beklagenswert bezeichnet werden. Ursprünglich aus dem 17. Jh. stammend, wurde es 1820 im klassizistischen Stil umgestaltet. Das über der Tür angebrachte Wappen ist das der schwedischen Adelsfamilie Stenbock, der Kolga drei Jahrhunderte lang gehörte. Davor war das Gebiet im Besitz schwedischer Zisterziensermönche, die den Ort an der See *Mukenkul*, heute *Muuksi,* nannten.

Gutshaus Kogavere

Gutshaus Palmse

Virumaa (Wierland) – Der Nordosten Estlands

Krasser können Gegensätze kaum aufeinanderprallen als in den Provinzen Lääne-Virumaa (Westwierland) und Ida-Virumaa (Ostwierland). Trutzige Burgruinen und staubspeiende Schlote von Zementfabriken, idyllische Badestrände und hochgiftige Rückstände aus der Ölschieferverarbeitung – der Nordosten Estlands beschert dem Besucher alle paar Kilometer ein Wechselbad der Gefühle. Hier stößt man mit der Nase auf die Probleme des neuen Staates. Neben dem Thema Umwelt offenbart sich beim Besuch in Narva an der russischen Grenze ein weiterer ungelöster Konflikt: 97 % der Einwohner Narvas sind Russen.

Verschlafen, von der Neuzeit kaum berührt, wirkt die Küste zwischen **Vainupea** und **Karepa**. Verwitterte hölzerne Fischerhäuser und Bauernhöfe ducken sich in einer leicht welligen Landschaft. Einzelne Findlinge liegen verstreut im grünen Land. Dichte Wälder, einsame Buchten und steiniger Strand prägen diese Küstenlandschaft. Man glaubt, hier sei seit Jahrhunderten nichts passiert und daran werde sich so schnell nichts ändern. Doch dieser ruhige Küstenabschnitt hat einmal Glanz gesehen. Im 19. Jh. verlebten hier Kaufleute aus den Städten des Baltikums und Gutsherren der Region ihre Sommerfrische. Daß damals Pensionen mit wohlklingenden Namen wie »Garten Eden« oder »Paradies« betuchte Gäste beherbergten, kann man sich heute schwer vorstellen.

Ein paar Kilometer östlich entlang der einsamen holprigen Küstenstraße bewacht die Ruine der Ordensritterburg von **Toolse** 1 (Tolsburg) einen nicht mehr vorhandenen Hafen. Hier landeten Raubritter aus Schweden und Deutschland. Ihnen folgten zu Anfang des 13. Jh. dänische Missionare. Die Ordensburg von Toolse wurde 1471 fertiggestellt. Sie sollte den Hafen, der damals fast bis an die Burgmauern reichte, vor Piraten schützen.

Von diesem bizarr-schönen Flecken sind es nur ein paar Kilometer bis zur Industriestadt **Kunda**. Schon vor der Stadt kündet eine allgegenwärtige Staubschicht vom Hauptprodukt Kundas. Seit etwa 120 Jahren wird hier Zement produziert. Über 60 000 Tonnen Staub pustet »Eesti Tsement« jährlich in die Luft – ungefiltert. Wer sich in diese staubige Stadt wagt, kann mit der Ruine der ersten Zementfabrik ein interessantes Beispiel der Industriearchitektur des 19. Jh. entdecken.

Von großer historischer Bedeutung ist **Rakvere** (Wesenberg) 2 (S. 379). An der alten Handelsstraße zwischen Tallinn und Nowgorod gelegen, war die mächtige Ordensburg von Rakvere die wichtigste Festung zwischen Tallinn und Narva. Rakvere erhielt 1302 Stadt-

rechte. Heute leben in der Kreisstadt etwa 20 000 Menschen. Bemerkenswert, daß diese Stadt über ein professionelles Theater verfügt. Sobald man sich der Stadt nähert, sieht man schon ihre beiden Wahrzeichen. Auf dem Moränenhügel Vallimägi (Wallberg) thront die mächtige Ruine der **Ordensburg,** und in der Stadt ragt der Kirchturm der weißgetünchten **Trinitatiskirche** empor. Bereits im 13. Jh. bauten die Dänen hier ein kleines Kastell. Zuvor hatten schon estnische Bauern die Festung »Tarvanpe« (von *Tarvas,* deutsch Wisent) errichtet. Hiervon leitete sich auch der deutsche Name Wesenberg ab. Da die Provinz Viiruma/Wierland 1347 in den Besitz des Deutschen Ordens übergegangen war, wurde die Burg im 14. Jh. nach seinen Bedürfnissen umgebaut. Es entstand eine gewaltige, verwinkelte Anlage, die noch heute zu erkennen ist. Das Konventshaus mit Innenhof wurde an der Ostseite außerhalb der ursprünglichen Mauern um die Schloßkapelle erweitert. An der Südseite erhielt die Burg zwei Türme, die bis heute zusammen mit dem Nordwest-Turm die Silhouette der Anlage bestimmen. Hier entstand auch die Vorburg. 1558 wurde die Burg im Livländischen Krieg durch die Russen eingenommen und geplündert. 1581 eroberte sie der schwedische Feldherr Pontus de la Gardie. Als Folge des polnisch-schwedischen Krieges (1602–1605) kamen Burg und Stadt unter polnische Herrschaft.

Wegen der starken Beschädigungen im 16. und 17. Jh. wurde die Burg aufgegeben und als Steinbruch benutzt. Heute versucht man, die Bausubstanz zu erhalten und zu restaurieren. Die Anlage dient als Veranstaltungsort für Konzerte und Theater. Ein Rock-Festival lockt im Sommer jährlich über 10 000 Besucher an. Ein kleiner Eichenwald, vielleicht aus einem heiligen Hain entstanden, und eine Windmühle bereichern das Gelände rund um die Burg. Ein mächtiger, wehrhafter Turm weist schon von weitem den Weg zur **Trinitatiskirche** von 1427 in der beschaulichen Altstadt von Rakvere. Nach Zerstörungen im Livländischen Krieg wurde sie als dreischiffige Hallenkirche 1648–1691 wieder aufgebaut. Sehenswert im Innern sind die Barockkanzel von Christian Ackermann und die Figuren der vier Evangelisten von Elert Thiele aus dem 17. Jh.

Kothla-Järve 3 (S. 377), mit rund 80 000 Einwohnern Estlands viertgrößte Stadt, ist das Zentrum des Öl-

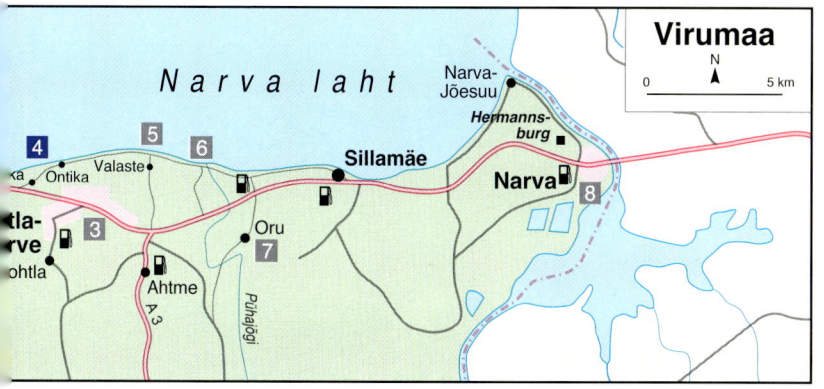

schieferabbaus. Seit fast 80 Jahren wird hier, wie auch in Sillamäe und Narva, Estlands einziger Energierohstoff abgebaut. Durch den Abbau, aber auch durch das Verheizen im Kraftwerk, fallen giftige Asche und Abraum an. Waldschäden durch die Ölschiefer-Kraftwerke lassen sich auch in Finnland nachweisen. Über Gewinnung und Verwertung dieses Rohstoffs informiert das Ölschiefermuseum (Põlevkivimuuseuum) in der Altstadt.

Nur ein paar Kilometer nördlich von Kohtla-Järve beginnt einer der schönsten Küstenabschnitte Nordestlands,

die **Glintküste.** Ihren Namen hat sie von dem Kalksteinplateau zwischen Narva und Osmussaar, dem baltischen Glint, der hier aus einer Höhe von 20 bis 50 m senkrecht zum Meer hin abfällt. Nur an wenigen Stellen durchbrechen talartige Einschnitte diese Felsenkante. Zwischen dem Meer und dem Hang wächst an vielen Stellen ein schmaler Streifen von undurchdringlichem Wald. An einer Stelle zwischen **Saka** und **Ontika** erreicht die **Steilküste** 4 eine Höhe von 56 m. Hier ist der Glint so hoch, daß der Laubwald nie Sonnenlicht bekommt. Ein einmaliges Schauspiel bietet sich an dieser

Die Glintküste bei Kohtla-Järve

20 km langen Steilküste zwischen Saka und Toila in der Johannisnacht. Dann leuchten zahlreiche Feuer durch die Weiße Nacht, in der es nie ganz dunkel wird.

Da in dieser Region mehrere Flüsse ins Meer münden, findet man an der Glintküste einige eindrucksvolle **Wasserfälle.** Der höchste ist der des **Valaste** **5** zwischen Ontika und dem gleichnamigen Ort. Aus fast 20 m stürzt das Wasser hier Richtung Meer: vor allem im Herbst und Frühling, wenn der kleine Fluß viel Wasser führt, ein beeindruckendes Naturschauspiel. Leichter zugänglich ist das von Terrassen gesäumte Tal des Pühäjõgi (Heiliger Fluß). Ein kleiner Nebenfluß des Pühäjõgi fällt über mehrere Stufen hier ins Tal.

Toila **6** blickt bereits auf eine lange Geschichte als Kurort zurück. Schon um die Jahrhundertwende kamen Gäste aus Moskau, St. Petersburg und von der Krim nach Toila, um die Meeresluft und den feinen Sandstrand zu genießen. In **Toila-Oru** **7** hatte sich der Petersburger Großkaufmann Grigori Jelissejew Ende des 19. Jh. eine schneeweiße Luxusvilla im Stil eines italienischen Palazzo mit zahlreichen Ziertürmchen und Balkonen bauen lassen. Nach 1935 bestimmte die estnische Regierung die Villa zum Sommersitz des Staatspräsidenten. Im Krieg wurde das Gebäude völlig zerstört. Geblieben ist von der Pracht lediglich der Park. Etwa 250 Baumarten wachsen auf diesem unter Naturschutz stehenden Gelände.

Narva

8 (S. 378) Obwohl die historische Altstadt Narvas im Zweiten Weltkrieg völlig zerstört wurde und sich hier die Probleme der estnischen Republik (Wirt-

schaft, Umwelt und Nationalitätenkonflikt) ballen, lohnt ein Besuch der Grenzstadt mit den gewaltigen Festungsanlagen auf beiden Seiten des gleichnamigen Flusses. Erwähnt wurde Narva erstmals 1171 als dänische Burg. Im Jahr 1347 kaufte der Deutsche Orden die Grenzstadt zu Rußland und beherrschte sie bis 1558. Ende des 15. Jh. ließ der Zar Iwan III. am Ostufer der Narva genau gegenüber der **Hermannsfeste** die riesige **Festung Iwangorod** anlegen. Während des Livländischen Krieges eroberte Iwan der Schreckliche weite Teile der Provinz Ostwierland, Narva mit der Hermannsfeste fiel jedoch an die Schweden. Unter den Schweden wurde Iwangorod eingemeindet und die Stadt erlebte ihre Blütezeit. Erst im Nordischen Krieg konnte Zar Peter der Große 1704 Narva erobern.

Einen erneuten wirtschaftlichen Aufschwung erlebte Narva durch die Textilindustrie im 19. Jh. Die 1857 gegründeten Textilmanufakturen auf der Insel Kreenholm und am Westufer der Narva gehörten weltweit zu den größten Betrieben der Baumwollverarbeitung. Im Zweiten Weltkrieg verlief die Frontlinie mehrfach durch Narva. 98 % der früher lebhaften Grenzstadt versanken in Schutt und Asche. Danach forcierte die Sowjetunion die Industrialisierung Narvas, indem Arbeitskräfte aus Rußland angesiedelt wurden. So wuchs der hergebrachte, bei 30 % liegende Anteil der russischen Bevölkerung auf 97 % an.

Die größte Sehenswürdigkeit Narvas, die wuchtige **Hermannsfeste,** wurde im Zweiten Weltkrieg ebenso wie die gegenüberliegende russische Burg Iwangorod schwer beschädigt und seither umfassend restauriert. Heute ist hier das Stadtmuseum untergebracht. Ihren Namen verdankt die Feste ihrem mächtigen Nordwestturm, dem **Langen Her-**

Narva, die Hermannsfeste und Festung Iwangorod

mann (Pikk Hermann). Seine Fundamente gehören zum ältesten Teil der Burg. Er überragte schon die steinerne Anlage, die Ende des 13. Jh. die alte dänische Holzkonstruktion ablöste. Ab 1347 erweiterte der Deutsche Orden die Burg. Unter anderem wurde der Turm auf sechs Stockwerke erhöht. Von dem hölzernen Wehrgang, der hoch oben an der Außenmauer des »Langen Hermann« klebt, bietet sich ein einzigartiger Blick auf den estnisch-russischen Grenzfluß Narva und die gegenüberliegende Burg Iwangorod. Im Geschützturm der Vorburg lädt ein ausgezeichnetes Café zur Rast ein.

An Narvas einst blühende Altstadt erinnern nur noch das Rathaus im früh-klassizistischen Stil, das 1665–1671 nach Plänen des Lübecker Baumeisters Georg Teufel gebaut wurde, sowie zwei wiederhergestellte Häuser aus dem 17.

Jh. Beispielhaft für die estnische Industriearchitektur der Jahrhundertwende sind die Gebäude der Kreenholmer Textilmanufaktur südlich der Bahnlinie. Erhalten blieben auf der **Insel Kreenholm** die alte Spinnerei und Weberei sowie am Westufer Arbeiterwohnungen nach englischem Vorbild, Direktorenhäuser und die Klinik.

An der Mündung der Narva gewann im Livländischen Krieg der Hafen **Narva-Jõesuu** an Bedeutung. Seine Blüte erlebte er allerdings erst als Kurort in der zweiten Hälfte des 19. Jh. Noch heute gilt das Städtchen mit dem wunderbaren, über 7 km langen Sandstrand als Erholungsort. Hier wird zwar im Meer gebadet, doch ob dies ratsam ist, muß leider bezweifelt werden. Schließlich leiten in nur wenigen Kilometern Abstand auch die Industriestädte Sillamäe und Kohtla-Järve ihre Abwässer ins Meer.

Läänemaa –
Fahrt in die westlichen Provinzen Estlands

Flache Küsten, weite Ebenen und Moore – Läänemaa ist für den Urlauber nicht nur als Ausgangspunkt für Ausflüge zu den Inseln Muhu und Saaremaa (von Virtsu) oder Hiiumaa und Vormsi (von Haapsalu) interessant. Neben landschaftlichen Schönheiten wie dem Naturschutzgebiet Matsalu oder der abgeschiedenen Halbinsel Noarootsi verdient auch die beschauliche Altstadt des Kurortes Haapsalu einen Besuch.

Haapsalu

1 (S. 376) Überschwenglich bezeichnen manche Esten die vom Meer umgebene Kreisstadt Haapsalu mit ihren gut 15 000 Einwohnern als das Venedig Estlands. Eigentlich bietet die Stadt wenig Spektakuläres, doch dem Charme ihrer verwinkelten Gassen in der Altstadt, ihrer bunten Holzhäuser und der Alleen am Meeresufer kann man sich nicht entziehen. Der Name soll sich aus dem estnischen *haab,* Erle, ableiten. Stadtrechte erhielt Haapsalu schon 1279, ein Jahrzehnt nachdem der Sitz des Bistums Ösel-Wiek hierher verlegt wurde. Aus dem Bischofssitz entwickelte sich in den folgenden Jahrhunderten eine Hafen- und Handelsstadt von einiger Bedeutung. Immerhin gehörte Haapsalu zu den sechs befestigten Städten in Estland.

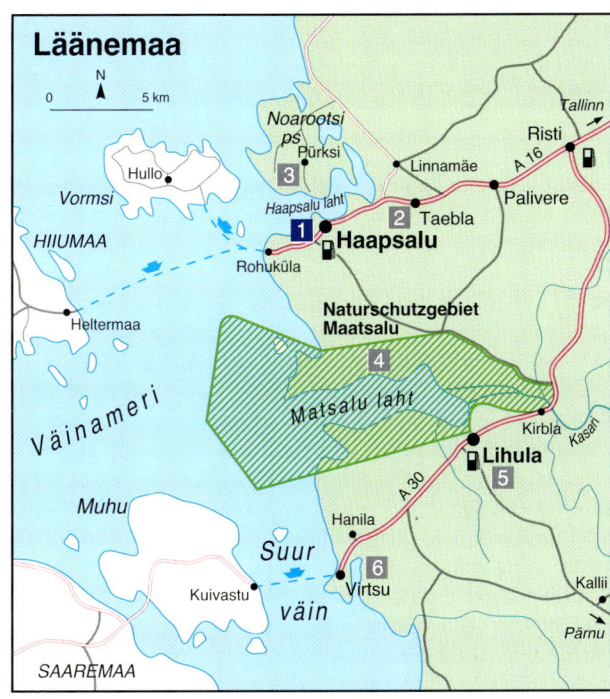

Läänemaa

Blühende Wiesen bei Haapsalu

Im 17. Jh. verbot der Rat von Tallinn dem schwedischen Heerführer Jakob de la Gardie, der Haapsalu 1628 gekauft hatte, den direkten Handel mit der Hanse und das Ankern ausländischer Schiffe im Hafen. Dieses Verbot wurde nach elf Jahren aufgehoben, doch die Bucht von Haapsalu versandete immer stärker und wurde für größere Schiffe uninteressant. Allerdings eröffnete der Meeresschlamm dem Ort eine neue Perspektive – als Kurort. 1821 wurde medizinisch bewiesen, was die Einheimischen schon lange wußten, daß nämlich der Schlamm unter anderem gegen Rheuma hilft. Vier Jahre später begann man mit dem Bau des ersten Schlammbades. In den folgenden Jahrzehnten erwarte-

ten die Bewohner Haapsalus sehnsüchtig die Sommersaison, in der die Petersburger Hocharistokratie und reiche Tallinner in die Stadt kamen. »Da auch der Zar das mitmachte, versammelte sich in Haapsalu während des Sommers eine Menge Großer und Mächtiger«, notierte der estnische Maler Ants Laikmaa am Ende des Jahrhunderts.

An die Zeit, in der Haapsalu Stadtrechte erhielt, erinnern noch heute die **Ruinen der Bischofsfestung** und die gut erhaltene **Kirche** (erbaut ab 1263). Mit ihren vollkommenen Proportionen spiegelt diese größte einschiffige Kirche Nordeuropas die architektonischen Erfahrungen der Zisterziensermönche wider. Um 1300 erhielt die Kirche einen

runden Anbau an der Südseite: das in der Architektur Nordeuropas einzigartige Baptisterium. Der vorzüglichen Akustik wegen finden in der Kirche Konzerte statt. Einen malerischen Ausblick über das Meer mit seinen großen Schilfflächen bietet der gleichzeitig mit der Kirche entstandene Wehrturm.

Heute ist der Gebäudekomplex von einem schönen Park umgeben, in dem jährlich in den Vollmondnächten des August das »Fest der weißen Dame« mit Konzerten und Theater stattfindet. Tausende Besucher warten nach dem Ende des Theaterstücks über die »weiße Dame« auf deren Erscheinen. Die Geschichte dieser Gestalt geht auf das 13. Jh. zurück. Damals soll ein Domherr die

strengen Regeln des Klosterlebens verletzt haben, indem er seine Geliebte, ein Dorfmädchen, als Chorjunge verkleidet zu sich holte. Zur Strafe legte man den Domherrn in Ketten, die junge Frau mauerte man lebendig ein. Seither erscheint die weiße Dame in den Augustnächten. Nüchterne Gemüter haben für die Sage eine andere Erklärung. Im August, bei besonders niedrigem Mondstand, wird durch ein Ostfenster ein Schatten auf die Wand geworfen, der durch ein südliches Fenster betrachtet wie die Silhouette einer Frau aussieht.

Zu den auffälligeren Gebäuden Haapsalus gehört das sogenannte **Peters-Haus** an der Ecke Wiedimann/Lindatänav, in dem Zar Peter I. im Juni 1715 übernachtet haben soll. Einen Überblick über die Geschichte Haapsalus bietet das nahegelegene **Heimatmuseum** im 1775 erbauten ehemaligen Rathaus. Zeugen der Vergangenheit als Kurort sind das 1905 erbaute Holzgebäude des **Kursaals** und der **Bahnhof**. 1905 bis 1907 erstellt, gilt er als einer der schönsten Estlands.

Auf jeden Fall lohnt der Besuch des Hauses von Ants Laikmaa (1866–1942) bei **Taebla** **2**. Er war Mitbegründer der sachlichen Malerei in Estland. Eines seiner wichtigsten Themen war die Landschaft im Westen des Landes. Aus Haapsalu kommend, findet man sein Haus etwa 2 km von Taebla und 1 km südlich der Straße Tallinn – Haapsalu. In dem reetgedeckten Haus erzeugen die ausgefallenen Fensterformen ein ungewöhnliches Licht, in das die Gemälde Laikmaas getaucht sind.

Da sich der Boden im Westen Estlands in tausend Jahren um bis zu 2 m hebt, ist das Meer in Küstennähe sehr flach. Deshalb sind z.B. **Virtsu** oder **Noarootsi** – vor einigen Jahrhunderten noch Inseln – heute zu Halbinseln geworden. Weil sich das flache Wasser in dem vergleichsweise milden Klima im Westen Estlands schnell erwärmt, findet man hier gute Voraussetzungen für ein Bad in der Ostsee. Wie auf Vormsi lebten auf **Noarootsi** vom 13. Jh. bis zu ihrer Flucht im Jahr 1944 überwiegend Schweden. Landschaftlich bietet die Insel eine reizvolle Mischung von Kiefernwäldern, Weideland, Wacholderbüschen und schilfbedeckten Buchten. Wild und touristisch nicht erschlossen, eignet sie sich hervorragend zum Wandern, eine gute Karte vorausgesetzt. Zentrum von Noarootsi ist **Pürksi** **3**. Die einschiffige Kirche des Ortes, 1390 erbaut, birgt ein schönes Taufbecken aus dem Jahr 1528.

Besonders für ornithologisch Interessierte lohnt ein Besuch von **Matsalu** **4** (S. 377), dem großen Naturschutzgebiet Estlands, das auf dem Weg zahlreicher Zugvögel liegt. Zu dem Reservat gehören die Ufer an der Bucht von Matsalu, rund 50 kleine Inseln und die Auen in der Mündung des Kasari. Im 4 m hohen Schilfdickicht am Ufer der Matsalu-Bucht brüten über 60 Vogelarten, auch seltene Kormorane und Seeadler. Millionen Zugvögel rasten hier im Frühjahr auf dem Weg nach Norden und auf ihrem Rückweg im Herbst, darunter bis zu 40 000 Schwäne. Doch Matsalu ist ein bedrohtes Paradies. Am Oberlauf des Kasari spült der Fluß eine Chemikalien-Fracht aus überdüngten Feldern in die Bucht von Matsalu. Das Schilf breitet sich deshalb in wenigen Jahren so schnell wie normalerweise in Jahrhunderten aus. Über die Forschungsarbeit in dem Reservat informieren das Vogelkundliche Museum in Penijõe bei **Lihula** und Ausstellungen und Filme im klassizistischen Herrenhaus **Haesk** am Nordufer der Bucht.

Auf dem Weg von Haapsalu nach Lihula überquert man den Fluß **Kasari**. Hier beginnt die größte Auenwiese Estlands, die sich über 15 km erstreckt. Weiter Richtung Lihula entdeckt man den kleinsten Sakralbau Estlands, die Kirche von **Kirbla** **5** aus dem 13. Jh. Vom eher tristen Lihula aus erreicht man durch einen Eichenwald die Orte **Karuse** und **Hanila**. Die einschiffigen, schlichten, ursprünglich turmlosen Kirchen aus dem 13. Jh. sind typisch für das frühere Bistum Ösel-Wiek. Südlich des Fährhafens **Virtsu** auf der gleichnamigen Halbinsel steht auf dem Landzipfel **Puhtu** **6** das erste Denkmal für Friedrich Schiller, 1813, acht Jahre nach dem Tod des Dichters, von Landrat Carl Thurne von Helwig aufgestellt.

Perlen des Landes – Die Inseln

Einige Tage auf den estnischen Inseln gehören zum Schönsten, was ein Ostsee-Urlaub überhaupt zu bieten hat. Vorausgesetzt, man sucht Ruhe und Erholung in paradiesischer Natur. Da Landwirtschaft auf den Inseln vielerorts nicht möglich ist, findet man hier Flächen unberührter und ungeschädigter Natur wie sonst kaum in Mitteleuropa. Teile der Inselwelt erklärte man schon vor Jahrzehnten zu Naturschutzgebieten, andere genossen als militärische Sperrgebiete einen eher unfreiwilligen Schutz. Leuchttürme und Windmühlen sind die Wahrzeichen der Inseln. Geschichts- und Kunstinteressierte können hier manches Juwel entdecken wie etwa den ältesten Leuchtturm der Welt auf dem kargen Hiiumaa, die älteste Holzkirche Estlands auf dem abgelegenen Ruhnu oder mittelalterliche Kirchenarchitektur und eine trutzige Bischofsburg auf Saaremaa.

Rund 1500 Inseln und Inselchen gehören zu Estland. Bewohnt sind die wenigsten. Keine nennt eine größere Erhebung ihr eigen, manche schauen nur bei Ebbe aus dem Wasser. Die Vielfalt der Inseln hat sich in der estnischen Sprache niedergeschlagen. So nennt man zum Beispiel eine besiedelte und bewirtschaftete Insel *Saar,* eine kleine Insel mit eigener Pflanzenwelt *Laid* und eine Geröllinsel *Kaari.* Die bewohnten Inseln ha-

Der Leuchtturm von Hiiumaa

ben neben dem estnischen auch einen schwedischen Namen. Seit dem 13. Jh. siedelten Schweden als freie Bauern an Estlands Küsten. Noch in den zwanziger Jahren dieses Jahrhunderts gab es schwedische Schulen. In den dreißiger Jahren wurden zahlreiche Orts- und Familiennamen »estnisiert«. Auf der Flucht vor der Roten Armee verließen fast alle Schweden 1944 die Inseln. Dieser Teil der Geschichte läßt sich noch sehr gut an den meist verlassenen schwedischen Bauernhöfen studieren. Auf abgelegenen, wenig besiedelten Inseln wie Kihnu und Ruhnu haben alte estnische Traditionen in einer eigenen Prägung bis in unser Jahrhundert überlebt.

Hiiumaa

(S. 376) Mit rund 1000 km^2 ist Hiiumaa die zweitgrößte Insel Estlands. Sie erstreckt sich 60 km von West nach Ost und 45 km von Nord nach Süd. Damit ist sie größer als die deutsche Ostseeinsel Rügen. Doch leben hier nur rund 11 500 Menschen – auf Rügen zum Vergleich etwa 90 000. Verwaltungssitz ist das Städtchen Kärdla. Landwirtschaft lohnt auf Hiiumaa nur an wenigen Stellen. Die Böden gehören zu den nährstoffärmsten in Estland. Sand und Wacholder bedecken etwa drei Viertel der äußerst flachen Insel. Doch im fast menschenleeren Inneren findet man dichte Wälder und Moore. Man erwägt, diese unberührte Insel ganz unter Naturschutz zu stellen.

Bis zur Kolonisation durch die Schweden im 13. Jh. galt Hiiumaa als »leere Insel«. Der schwedische Name *Dagö* (Tagesinsel) bedeutet, daß man die Insel bei gutem Wind in einem Tag von Gotland aus erreichen konnte. Die Herkunft des estnischen Namens ist unklar. Hii-

umaa könnte sich von *hiis* (Heiliger Hain) oder *hiid* (Riese) ableiten. Heute erreicht man Hiiumaa auf zwei Wegen. Entweder mit dem Flugzeug von Tallinn nach Kärdla oder per Autofähre von Rohuküla bei Haapsalu nach Heltermaa.

Welchen Weg man auch von Heltermaa aus wählt, er führt zuerst an **Suuremoisa** (Großenhof) bei **Pühalepa 1** vorbei. Dieser spätbarocke Gutshof, 1755–72 unter Gräfin von Stenbock gebaut, wurde 1790 von dem Grafengeschlecht von Ungern-Sternberg übernommen, das seit dem 18. Jh. die meisten Güter auf der Insel besaß. Seit 1924 dient das schloßähnliche Gebäude als Schule. Beeindruckend nicht nur das riesige Herrenhaus mit seinen beiden Seitenflügeln, sondern auch die kanonenbestückten Terrassen sowie die Skulpturen und Vasen unter alten, knorrigen Bäumen. Aus dem 13. Jh. stammt die Kirche von Pühalepa. Ihre über 300 Jahre alte Steinskulpturkanzel ist die einzige erhaltene ihrer Art in Estland.

Eine 200 Jahre alte Kastanien-, Eichen- und Kiefernallee führt nach Norden über Palade in den Hauptort **Kärdla 2**. Unterwegs kann man in dem Dörfchen Soera einen als **Heimatmuseum** eingerichteten Bauernhof besuchen. In seiner Nähe liegt der größte Findling der Insel: Kukka *(Stein)*, ein 16,4 m langer, 3,7 m hoher und 11 m breiter Granitblock – einer von 20 derartigen Steinen in dieser Gegend. In Kärdla, dem Hauptort Hiiumaas, fallen die gepflegten Gärten und Grünanlagen, die Fontänen und Brunnen auf. Teilweise gehen die Parks dieser Gartenstadt nahtlos in den Wald über. Dieser selbst für estnische Verhältnisse ruhige Ort verfügt über einen kleinen Badestrand, der in den Rannapark übergeht. Kärdla soll schwedischen Ursprungs sein. Auf jeden Fall lebten hier Schweden seit dem 15. Jh. 1781 wurden

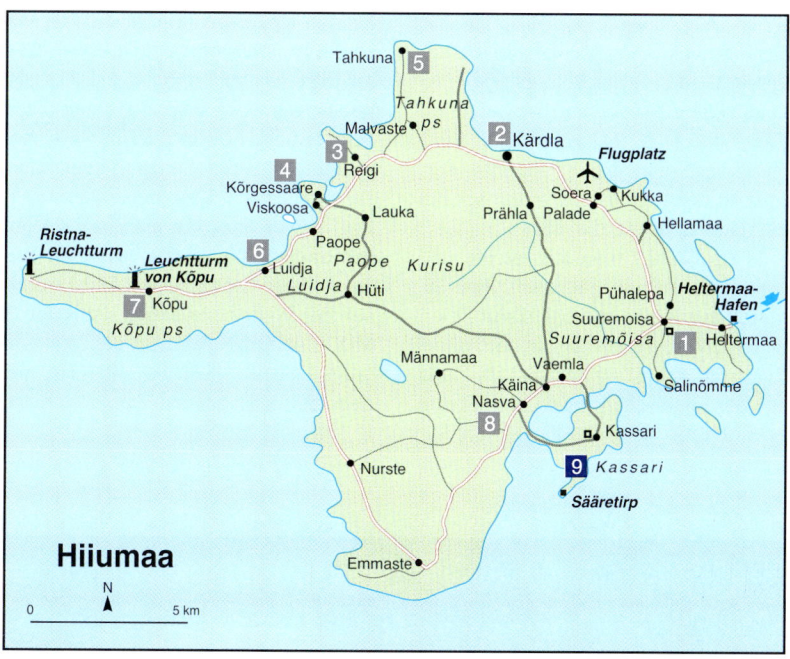

Hiiumaa

1200 von ihnen in die Ukraine deportiert. Die meisten der verbliebenen Schweden verließen 1810 die Insel, als Baron von Ungern-Sternberg ihre Höfe zu seinem Besitz erklärte. Mit dem Bau einer Tuchfabrik durch die Gebrüder Ungern-Sternberg gewann der Ort ab 1830 an wirtschaftlicher Bedeutung. Die Fabrik wurde 1941 zerstört. Heute erinnert ein Denkmal auf dem großen Platz der ehemaligen Fabrik an dieses Unternehmen, von dem nur einige Arbeiterunterkünfte erhalten blieben.

Auf der Straße nach **Reigi** 3 und **Körgessaare** 4 sieht man nach etwa 10 km eine Sanddüne, in der selbstgebaute Holzkreuze stecken. Der Brauch, an dieser **Risitmägi** (Kreuzberg) genannten Düne Kreuze aufzustellen, geht auf die 1781 deportierten Schweden zurück. Hier hielten sie ihren letzten Gottesdienst auf der Insel ab. Will man heiraten, soll der Wunsch in Erfüllung gehen, wenn man ein selbstgebasteltes Kreuz in den Stand steckt. Von der Küstenstraße zweigt eine Straße nach Norden ab auf die einsame Halbinsel **Tahkuna** 5. Über die Erholungsanlage Malvaste gelangt man zum 41 m hohen **Leuchtturm** an der Spitze der Halbinsel. Der gußeiserne Turm wurde 1875 in Paris hergestellt. Spuren von Festungsbauten weisen auf die strategische Bedeutung der Tahkuna-Batterien vor und während des Ersten Weltkriegs hin. Zurück auf der Hauptstraße sieht man auf der rechten Seite die Kirche von Reigi.

Von Körgessaare aus bestand im 17. Jh. eine regelmäßige Schiffsverbindung nach Stockholm. Von der Seefahrt soll auch Ludwig Baron von Ungern-Sternberg profitiert haben, indem er mit falschen Lichtsignalen fremde Schiffe auf ein Riff lenkte. Weiter auf der Straße passiert man zwischen **Paope** und **Luidja** einen 2 km breiten Schwarzerlen-Hain, der eine melancholische Stimmung verbreitet. Einen reizvollen Kontrast zu diesem Hain bietet der schöne Sandstrand bei **Luidja** 6 .

In Luidja hält man sich rechts und kommt so auf die Halbinsel **Kõpu** 7 . Mitten auf dieser Halbinsel, rund 12 km hinter Luidja, erhebt sich auf dem Hügel Tornimägi, mit 63 m der höchste Punkt auf den estnischen Inseln, der älteste **Leuchtturm** der Ostseeländer. Die Pla-

nungen für diesen Turm reichen bis ins 15. Jh. zurück, erbaut wurde er von 1501 bis 1538. Seitdem trohnt der »Dicke von Kõpu«, wie er im Volksmund heißt, auf seinem Berg. 102 m über den Meeresspiegel ragt die Spitze empor, sein Leuchtfeuer ist 26 Seemeilen weit zu sehen. Früher brauchte man sechs Männer, um jährlich 1000 m^3 Holz für das Leuchtfeuer hochzutragen. 1900 wurde auf der Weltausstellung in Paris für 3 Mio. Goldrubel der heutige Laternenraum gekauft. 1874 begann man mit dem Bau des Leuchtturms von Rista, 12 km westlich von Kõpu.

Die Küsterin von Karja auf Saaremaa

Nach Süden, Richtung Emmaste, verändert sich die Landschaft. Wald wechselt ab mit Weideland, Wacholderheide und Sumpfgebieten. Kurz vor **Käina** 🖪, dem zweitgrößten Ort Hiiumaas, passiert man den Wacholderwald von **Nasva**. Im liebenswert-verschlafenen Käina wurde der Komponist Rudolf Tobias (1873–1918) geboren. Seine kraftvollen, melodramatischen Werke handeln oft von estnischen Legenden. Der Begründer der estnischen Symphoniemusik verbrachte die letzten sechs Jahre seines Lebens in Paris, Leipzig und Berlin, wo er als Professor an der Musikakademie lehrte.

🖪 Südlich von Käina liegt die Insel **Kassari**, die über zwei Dämme mit Hiiumaa verbunden ist. Sie gehört zu den reizvollsten Gegenden Hiiumaas. Das Braungelb des Schilfs und das Blau des Himmels kontrastieren mit sattgrünen Wiesen. Nur selten wird die absolute Ruhe durch einen Angler oder den Flug der Enten gestört. Die Perle Kassaris ist die Landzunge **Sääretirp** im Süden. Wie eine vorzeitliche Schlange windet sie sich immer schmaler werdend über zwei Kilometer zwischen den weißgekrönten Wellen, bis sie schließlich im Meer verschwindet. Über einen steinigen Pfad gelangt man bis an das Ende der Landzunge. Eine kleine reetgedeckte Kapelle, das Heimatmuseum und das Sommerhaus der estnischen Schriftstellerin Aino Kallas zählen zu den Sehenswürdigkeiten Kassaris.

Saaremaa und Muhu

Saaremaa erreicht man durch eine halbstündige Überfahrt von Virtsu nach Kuivastu auf der Insel Muhu. Zusammen mit Muhu bildet Saaremaa einen Landkreis. Doch die beiden Inseln werden nicht nur gemeinsam verwaltet, sie sind auch durch einen Damm miteinander verbunden.

Muhu

(S. 377) Es dauert nur eine knappe halbe Stunde, Muhu zu durchqueren und über den Damm nach Saaremaa weiterzureisen. Doch es lohnt sich, auf Muhu mehr als einen flüchtigen Blick zu werfen. Wer ein wenig Zeit hat, sollte die Inselhauptstraße hinter Kuivastu verlassen und Richtung Pädaste fahren. Von dem zur Zeit brachliegenden Gutshof von **Pädaste** 🄱 hat man einen wunderbaren Ausblick über den Park auf das Meer. In der Inselmitte liegt das alte Kirchdorf **Liiva** 🄲. Bereits im 13. Jh. wurde die auf einem künstlichen Hügel erbaute Kirche erstmals erwähnt. Sehr schlicht und doch elegant wächst sie in drei Stufen vom Chorabschluß über den Chor zum Langhaus empor. In starkem Kontrast zur äußeren Strenge stehen im Inneren kelchförmige Kapitelle, Miniaturkonsolen und der Farbreichtum der Wandmalereien. Hier entdeckt man auch die interessanteste Form der trapezförmigen Grabplatten, die in vielen Kirchen und auf Friedhöfen der estnischen Inseln zu finden sind. Die Reliefs mit dem »Sonnen«- oder »Weltenbaum« zeigen ein Motiv aus dem heidnischen Sonnenkult.

Zu den schönsten Dörfern Estlands gehört das über 400 Jahre alte Haufendorf **Koguva** 🄳, das 1968 mit seinem Fischerhafen zum ethnographischen Schutzgebiet erklärt wurde. Hier fühlt sich der Besucher um hundert Jahre zurückversetzt. Auf 84 der 105 Höfe wird heute das traditionelle Dorfleben weitergeführt. Der Hof Tooma, auf dem der estnische Schriftsteller Juhan Smuul (1921–1971) geboren wurde, ist das örtliche Museum. Hier schrieb Smuul seinen berühmten Roman »Der wilde Kapitän«.

HIIUMAA

Soela väin

Pammana

Panga nukk

Leisi

Angla
Windmü

15

Karja

14

Lõuka laht

Tagalaht

Punapea jõgi

Uudepanga laht

Küdema laht

Tintsi jõgi

Leisi jõgi

Lõve jõgi

5

Va

6

Kaali järv

Vogelschutzgebiet Vilsandi

Vilsandi

Kihelkonna

Karujärve

Karujärv

Kärla jõgi

Aste

Kaarma

Kõljala

Laugi kraav

Tõlluste

Bauern-museum

Viki

Kärla

13

Viidu-mägi

12

Viidu

Mullutu laht

7

Kudjape-Friedhof
Kuressare

Sutu laht

Pilguse

Pühajõgi

Naturschutz-gebiet Viidumäe

Mändjala

8

Nasva

Kuressare laht

Kasti laht

Järve

SAAREMAA

11

Lahetaguse

Tehumardi

9

Suur katel

Abruka s

Üüdibe

Kaugatuma

Lõu laht

Kaimri

10

Jämaja

Torgu

Sõrve ps

Sõrve säär

Kura kurk

Muhu

Suur väin

Hellamaa

Igakula
Koguva
Liiva
Eemu
Windmühle
Pädaste
Simisti
Kuivastu
Virtsu

LÄÄNEMAA

Maasi
Orissaare

Tornimäe

utsi
Pöide

Neemi

Ünguma
Kübassaare

Saareküla

Kõiguste laht

Saaremaa und Muhu

N

0   5 km

Saaremaa und Muhu

Typisch für die Architektur der Insel ist das Riegenhaus aus Holz: Wohnung, Ställe und Speicher unter einem Dach. Steinzäune umgeben die schilfgedeckten Häuser. Sie hielten nach dem Volksglauben die bösen Geister fern. Heute lagern auf ihnen die ausgedienten Boote. Kurz bevor man Muhu über den Damm wieder verläßt, ist links die einzige **Bocksmühle** Estlands zu sehen, die noch in Betrieb ist. Ihren Namen haben sie von den Steinsockeln, den »Böcken«, auf denen sie stehen. Die Bocksmühlen sind das Wahrzeichen von Saaremaa.

Saaremaa

(S. 380) Mit 2671 km² ist Saaremaa die größte estnische Insel. Nicht höher als 54 m erhebt sie sich aus der Ostsee. An ihrer 1300 km langen, stark zergliederten Küste wechseln sandige Dünen mit steinigen Stränden und Felsenküsten ab. Auf den steinigen Böden gedeiht die abwechslungsreichste Pflanzenwelt Estlands. Wälder, vor allem Wacholderhaine, Moore, Flüsse und feuchte Wiesen stehen in reizvollem Kontrast zu den kargen Böden. Ihren Ruf verdanken die Einwohner von Saaremaa nicht nur ihrer eigenen Art, Fische zu salzen, Brot zu backen und helles Starkbier zu brauen, sondern auch ihrem eigenen Dialekt, ihren Mythen und Liedern.

Es lohnt sich, die Inselhauptstraße zu verlassen und über kleine Straßen im Südosten der Insel zu fahren. Im Dörfchen **Pöide** 4 findet man die größte Wehrkirche Saaremaas aus dem 13. Jh. Auffällig sind die für diese Region eher untypischen reichen Pflanzenornamente. An einem Kapitell entdeckt man ein kopfloses Figurenpaar, das an seiner

Kleidung und dem rituellen Trinkhorn in der Hand als Bauernpaar zu erkennen ist. Die Pflanzenornamente und die erstmals in der estnischen Kunst dargestellten Bauern verweisen auf die äußerst fruchtbaren Böden Pöides.

Valjala 5 liegt eingebettet in die typische Landschaft der Insel mit Moränenniederungen und Hügeln, Wacholderwiesen und Feldern voller Kalksteinbrocken. Mit der ab 1227 erbauten Kirche verfügt der Ort über den ältesten Steinbau Saaremaas und die wahrscheinlich älteste Steinkirche Estlands. Die mehrfach erweiterte Kirche vereint romanische und gotische Elemente. Reizvoll das Rippengewölbe des Chores, das Taufbecken und das im romanischen Stil dekorierte Hauptportal an der Westseite. Eine weitere Besonderheit ist die Westfassade mit ihrer aus der Mittelachse gerückten Rosette. Einige hundert Meter von der Kirche entfernt kann man auf einem Hügel noch Reste einer Burg aus der Zeit des vorchristlichen Saaremaa erkennen.

Auf dem Weg nach Kuressaare lohnt ein Abstecher zum **Meteoritenfeld von Kaali 6**, dem bekanntesten Naturdenkmal Estlands. Die naturwissenschaftliche Auswertung verkohlter Eichen am Rande des Hauptkraters ergab, daß hier vor rund 3000 Jahren ein Eisenmeteorit einschlug. Der kreisrunde Hauptkrater von 110 m Durchmesser und 16 m Tiefe und seine sieben Nebenkrater haben – wie viele Naturdenkmäler Estlands – die Mythenbildung angeregt. So soll hier die Erde vor Entsetzen über eine Geschwisterheirat die Traukirche verschlungen haben. Eine andere Legende

In Pöide steht die größte Wehrkirche auf Saaremaa

Epitaph der Familie von Wettbergi in der Burg von Kuressare

erzählt von einem Gutsherrn, der nach einer Orgie mitsamt seinen Gästen vom Erdboden verschlungen wurde.

Kuressaare **7** (Arensburg), der Hauptort auf Saaremaa, ist einer der wenigen estnischen Orte mit einer gewissen touristischen Tradition. Seit 1840 verabreichte man hier Schlammbäder, zeitweilig war Kuressaare als Kurort über Estland hinaus bekannt. Eine gewisse Bedeutung erlangte die Siedlung ab dem 14. Jh. als Marktflecken im Schatten der Residenz des Bischofs von Ösel-Wiek; der Name Arensburg wurde 1424 urkundlich bezeugt. In den nächsten drei Jahrhunderten wuchs der Ort langsam. Ende des 18. Jh. zählte man 115 Häuser in Kuressaare, davon 53 aus Stein. Doch als der livländische Vizegouverneur Balthasar von Camphausen die Stadt 1783 zu seiner Residenz erwählte, entwickelte sie sich in kurzer Zeit zu einer lebendigen Kreisstadt. Nicht nur sein Haus, auch die meisten anderen Wohngebäude erhielten eine Fassadendekoration aus einheimischem Dolomit.

Die meisten Besitzer erbauten ihre Häuser im bis dahin auf Saaremaa unüblichen klassizistischen Stil.

Eine Besichtigung beginnt man am besten in der **Bischofsburg,** die als einzige mittelalterliche Burg des Baltikums ohne nennenswerte Umbauten erhalten blieb. Das trutzige Bauwerk fasziniert durch die klare Schönheit seiner geometrisch strengen Formen. Wahrscheinlich begann man schon 1260, unmittelbar nach der Niederwerfung der Öseler durch den Deutschen Ritterorden, mit dem Bau. Von der Mitte des 14. Jh. bis zum Beginn des Livländischen Krieges diente sie als ständige Residenz des Bischofs von Ösel-Wiek.

Die Burg wird von einer 600 m langen Ringmauer aus dem 15. Jh. umgeben. Rund 20 m hoch ragt die Mauer aus hellgrauem Dolomit der streng spätgotischen Burg empor. Man betritt die Anlage durch den einzigen Eingang an der Nordseite. Zwei Wehrtürme, der wuchtige **Sturvolt** im Nordwesten und der schlanke, 29 m hohe **Lange Hermann** im Nordosten, überragen die Mauern. Den Innenhof umgibt ein zweigeschossiger Kreuzgang. Schönster Teil der quadratischen Burg ist das Konventshaus im Westflügel. Es beherbergt den architektonisch interessantesten Raum, das Fest-Refektorium. Man betritt es durch ein reich profiliertes Portal. Ein Kreuzgewölbe auf massiven Pfeilern überspannt diesen Raum. Der einschiffige Saal im wesentlich schlichteren Nordflügel diente als Speiseraum für die Mitglieder des Domkapitels. Daran schließen sich das Dormitorium und der einfache Schlafraum des Bischofs an.

Mehrere Räume der Bischofsburg werden heute für Ausstellungen genutzt. So beherbergt das Erdgeschoß eine naturkundliche Sammlung und der dritte Stock ein heimatkundliches Museum. In reizvollem Kontrast zur wuchtigen Burg-anlage und zu den klassizistischen Bau-ten der Altstadt von Kuressaare stehen das Kurhaus und die Lesehäuschen im Schloßpark. Diese zierlichen Holzpavil-lons strahlen eine Atmosphäre verschla-fenen Müßiggangs aus.

Einem Museum für Bildhauerei und Schmiedekunst gleicht der **Kudjape-Friedhof** 3 km nordöstlich vom Zentrum Kuressaares. Seit dem Ende des 18. Jh. werden hier die Toten der Stadt begra-ben. Heute haben die Wurzeln der Baum-riesen auf diesem Friedhof so manchen alten, bemoosten Grabstein verschoben. Die gesamte Anlage steht unter Denk-malschutz.

Verläßt man Kuressaare in Richtung Südwesten zur Halbinsel Sörve, pas-siert man unmittelbar hinter der Stadt-grenze den einzigen **Eichenwald von Loode,** dessen Bäume bis zu 300 Jahre alt sind. Ein paar hundert Meter weiter auf der anderen Straßenseite liegt das **Vogelschutzgebiet Linnulaht** 8 , eine flache ehemalige Meeresbucht. Bis zu 6000 Möwenpaare und viele andere Seevögel nisten hier. In den Sommer-

In der Burg von Kuressare

monaten darf dieses Vogelparadies nicht betreten werden. Etwas weiter nördlich, in **Suurlaht**, einer weiteren versandeten Bucht, gewinnt man den Heilschlamm von Kuressaare.

Über die Straße Richtung Südwesten, kommt man hinter dem Fischerei- und Yachthafen **Nasva** zu einem Sandstrand, der sich von **Mändjala** über **Järve** bis **Tehumardi**  erstreckt. In Tehumardi erinnert ein Denkmal, ein 21 m hohes Schwert mit abgebrochener Spitze, an die Schlachten von 1944 zwischen der Roten Armee und der deutschen Wehrmacht. Damals verschwanden ganze Dörfer wie Kaimre oder Üüdibe von der Landkarte. Ein Besuch auf der Halbinsel **Sörve** 🔟 lohnt vor allem wegen der wilden und schönen Landschaft und zahlreicher Bademöglichkeiten an den Kies- und Sandstränden. Eine wunderbare Aussicht bietet der Leuchtturm an der Spitze der Halbinsel.

Die Landschaft an der Westküste ist typisch für die gesamte Insel. Wiesen reichen bis an den Wassersaum, im Landesinnern wechseln Heidelandschaft und Wacholderbüsche. Von Zeit zu Zeit tauchen einzelne Windmühlen auf. **Lahetaguse** 🔟, etwa 10 km südlich von Lümanda, lockt mit einem ausgedehnten Badestrand. Hier erinnert ein Denkmal an den Antarktisforscher und Weltumsegler Seeadmiral Fabian Gottlieb Benjamin von Bellingshausen (1778–1852), der in Lahetaguse geboren wurde. Östlich von Lümanda, bei Viidu, kann man das Naturschutzgebiet **Viidumägi** 🔟 besuchen. Hier wachsen Pflanzen aus längst vergangenen geologischen Perioden, so die insektenfressende *Piguicula alpina* mit ihren gelblichen Blüten und die Sumpfpflanze *Rhinantus osiliensis*. Die dicht mit Drüsenhärchen besetzte Sumpfpflanze wurde erst 1933 entdeckt und wächst nur auf Saaremaa.

Plausch in Kuressare

Vor allem Vogelkundler dürften sich für das zweite Naturschutzgebiet Saaremaas, **Vilsandi** 🔟, interessieren. Doch dieses seit 1906 existierende, älteste Naturschutzgebiet Estlands darf nur mit einer besonderen Erlaubnis für einige Stunden besucht werden. Problemlos ist dagegen der Besuch des Badestrands bei Leisi im Norden der Insel. Von dort führt eine Straße Richtung Süden zurück nach Kuressaare. Auf dem Weg dorthin kommt man durch **Karja** 🔟. Hier findet man die kleinste, aber wohl schönste der **Wehrkirchen** von Saaremaa. Fresken zeigen hier nicht nur Szenen aus dem Leben der Heiligen Nikolaus und Katharina, auch freche Teufelsfratzen kann der Besucher entdecken. 3 km weiter westlich erreicht man ein Wahrzeichen der Insel, den **Mühlberg von Angla** 🔟. Vier Bocksmühlen, mit den Mühlsteinen im zweiten Stock, und eine holländische Windmühle in der Mitte der Anlage erinnern an rund 800 Windmühlen, die sich Ende des vergangenen Jahrhunderts auf der Insel drehten.

Kihnu (Kühnö)

Wacholderwiesen, Kiefernwäldchen und ein paar Felder – landschaftliche Sensationen kann die 3,5 km breite und 7 km lange Insel nicht bieten. Und doch hat die abgelegene Insel mit 700 Bewohnern ihren eigenen Charakter. Es ist eine Welt, deren Lebensrhythmus weitgehend vom Meer bestimmt wird. Die traditionelle Kultur wird auf Kihnu gepflegt. Gelegentlich sieht man junge Frauen mit rotgestreiftem Trachtenrock und traditionellem Kopftuch auf Motorrädern, Hauptverkehrsmittel auf Kihnu, über die Insel knattern. In der Verantwortung der Frauen lag seit Jahrhunderten die Hof- und Feldarbeit, während die Männer oft jahrelang auf See waren. *Kihnu naine* (Frau von Kihnu) wurde zum feststehenden Begriff für die verheiratete und doch alleinstehende Frau. Fischerei und Seehundjagd prägten das Leben der Männer. Als Zusatzverdienst wurden Steine von Kihnu in verschiedene Städte verschifft. Wer heute in Tallinn, Pärnu, Rīga oder Helsinki über Kopfsteinpflaster geht, kann fast sicher sein, daß Männer von Kihnu diese runden Steine aus dem Meer geholt haben.

Zu den markanten Punkten der Insel gehören außerdem in dem Dorf **Lemsi** eine uralte Eiche und der Leuchtturm im äußersten Süden. Das Geschichtsbewußtsein der Inselbewohner dokumentiert das **Heimatmuseum** gegenüber der russisch-orthodoxen Kirche in **Turuküla.** An den berühmtesten Einwohner von Kihnu, den Schiffskapitän Kihnu Jonn (1848–1913), erinnert ein kleines Denkmal auf dem Bauernhof Uuetoa. Zu literarischem Ruhm gelangte der waghalsige Segler durch Juhan Smuuls Roman »Der wilde Kapitän«. Die urige Gaststätte *Rock City* nördlich des Hafens trägt den Namen seines letzten Schiffs.

Ruhnu

(S. 380) Untiefen und Sandbänke erschwerten über Jahrhunderte den Zugang zu dieser Insel. Doch die abgeschiedene Lage bescherte den Bewohnern von Ruhnu Schutz vor den zahlreichen Kriegen im Baltikum. Noch heute ist die wohl exotischste der estnischen Inseln nur schwer zu erreichen – mit einer unregelmäßgen Flugverbindung von Pärnu. Einmal pro Woche besteht per Postschiff eine Verbindung mit Saaremaa. Obwohl der Sommer auf Ruhnu länger dauert als auf dem Festland und trotz ihrer Sandstrände, hat die 15 km^2 große Insel nichts von einer Sommeridylle. Nicht nur weil bei 50 Bewohnern jegliche touristische Infrastruktur fehlt, sondern auch weil die Landschaft mit wenigen Ausnahmen karg wirkt. Ein Moor am **Houbjere-Berg,** in dem sich Regenwasser sammelt, versorgt die Bewohner mit Trinkwasser. Am Strand erheben sich bis zu 20 m hohe Sanddünen, auf der Landseite wachsen Kiefern.

Seit dem 14. Jh. lebten hier Schweden. Die letzen verließen 1944 mit dem Motorsegler »Juhan« ihre Heimat. Die Schweden wohnten mit ihrer Großfamilie in sogenannten Langhäusern. Auf einer Länge von bis zu 50 m vereinten sie unter anderem Wohnzimmer, Feuerstelle und Scheune unter einem Dach. Ein solches Haus kann man auf dem Hof **Kors** sehen. An das Leben der damaligen Einwohner erinnert der Dokumentarfilm »Die Insel Ruhnu«, der 1931 von Thomas Luts gedreht wurde. Dieser Film ist auf beinahe jedem baltischen Filmfestival zu sehen. Nach dem Zweiten Weltkrieg wurde Ruhnu von Einwohnern aus Kihnu und Saaremaa besiedelt. Doch auch ein Teil dieser Bewohner verließ die Insel wieder, als das sowjetische Militär hier nach Erdöl bohrte. Größte Sehenswürdigkeit ist die 1644 erbaute **Holzkirche** von Ruhnu. Sie ist eine der ältesten Holzkirchen Europas. Im 17. Jh. wurde sie mit Bleiglasmalereien ausgestattet.

Vormsi

(S. 384) Ein Ausflug von Haapsalu nach Vormsi lohnt vor allem wegen der unberührten Natur. Ungewöhnlich für estnische Inseln: Zusammenhängende Wälder voller Beeren bedecken einen großen Teil der Fläche. Verwilderte Felder,

weit ins Meer ragende Landzungen und zahlreiche Findlinge verleihen der Insel ihren eigenen Reiz. Auch die bereits vertrauten Wacholderwiesen findet man hier. Vormsi ist mit 93 km^2 die viertgröße estnische Insel. Da sie nur über rund 10 km befestigte Straßen verfügt, läßt sie sich besonders gut zu Fuß erkunden. Heute leben etwa 400 Menschen ständig hier, vor dem Ersten Weltkrieg waren es über 3000, zumeist Nachkommen der im 14. Jh. eingewanderten Schweden. Sie gaben der Insel den Namen Ormsö. Da die Insel auch später nur

Die Windmühlen von Angla sind ein Wahrzeichen von Saaremaa

geringe wirtschaftliche Perspektiven bot, verwandelten sich die meisten der ursprünglich 18 Orte und Weiler mehr und mehr in Geisterdörfer. Mittlerweile hofft Vormsi auf den Tourismus. Schon heute besitzen einige Festland-Esten hier ein Sommerhaus. Ein Erbe der schwedisch-ethnischen Mischkultur sind die schwedisch klingenden Ortsnamen. Im Laufe der Zeit wurden sie leicht verändert, so daß sie estnischer wirken. Mittlerweile existieren mehrere Schreibweisen nebeneinander, wie z. B. Söderbi, Söderby oder Sederbi.

Im Sommer erreicht man Vormsi an Werktagen dreimal täglich mit der Autofähre, an den Wochenenden zweimal täglich. Etwa eine Stunde dauert die Überfahrt von **Rohuküla** bei Haapsalu zum Inselhafen **Sviby**. Im Winter, wenn die Ostsee zugefroren ist, bieten sich andere Möglichkeiten an: auf Skiern, mit dem Stuhlschlitten oder, am elegantesten, mit dem Eissegler. Wenn die Eisschicht dicker ist als 30 cm, kann man die Insel von Haapsalu mit dem Auto erreichen. Unter Fichten ducken sich die Holzhäuschen des Hauptortes **Hullo.** Im Frühjahr blühen hier riesige Fliederbüsche. An der Kreuzung der Inselstraßen in Hullo steht die **Olaikirche,** das älteste Gotteshaus der Insel. Das Langhaus aus Kalkstein der turmlosen Kirche wurde 1632 erbaut, die älteren Jahreszahlen über dem Portal beziehen sich vermutlich auf den Vorgängerbau. Im Inneren birgt sie eine schöne Barockkanzel. Durch die Öffnung in der Wand rechts neben dem Altar durften früher Leprakranke und Verurteilte den Gottesdienst verfolgen. Auf dem alten schwedischen Friedhof verwittern 26 Radkreuze, die angeblich auf alte schwedische Sonnensymbole zurückgehen.

Da sich in Hullo alle Inselstraßen kreuzen, ist der Ort ein idealer Ausgangspunkt für Wanderungen. Nach Westen gelangt man nach **Suuremoisa** (Großenhof), dem ehemaligen Gutshof der Insel. Er wurde 1604 errichtet und trug lange den Namen Magnushof nach seinem Gründer Magnus Brummer. Heute erinnern an den alten Hof nur noch Mauerreste und ein verwilderter Park. Auf dem Weg nach Suuremoisa passiert man den Inselsee. Da das sumpfige Ufer von einem schwer durchdringbaren Pflanzendickicht bewachsen ist, leben und brüten hier zahlreiche Vogelarten. Besucher sollten diesen Schutzraum der Vogelwelt respektieren. Südlich des Magnushofs in der **Vesterbucht** findet man die besten Stellen zum Baden. Weiter führt der Weg über **Saksbi** mit seinem Leuchtturm und den Weiler **Kersleti** auf die 4 km ins Meer ragende Landzunge Borrby näs. Etwa 0,5 km südlich des Dorfs **Borrby** liegt auf der höchsten Stelle der Insel ein Findling. Da er aussieht wie ein Amboß, wird er »Smen« (Schmied) genannt.

Verläßt man Hullo Richtung Süden, passiert man das Dörfchen **Rumpo,** in dessen Nähe weitere Bademöglichkeiten bestehen. Von Rumpo kann man weiter auf die Landzunge Rumpo näs gehen. Der Weg durch die beerenreichen Wälder und der Blick von der Landzunge auf mehrere vorgelagerte Inselchen bereichern diesen markanten Küstenabschnitt. Zu einem der schönsten Flecken von Vormsi kommt man, wenn man sich an der Olaikirche in Hullo nach Nordosten, in Richtung des ursprünglichen Norrby mit seinen zwei Leuchttürmen, wendet. **Bethanien** heißt diese Bilderbuch-Idylle, die man nach einigen Kilometern erreicht. Sanfte Hügel, ein grünschimmerndes Meer und einzelne Felsbrocken, an denen sich die Wellen brechen, bezaubern hier den Besucher.

Pärnu – Strandleben im Süden des Landes

(S. 378) Pärnu strahlt eine für Estland beinahe südliche Atmosphäre aus. Straßencafés prägen das Stadtbild, Fußgänger flanieren im Schatten alter Bäume, und einzelne Maler sitzen in Strandnähe an ihren Staffeleien. Am 2 km langen Strand verbreiten ehemalige Nobelhotels im Stil der 30er Jahre das Flair eines eleganten Seebads. Die mit 59 000 Einwohnern fünftgrößte Stadt Estlands erfreute sich schon zu Beginn des 19. Jh. als mondäner Kurort des Baltikums reger Beliebtheit.

Die Stadtgeschichte reicht bis ins 13. Jh. zurück, als zunächst zwei unabhängige Städte links und rechts des Flusses Pärnu entstanden. Bischof Heinrich von Saare-Lääne errichtete seinen Bischofssitz am Flußdelta zur rechten Seite. Handwerker und Kaufleute bestimmten das mittelalterliche Stadtbild von Vana-Pärnu (Alt-Pärnu), bis die Litauer 1263 die Stadt niederbrannten und den Bischof vertrieben. Die Stadt erlebte bis 1577, als sie nach den Wirren des Livländischen Krieges abbrannte, einen langsamen Niedergang.

Wo heute Pärnus Altstadt liegt, erhob sich 1255 eine Ordensburg. Der Standort, den der Deutsche Orden wählte, war günstig. Der nahegelegene Wasserweg von Pärnu nach Viljandi, Tartu und Pihkva (Pskov) ließ den Handel blühen, und die reiche Stadt trat in den Bund der Hanse ein. Ruhige Zeiten erlebte Pärnu damals dennoch nicht. Immer wieder zerstörte Feuer die Stadt. Erst unter schwedischer Krone erlebten die Anwohner nahezu 100 Jahre der Ruhe. An die schwedische Zeit erinnert heute noch die schachbrettartige Anordnung der Straßen. Ein Hufeisen des schwedischen Königs Karl XII., das dieser beim Ritt durch die Stadt verloren haben soll,

ist als Fassadenschmuck in der Rüütli am **Mohrschen Haus**  neben dem Doppelwagen zu sehen. 1699, zum Ende der schwedischen Herrschaft, zog für zehn Jahre die Universität von Tartu nach Pärnu. Der Nordische Krieg und die wütende Pest setzten dem Handel und der Industrialisierung jedoch ein Ende und ließen nur 36 Bürger am Leben.

Pärnus Hafen, in dem heute wieder rege gearbeitet wird, war zu Regierungszeiten Katharinas II. der größte Umschlagplatz für den Handel nach Nord-Livland und Wiek. Von den imposanten Warenlagern und Speichern dieser Zeit sind nur noch die hölzernen Gebäude der Fa. Jacke & Co. für Leinenwaren in der Vana tänäv 15 und in der Kuninga zu sehen. Für den Begründer der Firma, Jakob Jacke, wurde auf dem deutschen Friedhof an der Rigaer Straße ein Mausoleum mit einer meisterhaft gearbeiteten eisernen Flügeltür errichtet. Die Zarin Katharina stiftete der Stadt die eleganteste orthodoxe Kirche des Landes, die **Katharinenkirche** ☑ in der Vee tänav, 1767/68 erbaut. Ein zierlich wirkender Westturm mit hoher Spitze und die von vier kleinen Türmen umgebene Kuppel machen das besondere dieses orthodoxen Gebetshauses aus. Im Inneren fällt der Blick auf eine schöne detaillierte Ikonostase und ein Basrelief aus dem 18. Jh. Die ältere protestantische Kirche, die **Elisabethkirche** ☑ in der Kuninga tänav, wirkt dagegen streng – bis auf die barocke Westfassade: Dort ragt ihr Turm gen Himmel und bestimmt mit der nur wenige Meter entfernten orthodoxen Preobrazhenski-Kirche die Silhouette der Stadt.

Bekannt wurde Pärnu jedoch durch seine Sanatorien und Badeanstalten aus dem Jahr 1890, deren ehrwürdige Holzbauten zwischen den alten Bäumen hervorlugen. Das Moorbad ist heute noch in Betrieb. Daneben gibt es in den Alleen in Richtung Strand neue kleinere Sanatorien, zu erkennen an den Kurgästen, die davor in kleinen Gruppen auf Bänken

Pärnu   *1 Mohrsches Haus   2 Katharinenkirche   3 Elisabethkirche   4 Strandhotel 5 Hotel Victoria   6 Roter Turm   7 Tallinner Tor   8 Museum Lydia Koidula*

und gemauerten Eingängen sitzen. Durch die Lage Pärnus an einer windgeschützten Bucht ist das Klima mild und ideal für einen Bade- und Erholungsurlaub. Vor allem lockt der herrliche weiße Sandstrand, wie er in Estland außer bei Narva nirgends anzutreffen ist, zu ausgedehnten Spaziergängen am Meer. Während andernorts die Strände eher einsam sind, pulsiert hier das Leben. Da das Meer hier sehr flach ist, eignet sich der Badestrand besonders auch für Fa-

milien mit Kleinkindern. Man muß schon 200 m durchs seichte Wasser waten, um in 1,5 m Tiefe zu gelangen. Die sehr gepflegte Strandanlage bietet Kindern und Erwachsenen abwechslungsreiche Spiel- und Turngeräte und eine riesige Rutsche.

Von der Terrasse des mondänen **Strandhotels** 4 aus dem Jahr 1937, das wie ein ausladendes weißes Schiff am Strand lagert, oder vom Balkon des Strandcafés, dessen Aussichtsplattform als weißer Pilz gegen den Himmel absticht, läßt sich das bunte Treiben gut beobachten. Der Architekt Olef Siinmaa hat das Hotel entworfen. Es ist originalgetreu restauriert und fällt wegen der ungewöhnlichen Bauart sofort ins Auge.

Am Meer hat jede Jahreszeit ihren besonderen Reiz, und die Sonnenuntergänge sind immer ein Genuß, aber besonders locken die »weißen Nächte« im Sommer, wenn es selbst weit nach Mitternacht noch nicht dunkel wird und Musik vom nahe gelegenen Freilichttheater durch die Nachtluft klingt. Im Juni/Juli findet am Vallikäär (der Wallbiegung) ein Jazz-Festival statt, das sogar über die Grenzen Estlands hinaus bekannt ist.

Der Weg zurück zur Stadt führt durch den schon 100 Jahre alten Stadtpark, den weitläufigen Rannapark. Seine großen alten Bäume spenden erholsamen Schatten. Im Gras liegen vereinzelt steinere Skulpturen zeitgenössischer estnischer Bildhauer. Wie ein großer grüner Gürtel umgeben Parkanlagen die Innenstadt. Auffallend ruhig läßt es sich in dieser fröhlichen bunten Stadt durch die Rannapuistee und die Supeluse spazieren. Der Autoverkehr in Richtung Strand ist ebenso wie in der Altstadt untersagt. Viele kleine Läden werben im Stadtkern um die Urlauber. In der Einkaufsstraße, der Rüütli, herrscht deswegen immer reger Betrieb. Die bunten Holzvillen mit großräumigen Veranden an der Esplanadi prägen das Stadtbild ebenso wie die kleinen Einfamilienhäuser in der älteren Vorstadt zwischen Rī-

gaer und Suur-Jõe tänav. Unweit des Rathauses, zwischen Mälmö, Pühavaimu und Nikolai tänav gibt es weitere interessante Wohnhäuser zu entdecken.

Vor dem vornehmen **Hotel Victoria** 5 im schönen Koidula-Park hat der estnische Bildhauer Amandus Adamson der beliebten Lyrikerin Lydia Koidula (1843–1886), ein Denkmal gesetzt. Der wirkliche Name der Dichterin lautet wenig poetisch Emilie Florentine Jannsen. Koidula (*koit* = Sonnenaufgang), wie die Esten sie liebevoll nennen, gilt als Hauptfigur der »Zeit des Erwachens« Der »Nachtigall von Emajõgi« ist vor Ort das **Museum Lydia Koidula** 8 gewidmet. Ihr Lied »Mein Vaterland ist meine Liebe . . .« fehlt auf keinem Sängerfest und war während der Sowjetherrschaft die heimliche Nationalhymne.

Eine der wenigen Sehenswürdigkeiten der Altstadt ist der **Rote Turm** 6 (Puvane Torn) aus der Hansezeit in der Hommiku Straße. Die Kriegswirren haben nur eines der vier ehemaligen Stadttore, das **Tallinner Tor** 7 in der Kuninga tänav, verschont. Dieses renovierte Kernstück des heute erhaltenen Teils der Wallanlagen und das darin untergebrachte Café mit Terrasse laden zum Verweilen ein. Während die Nordfassade des Stadttors streng und schlicht gehalten ist, gestaltet sich die Südseite mit der barocken Hauptfassade ausgesprochen dekorativ. Von vier Pilastern gegliedert, ziert das Stadtwappen den Giebel. Abrunden läßt sich der Gang durch die Stadt entlang der Wallanlagen, die zum Süden hin begrünt, bis zum Hafen führen.

Bekannte und versteckte Seen – Eine Entdeckungsfahrt im Süden

Estlands Süden gilt als die schönste und abwechslungsreichste Naturlandschaft des ganzen Landes. Sei es das Gebiet um **Valga** (S. 383) oder Võru, der Sakala-Höhenzug mit der verschlafenen Stadt Viljandi oder die »estnische Schweiz« um Otepää – jede Region bietet – nicht nur im Sommer – spezifische Naturschönheiten, und alle verbindet die nahezu durchgängige Kette von über 130 Seen. Der Blick vom höchsten Berg, dem Eierberg (Suur-Munamägi), die Form der Spitze prägte seinen Namen, streift im Herbst über ein Meer von bunten Laubbäumen. Das romantische Farbspiel aus ungewöhnlichen Kontrasten und Kombinationen fesselte schon manchen Besucher. Wenn dann Nebel über die Wiesen und Seen zieht, wird die Landschaft zu einem einzigen Geheimnis. Im Winter garantiert der Schnee neue, grell-weiß getönte Sichtweisen – und natürlich sorgt die Schneegarantie für die Erschließung des Gebiets um Otepää als Skiparadies für Langläufer. Doch von den Bergen um die Stadt herum wird auch die Abfahrt gepflegt. Wenn dann im Frühjahr das Eis schmilzt und in den Flüssen treibt, ist dies jedesmal von Neuem ein Ereignis – selbst für die Einheimischen. Im Sommer läßt es sich hier gut wandern. Auf den Sommerwiesen blühen allerlei bunte Feldblumen. Weiße Margeriten wechseln sich mit Klatschmohn und tiefblauen Kornblumen ab. Eine farbenfrohe Pracht, die man auf Märkten selbst kleinster Orte findet, wächst hier in freier Natur.

Störche spazieren durch die feuchten Wiesen oder ziehen am Himmel ihre Kreise. Die Straßen sind sehr verkehrsarm, und die wenigen Autos verjagen die Störche nicht. In den Flüssen und Seen baden Kinder. Oder es wird geangelt. Touristisch ist das Binnenland noch nicht so erschlossen wie beispielsweise die Küste, Pärnu oder die größeren Inseln. Jedoch entstehen vielerorts neue kleine Hotels direkt an den Seen, an deren Ufern Holzgiebel und Blockhütten für malerische Eindrücke sorgen. Hier können auch Boote für Entdeckungsfahrten gemietet werden. Die Hotels gelten besonders unter Skandinaviern als Tip, so daß zu empfehlen ist, rechtzeitig Zimmer zu buchen – im Gegensatz zu den Städten wie Viljandi oder Otepää übrigens, wo in der Regel keine Übernachtungsprobleme auftauchen.

Charakteristisch für die Gegend um Viljandi sind sanft geschwungene Hügel, große Höfe in verhältnismäßig dichter Ansiedlung und weite fruchtbare Felder. Wie in jedem landwirtschaftlich ausgerichteten Land fehlt auch in Estland der Prototyp des reichen, geizigen und dummen Bauern nicht, über den zahllose Witze kursieren. Hier heißt er *mulk*, und nach ihm wird der Landkreis »Mugimaa« genannt – oder auch »Sakala« nach dem Höhenzug, ebenso wie »Viljandimaa«, die »Getreidehaltige« (*vili* = Getreide).

Zum Sakala-Höhenrücken gehören an die 100 Seen und ungezählte knorrige Eichen – die dickste Eiche mit 6,5 m Stammumfang wächst am Weg von Otepää nach Puka. Den Eichen wurden in alter Zeit Opfer wie Speisen, Perlen und Stoff dargebracht, da sie den heidnischen Esten als heilige Bäume galten. Einer weitverbreiteten Legende zufolge sind gute Zeiten zu erwarten, wenn eine

See bei Suur-Munamägi

neugepflanzte Eiche gut gedeiht und wächst. Neben den Seen und Eichen findet man hier bei Paistu eines der beiden schönsten estnischen Täler. Das andere ist das Tal von Karksi. Die roten, 15 bis 20 m hohen Sandsteinwände, die das Tal einrahmen, hat sich der Eisvogel als Wohnstätte ausgesucht.

Viljandi 1 (S. 383) gilt als wichtiges kulturelles Zentrum, wirkt jedoch selbst in den Sommermonaten mit seinen bunten, teils klassizistischen Häusern eher wie in den Dornröschenschlaf gefallen. Zum See hin überwiegen farbige Holzbauten aus dem 19. Jh., ansonsten die

eher tristen Gebäude aus der Sowjetzeit. Kaum vorstellbar, daß Viljandi dank seines Wasserweges nach Pärnu und Tartu im Mittelalter eine blühende Hansestadt war. Auch wenn tagsüber der Stadtverkehr etwas Leben beschert, wirken die Straßenzüge schon am frühen Abend wie aus dem vorigen Jahrhundert. Im 14. Jh. beherbergten die Stadtmauern noch mehrere Kirchen. Die wechselhafte stürmische Geschichte mit diversen Kriegen und Herrschaften hat nur die liebevoll renovierte **Johanniskirche** überdauert. Zwei Türme bewachen die nostalgische Ruhe: Der Turm des hübschen Rathauses aus dem 18. Jh. und der alte Wasserturm, das Wahrzeichen der Stadt. Die Stadt bietet noch mehr: Wild romantisch wuchern die Pflanzen am Schloßpark. Ein lindengesäumter Weg führt zur roten, wackeligen Hängebrücke über den tiefen Wallgraben der **Burgruine.** Die orangenen Ziegel der großen Ruine gehörten zur dereinst stärksten livländischen Burg des Schwertritterordens. Der Blick von dort oben auf den still ruhenden, eigenartig grünen See, der im Sommer für Badelustige angenehme Wassertemperaturen bietet und an dessen Ufern man auch campen kann, ist wunderschön. 12 km lang ist die Strecke, auf der traditionsgemäß im Winter ein Langlaufwettbewerb um den See stattfindet.

Auf kulturellem Gebiet ist die Stadt durch ihr hochmodernes »Ugandi«Theater bekannt. Experimentelle Stücke stehen nicht selten auf dem Spielplan. Zum echten Erlebnis kann die Aufführung von Aino Kallas »Imant und seine Mutter« im Stadtpark werden, eine estnische Geschichte am Originalschauplatz. Wie sich das entstehende touristische Sportzentrum am See zukünftig auf die heutige Ruhe der Stadt auswirken wird – wer weiß ...?

An Estlands zweitgrößtem See, dem **Võrtsjärv** (Wirzsee), heißt es im Frühjahr nach der Schneeschmelze nicht selten »Land unter«. Verschilft sind seine Ufer, große Schilfgebiete säumen auch die Mündung zum Emajõgi. Zum Baden empfiehlt sich ein Strand nahe **Vaibla** **2** . In den unberührten Wäldern trifft der Wanderer auf den einsamen Pfaden vor allem auf Wasservögel und seltene Insekten. Wasser aus den Bergen führt vor allem der Väike Emajõgi mit sich, der

den Pühajärv bei Otepää entwässert und damit den doppelt so großen, flachen Võrtsjärv speist.

Otepää **3** stammt von *oti pea*, was soviel wie »Kopf des Bären« heißt. Zu diesem »Bärenkopf«, der bereits 1116 erwähnt wurde, gelangt man durch eine Moränenhügellandschaft. Seine günstige Lage mit 30 m hohen Hängen machte den heute beliebtesten Wintersportort Estlands in der Vergangenheit zu einer gut geschützten Festung, die nahezu zwei Jahrhunderte (11.-13. Jh.)

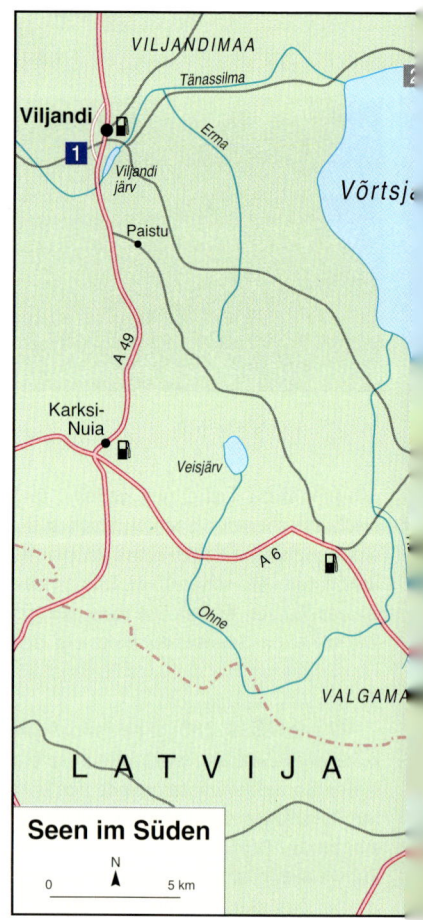

Seen im Süden

zu den mächtigsten Burgen des Südens zählte. In der mittelalterlichen, mit barocker Turmhaube ausgestatteten Kirche (13./14. Jh.) ertönt die größte Orgel des Landes. Die Landesflagge in Blau-Schwarz-Weiß, die heute stolz vor allen öffentlichen Gebäuden flattert und als Handfähnchen allerorts verkauft wird, wurde 1884 als Flagge des »Vereins Studierender Esten« (EVS) hier geweiht. »Blau wie der Himmel, weiß wie die Seele der Esten und schwarz wie die Erde« sei ihre Fahne, sagen die Esten.

Südwestlich von Otepää findet man mit dem **Pühajärv** (Heiligensee), den schönsten und größten der Gegend. Die in ihm befindlichen kleinen Inseln werden von klarem Wasser umspült, das, so sagt die Legende, aus den Tränen der Mütter für ihre im Kampf gefallenen Söhne besteht. Nicht nur estnische Künstler und Schriftsteller hat die idyllische Schönheit dieses langgestreckten Kleinods in den zwanziger und dreißiger Jahren in seinen Bann gezogen. Kleine Gedenktafeln an den Sommerhäusern

erinnern an prominente Besucher des Pühajärv. Wer also durch den Süden Estlands fährt, sollte diesen beliebten Badesee mit den verträumten Buchten keinesfalls versäumen. Ein Bootsverleih sorgt dafür, daß seine Inseln auch per Boot erkundet werden können. Das klarste unter den unzähligen Gewässern ist der verwunschene **Valgjärv**. In seiner Tiefe schlummern Reste einer einst prunkvollen Siedlung.

Wanderer und Wintersportler kommen besonders im bergigen Gebiet um Otepää auf ihre Kosten, mit Erhebungen wie dem Kuutsemägi, dem Väike-Munamägi und dem Meegastemägi, die zwischen 200 und 217 m hoch sind. Der höchste Berg **Suur-Munamägi** (Großer Eierberg) mißt sogar 318 m. Nach Erklimmen des aus den vierziger Jahren stammenden **Aussichtturms** 4 wandert der Blick über die »Seen-Kette« von Rõuge. Im Winter ziehen auf den sieben, langgestreckten Seen vereinzelt Schlittschuhläufer ihre Kreise. Im Frühjahr singen im Nachtigallental von Rõuge unzählige seltene Vögel. Da in der Region von Otepää für die Olympischen Winterspiele trainiert wurde, ist für adäquate touristische Unterbringung in den Skisportzentren gesorgt und zugleich immer noch »sanfter Tourismus« garantiert.

Für »Wandervögel« empfiehlt sich der Weg entlang des romantischen Flußtales Ahja mit einer Rast in der alten Pferdepoststation **Varbuse** 6 (erbaut 1865). Flußabwärts leben Biber, die vor über 40 Jahren wieder hier angesiedelt wurden und bauen ihre Dämme. In diesem unter Naturschutz stehenden Gebiet wimmelt es im herbstlich bunt gefärbten Mischwald von Pilzen. Mit etwas Glück und Geduld lassen sich Wildschweine sehen. In **Kiidjärve** 8 klappert die größte noch betriebene Wasser-

mühle des Landes. Weitere Mühlen mit dazugehörenden Gebäuden aus dem 18. und 19. Jh. sind in Kauksi und Räpina zu besichtigen. Im **Freilichtmuseum bei Karilatsi** 7 zeugen alte landwirtschaftliche Geräte von den Mühen bäuerlichen Arbeitens.

Võru 5 (S. 384) im Zentrum des Landkreises Võrumaa liegt am großen See **Tamulajärv**. Rund 19 000 Einwohner zählt die Stadt. Katharina II. gründete sie 1784 als Verwaltungszentrum, das nach exakten Plänen angelegt wurde und dessen Straßenzüge regelmäßig quadratisch gegliedert wurden. Die damals geplante Entwicklung blieb jedoch aus. 1944 wurde Võru zum größten Teil zerstört, weshalb im Zentrum nur noch wenige alte Holzhäuser neben neueren Ziegelbauten stehen. Die Bewohner Võrumaas sprechen einen eigenartigen Dialekt, der selbst für Esten häufig schwer verständlich ist.

Daß Võru schon vor der Stadtgründung durch die russische Zarin Katharina II. existierte, bezeugen alte Mauerreste der **Bischofsburg Krirumpää** aus dem 14. Jh. am Ufer des Flusses Vohandu. In der Altstadt sind die kleine orthodoxe Kirche von 1806 mit zwei kostbaren Ikonen sowie die frühklassizistische Katharinenkirche in der Jüri mit ihrem eindrucksvollen Altar sehenswerte Ziele, obwohl die Stadt nicht durch sie, sondern durch eine historische Persönlichkeit bekannt wurde: Der Arzt und Schriftsteller Friedrich Reinhold Kreutzwald (1803–1882) verbrachte in Võru 44 Jahre seines Lebens. Kreutzwald ist der Verfasser des Nationalepos »Kalevipoeg« (s. S. 277), an dessen Niederschrift er über vier Jahre arbeitete. Nach ihm wurden in nahezu allen größeren Orten des Landes Straßen benannt. Der Schriftsteller wurde in Rakvere geboren und studierte in Tartu. Sein Wohnhaus

An den estnischen Seen ist Badespaß garantiert

in der Kreutzwaldi 31 ist als Museum hergerichtet, in dem sein Leben und Schaffen in Dokumenten und Bildern gezeigt werden. Der im Schatten von Bäumen ruhende Hof wurde 1793 erbaut, die bürgerlich-elegante Inneneinrichtung aus dem 19. Jh. blieb nahezu unverändert. Ein Denkmal des Dichters, von Amandus Adamson 1926 geschaffen, steht im Park am Seeufer. Ein paar Schritte weiter, in der Kreutzwaldi 16, informiert das **Heimatmuseum** über die Stadtgeschichte und Südestland. Võru ist wegen der abwechslungsreichen Umgebung idealer Ausgangspunkt für Ausflüge, Wasser- und Wintersport. Vom Touristenzentrum Kubjä lassen sich mehrtägige Wanderungen organisieren oder Boote für Entdeckungsreisen auf den Seen mieten. Der nahegelegene Ver-

jujärv (Blutsee) mit Barschen und Hechten gilt als Angelparadies.

Im südlichen Estland entstanden im 18. und 19. Jh. viele imposante Gutshöfe. Beispielsweise der klassizistische in **Räpina** 9 oder der am Ortsausgang von **Ahja** 10 gelegene Hof mit See und Parkanlage. Im Park des Gutsanwesens am **Valgjärve** 11 beherrschen große Eichen das Bild, während im Park von **Vana-Antola** 12 das unterschiedliche Grün von weit über 100 verschiedenartigen Büschen und Bäumen das Auge verwöhnt. Bemerkenswertester Bau im Valgamaa nahe Tölliste ist sicher das **Schloß Sangaste** 13 (S. 380) (Sagnitz). Als Modell für dieses kleine Schloß diente Windsor Castle. Heute ist in dem Ziegelbau ein Hotel untergebracht, in dem auch Konzerte stattfinden.

Tartu (Dorpat) –
Geistiges Zentrum und Kulturtradition

(S. 382) Ist Tallinn die politische Hauptstadt Estlands, so kann Tartu – mit
115 500 Einwohnern zweitgrößte Stadt –
für sich den Anspruch erheben, Metropole der Intelligenz zu sein. Dies verdankt die Stadt der 1632 gegründeten
Universität, die eng mit der estnischen
Geschichte verknüpft ist. Von dem hügeligen Gebiet Viljandis kommend, überquert man den Emajõgi, der eine natürliche Grenze zwischen Viljandimaa und
Tartumaa bildet, und erreicht bald die
Außenbezirke Tartus. Zunächst hat man
den Eindruck einer reizlosen Kreisstadt,
doch je näher man dem Zentrum kommt,
desto deutlicher wird das Flair einer stu-
dentisch geprägten Stadt mit kleinen
Kneipen und Restaurants. Ein aktives
kulturelles Leben erwartet den interes-

sierten Besucher. Am besten begibt
man sich zu Fuß auf die Suche nach den
geschichtlichen Spuren und läßt die Atmosphäre auf sich wirken.

Schon lange vor der Christianisierung war Tartu bewohnt: Ausgrabungen
auf der Ostseite des **Dombergs** (Toomemägi) zeugen von einer Ansiedlung im 5.
und 6. Jh. 1030 wurde die estnische
Burg *Tarbatu* auf dem Domberg vom Kiewer Fürst Jaroslav Tark (Der Kluge) erobert. Der ließ die Steinburg *Jurjew* errichten, die der Stadt lange Zeit – ab
1883 einige Jahre sogar offiziell – ihren
Namen gab. Zwischen 1061 und 1138
übernahmen wiederum Esten die Festung, die 1211 von den Schwertbrüdern
niedergebrannt wurde. 1224 kämpften
Esten und Russen unter Alexander

Tartu am Emajõgi

Newski gegen die deutschen Ordensritter. Die legendäre Schlacht auf dem zugefrorenen Peipussee beschreibt Sergej Eisenstein in dem Film »Alexej Newski«. 1234 baute der Deutsche Orden eine weitere Burg am Ort der heutigen Sternwarte. Sie diente als Bischofsresidenz und wurde mit einer gewaltigen Steinmauer umgeben. In der Nähe entstand die bischöfliche Domkirche, einer der größten sakralen Bauten des Baltikums.

Knapp 30 Jahre später wurde die 2 km lange Stadtmauer mit 18 Türmen und mehreren Toren um die Altstadt gezogen, und Ende des 13. Jh. trat Tartu der Hanse bei. Die Stadt entwickelte sich aufgrund des Handels mit Pskow (Plesgau) und Novgorod zu einem blühenden, mittelalterlichen Zentrum. Zeichen des Reichtums waren in der Blütezeit zwölf Kirchen und kunstvoll erbaute Wohnhäuser. 6000 Einwohner lebten vor 1558 in Tartu, das dann im Livländischen Krieg nahezu völlig zerstört wurde und 1582 an Polen-Litauen fiel.

Im 16. Jh. begann die Universitätsgeschichte von Tartu, als nach dem 1582 geschlossenen Frieden von Zapolje die Jesuiten ein Kollegium gründeten. Bis 1603 stand die Stadt unter schwedischer Herrschaft, die – unterbrochen von 22 Jahren polnischer Zugehörigkeit – 1625 fortgesetzt wurde. 1632 erfolgte die Gründung der Universität durch den schwedischen König Gustav II. Adolf als zweite nationale Universität nach Uppsala. Dorpat, wie die Stadt nun hieß, wurde eine Hochburg auch für deutsche Intellektuelle. Erst der schwedisch-russische Krieg 1656–1690 unterbrach die Lehrtätigkeit. 1704 wurde Tartu von Zar Peter dem Großen eingenommen, der einen großen Teil der Bevölkerung deportieren ließ. Die während des Livländischen Krieges zerstörte Domkirche verfiel zur Ruine.

Der Beginn des Nordischen Krieges (1700–1721) führte zur Verlegung der Universität nach Pärnu; zum Kriegsende war die Bevölkerung auf hundert dezimiert. Erst 1802 eröffnete Zar Alexander I. die Universität wieder. Unterrichtssprache war Deutsch. Russisch erhielt in den 90er Jahren des letzten Jahrhunderts den Rang einer Amtssprache, und erstmals wurden Vorlesungen auf Russisch gehalten. 1775 zerstörte eine Brandkatastrophe die Stadt weitgehend. Ein Zarenerlaß hatte die Errichtung von Steinbauten außerhalb von St. Petersburg verboten, und die Holzgebäude wurden zur Nahrung der Flammen. Mit dem Wiederaufbau, der ab 1802 erfolgte, erhielt Tartu seine klassizistischen Bauten – Universität, Sternwarte und Rathaus –, die bis heute sein Bild prägen. Ab Mitte des 19. Jh. wurde die Stadt zum Zentrum des »Nationalen Erwachens«: 1869 fand hier das erste estnische Sängerfest statt; 1870 eröffnete die estnische Schriftstellerin Lydia Koidula hier das erste in estnischer Sprache spielende Theater mit der Aufführung von »Der Vetter von Saaremaa«; 1890 zählte die Universität 1700 Studenten, die Mehrheit davon aus dem deutschbaltischen Bürgertum. Obwohl hier nur 100 Esten studierten, erlangte die Universität eine entscheidende Bedeutung für die Herausbildung der estnischen und lettischen Intelligenz. Heute studieren im nördlichen Bereich der Altstadt 8000 Studenten an neun Fakultäten.

Rundgang durch Tartu

»Die schönste Stadt in Estland ist Tartu«, verkündet ein Volkslied nicht unbescheiden, und tatsächlich gilt Tartu als Perle des Klassizismus. Durch Brände und

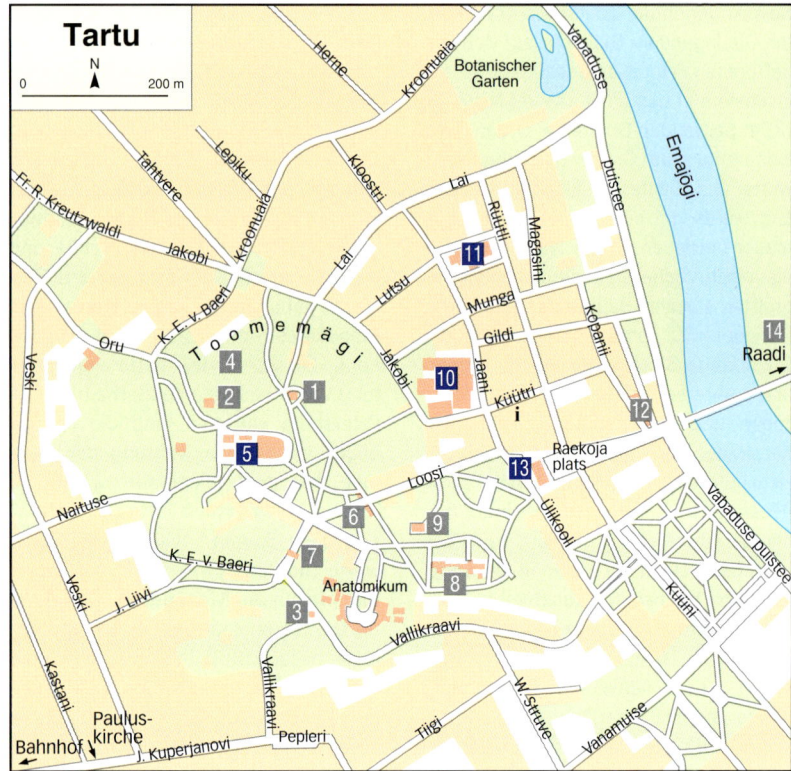

Tartu *1 Karl E. von Baer-Denkmal   2 Kristjan-Jaak Peterson-Denkmal   3 Völkerdenkmal   4 Musumägi (Kußberg)   5 Ruinen der Domkirche   6 Engelsbrücke   7 Teufelsbrücke   8 Sternwarte   9 Pulverkeller   10 Hauptgebäude der Universität   11 Johanniskirche   12 Schiefes Haus   13 Rathaus   14 Peterskirche*

Kriege immer wieder verwüstet, entstand ab 1800 ein Ensemble gerader,
parallel zum Fluß verlaufender Hauptstraßen, von rechtwinkeligen Nebenstraßen gekreuzt. Die Bauweise wirkt, entsprechend dem klassizistischen Stadt-
ideal des zaristischen Rußlands, äußerst harmonisch. Der große englische
Park mit herrlichem alten Baumbestand,
kleinen Holzpavillons – heute Tages-
cafés –, und vielen Denkmälern verstärkt die angenehme Atmosphäre der
Innenstadt und macht Lust auf einen
Spaziergang.

Der Rundgang beginnt auf dem **Domberg** (Toomemägi), dem einstigen Reich
der Schutzgeister. Nach der »Mythi-
schen Legende«, erzählt von Friedrich
Robert Faehlmann, kam jeder in den Heiligen Eichenwald von Taara, um dem Gesang des estnischen Gottes *Vanemuine*
zu lauschen. Selbst der Fluß Emajõgi unterbrach hier seinen Lauf. Die Singvögel
erinnern mit ihrem Gesang an den Klang
der göttlichen Instrumente – nur die Fische versäumten, sich über das Wasser
zu erheben und blieben deshalb für alle
Zeiten stumm. Lediglich die Mundbewe-

gungen des göttlichen Sängers ahmen sie nach. So gab *Vanemuine,* der Gott der Lieder, der Fauna und Flora ihre Sprache. Im 18. Jh. verkam der Domberg zur Abfallhalde. Sand und Kies wurden hier abgebaut, das Vieh weidete an den Hängen des ehemaligen »Heiligen Hains«. Als die Universität von Tartu 1802 wieder ins Leben gerufen wurde, begann man auf Vorschlag des damaligen Rektors, Georg Friedrich Parrot, mit der Planung und Anpflanzung des Parks auf dem Domberg. Das Lustwandeln in gepflegten Parkanlagen sollte bei Studenten und Stadtbewohnern »edle Gefühle« wecken. Über die Einhaltung des Verbotes, hier Schweine, Rinder, Ziegen und Schafe weiden zu lassen, wachten bewaffnete Ordnungskräfte, die bei Zuwiderhandlungen Geldstrafen verhängten. Der Erlös wurde zur Anpflanzung neuer Bäume verwendet.

Auf dem Toomemägi erinnern zahlreiche Statuen an bedeutende Persönlichkeiten aus Wissenschaft und Literatur, die die Universität hervorgebracht hat oder die hier lehrten. Mittendrin steht das **Denkmal von Karl Ernst von Baer** **1**, einem der bedeutendsten Naturwissenschaftler seiner Zeit, Naturphilosoph und Begründer der vergleichenden Entwicklungsgeschichte, ein Gegner Darwins, mit dem er gleichwohl in Verbindung stand. Hier findet man auch die **Statue des Schriftstellers Kristjan-Jaak Peterson** **2**, des ersten Esten, der zum Studium zugelassen wurde. Er mußte die 250 km lange Strecke von seiner Heimatstadt Rīga bis zur Universität Tartu zu Fuß zurücklegen. Deshalb trägt er den Rock eines Bauernsohns und einen Wanderstab. Am Sockel des Denkmals sind einige Zeilen aus einem Gedicht zu lesen. Das **Völkerdenkmal** **3** aus dem Jahre 1806, ältestes Denkmal der Anlage, befindet sich unten im

Tal. Hier bestattete man die Überreste menschlicher Skelette unbekannten Ursprungs, die in jenem Jahr beim Bau der Universität gefunden worden waren. Anläßlich des Besuchs des schwedischen Königspaares im Sommer 1992 wurde das zu Ehren des ersten Gründers der Universität, Gustav II. Adolf errichtete und in der Sowjetzeit geschleifte Denkmal wiederhergestellt. Hinter dem oben erwähnten von-Baer-Denkmal erhebt sich der **Musumägi** **4** (Kußberg). Über eine Treppe erreicht man eine schattige Bank, und mit etwas Glück kann man einen althergebrachten Brauch erleben: Der Bräutigam trägt seine frischvermählte Braut auf Händen die Treppe hinauf. Am Fuße des Bergs befindet sich eine künstliche Grotte. Die kleine Brücke, die zum Musumägi führt, wird »Seufzerbrücke« genannt: Wenn Verliebte sie überschreiten, seufzen sie entweder vor Glück oder Herzschmerz. Auch hier gibt es – wie so oft in Estland – eine kleine Steinbank und einen »heiligen« Opferstein. Nach uraltem Brauch wurden, sobald der Vollmond auf einen Donnerstag fiel, an solchen Opfersteinen Gebete verrichtet und Opfer dargebracht. Heute verbrennen Tartuer Studenten am Tag vor der Prüfung um Mitternacht ihre Hefte auf diesem Stein.

Oberhalb des Steins erhebt sich die **Domkirche** **5** (Toomkirik), eine imposante Ruine, die ehemals die einzige Westfassade im ganzen Baltikum mit zwei festungsartigen, massiven Türmen besaß. Die älteste Bausubstanz stammt aus dem 13. Jh., die Kirche wurde im 15. Jh. zu einer fünfschiffigen Basilika mit acht Jochen erweitert. Einst die größte gotische Kirche im Baltikum, wurde sie im Livländischen Krieg zerstört, doch die Ruine vermittelt noch einen Eindruck von der einstigen Größe des Bauwerks. In den Jahren 1803–07 baute Johann Wilhelm Krause den Chorraum zur Universitätsbibliothek um. Bis 1980 waren hier ca. 3,5 Millionen Bücher untergebracht. Heute befindet sich hier das **Historische Museum der Universität Tartu,** das die Geschichte seit der Gründung durch den Schwedenkönig im Jahre 1632 dokumentiert. In der Halle im zweiten Stock werden regelmäßig Konzerte durchgeführt. Auf dem Rückweg zum von-Baer-Denkmal führt ein Weg zur Stadtmitte über die **Engelsbrücke** (Inglisild) ⑥ von 1838. Sie führt über den

Lossi tänav. Auf dem Weg bergauf zur Brücke ist die Inschrift *Otium reficit vires* (Ruhe erneuert die Kraft) zu entdecken, während gegenüber ein Basrelief des ersten Rektors der im 19. Jh. wiedereröffneten Universität, Georg Friedrich Parrot, eingearbeitet ist. Auf der anderen Seite des Dombergs befindet sich das Gegenstück, die **Teufelsbrücke** (Kuradisild) ⑦, im Jahre 1913 zum Andenken an Zar Alexander I. erbaut. Ihr Name soll auf den deutschen Professor Manteuffel zurückzuführen sein. Noch immer wird

die aus dem vorigen Jahrhundert stammende Sitte gepflegt, auf beiden Brücken ein Wettsingen zu veranstalten, wobei die Lautstärke über den Sieg entscheidet. Auf der Engelsbrücke singen – wie sollte es anders sein – die Frauen, auf der Teufelsbrücke die Männer. Zwischen beiden Brücken befinden sich die Kliniken der Universität, von wo aus der Blick auf die zwischen 1807 und 1810 erbaute **Sternwarte** 8 fällt, die sich zu Anfang der ersten Hälfte des 19. Jh. zu einem der wichtigsten Forschungszentren der Welt auf dem Gebiet der Astronomie entwickelte. Heute befindet sich hier das Museum der Sternwarte, in dem unter anderem auch das Fernrohr Friedrich Georg Wilhelm Struves – von Fraunhofer entwickelt – zu sehen ist, das im 19. Jh. als das größte der Welt galt. Der an der Südostecke des Parks gelegene **Pulverkeller** (Pussirohukelder) 9 mit schönem Gewölbe beherbergt heute ein originelles Restaurant. Er wurde 1778 auf Anordnung der russischen Zarin Katharina II. erbaut, gehörte einem Bierbrauer und diente einem Physiker zur Erforschung von Erdbeben, bis er schließlich zur Gaststätte umgebaut wurde.

Altstadt mit Rathaus

Geht man vom **Domberg** die Lossi tänav hinunter in Richtung Innenstadt und biegt in der Ülikooli tänav nach links, trifft man auf das **Hauptgebäude der Universität** 10 mit seinem mächtigen Säulenportikus. Vom Architekten Johann Wilhelm Krause im klassizistischen Stil geplant, steht der Bau auf ca. 5000 Holzpfählen, die ihn stützen – so wie die meisten Gebäude der Altstadt gestützt werden müssen, da man hier im wahrsten Sinne des Wortes auf Sand gebaut hat. Im Südflügel ist das **Museum für klassische Altertumskunde** untergebracht. In der näheren Umgebung stehen weitere Universitätsgebäude, z. B. in der Ülikooli 16 und in Nr. 20 die Mensa und die Cafeteria. Hinter dem Hauptgebäude befindet sich in der ehemaligen Universitätskirche eine Bibliothek. Daneben schließt sich der Gustav-Adolf-Platz an mit dem Denkmal

Die Ruine der Domkirche

des Schwedenkönigs und Gründers der Universität. Sowohl vom Stil als auch von der Funktion her bilden die Gebäude eine Einheit, zu der auch das schöne Barockhaus gehört, in dem die Zeitung »Postimees« gedruckt wird, die beim »nationalen Erwachen« eine tragende Rolle spielte.

Die Ülikooli wird bald zur Jaani tänav. Die **Johanneskirche**  (Jaani Kirik) wurde 1310 von einem Lübecker Meister erbaut und ist weit über die Grenzen des Baltikums hinaus für ihre Terracottaplastiken bekannt. Insgesamt stellen rund 200 Terracotta-Figuren am Portal das Jüngste Gericht dar. Die Kirche brannte 1944 aus und blieb als Ruine stehen, die jetzt restauriert wird. An der Ecke Jaani tänav/Lai tänav steht ein Steinhaus aus dem Jahre 1775, gegenüber das älteste noch erhaltene Holzhaus Tartus. Die Lai tänav führt bergab zum **Botanischen Garten** von 1806 mit einem sehenswer-

Der Pisa-Turm von Tartu

ten Palmenhaus. Anstelle der im Zweiten Weltkrieg gesprengten Freiheitsbrücke führt von hier aus eine über den Fluß Emajõgi gebaute Fußgängerbrücke in ein um die Jahrhundertwende errichtetes Wohngebiet: **Supilinn** (Suppenstadt), dessen Häuser nahezu unverändert blieben. Wir folgen dem Fluß Richtung Stadtmitte, vorbei am imposanten Gebäude der Estnischen Bank, das z. Zt. der Ersten Republik am Polizeiplatz entstanden ist. Ein weiteres Denkmal am Fluß ehrt den Schriftsteller Oskar Luts (1887–1953). Um den Rathausplatz zu erreichen, überquert man den Fluß wiederum über eine Fußgängerbrücke. Sie ersetzt die 1781–1784 erbaute Kivisild-Brücke, die eines der Wahrzeichen Tartus war. Katharina II. hatte diese erste Steinbrücke im ganzen Livländischen Gouvernement nach dem großen Brand 1755 gestiftet. Das bedeutende Geschenk war die erste Steinbrücke im ganzen Livländischen Gouvernement, und der Zoll war in Steinen zu entrichten. Im Zweiten Weltkrieg wurde die Brücke von der Roten Armee gesprengt.

Skurril auf dem länglichen Rathausplatz (Raekoja plats) ist das Schiefe Haus Nr. 18  Der **Pisa-Turm von Tartu** von 1793, in dem einst der Schriftsteller Oskar Luts arbeitete, hatte sich trotz der stützenden Holzpfähle zur Straße hin geneigt, nachdem der Grundwasserspiegel des Emajõgi absank. Die Eingangstür wurde bei Restaurierungarbeiten geradegerückt. Im oberen Stockwerk ist eine Kunstgalerie eingerichtet, die Werke der wichtigsten Künstler Estlands vom Anfang des 20. Jh. zeigt. Die Nachbargebäude und das Rathaus stehen auch auf unsicherem Grund und stützen sich auf Holzpfähle.

1789 wurde das **Rathaus** , entworfen von Johann Heinrich Bartholomäus, fertiggestellt. Die Repräsentationsräume

Das Rathaus in der Altstadt von Tartu

mit unterschiedlich gewölbten Decken befinden sich im oberen Stockwerk; die Gerichts- und Gefängnisräume liegen im Sockelgeschoß. Das Rathaus ist einer der schönsten frühklassizistischen Bauten Estlands. Die Rathausuhr wurde 1805 »im Interesse der Universität« (wohl bezogen auf den pünktlichen Beginn der Vorlesungen) installiert. Wenn man nicht über die Einkaufstraße Küüni tänav in Richtung Riia tänav spazieren möchte, kehrt man dem Rathaus den Rücken und biegt am Fluß entlang in die neue Parkanlage mit großem Restaurant (aus sozialistischer Zeit) nach rechts. Linker Hand lädt ein kleiner Bootsanlegeplatz ein. Ein Stück weiter rechts betritt man die sogenannte Passage, ein Einkaufszentrum aus der Zeit der Ersten Republik. Die Narva mantee führt auf den Narva mägi (Narvaer Berg), auf dem die Peterskirche aus dem 19. Jh. steht. Vorbei an Friedhöfen erreicht man das Ausflugsziel **Raadi** 14, einen Park mit

Teichen und den Ruinen eines im Zweiten Weltkrieg zerstörten Herrenhauses. Links der Peterskirche führt die Puiestee tänav an Friedhöfen vorbei nach Kvissenthal, einem weiteren Ausflugsort.

In der Umgebung: Elva, Sommerfrische der Künstler

(S. 376) Wer der geschäftigen Stadt Tartu entfliehen und kleinstädtische Idylle in einer malerischen Landschaft erleben möchte, sollte einen Ausflug nach Elva unternehmen. Die kleine Stadt zählt zu den schönsten in Estland. Elva bekam 1886 Anschluß an die Eisenbahn, zuvor gab es hier auf dem »Zarenweg« Rīga-St. Petersburg nur die Poststation Uderna mit einer Schenke. Die sympathische, ruhige Kleinstadt wuchs in ihrer Bedeutung und hat sich dank der malerischen Umgebung mit sanften Hügeln, kleinen Flüßchen und Seen zum Ferien-

Vom Bahnhof Tartu fährt der Zug nach Elva

und Erholungsort vieler Künstler entwik-
kelt. Hier lebten u. a. der Schriftsteller
Hugo Raudsepp, der Komponist Eduard
Oja und der Künstler Eduard Kutsar. Die
finnisch-estnische Schriftstellerin Aino
Kallas sammelte in Elva Sagenmaterial,
schrieb Romane und den Essay »Der
Flug zu den Sternen« über das Leben der
estnischen Schriftstellerin Lydia Koidula. Auch die Professoren der Universität von Tartu fanden Gefallen an der
schönen Landschaft rund um den See
Vereve. So entwickelte sich das »Profes-
sorenstädtchen« Elva.

Stille Straßen, gesäumt von alten, hohen Nadelbäumen, Parks und Gärten,
die kleinen, versteckten Seen hinter
Kiefern- und Fichtenwäldern, der wür-
zige Duft verstärkt die Atmosphäre einer
kleinen Stadt mitten im Wald. Reizvoll
sind vor allem die Seen der Umgebung.
Dicht am Bahnhof trifft man auf den
Arbi järv. Dieser kleine See mitten in der
Stadt, ist völlig naturbelassen, eignet

sich aber leider nicht zum Baden. Dies
kann man um so besser im **Verevi järv,**
dessen Ufer als Erholungsgebiet erschlossen ist.

Nördlich des Verevi järv liegt, versteckt in sanften Hügeln, der kleine Ort
Vellavere, der von weiteren malerischen
Seen wie dem **Viisjagu-,** dem **Vissi-** und
dem **Külajärv** umgeben ist. Auch hier
läßt es sich hervorragend schwimmen.
Aber Elva hat nicht nur Seen zu bieten,
der gleichnamige Fluß im Osten lädt entlang seines Flußbettes auch zum Wandern ein. Von Tartu aus sind es nur ca.
20 km nach Elva auf nicht sehr empfeh-
lenswerten Straßen. Da ungefähr ein
Dutzend Züge täglich zwischen beiden
Orten verkehren, sollte dieser Kurzaus-
flug einmal per Bahn unternommen werden. Die Bahnhöfe in Tartu und Elva
stammen noch aus der Pionierzeit der
estnischen Eisenbahn: hölzerne, mit
Schnitzereien verzierte Bauten im Stil
der Zarenzeit.

Am Peipus-See

Über eine Länge von 140 km und Breite von maximal 50 km erstreckt sich der **Peipus-See** (Peipsi Järv) im Osten des Landes, geteilt durch die Grenze mit Rußland. Mit einer Fläche von rund 3500 km^2 ist er der viertgrößte Binnensee Europas und etwa achtmal so groß wie der Bodensee. Da er mit einer durchschnittlichen Tiefe von rund 8 m recht flach ist, erwärmt er sich im Sommer auf über 20 °C und friert im Winter regelmäßig zu. Wie manches andere flache Gewässer hat auch der Peipus-See seine Tücken. Bei den Herbststürmen treten hier plötzlich kurze Wellen auf, die den Binnensee gefährlicher machen können als das Meer. Im Frühjahr schieben Wind und Wellen die Eisschollen zu mächtigen Bergen zusammen. Dann müssen immer wieder auswärtige Angler, auf Schollen vom Ufer weggetrieben, vom Eis gerettet werden. Auf dem Eis des Peipus-Sees fand im April 1242 nahe der **Insel Piirisaar** eine Schlacht

Bei Mustvee findet sich die schönste Flußmündung in den Peipus-See

Das Volk der Setu

Ungezwungen sitzt die Großfamilie unter freiem Himmel, ißt und trinkt Wodka. Mitteleuropäern und den meisten Esten erscheint dieser Ort für ein Picknick eher unpassend, vielleicht pietätlos oder sogar makaber. Es handelt sich um einen Friedhof. Tatsächlich plaudern auf den Gräbern auch keine Esten, sondern Setu, auch Setukesen genannt. Für die russisch-orthodoxen Setu ist diese Form des Kontaktes der Lebenden zu den Toten allerdings völlig normal. Rund 20 000 Angehörige dieses finnisch-ugrischen Stammes leben in der entlegenen Setumaa südlich des Peipussees und der angrenzenden Gegend Rußlands. Die Setu sind mit den Esten eng verwandt, doch die kulturellen Unterschiede bleiben bis heute erheblich. Die Setu sprechen einen eigenständigen estnischen Dialekt mit zahlreichen russischen Lehnwörtern.

Bis heute haben sich alte Traditionen in Setumaa erhalten. An Feiertagen tragen Männer helle Hemdblusen zu knielangen Hosen, Frauen zur dunklen Tracht den *ketid,* einen kiloschweren Brust- und Halsschmuck aus Silber. Die Setu sind ebenso leidenschaftliche wie glänzende Sänger. Besonders Frauen haben die Kunst des improvisierten Gesangs zu wahrer Meisterschaft entwickelt. Ihre Lieder werden bei Sängerfesten aufgeführt, begleiten die alltägliche Arbeit und verbreiten den allerneusten Klatsch.

Gesang gilt als Mittel der Verständigung, des Austauschs, der Kommunikation. Über Jahrhunderte spielten Lieder eine vergleichbare Rolle wie Bücher in anderen Kulturen.

Die neue Freiheit Estlands hat den Setu bislang keine Vorteile gebracht. Als das Land noch zur Sowjetunion gehörte, konnten die russischen Setu ihre estnischen Verwandten problemlos besuchen. Heute patrouillieren bewaffnete Soldaten an der Grenze.

Zur Zeit können die Setu aus Estland das geistig-religiöse Zentrum ihres Volkes, die **Uspensikirche** im Kloster von Petseri, nur über die Grenze erreichen. Diese Kirche wurde im 15. Jh. in den Sandsteinfelsen getrieben, in dem sich außerdem Katakomben verbergen. Rund 13 000 Gegenstände aus der Setu-Kultur beherbergt das Museum in **Saatse.** Vor einigen Jahren geschlossen, ist es zur Zeit unklar, ob und wann die Sammlung besucht werden kann. Einen Einblick in die traditionelle Siedlungsweise der Setu gibt das Dörfchen **Tona** am Peipusee. Zur Straße hin wirken die im Halbkreis angeordneten Häuser eher abweisend, zum See öffnen sie sich. In **Voporzova** bilden die Wohngebäude einen Ring um verwinkelte Innenhöfe. Am Fluß erinnert ein Denkmal an Anna Vaberna, die berühmteste Setu-Sängerin. Sie kannte 100 000 Verse auswendig und war so die lebende »Bibliothek« der Setu-Folklore.

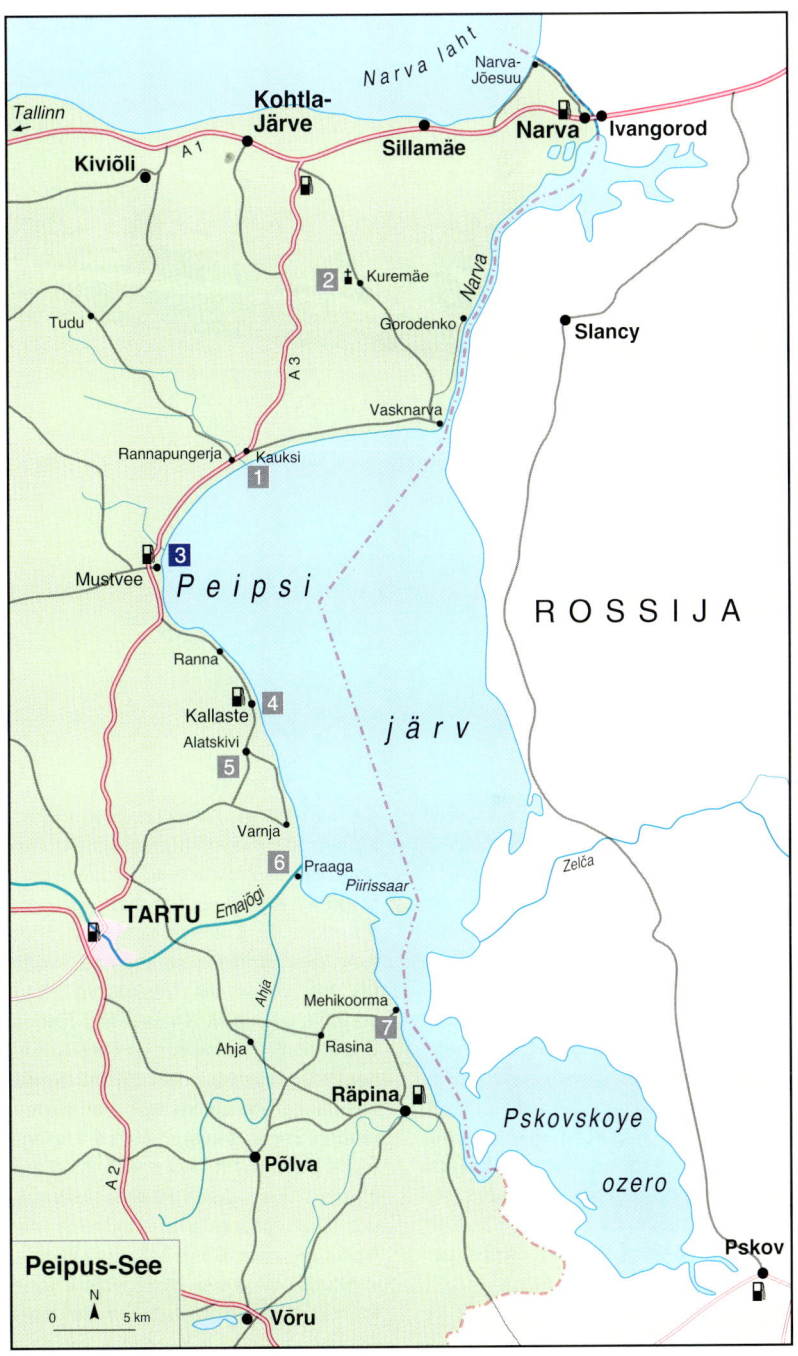

Tallinn

Narva laht

Narva-Jõesuu

Kohtla-Järve

Sillamäe

Narva

Ivangorod

Kiviõli

A 1

A 3

Kuremäe

Slancy

Tudu

Gorodenko

Narva

Vasknarva

Rannapungerja

Kauksi

Mustvee

P e i p s i

R O S S I J A

Ranna

Kallaste

j ä r v

Alatskivi

Varnja

Praaga

Piirissaar

Zelĉa

TARTU

Emajõgi

Ahja

Mehikoorma

Pskovskoye

Ahja

Rasina

Räpina

ozero

Põlva

A 2

Pskov

Peipus-See

N

0   5 km

Võru

Das Kloster Pühtitsa

zwischen dem Deutschen Orden und dem russisch-estnischen Heer unter Führung von Alexander Newski statt.

Ausgeprägte Buchten sucht man am Peipus-See vergebens. Im Norden bietet er einige schöne Sandstrände, während man am Westufer nur an wenigen Stellen ins Wasser kann. Hier wächst über weite Strecken ein breiter Schilfgürtel, der wirtschaftlich genutzt wird. Das Schilf eignet sich hervorragend für Reetdächer, wodurch Estland zum weltweit zweitgrößten Exporteur wurde. **Kauksi** und **Rannapungerja** **1**, die beiden reizvollsten Erholungsorte am Peipus-See, liegen nur wenige Kilometer voneinan-

◁ *Peipus-See*

der entfernt am Nordufer. Breite Sandstrände, mit Kiefern bewachsene Dünen und warmes Wasser machen diese Orte attraktiv. Kauksi eignet sich auch als Standort für Entdeckungsreisen Richtung Westen über eine holprige Straße bis ins verlassene **Vasknarva** (Neuschloß), wo die Narva aus dem Peipus-See abfließt. Hier sieht man die Reste einer Ordensburg aus dem 15. Jh., die als ehemalige Grenzbefestigung an bedeutendere Zeiten gemahnt. Wer die völlige Einsamkeit sucht, kann von hier aus über eine Piste durch Sümpfe, Auenwälder und entlang alter Flußarme der Narva bis nach Gorodenka gelangen.

Durch einsame Moorgebiete und Wälder kommt man auch zum auf einer Anhöhe gelegenen **Kuremäe** mit dem

Nonnenkloster Pühtitsa , dem einzigen noch bewohnten russisch-orthodoxen Kloster in Estland. Es wurde Ende des vergangenen Jh. als Zentrum der Russifizierung gegründet. Heute leben 100 Nonnen hauptsächlich vom Getreide- und Gemüseanbau. Mit Zwiebeltürmen und zackigen Mauern bietet das harmonische Ensemble ein hervorragendes Beispiel russischer Architektur. Sechs Kirchen, darunter die über 1000 Menschen fassende **Himmelfahrtskathedrale,** gehören zur Klosteranlage. Das von einer Granitmauer umgebene Kloster wurde gegründet, weil hier im 16. Jh. einem estnischen Bauern die Jungfrau Maria erschien. Der Hügel Kuremägi mit der tausendjährigen Eiche und seiner heiligen Quelle galt den Esten

schon vor der Christianisierung als mythischer Ort.

Im Städtchen **Mustvee** sieht man die schönste der 30 Flußmündungen am Peipus-See. Das dunkel schimmernde Wasser an der Mündung gab dem seit dem 16. Jh. bestehenden Fischerort seinen Namen: Das estnische *must vesi* bedeutet nichts anders als »schwarzes Wasser«. Seit dem 19. Jh. leben hier wie in den meisten der dicht aufeinanderfolgenden Straßendörfern am Westufer des Sees überwiegend Russen. Sie sind Nachfahren der altorthodoxen Gläubigen, die Ende des 18. und Anfang des 19. Jh. vor religiösen Verfolgungen aus Nowgorod hierher flohen. Wie die Esten ernähren sie sich vom Fischfang. Baden kann man auch weiter südlich bei **Ranna** – *Ranna* ist das estnische Wort für Strand. Beim Fischerstädtchen **Kallaste** , mit knapp 1500 Einwohnern die kleinste estnische Stadt, findet man die einzige **Steilküste** am Peipus-See. Über eine Strecke von 2 km fällt das rote Sandsteinufer 6 bis 8 m tief zum See hin ab. Mit seinen farbigen Holzhäusern und geometrisch angelegten Straßen wirkt der Ort typisch russisch.

Etwas landeinwärts gelangt man nach **Alatskivi** , einem hübschen Ort mit einem ausgefallenen Gutshaus. Gutsherr Ernst von Nocken ließ es um 1880 als exakte Kopie des schottischen Königsschlosses Balmoral Castle bauen. In Alatskivi wurde der Schriftsteller Ju-

han Liiv (1864–1913) geboren. Für den estnischen Nationaldichter baut man zur Zeit in seinem Geburtshaus ein Museum auf. Ebenfalls exotisch wirkt das kleine **Praaga** im Mündungsdelta des **Emajõgi** (Embach). In diese verwunschen wirkende Sumpf- und Seenlandschaft führt keine Straße. Das auf Pfählen ins Moor gebaute Dorf kann nur mit dem Boot oder bei ortskundiger Führung zu Fuß erreicht werden. Viele Esten kommen hierher, um die ausgezeichneten Moosbeeren der Gegend zu sammeln.

Vom Uferdorf **Mehikooma** können nen Abenteuerlustige mit dem Boot auch auf die ruhige Insel **Piirisaar** (Porka) übersetzen.

Information

Unterkunft

Verkehrsverbindungen

Feste

Restaurants

Sightseeing

Einkaufen

Serviceteil

Serviceteil

So nutzen Sie den Serviceteil richtig

▼ Das erste Kapitel, **Adressen und Tips von Ort zu Ort,** listet die im Reiseteil beschriebenen Orte in alphabetischer Reihenfolge auf. Zu jedem Ort finden Sie hier Empfehlungen für Unterkünfte und Restaurants sowie Hinweise zu Verkehrsverbindungen, zu den Öffnungszeiten von Museen und anderen Sehenswürdigkeiten, zu Festen, Unterhaltungsangeboten etc. Piktogramme helfen Ihnen bei der raschen Orientierung.

▼ Die **Reiseinformationen von A–Z** bieten von A wie ›Anreise‹ bis Z wie ›Zollbestimmungen‹ eine Fülle an nützlichen Hinweisen – Antworten auf Fragen, die sich vor und während der Reise stellen.

▼ Der **Sprachführer** am Ende des Serviceteils hilft Ihnen, in gängigen Reise- und Alltagssituationen zurecht zukommen.

Bitte, schreiben Sie uns, wenn sich etwas geändert hat!
Alle in diesem Buch enthaltenen Angaben wurden von den Autorinnen nach bestem Wissen erstellt und von ihnen und dem Verlag mit größtmöglicher Sorgfalt überprüft. Gleichwohl sind – wie wir im Sinne des Produkthaftungsrechts betonen müssen – inhaltliche Fehler nicht vollständig auszuschließen. Daher erfolgen die Angaben ohne jegliche Verpflichtung oder Garantie des Verlages oder der Autorinnen. Beide übernehmen keinerlei Verantwortung und Haftung für etwaige inhaltliche Unstimmigkeiten. Wir bitten daher um Verständnis und werden Korrekturhinweise gerne aufgreifen:
DuMont Buchverlag, Mittelstr. 12–14, 50672 Köln

Inhalt

Litauen-Informationen

Adressen und Tips von Ort zu Ort

Birštonas
Vorwahl: ℘ 2 10

 Touristeninformation: Lelių g. 8, 4490 Birštonas, ℘ 5 63 33

 Unterkunft/Hotels: *Nemunas,* Algirdo g. 3, ℘ 5 63 45 (Kat. C); *Sanatorium Versme,* B. Scruogo g. 25, ℘ 5 63 85 (Kat. C); *Turistas,* Turistų g. 1, ℘ 5 63 31 (ehemaliges Ferienheim, Jugendherbergsstandard, Kat. C)

 Restaurant: *Henda,* Nemuno g. 3

 Sehenswürdigkeit: Kleines historisches Museum über dem Ort in Vytauto g. 9

 Verkehrsverbindungen: Busse nach Kaunas und Vilnius

Druskininkai
Vorwahl: ℘ 2 33

 Touristeninformation: Sodų g. 26, 4690 Druskininkai, ℘ 5 34 34

 Unterkunft/Hotels: *Druskininkai,* Kudirkos g. 41, ℘ 5 25 66 (im Zentrum, Kat. C); *Laima,* Čiurlionio g. 84, ℘ 66 27 11 (kleines Hotel im Raigardas-Tal, Kat. C); *Sanatorium Lietuva,* Kudirkos g. 43, ℘ 5 24 14, Fax 5 54 90 (Schwimmbad und Sauna, auf Wunsch medizinische Anwendungen wie Heilschlammbehandlung und

Massage, Kat. C); *Sanatorium Surutis,* Taikos g. 10, ℘ 5 16 60 (Kat. C). **Privatunterkunft** bei Rasa und Saulius Matelis, Cvirkos g. 20, ℘ 5 14 24 (mit Garage, Kat. C)

 Restaurants: *Astra,* Vilnius al. 10; *Bebenčiukas,* Čiurlionio g. 103; *Malone,* Čiurlionio g. 133

 Sehenswürdigkeit: M. K. Čiurlionis-Museum, Čiurlionio g. 41 (Di–So 12–18 Uhr)

 Veranstaltungen: Poetischer Herbst, Oktober

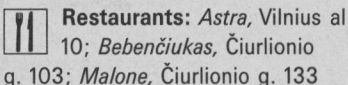 **Verkehrsverbindungen: Bahnhof:** Gardino g. 3 (Züge nach Vilnius); **Bushof:** Gardino g. 1 (Busse nach Kaunas und Vilnius)

Kaunas
Vorwahl: ℘ 27

 Touristeninformation: Laisvės al. 88, 3000 Kaunas, ℘/Fax 20 06 21; hilfreich ist das Heft *Kaunas in your Pocket,* ein Stadtmagazin mit Tips

 Unterkunft/Hotels: *Lietuva,* S. Daukanto g. 21, ℘ 22 01 80, Fax 20 62 69 (sehr zentral, die Zimmer halten nicht, was das Äußere des Hotels verspricht, Kat. B); *Neris,* K. Donelaičio g. 27, ℘ 20 36 12, Fax 20 52 89 (modernes Hochhaushotel in zentraler Lage, Kat. A). **Private Unter-**

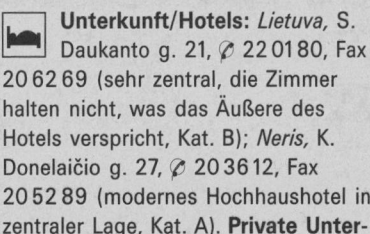

kunft: Etwas außerhalb vom Zentrum vermietet Reimantas Puplauskas sehr schöne Zimmer mit Frühstück und hilft beim Transport, Dysnos g. 7, ✆ 74 38 15, Fax 22 64 70 (Kat. C)

Restaurants: *Gildija,* Rotušes a. 2, ✆ 20 00 03 (auf dem Rathausplatz kann man hier in einem alten Kaufmannshaus in historischer Atmosphäre essen); *Kaukas,* Šimkaus al. 2, ✆ 73 18 97 (oberhalb der Stadt auf dem Žaliakalnis-Hügel gelegen, Panoramablick über die Stadt, im Sommer kann man draußen sitzen); *Margiris,* Gustaičio g. 6, ✆ 29 83 48, 22 52 53 (außerhalb des Zentrums in Aleksoto liegt dieses Restaurant, das als das exklusivste gilt); *Metropolis,* Laisvės al. 68, ✆ 20 44 27 (Kaunas' ältestes Restaurant hat immer noch einen gewissen Charme und auch eine gute Küche); *Picerija,* K. Donelaičio g. 66 (Pizza in Kaunas); Tulpe, Laisvės al. 47, ✆ 22 17 36 (in den zwanziger Jahren war es ein legendäres Künstlercafé, davon ist heute nichts mehr zu spüren, das Essen ist schlecht. Im Sommer kann man aber im begrünten Innenhof sitzen.)

Museen/Sehenswürdigkeiten: *Burg,* Papilio g. 1; *Čiurlionis-Kunstmuseum,* V. Putvinskio g. 55 (Di–So 12–18 Uhr); *Gemäldegalerie,* K. Donelaičio g. 16 (Di–So 11–17 Uhr); *Keramik-Museum,* Rotušes a. 15 (Di–So 12–18 Uhr); *Medizin- und Pharmazie-Museum,* Rotušes a. 28 (Mi–So 11–17 Uhr); *Neunte Fort,* Žemaičių plentas (Mi–Mo 10–18 Uhr); Pažaislis, Kauno juros 31 (tägl. 12–17 Uhr); *Perkūnas-Haus,* Aleksoto g. 6; *Rumšíškes-Freilichtmuseum* (Mi–So 11–19 Uhr, nur im Sommer); *Vytautas-Militärmuseum,* K. Donelaičio g. 64 (Mi–So

11–17.30 Uhr); *Žilinskas-Gemäldegalerie,* Nepriklausomybės a. 12 (Di–So 11–17 Uhr); *Žmuidzinavičius-Museum* (Teufelsmuseum), V. Putvinskio g. 64 (Di–So 12–17.30 Uhr); *Zoologisches Museum,* Laisvės al. 106 (Di–So 12–18 Uhr)

Veranstaltungen: Dichter-Festival am letzten Wochenende im Mai; Fasching (Užgavėnės) in Rumšiškes 7 Wochen vor Ostern. **Theater/ Oper/Konzert:** Vorstellungsbeginn in der Regel schon um 19 Uhr. Akademisches Dramentheater, Laisvės al. 71, ✆ 22 40 64; Musiktheater, Laisves al. 91, ✆ 20 09 33; Pantomimentheater, E. Oeskienes g. 12, ✆ 22 56 68; Philharmonie, Sapiegos g. 5, ✆ 20 04 78; Puppentheater, Laisves al. 87a, ✆ 22 16 91

Nachtleben: Das Nachtleben für Touristen ist in Kaunas nicht sehr ausgeprägt. Jazz-Bar *Skliautai,* Rotušes a. 26 (bis 23 Uhr); *Kolegos,* Studentų g. 63a (Studentendisco, 19.30–23.30 Uhr); Kino »*Romuva*«, Laisves al. 54, ✆ 20 05 82 (amerikanische Filme mit litauischen Untertiteln)

Einkaufen: Die Einkaufsstraßen der Stadt sind Vilniaus g. und Laisves al. Die meisten Geschäfte sind von Mo–Fr 10–19, Sa 9–16 Uhr geöffnet. *Antiquitäten:* Antikvariatas, Laisvės al. 33; Kolekcija, Rotušes a. 28 (auch Souvenirs). *Bücher:* Antikvariatas, Vilniaus g. 14; Central Bookstore, Laisvės al. 81; Knygos, Laisvės al. 88 (Kunstbücher und fremdsprachige Bücher). *Galerien:* Langas, Vilniaus g. 22 (wechselnde Ausstellungen meist junger litauischer Künstler) und Rotušes a. 1 (im Keller Schmuck und anderes Kunsthandwerkliches); Fotografios

Galerija, Vilniaus g. 2 (Fotoausstellungen); Aista, Valančiaus g. 3 (litauische Gegenwartskunst). *Lebensmittel:* 24-Stunden-Shop Iki, Veiverių g. 55 (kleiner französischer Supermarkt). *Märkte:* Bauernmarkt zwischen Čiurlionio g. und Stoties g. (Obst, Gemüse, Blumen etc., tägl. 7–13 Uhr); Trödelmarkt in Aleksoto, Veiverių g. 47 (eher Ramsch als Antiquitäten, Sa/So). *Musik:* Plokšteles, Laisvės al. 77 (große Auswahl an Schallplatten)

 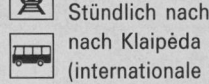 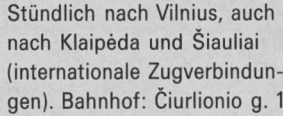 **Verkehrsverbindungen: Bahn:** Stündlich nach Vilnius, auch nach Klaipėda und Šiauliai (internationale Zugverbindungen). Bahnhof: Čiurlionio g. 16, ✆ 22 10 93, Fahrkartenbüro: Šv. Gertrudos g. 7, ✆ 29 24 55 (Mo–Sa 9–14 und 15–19 Uhr). **Bus:** Mehrere Busse verkehren nach Klaipėda und Vilnius, aber auch in kleinere Orte. Bushof: Vytauto pr. 24, ✆ 22 41 92, Information: ✆ 20 19 55, Fahrkartenschalter ✆ 29 24 55. **Fähre:** Im Sommer über den Nemunas auf die Kurische Nehrung. Abfahrt 8 Uhr, Ankunft Nida 15.30 Uhr. Prieplauka, Raudondvario pl. 107, ✆ 26 13 48. **Flugzeug:** Der Flughafen liegt 10 km außerhalb der Stadt in Karmelava. Wenig internationale Flüge. Ticketbüro: Šv. Gertrudos g. 7, ✆ 22 97 06, 22 81 76

Klaipėda
Vorwahl: ✆ 2 61

 Touristeninformation: Tomo g. 2, 5800 Klaipėda, ✆ 13977, Fax 5 51 24; hilfreich ist das Heft *»Klaipėda in your Pocket«* mit guten Tips (erscheint zweisprachig: englisch und deutsch)

Unterkunft/Hotels:*Klaipėda,* Naujoji Sodo 1, ✆ 199 60, Fax 5 39 11 (modernes Hotel im Sowjetstil, größtes Hotel der Stadt, Kat. B); *Mabre,* Skerdeju 10/12, ✆ 106 38, Fax 191 97 (im kleinen Fachwerkhaus des deutsch-litauischen Unternehmens werden Zimmer vermietet, Kat. B); *Prusija,* Šimkaus g.6, ✆ 5 43 77, Fax 5 59 63 (kleines Familien-Hotel mit nur 7 Zimmern, aber zu teuer, Kat. A) **Privatunterkunft:** Viele gute, preisgünstige Angebote im *»Bed and Breakfast – Lithuania«,* erhältlich in Buchhandlungen in Kaunas und Vilnius.

Restaurants: *Arka,* Liepų g.20, ✆ 162 88 (klein, aber äußerst delikate exotische Küche); *Klaipėda,* Naujoji Sodo 1, ✆ 199 60 (großes Restaurant im gleichnamigen Hotel mit Tanz am Abend); *Meridianas,* Danes krantine, ✆ 168 51 (Restaurant in einem alten Dreimaster, gilt als Touristenattraktion, aber nicht wegen der Küche); *Luja,* H. Manto g. 20, ✆ 177 54 (sehr elegant und teuer, abends Showprogramm); *Prusija,* Šimkaus g. 6, ✆ 185 81 (gute Küche im kleinen Restaurant) *Vaiva,* H. Manto g. 11, ✆ 137 65 (Fischrestaurant in einem ehemaligen Kino) **Cafés/Bars:** Deutscher Club, Daukanto g. 24, ✆ 179 79; (deutsches Bier vom Faß und kleine deutsche Gerichte); *Fotogalerie,* Tomo g. 7; *Taravos Anike,* Sukileliu 8/10, (leckerer Kuchen und Kaffee direkt am Theaterplatz)

Museen/Sehenswürdigkeiten: *Gemäldegalerie,* Liepų g. 33 (Mi–So 12–19 Uhr); *Historisches Klein-Litauen-Museum,* Liepų g. 7, Filiale Didžioji vandens 6, (Di–So 12–18

Uhr); *Skulpturenpark,* Liepų g. (hinter der Gemäldegalerie); *Uhrenmuseum,* Liepų g. 12 (Di–So 12–17.30 Uhr)

Veranstaltungen: Aktuelle Veranstaltungen im Stadtmagazin *»Klaipėda in your Pocket«,* das regelmäßig erscheint.

Theater/Oper/Konzerte: Dramententheater, Teatro a. 2, ℘ 17878/12589; Musiktheater, Danes krantine 19, ℘ 16260; Konzertsaal des Konservatoriums, Donelaičio g. 4, ℘ 12527; Žilinskas Theater, Kurpių g. 1, ℘ 19010 (kleines Theater im alten Lagerhaus)

Nachtleben: Casino *Aura,* H. Manto g. 47, ℘ 14789 (bis 2 Uhr); Disco *»Pas Alberta«*; Daržu g. 18, ℘ 17189 (Jugenddisco, tägl. 20–2.30 Uhr); *Žilinskas,* Kurpių g. 1, ℘ 19010 (über einem kleinen Theater gibt es abends außer Mo Life-Jazz bis 1 Uhr und dazu auch eine gute Küche)

Einkaufen: *Antiquitäten:* Antikas, Žvejų g. 17, und Antikvariatas, Žvejų g. 9. *Galerien:* Bohema, Aukštoji g. 3a (Kunst und Keramik); Fotogalerie, Tomo g. 7; Marginiai, Teatro a. 3. In der Turgaus a. 5 gibt es einen Markt.

Aktivitäten: Segelboote vermietet der Klaipėda Yachtclub, Smiltyne 25, ℘ 91174

Verkehrsverbindungen:
Bahnhof: Priestoties g. 7, ℘ 14614, Reservierung ℘ 96356, 31215 (Züge nach Kaunas und Vilnius); **Bushof:** Butku juzes 9, ℘ 14863, Reservierung ℘ 11434 (Expressbusse nach Kaunas und Vilnius, Busse

auch in kleinere Orte); **Fähren:** Internationale Verbindungen gibt es mit Mukran/Rügen, ℘ 17825, 55052, Fax 57377 (18 Std.) und Kiel, ℘ 54354 (Ost-Reise-Service, 30 Std.), zwei Fähren verbinden Klaipėda mit der Nehrung, Žvejų g. 8 (Dauer 10 Min., im Sommer alle 30 Min.). Autofähre: Nemuno g. 8, ℘ 12224/3 9796. Nächster Flughafen in Palanga.

Kretinga
Vorwahl: ℘ 258

Unterkunft: *Gintaras,* Meguiva g. 3, ℘ 52912 (kleines Hotel im Zentrum)

Restaurant: *Pas Grafa,* Vilniaus g. 20, ℘ 51366 (schönes Restaurant in einem Wintergarten)

Museen/Sehenswürdigkeiten: Franziskanerkloster, Vilniaus g. 2; Mariä Verkündigungskirche, Vilniaus g.; Tiškevičius-Palast, Vilniaus g. 20

Verkehrsverbindungen: Bahn: Die Züge von Klaipėda nach Šiauliai halten hier. Bahnhof: Stoties g. 1, ℘ 53454 **Bus:** Es gibt eine Verbindung nach Palanga ab Bushof, Šventosios g. 1, ℘ 53232

Neringa (Kurische Nehrung)
Vorwahl: ℘ 259

Touristeninformation: Nida, Taikos g. 4, 5800 Neringa, ℘ 52604, 52344

Unterkunft/Hotels: Unterkünfte westlichen Standards gibt es auf der Nehrung nicht. Die großen

»Hotels« sind alle ehemalige Sowjeterholungsheime. Bucht man über einen Reiseveranstalter, sind die Mahlzeiten inklusive (Jugendherbergsatmosphäre). Besser sind kleinere Häuser (s. Litauen-Reisen, S. 351) oder Privatunterkünfte (s. *Bed & Breakfast – Lithuania*).

In Juodkrante: *Ažuolynas,* Liudviko Rezos 54, ✆ 5 31 74 (das modernste Ferienheim am Haff, Kat. B); *Gintaras,* Kalno 2, ✆ 5 32 93/5 32 35 (zu teuer für den Standard, Kat. C)

In Nida: *Jurate,* Pamario 3, ✆ 5 26 18/5 26 19, Fax 5 11 18 (größter Ferienkomplex mit mehreren Häusern, zum Teil mit Haffblick, Kat. B/C); *Ruta,* Kuverto 15, ✆ 5 23 67/5 23 30, Fax 5 28 19 (im Wald zwischen Strand und Haff liegt dieses Ferienheim der ehemaligen KP-Elite, Kat. B); *Urbo Kalnas,* Taikos 32, ✆ 5 29 53, 5 24 28 (ehemaliges Erholungsheim des Schriftstellerverbandes oberhalb des Ortes, sehr unterschiedliche Zimmer, Kat. B/C)

In Pervalka: *Baldininkas,* Pervalkos 29, ✆ 5 61 66 (Kat. C); *Balltija,* Pervalkos 12, ✆ 5 61 50 (sehr einfach, Kat. C)

⫿⫿ Restaurants:
In Juodkrante: *Baras,* Liudviko Rezos 42 (Bier vom Faß und einfache Küche); *Meškos Galva,* Kalno 3 (einfaches Restaurant)
In Nida: *Ešerine,* Naglių 2, ✆ 5 27 57; (Fischrestaurant mit Blick aufs Haff und die »Große Düne«); *Peteris,* Taikos 13, ✆ 5 11 99 (das eleganteste Restaurant am Ort, aber viel zu teuer!); *Seklyčia,* Lotmiškio 1, ✆ 5 25 50 (litauische Spezialitäten, besonders schön sitzt man im Vorgarten mit Blick auf die »Große Düne«); *Užeiga,* Naglių 6, ✆ 5 27 82 (kleines Gartencafé mit wenigen, aber sehr guten Gerichten);

Vizitas-Heineken, Naglių 16 (holländisches Bier vom Faß und Junk-Food mit Blick auf den Hafen)

👁 Museen/Sehenswürdigkeiten:
In Juodkrante: Hexenberg (am Dorfausgang rechts); in Nida: Ethnografisches Museum, Naglių 4, (Mi–So 11–17 Uhr); Thomas-Mann-Haus, Skruzdynes 17 (Di–Do 10–17 Uhr)

🚌 Verkehrsverbindungen: Ein
⛴ Bus fährt von Smiltyne nach Nida. Fähren: Es gibt Fährverbindungen nach Klaipėda und Kaunas.

Palanga
Vorwahl: ✆ 2 36

ℹ Touristeninformation: REK, Žvejų g. 47, ✆ 5 48 40, Fax 5 17 09; Touristeninformation, Darius ir Gireno g. 18, 5720 Palanga, ✆ 5 31 19

🛏 Unterkunft/Hotels: *Baltija (Žilvinas),* Kestučio 26, ✆ 5 38 76/5 20 57 (wurde für die Parteielite gebaut und gehört zum besten, was Palanga bisher anzubieten hat, gute Lage, Kat. B/C); *Linas,* ✆ /Fax 5 81 13 (riesiger moderner Komplex nördlich vom Ort, nah zum Strand, Kat. B); *Pajuris,* Basanavičiaus 9, ✆ 5 33 45 (kleines Hotel im Zentrum, Kat. C); *Rugelis,* Vanagupes g. 20, ✆ 5 29 50/5 84 58, Fax 5 28 79 (Kat. B)
Jugendherberge: Neries 24, ✆ 5 70 76
Privatquartiere: Gutes Angebot in der Broschüre »*Bed & Breakfast Lithuania*«, erhältlich bei Buchhandlungen und Zeitungskiosken in Kaunas und Vilnius.

Cafés/Restaurants: Die Basana-vičiaus gatvė ist im Sommer die Flaniermeile des Ortes, links und rechts gibt es viele Cafés und Restaurants. Außerdem: *Du Broliai* (zwei Brüder), Daukanto g. 15, ✆ 5 12 70 (zwei Brüder führen dieses Restaurant und vermieten auch Zimmer, gute Küche); *Perlas,* Basanavi-čiaus g. 56 (am Strand, Sonnenter-rasse); *Žilvinas,* Kestučio g. 26 (im Sommer auf der Terrasse des gleich-namigen Ferienheims)

Camping: Vytauto g. 8, ✆ 5 35 33 (südlich des Ortes, sehr einfach)

Museen/Sehenswürdigkeiten: Bernsteinmuseum und Birutė-Berg (beide im Botanischen Garten); Historisches Museum, Vytauto g. 23 a

Veranstaltungen: Konzertsaal, Vytauto g. 43

Einkaufen: Galerie AL, Vytauto g. 23 (Kunsthandwerk); Monika Dailes Salonas, Basanavičiaus 12 (Bernstein- und Silberschmuck); Markt, Plytų g./Vasario 16-osios g. (im Sommer tägl. 7–12 Uhr)

Verkehrsverbindungen: Busse ab Kretingos g. 1, ✆ 5 33 33. Der Flughafen liegt nördlich von Palanga: Liepojos pl. 1, ✆ 5 30 31, 5 33 31

Šiauliai
Vorwahl: ✆ 2 14

Touristeninformation: Vilniaus g. 154, 5400 Šiauliai, ✆ 3 88 10

Unterkunft/Hotels: *Šiauliai,* Draugystės pr. 25, ✆ 3 45 54 (Hochhaushotel, Kat. C); **Privat:** Vanda Virbickiene, S. Neriės g. 7a, ✆ 3 36 93 (Kat. C)

Restaurant: *Lokio Peda,* Vilniaus g. 119, ✆ 3 47 96 (viele Biersor-ten und gute Küche)

Museen/Sehenswürdigkeiten: *Aušra-Museum,* Aušros al. 47, (Geschichte und Ethnographie Litau-ens, Mi–So 11–18 Uhr); *Fahrrad-museum,* Vilniaus g. 139 (Mi–So 11–19 Uhr); *Fotomuseum,* Vilniaus g. 140 (Do–Mo 12–19 Uhr); *Katzen-museum,* Žuvininkų g. 18 (Mi–So 11–17 Uhr)

Veranstaltung: 23. September, Volksfest zum Handwerksmarkt in der Vilniaus g.

Einkaufen: Vairas, Tilžes g. 74 (Fahrräder)

Verkehrsverbindungen: Bahn-hof: P. Višinskio g. 44, ✆ 3 06 52/3 25 47; **Bushof:** Til-žes g. 190, ✆ 3 38 64/3 28 64

Šilutė
Vorwahl: ✆ 2 41

Touristeninformation: Lietuvi-ninkų g. 36, 5730 Šilutė, ✆ 2 41/5 30 02

Unterkunft/Hotels: *Nemunas,* Lietuvininkų g. 70, ✆ 5 42 19, Fax 5 18 52 (mit Restaurant, Kat. C). Über die Touristeninformation Vermitt-lung von Privatunterkünften.

Sehenswürdigkeiten: Historisches Museum, Lietuvininkų g. 36 (Ausstellung über Westlitauen)

 Verkehrsverbindungen: Bahnhof: Geležinkelio g. 4,
 ℘ 5 11 09/5 34 60; **Bushof:** Tilžes g. 22, ℘ 5 23 33

Telšiai
Vorwahl: ℘ 2 94

 Unterkunft/Hotel: *Žemaitija,* Kestučio g. 21, ℘ 5 32 92 (Kat. C)

 Restaurant: *Bangele,* Respublikos g. 51

 Sehenswürdigkeiten: Heimatkundemuseum, Muziejaus g. 31

 Verkehrsverbindungen: Bahnhof: Respublikos g. 1; **Bushof:**
 Stoties g. 35

Trakai
Vorwahl: ℘ 2 38

 Unterkunft: *Viešbutis,* Karaimų g. 41, ℘ 5 13 45 (Kat. C.); Privat mit Seeblick bei Fam. Čiupkovas, Giluiso 7, 1050 Trakai, ℘ 5 21 67

Restaurant: *Kibiné,* Karaimų g. 65 (karäisches Restaurant). Gegenüber der Inselburg sind einige kleine Restaurants mit Seeblick.

Sehenswürdigkeit: Burg auf der Burginsel; Museum der Karäer, Karaimų g. 22

Verkehrsverbindungen: Bahnhof, außerhalb des Ortes, mit der Vorortbahn von und nach Vilnius, ℘ 5 10 55; Busse nach Vilnius ab Vytauto g. 90, ℘ 5 13 33, 5 10 05

Vilnius
Vorwahl: ℘ 22

Touristeninformation: Litauischer Touristenverband, Didžioji, 2000 Vilnius, ℘ 62 71 18, 62 98 71; Lithuanian Tours organisiert Stadtführer, Hotels, Tickets und Rundfahrten, Šeimyniškių g. 18, ℘ 35 39 31, Fax 35 18 15. Sehr nützlich *»Vilnius in your Pocket«,* ein Stadtmagazin mit Tips für aktuelle Veranstaltungen, erhältlich in Buchhandlungen und Zeitungskiosken.

Unterkunft/Hotels: *Astorija,* Didžioji 35, ℘ 62 99 14, Fax 22 00 97 (im Zentrum der Altstadt mit Blick auf die Kasimir-Kathedrale liegt das Jugendstilhotel, das von einer norwegischen Gruppe gemanagt wird, Kat. A); *Grybas House,* Aušros vartų 3, ℘ 61 96 95, Fax 22 24 16 (kleines Hotel mit nur vier Zimmern, sehr ruhig in einem Hinterhof im Herzen der Altstadt gelegen, Kat. A); *Karolina,* Sausio 13-osios 2, ℘ 65 92 12, Fax 26 93 41 (am Fuße des Fernsehturms etwas außerhalb liegt dieses neue Hotel, interessant für Sportler: Fitness, Pool und Tennisplätze, Kat. A); *Lietuva,* Ukmergės 20, ℘ 35 60 16, 35 60 90, Fax 29 00 20 (das größte Hotel der Stadt im Sowjetstil mit 23 Stockwerken, Kat. A); *Litinterp,* Bernardinų g. 7–2, ℘ 22 32 91, 22 38 50, Fax 22 35 59 (kleine Frühstückspension in der Altstadt, günstige Preise, Kat. C); *Mabre,* Maironio g. 13, ℘ 61 41 62,

Fax 61 30 86 (schön renovierter Komplex in einem ehemaligen Kloster am Rande der Altstadt, Zimmer eher spießig, Kat. A); *Neringa,* Gediminio pr. 23, ℘ 61 41 60, 61 05 16, Fax 61 41 60 (zentral am Gediminas Prospekt gelegen, jedoch ohne Charme, Kat. B)

Restaurants: (Näheres siehe »Von Bierhalle bis Künstlertreff«, S. 78). *Alute-Bierbar,* Gaono g. 7, ℘ 62 79 71; *Baltijos Sakalas* (= Der baltische Falke), Šv. Jono 11, ℘ 22 12 98; *Bočiu,* Šv. Ignoto 4, ℘ 62 37 72; *Golden Dragon,* Aguonų 10, ℘ 26 27 01 (chinesisches Restaurant); *Ida Basar,* Subačiaus 3, ℘ 62 84 84; *Lietuvos Jeruzale,* Pylimo 4, ℘ 22 70 82 (sehr empfehlenswert); *Lokys,* Stiklių g. 8, ℘ 62 90 46 (Wildspezialitäten unter einem gotischen Kellergewölbe); *Medininkai,* Aušros vartų 8, ℘ 61 40 19 (auch hier sitzt man im gotischen Kellergewölbe in einem ehemaligen Kloster); *Senas Grafas,* Šv. Kazimiero 3, ℘ 22 04 93 (Fonduerestaurant im modernen Ambiente); *Stikliai,* Gaono g. 7, ℘ 62 79 71
Cafés: *Arka,* Aušros vartu 7 (gehört zu der gleichnamigen Galerie, im Sommer kann man im Innenhof sitzen); *Arkadija,* Šv. Jono g. 3 (angenehm für einen kleinen Imbiß im studentischen Milieu); *Geležinis Vilkas I* (Eiserner Wolf), Arsenalo 2 (am Gediminasberg, im Sommer mit schöner Terrasse); *Geležinis Vilkas II,* Vokiečių 2 (im Zentrum für Moderne Kunst); *Kavine,* Pilies g. 24 (italienisches Café mit Cappuccino und kleinen italienischen Spezialitäten); *Langas,* Ašmenos g. 8 (kleines Café in der gleichnamigen Galerie, oft mit Live-Musik); *Savas Kampas,* Rudininkų g. 2 (sehr verräuchertes, aber atmosphärisches

kleines Café); *Stikliai,* Stiklių g. 18 (das Café zum gleichnamigen Restaurant, sehr chic!)

Museen/Sehenswürdigkeiten: *Adam Mickiewicz-Museum,* Bernadinų g. 11 (Fr 14–18 Uhr, Sa 10–14 Uhr); *Burgmuseum,* Burgberg (Mi–So 11–18 Uhr); *Genozidmuseum,* Paneriai, Agrastu g. 17 (Mi–Mo 11–18 Uhr); *Historisch-Ethnographisches Museum,* Vrublevskio g. 1 (Mi–Mo 11–19 Uhr); *Jüdisches Museum,* Pamenkalnio g. 12 und Pylimo 4 (Mo–Fr 9–17 Uhr); *Kunstmuseum,* Didžioji g. 31 (Di–So 12–18 Uhr); *Litauisches Staatsmuseum,* Arsenalo g. 1 (Di–So 11–18 Uhr); *Museum für Angewandte Kunst,* Arsenalo g. 3 (Mi–So 11–19 Uhr); *Verkiai-Palast,* Turistų g. 49 (Mi, Sa, So 11–18 Uhr); *Zentrum für Moderne Kunst,* Vokiečių g. 2 (Di–So 10–19 Uhr)

Veranstaltungen: *Akademisches Dramen-Theater,* Gedimino Pr. 4, ℘ 62 97 71; *Altstadt-Theater,* Šv. Jono 3, ℘ 22 26 53 (nur litauische Dramatiker); *Barocksaal,* Daukanto a. 1, ℘ 61 99 26 (Zweigstelle der Philharmonie, Orgelkonzerte in einer Kirche); *Jugendtheater,* Arklių g. 5, ℘ 61 60 12/ 61 61 26 (das interessanteste Sprechtheater der Stadt); *Opern- und Ballett-Theater,* Vienulio 1, ℘ 62 06 36/ 62 07 27, Fax 62 35 03; *Philharmonie,* Aušros vartų 69, ℘ 62 71 65; *Puppentheater,* Arklių g. 5, ℘ 62 86 78/ 62 81 59; *Russisches Theater,* Basanavičiaus g. 13, ℘ 62 05 52. Aktuelle Veranstaltungen entnehmen Sie dem Stadtmagazin *»Vilnius in your Pocket«,* das regelmäßig erscheint.

Nachtleben: *Bičiuliai,* Studentų g. 41a (Jugenddisco, Fr, Sa, So 20–23 Uhr); *Galerie Langas,* Ašmenos

8 (Tanz nach Jazzmusik, Mi, Fr, Sa um 20 Uhr); *Leandra,* Labdarių 8 (Jazzclub, Fr, Sa um 20 Uhr); *Žirmunai,* Zirmunų g. 67 (Nightclub, tägl. außer Mo 23–7 Uhr)

Einkaufen: *Antiquitäten* bei Antika, Mešinių g. 5 (Di–Fr 10–13, 14–19, Sa 10–16 Uhr); Antikvarinių daiktų komisas, Dominikonų g. 14 (Di–Fr 9–18, Sa 9–16 Uhr); Ota Antika, Aušros vartų 15 (Mo–Sa 10–19 Uhr); Senove, Pylimo 12 (Mo–Fr 10–18, Sa 11.30–15 Uhr); Tautodaile Antikvariatas, Stiklių 16 (Di–Fr 10–18, Sa 11–15 Uhr)
Bücher: Antiquariat, Pylimo g. 13 (litauische und russiche Bücher, Mo–Fr 11–18 Uhr); Aura, Gedimino pr. 2 (neben litauischer auch viel polnische Literatur, Mo–Do 10–14, 15–19, Fr 18 Uhr); Penki kontinentai (Die fünf Kontinente), Vilniaus g. 39/6 (fremdsprachige Literatur, Zeitschriften und Zeitungen, Mo–Fr 10–19 Uhr); Littera, Šv. Jono 12 (diese Buchhandlung liegt in der Universität und lohnt unbedingt einen Besuch, Mo–Do 10–18, Fr –17 Uhr); Russkaja kniga, Rudininkų 8 (russische Bücher, Mo–Fr 11–14, 15–18, Sa 11–16 Uhr); Vilnius, Gedimino pr. 13 (Mo–Fr 10–14, 15, 19, Sa 11–16 Uhr)
Galerien: Arka, Aušros vartų 7, ℘ 22 13 19 (Wechselausstellungen litauischer Künstler, ausgewählter Schmuck, Di–Fr 11–19, Sa 11–16 Uhr); Langas, Ašmenos 8, ℘ 22 15 05 (auch nichtlitauische Künstler sind hier ausgestellt, Di–Fr 11–19, Sa 12–18 Uhr); Medalių Galerija, Šv. Jono 11, ℘ 22 41 54 (Drucke und kleine Skulpturen, Di–Fr 11–19, Sa 11–18 Uhr); Photographic Society Exhibition Hall, Didžioji g. 19, ℘ 61 16 65 (wechselnde Fotoausstellungen, Mo–Fr 12–18 Uhr);

Vartai, Vilniaus g. 39, ℘ 22 29 49 (die exklusivste und anspruchsvollste Galerie, tägl. 12–19 Uhr)
Lebensmittel/24 Stunden-Shops: Naktigone, Seimyniškių 23, Sauletekio g. 2; Nemiga, Čiurlionio g. 84a, Taikos pr. 162a,
Märkte: Hale, Pylimo g. 58/1 (großer Markt jeden Di–So vormittag mit Lebensmitteln und Blumen); Kalvarijų, Kalvarijų g. 61 (geräucherte Aale, Honig, Kräuter von privaten Anbietern, Di–So vormittags, am besten Sa, So)
Musik: Melodija, Tilto g. 13/15 (Schallplatten und Kassettten; Muzikos Prekes Gedimino pr. 33/17 (Schallplatten, Kassetten und Noten)

Aktivitäten: *Angeln:* Informationen und Genehmigungen bei Merkys, Stiklių g. 6/8, ℘ 61 84 91, 62 78 82
Jagd: Informationen bei Unksna, Ševčenkos g. 14/16, ℘ /Fax 63 34 11
Wandern: Informationen beim Litauischen Touristenverband (s. Touristeninformation)

Verkehrsverbindungen: Bahnhof *(Stotis):* Geležinkelio g. 16, ℘ 63 00 86, 63 00 88, Reservierungsbüro: Šopeno g. 3, ℘ 62 30 44 (mehrmals tägl. nach Kaunas und Klaipėda, 2x tägl. nach Berlin, 4x tägl. nach Rīga, 8–20 Uhr, So 8–17 Uhr); **Bushof** *(Autobusu stotis):* Sodų g. 22, ℘ 26 24 82, Fahrkarten: ℘ 26 29 77 (7.30–13 und 14–23 Uhr). Der **Flughafen** liegt 13 km südlich des Zentrums. Information unter ℘ 63 02 01, 63 55 60.

Reiseinformationen von A bis Z

Anreise

Die beste Reisezeit liegt zwischen Mai und Oktober. Zur Einreise nach Litauen benötigt man einen noch mindestens sechs Monate gültigen Reisepaß und ein Visum, das auch für die beiden anderen baltischen Staaten gilt. Es muß vor der Einreise bei der litauischen Botschaft beantragt werden. Ein Eilvisum kann man auch am Flug- oder Seehafen bekommen, wobei hier die Gebühren höher sind. Dieselben Bedingungen gelten auch für die Einreise nach Lettland und Estland (s. Diplomatische Vertretungen).

... mit dem Flugzeug
Litauen ist über die Flughäfen von Vilnius, Palanga und – seltener – Kaunas zu erreichen.

... mit der Bahn
Von Berlin gibt es einen durchgehenden Zug nach Vilnius (Fahrtdauer 22½ Std). Auf die Nehrung kann man auch einen Zug über Königsberg nehmen, benötigt dann aber ein russisches Transitvisum.

... mit dem PKW
Mit dem Wagen sollte man per Schiff über Klaipėda anreisen, denn der Weg durch Polen ist mühsam (lange Wartezeiten an der Grenze).

... mit dem Schiff
Nach Klaipėda verkehren Fähren von Kiel (30 Std.) und von Mukran auf Rügen (18 Std.). Auskunft und Buchung der Fähre Kiel–Klaipėda bei den Reiseveranstaltern. Über die Fähre Mukran–Klaipėda, die täglich verkehrt, aber nur 36 Kabinenplätze hat, bekommt man Auskunft bei der Deutschen Seereederei in Rostock, ℘ 03 81/4 58 46 72 (langfristige Buchungen) und in Neu-Mukran ℘ 03 83 92/3 00 12 (kurzfristige Buchungen).

Ärztliche Versorgung

Zu empfehlen ist eine Auslandskrankenversicherung, die Behandlung vor Ort und ggf. einen Rücktransport übernimmt.
Apotheken gibt es zwar in allen größeren Orten. Sollte man aber auf bestimmte Medikamente angewiesen sein, ist es besser, sie mitzunehmen.

Auskunft

Tourismusabteilung des Ministeriums für Wirtschaftsbeziehungen, Gedimino pr. 30/1, Vilnius, ℘ 62 26 10, Fax 62 54 32

Diplomatische Vertretungen

Botschaft der Republik Litauen
Argelander Str. 108a
53115 Bonn
℘ 02 28/91 49 10
Fax 02 28/9 14 91 15

Botschaft der Bundesrepublik Deutschland
Sierakausko g. 24
2600 Vilnius
℘ 22/65 02 72, 65 01 82, 63 24 27

In der Schweiz und in Österreich gibt es keine Botschaften Litauens, auch haben beide keine Vertretung in Litauen.

Elektrizität

Die Netzspannung beträgt 220 Volt. Es passen nicht alle Stecker. Adapter für Osteuropa mitnehmen.

Essen und Trinken

Die litauische Küche ist schwer und relativ eintönig. Sie wird bestimmt von den drei »K«: *karbonada* (Schweinekotelett), *kespnys* (Braten) und *kotletas* (Frikadellen). Typisch sind auch *čepelinai* (mit Fleisch gefüllte Kartoffelklöße in Butter-Speck-Sauce) oder *blynai* (mit Quark oder Konfitüre gefüllte Pfannkuchen). Beliebt sind *kugelis* (Kartoffelpuffer). Zum Fleisch gibt es Salat, meistens von Gurken oder Rote Beete.

In Cafés *(kavine)*, Bars *(baras)* und Snack-Bars *(užkandine)* bekommt man kleine Gerichte und Getränke, in manchen ist Selbstbedienung: Man holt sich Getränk oder Snack an der Bar. Im Sommer gibt es viele kleine Straßencafés, in denen man zwischen den Besichtigungen kurz einkehren kann. Das litauische Bier ist preiswert und schmeckt sehr gut, wird aber leider immer mehr verdrängt von den teureren westlichen »Dosenanbietern«.

Feste und Feiertage

1. Januar – Neujahr
16. Februar – Wiederherstellung des Litauischen Staates (1918)
Ostern
1. Sonntag im Mai – Muttertag
24. Juni – Johannisfest (kein offizieller Feiertag)
6. Juli – Tag des Staates (Krönungstag von Mindaugas)
1. November – Allerheiligen
25./26. Dezember – Weihnachten

Geld und Banken

Seit Juli 1993 ist der Litas (1 Litas = 100 Centai) alleingültiges Zahlungsmittel. Geld kann außer in Banken (Mo–Fr 9–12.30) in allen größeren Hotels gewechselt werden. Es gibt auch Wechselstuben, doch hier lohnt ein Vergleich.

Gewichte und Maße

Die baltischen Staaten und Rußland messen nach dem metrischen System. Getränke werden allerdings nach Gewicht serviert, z. B. ein Glas Wein sind 200 g. Mancherorts findet man Gewichtsangaben auch für Speisen auf Restaurant-Karten (z. B. 150 g Suppe, 150 g Rauchfleisch als Vorspeise etc.).

Karten

Empfehlenswert ist der Euro-Atlas »Baltische Staaten«, RV-Verlag, Berlin.

Kinder

Litauen ist ein sehr kinderfreundliches Land, besonders die Ostseebäder warten hier mit einem vielfältigen Freizeitangebot auf.

Literatur

Bobrowski, Johannes: *Litauische Claviere,* Reclam, Leipzig 1993
Ceitlinas, Jevsejus: *Žydų Muziejus* (The Jewish Museum), Vilnius 1994
Döblin, Alfred: *Reise in Polen,* dtv München 1987
Dohrn, Verena: *Baltische Reise,* S. Fischer, Frankfurt 1994
Ehlermann-Mollenhauer, Maja: *Ernst Mollenhauer, Ein Expressionist aus Ostpreußen,* Edition Braus, Heidelberg 1992
Freund, Florian (Hrsg.): *Ess firt kejn weg zurik...,* Geschichte und Lieder des Ghettos von Wilna 1941–43, Picus Verlag, Wien, 1992
Kanowitsch, Grigori: *Sklaven winkt kein Paradies,* Historischer Roman, Volk und Welt, Berlin 1987
Lachauer, Ulla: *Die Brücke von Tilsit,* Rowohlt, Hamburg 1994
dies.: *Land der vielen Himmel* (Memelländischer Bilderbogen), Siedler-Verlag, Berlin 1992
Miłosz, Czesław: *Zeichen im Dunkel* (Poesie und Poetik), ed. Suhrkamp, Frankfurt 1980
Orabuena, Jose: *Groß ist deine Treue* (Roman des jüdischen Wilna), Schöningh, München 1961
Sudermann, Hermann: *Das Bilderbuch meiner Jugend,* Ullstein TB, Frankfurt, 1990
ders.: *Die Reise nach Tilsit,* Langen Müller

National- und Naturparks

Aukštaitija – Nationalpark, Verwaltung: Meironys ℘ 2 29/4 54 97, 5 31 35, 5 59 16
Džukija – Nationalpark, Verwaltung: Marcinkonys, ℘ 2 60/4 47 18, 4 46 41, Fax 5 36 37
Kuršių Nerija – Nationalpark, Verwaltung: ℘ 2 59/5 22 48
Trakai – Nationalpark, Verwaltung: ℘ 2 38/5 13 75
Žemaitija – Nationalpark, Verwaltung: ℘ 2 18/4 83 43, 4 83 12, Fax 5 55 58

Notfallnummern

Ambulanz 03
Feuerwehr 01
Polizei 02

Öffnungszeiten:

Banken sind Mo–Fr 9–12 Uhr geöffnet, Postämter Mo–Fr 8–20, Sa 9–16 Uhr, in Vilnius auch So.

Post

Die gelben Briefkästen tragen die Aufschrift »*Pastas*«. Briefe von Litauen in den Westen brauchen per Luftpost etwa eine Woche. Schneller geht es mit EMS, Vokiečių g. 7, ℘ 62 56 70 (Mo–Fr 8.30–13 und 14–17 Uhr) und UPS, Vasario g. 16/2a, ℘ 61 08 83 (beide in Vilnius).

Reisen im Lande

Es gibt Flughäfen in Vilnius, Kaunas und Palanga. Züge verbinden die grö-

ßeren Städte, doch sind Busse oft schneller. Das Bussystem ist gut ausgebaut, und die Autobahnen sind meist leer. Expreßbusse verkehren zwischen Vilnius und Klaipėda 9x tägl. (5 Std.), zwischen Vilnius und Kaunas alle 30 Min. (2 Std.). Klaipėda wird mit Kaunas 10x tägl. verbunden (3 Std.). Auch in kleinere Städte gibt es regelmäßige Busverbindungen.
Mietwagen: Avis, Ukmergės g. 114, Vilnius, ℘ 22/7 33 32 26, 73 30 05, Fax 35 31 61; Europcar/interRent, Vilnius g. 2/15, Vilnius, ℘ 22/2 22 27 39, Fax 2 22 04 39; Hertz, T. Vaižganto g. 9/1, Vilnius, ℘ 22/22 70 25, Fax 22 67 67; Litinterp, Bernardinų g. 7/2, Vilnius, ℘ 22/22 32 91, 22 38 50, Fax 22 35 59 und Šimkaus g. 21b, Klaipėda, ℘ 2 61/1 69 62, Fax 2 58 63
Fähren: s. Verkehrsverbindungen Klaipėda

Reiseveranstalter

Baltisches Reisebüro, Bayerstr. 37-I, 80335 München, ℘ 0 89/59 36 53, Fax 52 59 13; Baltic Tours, Beim Strohhause 26, 20097 Hamburg, ℘ 0 40/ 2 80 42 77, Fax 24 64 63; Baltische Zentrale für Fremdenverkehr, Woldsenstr. 36, 25813 Husum, ℘ 0 48 41/ 30 04, Fax 21 09; Schnieder-Reisen-, Hartkortstr. 121, 22765 Hamburg, ℘ 0 40/3 80 20 60, Fax 38 89 65. Für Litauen: Litauen Reisen, Judenbühlweg 46, 97082 Würzburg, ℘/Fax 09 31/8 42 34. Für Lettland: Lettisches Fremdenverkehrsamt, Pils laukums 4, LV-1050 Rīga, ℘ 0 07 31/2/ 32 75 42, Fax 22 99 45. Für Estland: Estnisches Fremdenverkehrsamt, Kiriku 2/4, EE-0100 Tallinn, ℘ 0 03 72/2/2/45 04 86, Fax 44 09 63.

Sicherheit

Wie in anderen Ländern Osteuropas sollte man auch in den baltischen Staaten vermeiden, als »reicher« Tourist aufzufallen. Zwar gibt es auch die »baltische Mafia«, als Tourist kommt man damit aber nicht in Berührung. In Litauen zu reisen ist nicht gefährlicher als in anderen Urlaubsländern. Autos sollte man unbedingt auf einem bewachten Parkplatz abstellen und auf keinen Fall verlockende Gegenstände im Auto liegenlassen.

Souvenirs

Es werden Bernstein, kunsthandwerkliche Textilien und Keramikarbeiten angeboten. In einigen Galerien kann man schönen Schmuck von litauischen Designern oder interessante Bilder finden.

Sport

Angeln: Informationen für Angler und Genehmigungen bei Merkys, Stiklių 6/8, Vilnius, ℘ 61 84 91, 62 78 82
FKK: An den Ostseestränden gibt es speziell gekennzeichnete FKK-Strände
Jagd: Informationen bei Unksna, Ševčenkos 14/16, Vilnius, ℘ /Fax 63 34 11
Kajak/Kanu: Litauen ist bestens geeignet für Fluß- und Seewanderungen. Auskünfte erteilt der Litauische Touristenverband in Vilnius (s. S. 345)
Radfahren: Es gibt keine Radwege, doch auf den noch wenig befahrenen Straßen läßt es sich gut radeln. Achtung: Oft Schotterstraßen! Informationen beim Litauischen Touristenverband in Vilnius (s. S. 345)

Segeln: Segelboote können in Trakai und am Kurischen Haff beim Klaipėda Yacht Club, Smiltyne 25, ℘ 2 61/9 11 74, gemietet werden
Wandern: Alle Nationalparks eignen sich bestens zum Wandern. Auskünfte erteilen die Verwaltungen der Parks (s. S. 350) und der Litauische Touristenverband in Vilnius (s. S. 345)

Sprachführer

ja – taip
nein – ne
bitte – prašau
danke – ačiu
Guten Tag – laba diena
Guten Morgen – labas rytas
Guten Abend – labas vakaras
Auf Wiedersehen – iki pasimatymo
Entschuldigung! – atsiprašau, atleiskite
Ich verstehe nicht – aš nesuprantu
Ich heiße ... – mano vardas ...
Sprechen Sie deutsch/englisch/
   russisch? – ar kalbate vokiškai/
   angliškai/rusiškai?
Hotel – viešbutis
Campingplatz – kempingas
Restaurant – restoranas
Café – kavine
Speisekarte – meniu
Frühstück – pusryčiai
Lebensmittelgeschäft – maisto pro-
   duktų/parduotuvė
Markt – turgus
Toilette – tualetas
Auto – automobilis
Benzin – benzinas
Werkstatt – autoservissas
Zentrum – centras
Post – pastas
Bahnhof – geležzinkelio stotis
Bushaltestelle – autobuso stotele
Flughafen – aeronostas
Hafen – uostas

1 – vienas
2 – du
3 – trys
4 – keturi
5 – penki
6 – šeši
7 – septyni
8 – aštuoni
9 – devyni
10 – dešimt
11 – vienuolika
12 – dvylika
13 – trylika
14 – keturiolika
15 – penkiolika
16 – šešiolika
17 – septyniolika
18 – aštuoniolika
19 – devynlolika
20 – dividešimt
30 – trisdešimt
40 – keturiasdešimt
50 – penkiasdešimt
60 – šešlasdešimt
70 – septyniasdešimt
80 – astuoniasdešimt
90 – devyniasdesimt
100 – šimtas
200 – du šimtai
300 – trys šimtai
400 – keturi šimtai
500 – penki šimtai
600 – šeši šimtai
700 – septyni šimtai
800 – aštuoni šimtai
900 – devyni šimtai
1000 – tukstantis šimtai

Montag – pirmadiensis
Dienstag – antradiensis
Mittwoch – trečiadiensis
Donnerstag – ketvirtadiensis
Freitag – penktadiensis
Samstag – šeštadiensis
Sonntag – sekmadiensis

Telefon

Auskunft: **09**

Ortsgespräche sind billig, und auch Ferngespräche innerhalb des Landes sind nicht teuer. Man wählt zuerst die **8,** wartet auf das Signal und wählt dann die Nummer des Teilnehmers. Die wichtigsten Vorwahlen sind:

Birštonas	210
Druskininkai	233
Kaunas	27
Klaipėda	261
Kretinga	258
Neringa	259
Palanga	236
Šiauliai	214
Šilutė	241
Telšiai	294
Trakai	238
Vilnius	22

Für Auslandsgespräche wählt man **8-10-49** (Deutschland), **43** (Österreich) oder **41** (Schweiz), dann die Rufnummer des Teilnehmers.

Vom Ausland nach Litauen wählt man **00-370**, die Städtevorwahl ohne die erste **2,** dann die Rufnummer des Teilnehmers.

Trinkgeld

Das Zahlen von Trinkgeld ist nicht obligatorisch, jedoch sollte man als besserverdienener Westtourist etwas geben.

Unterkunft

Das Hotelnetz ist noch nicht sehr dicht, außerdem sind die meisten Hotels noch nicht westlichem Standard angepaßt. Sie sind eher Überbleibsel der Sowjetzeit, nur der Service ist z.T. besser geworden. An der Ostseeküste sind Ferienheime auf die Schnelle in Hotels umgewandelt worden.

Pro Person und Nacht sind in Hotels zu veranschlagen:

Kat. A 100–200 DM (Weststandard)
Kat. B 70–100 DM
Kat. C 20– 70 DM

Freies Campen ist erlaubt, jedoch nicht in den Dünen und Naturschutzgebieten, d.h. auch nicht auf der Kurischen Nehrung.

Oft werden auch gute Privatquartiere (15–40 DM pro Person) angeboten. Hilfreich ist hier der Führer »*Bed & Breakfast in Lithuania*«, erhältlich bei Buchhandlungen und Zeitungskiosken in Vilnius und Kaunas.

Zeit

Es gilt Mitteleuropäische Zeit (MEZ) plus eine Stunde.

Zeitungen und Zeitschriften

In den größeren Hotels in Vilnius gibt es deutsche Publikationen. Informationen über das Land geben die englisch-sprachigen Wochenzeitungen »*Baltic News*« und »*Lithuanian Weekly*«.

Zoll

Nicht ausgeführt werden dürfen Kunstwerke, die älter als 40 Jahre sind und Antiquitäten. Beim Kauf von Werken zeitgenössischer Kunst muß man sich in der Galerie eine Ausfuhrbescheinigung geben lassen. 200 Zigaretten, 1 l Wein und 1 l hochprozentiger Alkohol dürfen zollfrei eingeführt werden.

Lettland-Informationen

Adressen und Tips von Ort zu Ort

Aglona

Vorwahl: ℘ 253

🛏 **Unterkunft/Hotel:** *Arpa,* Aloiza Broka iela 5 a, ℘ 1 54 41 (20-Betten-Haus südlich der Basilika, Kat. C)

🎕 **Fest:** Am 14. und 15. August (Mariä Himmelfahrt) ist der Wallfahrtsort Aglona Treffpunkt zehntausender Katholiken aus Nordosteuropa.

👁 **Sehenswürdigkeit:** Wallfahrtskirche zwischen dem Cirša-See und Aglonas-See.

Alūksne

Vorwahl: ℘ 243

ℹ **Touristeninformation:** Fremdenverkehrsamt der Stadtverwaltung, Dārza iela 11, ℘ 2 22 36 oder per Fax über das Landwirtschaftliche Beratungsbüro, Pils iela 27, Fax 2 13 81

🛏 **Unterkunft:** Gasthaus *Tornītis,* Raiņa bulv. 1, ℘ 2 22 39 (liebevoll und engagiert geführtes kleines Familienhotel mit 6 Zimmern. Nach vorheriger Absprache kann man auch Mahlzeiten bekommen. Die Besitzerin spricht englisch, verfügt über beste Kontakte in der Region und kann so erlebnisreiche Exkursionen, Kanoutouren und Jagdausflüge vermitteln, Kat. C). Am See (3 km nördlich) liegt

ein Campingplatz (sehr einfach, aber sauber und idyllisch gelegen).

👁 **Sehenswürdigkeit:** Bibelmuseum, Pils iela 15a (Mo-Sa 10–17 Uhr und So nach dem Gottesdienst)

🚌 **Verkehrsverbindungen:** Bushof: Pils iela 72, ℘ 2 21 57

Bauska

Vorwahl: ℘ 239

🛏 **Unterkunft/Hotels:** *Bauska,* Slimnīcas iela 7, ℘ 2 47 05 (ein Hotel aus den 50er Jahren, Kat. C). Moderner ist das Motel *Brencis,* Dzimtmisa, 3913 Iecava, ℘ 2 38 66; 4 22 62 (etwa 30 km nördlich an der Fernstraße Rīga–Vilnius)

🍴 **Restaurant:** Pilskalns, Brīvības bulv. 2 (Bauskas beste Adresse)

👁 **Museen/Sehenswürdigkeiten:** Bauskas muzejs, Kalna iela 6 (Heimatmuseum, Mi-So 10–17 Uhr) und Bauskas pilsdrupas (Burgruine). Außerhalb in Richtung Eleja die Hauptsehenswürdigkeit der Region: Schloß Rundāle (mit Restaurant in der Schloßküche, Mi-So 10–18 Uhr)

🎕 **Veranstaltungen:** Mitte Juli Festival mit Musik des Mittelalters und Barocks in der Burgruine und Schloß Rundāle. Informationen beim Schloßmuseum Bauska, Kalna iela 16,

℗ 2 37 93 oder beim Zentrum für alte Musik, Brīvības iela 85, Rīga, ℗ 27 55 75, Fax 00371/2/27 80 60

🚌 **Verkehrsverbindungen:** Bushof: Slimnīcas iela 11. Mehrmals täglich Busse nach Rīga, Jelgava und auch Schloß Rundāle. Außerdem Transitbusse nach Kaunas und Vilnius.

Cēsis
Vorwahl: ℗ 241

🛏 **Unterkunft/Hotels:** *Cēsis,* Vienības laukums 1, ℗ 2 23 92 (unter dänisch-lettischer Leitung, Restaurant mit guter lettischer und internationaler Küche, Kat. B); *Saieta nams,* Rīgas iela 47, ℗ 2 25 07 (mit Restaurant). Beliebt ist das Keller-Café *Raunas vārti,* Rīgas iela 1.

👁 **Museen/Sehenswürdigkeiten:** Cēsu vēstures muzejs (Museum zur Regionalgeschichte im Neuen Schloß, Di-So 10–17 Uhr); Jāņa baznīca (Johanneskirche); Ordensburg, Pils iela

🚆🚌 **Verkehrsverbindungen:** **Bahnhof:** Raunas iela (Züge nach Rīga, Valmiera und Sigulda); **Bushof:** Uzvaras bulv. 26 (Busse nach Rīga und Valmiera)

Dagda
Vorwahl: ℗ 256

 Unterkunft/Hotels: *Dagda,* Daugavpils iela 8, ℗ 5 30 09 (nettes, kleines Haus, einfach, Kat. C); am Ežezers (Ežu-See): *Ezernieki* ℗ 5 53 90 (ehemaliges Sowjet-Erholungsheim, alles andere als schön,

aber mit herrlicher Lage in unberührter Natur)

Daugavpils
Vorwahl: ℗ 254

 Unterkunft/Hotels: *Latvija,* Ģimnāzijas iela 46, ℗ 2 09 50 (mit Restaurant, Kat. C)

 Restaurant: *Daugavpils,* Rīgas iela 22 (eines der größten Restaurants, aber sehr unpersönlich)

👁 **Museen/Sehenswürdigkeiten:** Daugavpils muzejs, Rīgas iela 8 (gutes Kunst- und Heimatmuseum)

 Verkehrsverbindungen: **Bahnhof:** Stacījas iela (mehrmals täglich Expreßzüge nach Rīga, Vilnius und St. Petersburg, Nahverkehrszüge nach Rēzekne. Außerdem Verbindungen nach Kaunas, Klaipēda und Berlin). **Bushof:** Ecke Lāčplēša/Viestura iela (mehrmals täglich nach Rīga, Rezekne und Jēkabpils, täglich nach Minsk und Warschau, häufig nach Cēsis und Valmiera).

Gaujas nacionālais parks (Gauja-Nationalpark)

ℹ **Touristeninformation:** in Līgatne, Haus »Pauguri«, ℗ 8/241/5 33 23 (das Büro informiert über Kanu- und Wanderrouten und Übernachtungsmöglichkeiten, außerdem werden Touren unter Führung angeboten); in Sigulda, Raiņa iela 15, ℗ 8/22/97 40 06

 Unterkunft: Ferien auf dem Bauernhof mitten im Nationalpark bietet die Familie Bumbieri an: Es stehen einige einfache Zimmer, Zelt- und Stellplätze für Wohnwagen zur Verfügung. Saunabenutzung und Mahlzeiten nach Absprache: Baiba und Uldis Bumbieri, Viktorijas iela 30, 2015 Majori/Jūrmala, ℘ 22/76 44 68, im Sommer: Cēsu rajons, Līgatnes c. »Avoti«, 4110 Lettland.

Jelgava
Vorwahl: ℘ 230

 Unterkunft: Motel *Fricis,* ℘ 8/238/2 25 46 (40 km westlich an der Autobahn Rīga/Liepāja nahe Blidiene, beste Übernachtungsmöglichkeit in der Region, Kat. B)

 Museen/Sehenswürdigkeiten: Schloß Jelgava, Lielā iela (täglich 7.30–19 Uhr)

 Verkehrsverbindungen: Bahnhof: Stacījas iela (stündlich im Nahverkehr nach Rīga, Fernverbindungen nach Liepāja, Ventspils, Vilnius und Berlin). **Bushof:** Pasta iela 49 (regelmäßig nach Rīga, mehrmals täglich nach Ventspils, Talsi, Kuldīga und Kaunas sowie Schloß Rundāle und Bauska)

Jūrmala
Vorwahl: ℘ 22

 Touristeninformation: im Hotel *Jūrmala,* Jomas iela 49, ℘ 76 44 93

 Unterkunft/Hotels: *Majori,* Jomas iela 29, ℘ 76 13 80, Fax 76 13 77 (ruhiges Haus der Mittelklasse in Strandnähe aus den 20er Jahren, unter Denkmalschutz, Kat. B); *Rīgas Līcis,* Dubultu pr. 51, ℘ 76 99 49, Fax 76 11 66 (breite Palette von Kuranwendungen durch qualifiziertes Personal, Kat. B)

Restaurant: *Orients,* Jomas iela 86 (eine der besten Adressen); ansonsten zahlreiche Angebote vom Café bis zum gehobenen Restaurant

Museen/Sehenswürdigkeiten: Jānis Rainis-Museum, Pliekšāna iela 7, Majori (im ehemaligen Wohnhaus des lettischen Nationaldichters, tägl. außer Di 10–17 Uhr); Izstāžu zāle, Turaidas iela 11, Majori (wechselnde Kunstausstellungen, tägl. außer Di 10–19 Uhr)

Veranstaltungen: Hörenswerte Konzerte gibt es von Juni bis August in der Konzerthalle »Dzintari«, Turaidas iela, Majori.

 Verkehrsverbindungen: 2–3 x pro Stunde verkehren Züge zwischen Rīga und Jūrmala. Alle halten in Majori, die meisten auch in den anderen Ortsteilen.

Kandava
Vorwahl: ℘ 231

Unterkunft/Hotel: *Kandava,* Sabiles iela 3, ℘ 3 11 03 (einfaches, fast spartanisches Hotel, sauber und billig. Frühstück möglich für Gruppen nach Absprache, Kat. C)

Restaurant: *Veckandava,* Sabiles iela 3

  Verkehrsverbindungen: Bahnhof (Linie Rīga-Ventspils, 7 km nördlich von Kandova an der Tukums-Ventspils Fernstraße); Bushaltestelle Liela iela 2 a (Busse nach Rīga, Talsi und Kuldīga)

Kuldīga
Vorwahl: ℘ 233

 Unterkunft/Hotel: *Kursa,* Pilsātas laukums 6, ℘ 2 43 42, 2 24 30 (Kat. C).

 Cafés: *Venta,* Pilsātas laukums 1 und im Hotel *Kursa*

 Sehenswürdigkeit: Novadpētniecības muzejs, Pils iela 5 (Heimatmuseum, tägl. außer Mo 11–17 Uhr)

 Verkehrsverbindungen: Bushof: Stacijas iela 2, ℘ 2 20 61

Ļaudona
(siehe Teicu reservāts)

Liepāja
Vorwahl: ℘ 234

 Touristeninformation: Stadtverwaltung Liepāja, Rožu iela 6, ℘ 2 65 17, Fax 2 87 07 (vermittelt Übernachtungen); Reisebüro Liepāja, Rīgas iela 3, ℘ 2 21 13 (privates Reisebüro, organisiert Führungen und vermittelt Privatquartiere in und außerhalb der Stadt); Līgo, ℘ 2 64 03, Fax 2 66 27 (Reisebüro mit ähnlichem Angebot)

Unterkunft/Hotel: *Līva,* Lielā iela 11, ℘ 2 01 22, 2 53 45 (soli-

des Mittelklasse-Hotel mit 200 Betten, kürzlich gründlich renoviert, bewachter Parkplatz, mit Restaurant, Kat. B).

 Camping: Brocēni, Sport Komplex, ℘ 6 57 25

 Cafés: *Kaija,* Lielā iela 12; *Kafejnīca Annele,* Ecke Veidenbauma iela/Kuršu laukums; *Pingvins,* Pasta iela (die beste Adresse für Eis, Tee und Kaffee)

 Museen/Sehenswürdigkeiten: Annas baznīca (Annenkirche); Trīsvienības baznīca (in der Dreifaltigkeitskirche finden häufig Orgelkonzerte statt); Vēstures un mākslas muzejs, Kūrmājas pr. 16 (Museum für Kunst und Geschichte, tägl. außer Mo 11–19 Uhr)

Veranstaltungen: Staatliches Theater, Teātra iela 4; Open-Air-Bühne »*Pūt vējiņi*« im Jūrmalas Park (im Sommer Konzerte von Klassik bis Rock, nachts Diskothek); »*Mēs Liepājai*« (Popfestival zum Sommeranfang) und »*Liepājas Dzintars*« (Lettlands ältestes und wichtigstes Rockfestival, Mitte August) im Jūrmalas Park

Einkaufen: »Kurzeme«, Lielā iela 13 (einziges größeres Kaufhaus der Region)

Verkehrsverbindungen: Bahnhof: Stacījas laukums; **Bushof:** Stacijas laukums (Expreßbusse nach Rīga); Taxi, ℘ 7 26 26

Līgatne
(siehe Gaujas nacionālais parks)

Ludza

Vorwahl: ✆ 257

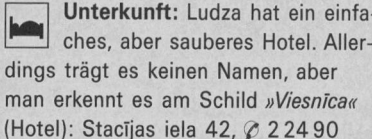 **Unterkunft:** Ludza hat ein einfaches, aber sauberes Hotel. Allerdings trägt es keinen Namen, aber man erkennt es am Schild *»Viesnīca«* (Hotel): Stacījas iela 42, ✆ 2 24 90 (Kat. C)

Madona

Vorwahl: ✆ 248

 **Unterkunft/Hotel:** *Madona,* Saieta laukums 10, ✆ 2 26 06 (Kat. C)

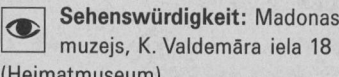 **Sehenswürdigkeit:** Madonas muzejs, K. Valdemāra iela 18 (Heimatmuseum)

 Verkehrsverbindungen: Bahnhof: Saules iela 4; **Bushof:** Rīgas iela 6

Nica

Vorwahl: ✆ 234

i **Touristeninformation:** Fremdenverkehrsamt der Gemeinde Nīca, Liepājas rajons, ✆ 6 92 80

 Unterkunft: Motel *Nīcava,* ✆ 6 97 56, Fax 2 29 01 (neues, nettes Haus mit Restaurant, Bar und bewachtem Parkplatz, Kat. B); außerdem steht eine Anzahl von Privatunterkünften zur Verfügung (s. Fremdenverkehrsamt)

 Verkehrsverbindungen: Bus nach Liepāja alle zwei Stunden

Rēzekne

Vorwahl: ✆ 246

 Unterkunft/Hotel: *Latgale,* Atbrīvošanas alejā 98, ✆ 2 41 78, Fax 2 21 80 (neues Haus mit 200 Betten, Restaurant, Kat. C)

 Restaurant/Café: *Rāzna,* Atbrīvošanas alejā 100

 Museen/Sehenswürdigkeiten: Latgales muzejs, Atbrīvošanas alejā 102; Latgales Māra (Befreiungsdenkmal)

 Verkehrsverbindungen: Bahnhof: Rēzekne I am Ende der Brīvības iela am südwestlichen Stadtrand (mehrmals täglich Züge der Linie Vilnius–Daugavpils–Pskov–St. Petersburg), Bahnhof II etwa 2 km nördlich der Stadtmitte (Züge der Linie Rīga–Moskau); **Bushof:** Latgales iela 17 (mehrmals täglich Busse nach Daugavpils, täglich nach Rīga, Cēsis, Alūksne und Valmiera)

Rīga

Vorwahl: ✆ 22

i **Touristeninformation:** Pils laukums 4, ✆ 32 75 42, Fax 22 99 45

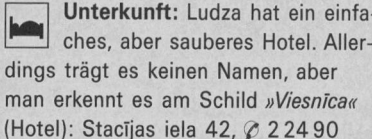 **Unterkünfte/Hotels:** Rīga verfügt über eine größere Anzahl guter und teurer (s. Unterkunft, S. 374) Hotels, die am Rande der Altstadt liegen: *Hotel de Rome,* Kaļķu iela 28, 1050 Rīga, ✆ 8 82 00 50–57, Fax 8 82 00 58–59 (das im Krieg zerstörte Grandhotel wurde kürzlich als deutsch-lettisches Joint venture neu

eröffnet, Kat. A); *Man-Tess,* Teātra iela 6, 1050 Rīga, ✆ 21 60 56, Fax 8 82 12 49 (sehr kleines, luxuriöses Hotel in der Altstadt, Kat. A); *Metropole,* Aspāzijas bulv. 36/38 1050 Rīga, ✆ 22 54 11, Fax 8 82 00 74 (groß, luxuriös, 1994 zum besten Hotel Rīgas gewählt, Kat. A); *Rīdzene,* Endrupa iela 1,1050 Rīga, ✆ 32 44 33, Fax 8 83 00 74 (strahlt noch seine Vergangenheit als Parteifunktionärshotel aus, Zimmerservice hervorragend, Kat. A); *V.I.P. Club im Hotel Latvija,* Elizabetes iela 55, 1050 Rīga, ✆ 21 17 81, Fax 8 82 02 40; hervorragendes Frühstücksbuffet, Kat. A); *Kaspars,* Mūkupurva iela 19, 1029 Rīga, ✆ 42 42 69, Fax 42 47 55 (gutes modernes Hotel in der Nähe des Flughafens, bewachter Parkplatz, Tennisplätze, Sauna und Schwimmhalle vorhanden, Kat. B); *Laine,* Skolas iela 11, 1010 Rīga, ✆ 28 88 16, Fax 8 82 10 43 (ruhiges 18-Zimmer-Hotel im Zentrum von Rīga mit bewachtem Parkplatz, Kat. B); *Viktorija,* A. Čaka iela 55, 1001 Rīga, ✆ 27 23 05, Fax 27 62 09 (neu renoviertes, preiswertes, großes Hotel an einer Hauptstraße im Zentrum Rīgas, Kat. B.); *Oma,* Ernestines iela 33, 1049 Rīga, ✆ 61 23 88, Fax 61 32 33 (ruhiges, im Grünen liegendes 17-Zimmer-Hotel in neu renoviertem Gebäude aus den 20er Jahren in Pārdaugava, Kat. B).

Vermittlung von Zimmern oder privaten Wohnungen in verschiedensten Preisklassen in Rīga als auch in anderen Städten und auf Bauernhöfen: *Latvijas tūristu klubs-LTK* (Touristenklub Lettlands), Skārņu iela 22, 1615 Rīga, ✆ 22 17 31, Fax 22 17 31; *Latvijas universitātes tūristu klubs-LUTK* (Lettische Universitäts-Touristenklub), Raiņa bulv. 19, 1098 Rīga, ✆ 22 31 14, Fax 22 50 39 (Unterbringungsmöglich-

keiten in Studentenwohnheimen); *Patricia Ltd.,* Elizabetes iela 22–4A, 1011 Rīga, ✆ 28 48 68, Fax 28 66 50; *YMCA Tours Latvia,* Pils iela 6, ✆ 22 64 63, Fax 22 47 85.

Eine Jugendherberge gibt es noch nicht, aber dafür im Sommer CVJM-Unterbringungsmöglichkeiten in einem Studentenwohnheim in Pārdaugava (Kalnciema iela 10/12).

🍴 Restaurants/Cafés

Neben Tee, Kaffee und Kuchen bieten **Cafés** *(kafejnīcas)* auch kleinere Menüs und Alkohol an, fast alle Cafés schließen spätnachmittags für eine Stunde.

Andalūzijas suns, Elizabetes iela 83/85 (teures In-Lokal mit kleinem Avantgardekino, 11–23 Uhr); *Baltā roze,* Meisteru iela 27, 1. Stock (gute Auswahl an hausgemachten Kuchen und belegten Broten, Selbstbedienung im Rokokoambiente, 9–15 und 16.30–21, Sa–So ab 11 Uhr); *Fredis,* Audēju iela 9 (Treffpunkt für junge »Wessi«-Letten, 8–24 Uhr); *Galerija Litta,* Marijas iela 14 (Café in der Kunstgalerie, 8–24 Uhr); *Kollona,* Šķūņu iela 16 (Bar und Café teuer, gute Küche, 12–3 Uhr); *Možums,* Šķūņu iela 19/Ecke Zirgu iela (Szenelokal, Treffpunkt für Rīgaer Intellektuelle, gute abwechslungsreiche Tageskarte, 11–1 Uhr); *Osiris,* Kr. Barona 31/Ecke Lāčplēša iela (mit klassischer Musik und internationalen Zeitungen. Treffpunkt eines intellektuellen Publikums, gute Küche, abwechslungsreiche Tageskarte, 8–1 Uhr, So. gutes Brunchbuffet von 10–13 Uhr, Reservierung empfohlen, ✆ 24 30 02)

Restaurants der gehobenen Klasse: (Reservierung empfohlen): *Columbine* (im Metropole Hotel), Aspāzijas bulv. 36/38, ✆ 21 61 45 (sehr gute Küche und schönes skandinavisches Ambiente, 18–24 Uhr); *Jana,* Šķūņu iela 16, 1. Stock, ℘ 22 62 58 (sehr teuer, gute internationale Küche); *Otto Schwarz* (im *Hotel de Rome),* Kaļķu iela 28, ℘ 21 62 88, 12–23 Uhr (gute Küche, Blick auf die Freiheitsstatue); *Tornis,* Smilšu iela 7, ℘ 21 61 55, 18–24 Uhr (beim Pulverturm, mit großer Sommerterrasse); *Vincents,* Elizabetes iela 19, ℘ 33 28 30, 11–24 Uhr (sehr zu empfehlen, im Sommer auch Café im Vorgarten, sehr gute, internationale Küche mit lettischem Touch und hervorragender Tageskarte, modern renovierte Kellerräume, Restaurant, in dem vorwiegend Diplomaten speisen); *Zilais putnis,* Tirgoņu iela 4 (am Domplatz), ℘ 22 82 14, 12.30–1 Uhr (beliebt wegen des Jugendstilambientes, überteuert, an Wochenenden mit Salonorchester und Tanzfläche); *Pie Kristapa,* Jaun iela 25/29, ℘ 22 48 36, 12–24 Uhr (gutes, lettisches Bier und deftige Landküche im Souterrain, einfach)

👁 **Museen/Sehenswürdigkeiten:** Wegen Renovierungsarbeiten oder aus Geldmangel sind bei vielen Sehenswürdigkeiten und öffentlichen Gebäuden die Öffnungszeiten zur Zeit eingeschränkt.
Dom, Doma laukums 1 (Di–Fr 13–17, Sa 10–14 Uhr, So 11 Uhr Gottesdienst); *Ethnographisches Freilichtmuseum* (Latvijas etnogrāfiskais brīvdabas muzejs), Brīvības iela 440 (am Jugla See), zu erreichen von Brīvības iela mit Bus No. 1 (Mo–So 10–17 Uhr, Innenräume nur Mai–Sept. geöffnet, Führung auch für kleine Gruppen bei Vorbestellung, ℘ 99 45 10. Ältestes Freilichtmuseum im Baltikum, vermittelt sehr guten Einblick in die historische Entwicklung der lettischen Bau-

ernkultur und ihrer Architektur. Großer historischer Handwerksmarkt jedes erste Juniwochenende mit gleichzeitig stattfindendem bunten Folklorefestival zwischen den Höfen, Fischerkaten und Werkstätten. Im Restaurant hinter dem Eingang befindet sich ein Kunstgewerbeladen mit einer sehr guten Auswahl an authentisch lettischem Kunsthandwerk); *Jānis Rainis Museum für Literatur und Kunstgeschichte* (Raiņa Latvijas literatūras un mākslas vēstures muzejs), Pils laukums 3 (Mo–Sa 11–17, Mi 13–19 Uhr); *Jānis Rozentāls und Rudolfs Blaumanis Museum,* Alberta iela 12/Ecke Strēlnieku iela (Mo–So 11–17 Uhr, sehr empfehlenswert wegen des einzigartigen Jugendstilinterieurs, von den Atelierräumen ein einmaliger Ausblick auf die Jugendstilhäuser Eisensteins); *Johanniskirche und Johannishof,* Jāņa iela 7 (Gottesdienst Fr 19 und So 10 und 19 Uhr); *Jakobikirche* (Jēkaba baznica), Klostera iela 2 (kath. Gottesdienst So 11 und 18.30 Uhr); *Krišjānis Barons Museum* (Krišjāņa Barona muzejs), Kr. Barona iela 3 (zu besichtigen sind der Wohn- und Arbeitsraum des berühmten Folkloristen und Sammlers der Dainas. Im Arbeitszimmer steht der »Dainu skapis«, ein Schrank mit unzähligen Schubladen, in denen die 35 789 vierzeiligen Lieder und ihre 182 000 Varianten systematisch geordnet sind); *Kunstgewerbemuseum* (Dekoratīvi lietišķās mākslas muzejs), Skārņu iela 10–20 (Di–So 10–18 Uhr, der älteste Steinbau Rīgas); *Kunsthalle* (Arsenāls), Torņa iela 1 (nur zu Ausstellungen zeitgenössischer Kunst geöffnet); *Latviešu biedrība* (Haus des Lettischen Vereins), Merķeļa iela 13 (täglich 10–17 Uhr); *»Latvija«-Ausstellungsräume* (izstāžu zāle »Latvija«), Brīvības iela 31 (Di–So

12–18 Uhr, Ausstellung und Verkaufs-
messen zeitgenössischer lettischer
Kunst); *Lettisches Kriegsmuseum* (Latvijas kara muzejs), Smilšu iela 20
(Di–So 10–18 Uhr, Memorabilien aus
Kriegen und Revolutionen dieses Jahrhunderts); *Mentzendorff-Haus* (Men-
cendorfa nams), Grēcinieku iela 18
(Mi–So 10–16 Uhr, Gruppenführung
jede Stunde); *Motormuseum* (Rīgas
motora muzejs), S. Eizenšteina iela 6
(Di–So 10–18 Uhr, ein lohnendes Ziel
für Autofans und -historiker, u. a. sind
gepanzerte Staatskarossen Bre-
schnews und Stalins ausgestellt);
Museum der Geschichte Lettlands (Latvijas vēstures muzejs), Pils laukums 3
(Mi–So 11–17 Uhr); *Museum der Petrikirche* (Pētera baznīcas muzejs),
Skārņu iela 19 (Di–So 10–19 Uhr, Auf-
fahrt zum Turm Di–So 10–19.30 Uhr,
einzigartiger Ausblick von der 2. Turm-
galerie [72 m], im Sommer Liftkarten,
Vorbestellung empfohlen); *Museum
des Rīgaer Doms* (Doma baznīcas
muzejs), Doma laukums 1 (Di–Fr
13–17, Sa 10–14 Uhr); *Museum für
ausländische Kunst* (Latvijas ārzemju
mākslas muzejs), Pils laukums 3
(Di–So 11–17 Uhr); *Museum für Photo-
graphie* (Latvijas fotografijas muzejs),
Mārstaļu iela 8 (Wechselausstellungen); *Museum für Schiffahrt und Stadtgeschichte von Rīga* (Rīgas vēstures
un kugniecības muzejs), Palasta iela 4
(über dem Kreuzgang und dem Kapitelsaal des Doms, Di–So 11–17 Uhr);
Museum zur Geschichte der Medizin (P.
Štradiņa medicīnas vēstures muzejs),
L. Paegles iela 1 (Mi–Sa 12–18 Uhr);
Pharmaziemuseum (Latvijas farmācijas
muzejs), R. Vāgnera iela 13–15
(Mi–Sa 10–16 Uhr); *Reiternhaus* (Rei-
tera nams), Mārstaļu iela 2/4/Ecke
Audēju iela (Di–So 11–18 Uhr, Barock-
gebäude mit Ausstellungs-

räumen, gemütlichem Café und
freundlicher Atmosphäre im Haus des
Journalistenverbandes); *Skulpturengarten* (Skulptūru dārzs), im Schloßpark
neben Rīgas pils (Di–So 11–18 Uhr
mit wechselnden Ausstellungen);
Staatliches Kunstmuseum (Valsts
mākslas muzejs), K. Valdemāra iela
10a (Mi–Mo 11–17 Uhr, das beste und
größte Museum des Baltikums)
Kunstgalerien (empfehlenswerte private, kommerzielle Kunstgalerien für
zeitgenössische lettische Kunst):
Daugava, 11. novembra krastmala 35,
℘ 22 89 97 *Bastejs,* Aspazijas bulv. 12,
℘ 22 50 50 (Mo–Fr 12–18);
G & G, Maza pils iela 17, ℘ 22 07 79
(Mo–Sa 10–18); *M 6,* Mārstaļu iela 6,
℘ 21 26 40 (Galerie und Café/Künstler-
treff, tägl. 11–1 Uhr); *Rīgas
Gallerija,* Aspazijas bulv. 20,
℘ 22 58 87, Fax 8 82 00 57 (Mo–Sa
12–19 Uhr)

Veranstaltungen: Die wichtigsten Veranstaltungen sind das
internationale Folklore-Festival »Baltica«
und das Nationale Sängerfest. »Baltica«
findet in dreijährigem Wechsel in
jeweils einem der drei baltischen
Staaten statt. In Lettland wird es
Mitte Juli '97 wieder stattfinden. Im
Sommer 1998 wird das nächste
Nationale Sängerfest (alle 5 Jahre)
wieder lettische Chöre aus aller Welt
auf der Freilichtbühne des Mežaparks
vereinen; »Arsenals« (internationales
Filmfestival, das in geraden Jahren
Mitte Sept. in Rīga stattfindet); Balti-
scher Theaterfrühling (Theaterfestival
Ende April/Mai in Rīga); »Bildes« (im
Herbst stattfindendes, einwöchiges
Rock-, Folk-, Jazz- und Kunstfestival);
Versammlung ungezähmter Mode
(Avantgarde-Modewoche, alljährlich
im Sommer in Rīga).

Konzert/Oper: *Ave Sol,* Citadeles iela 7 (Chor- und Kammermusik in der ehemaligen Peter- und Paulkirche); *Dom,* Doma laukums 1 (Orgel- und Chorkonzerte im Dom); *Nationaloper* (Nacionālā opera), Aspazijas bulv. 3 (wird zur Zeit von Grund auf restauriert, voraussichtlich ab Herbst '95 werden den Besuchern wieder klassische Opern- und Ballettaufführungen geboten); *Philharmonie* (Filharmonija), Amatu iela 6 (Liela gilde, klassische Musik); *Operettentheater* (Rīgas operetes teatris), Brīvības iela 96 (Vorführungen finden viermal im Monat statt); *Wagnersaal,* R. Vāgnera iela 4, (Kammermusik)

Theater: Dailes teatris, Brīvības iela 75; Jaunais Rīgas teatris, Lāčplēša iela 25; »Kabata«,Peldu iela 19; Krievu dramas teatris (Russisches Theater), Kaļķu iela 16; Leļļu teatris (Puppentheater für Kinder), Kr. Barona iela 16/18; Nacionalais teatris, Kronvalda bulv. 2; A. Rutentāls Theater der Bewegung (A. Rutentāla kustības teatris), Kr. Valdemāra iela 48

Live-Musik und Disco: *Ala,* Audēju iela 11, etwas schwierig zu finden, Eingang vom Hof aus, 20–3 Uhr (Bar und Disco, an Wochenenden live music-parties für ein jüngeres Publikum, Reggae, Jazz); *Bermuda,* Elizabetes iela 2, ab 21 Uhr (Disco und Bar, teuer, allnight-dancing an Wochenenden); *Bimini,* A. Čaka iela 67/69, 12–6 Uhr (Musikclub mit Disco und Bar); *IMF Club,* Lāčplēša iela 43/45, 20–5 Uhr (Café-Bar, Disco, live rock oder Discjockeys); *Kabata,* Peldu iela 19, Do–So 10–3 Uhr (Musikklub mit Blues-, Jazz- und Souldarbietungen, Disco, Bar); *Ola,* Elizabetes iela 63, 15–6 Uhr (Musikclub mit Disco, Casino, Bar); *Studentu klubs,* Raina bulv. 1, Mi–Fr 19–5 Uhr (Studenten-

disco mit Bar in der Musikakademie); *Studentu klubs,* Kalpaka bulv. 13, Fr ab 21 Uhr (Studentendisco mit Bar in Kunstakademie)

 Märkte: Öffnungszeiten Di–Sa 8–17, So–Mo 8–15 Uhr; *Agenskalna Markt,* Nometnu iela 64 (Ecke Bāriņu iela); *Blumenmarkt* (Puķu tirgus), Merķeļa/Ecke Tērbatas iela, 24 Std. geöffnet; *Čiekurkalna Markt,* Ropažu iela 70; *Matīsa Markt* (Vidzemes tirgus), Brīvības iela 90 (Ecke Matīsa iela); *Zentralmarkt* (Centrālais tirgus), Prāgas iela

Einkäufe: Entlang der Hauptstraßen der Neustadt und in den Gassen der Altstadt sind viele kleine Geschäfte zu finden, die traditionelles lettisches Kunsthandwerk wie z. B. Keramik, Holzarbeiten, Bernsteinschmuck und Webarbeiten anbieten.

  Verkehrsverbindungen: Flughafen *(Lidosta Rīga)* 14 km außerhalb von Rīga, zu erreichen mit Bus 22 von Haltestelle Arhitektu iela, einer kleinen Nebenstraße neben dem Universitätsgebäude. Die Fahrt dauert 20 Min. Nie ein Taxi vom Flughafen in die Stadt ohne vorherige Preisabsprache nehmen!

Innerhalb von Rīga gibt es drei verschiedene öffentliche Verkehrsmittel: die Straßenbahn, den Trolleybus und Busse. Für alle gilt ein Einheitstarif von 8 Santimi (ca. 30 Pfennig). Mit diesen Karten kann man weder umsteigen noch das Transportmittel wechseln. **Hinweis:** Fahrkarten müssen an Kiosken oder in Postämtern gekauft werden!

Busverbindungen: Die Kleinstädte Lettlands sind mit dem Bus besser und schneller zu erreichen als mit der

Bahn. Auf stark befahrenen Strecken wie Liepāja und Daugavpils ist eine Reservierung sehr zu empfehlen. Der zentrale Busbahnhof *(autoosta)* liegt vor dem Zentralmarkt an der Pragas iela 1. Es gibt dort auch ein Informationsbüro *(izziņu birojs),* das über Haltestellen, die nicht aus den Fahrplänen hervorgehen, informiert.

Zugverbindungen: Vom Zentralbahnhof aus *(Centrālā stacīja,* am Stacījas laukums) verkehren die Züge nach ganz Lettland und ins Ausland. Betritt man den Bahnhof vom Haupteingang her, so fahren auf den linken Gleisen die internationalen Züge, auf den rechten die Vorortzüge ab *(piepilsētas vilcieni).* Die Bahn wird derzeit privatisiert, Veränderungen und Verbesserungen sind in Aussicht gestellt.

Rūjiena
Vorwahl: ℘ 242

📖 **Unterkunft/Hotel:** *Tālava,* Rīgas iela 12, ℘ 6 37 67 (Buchungen auch über »Via Rīga«, Kr. Barona iela 7/9, 1011 Rīga, ℘ 22/28 56 14 (ein freundliches Landhotel in unberührter Natur unter schwedisch-lettischer Führung, Jagdtouren und Exkursionen in die einmalige Pflanzen- und Tierwelt werden vermittelt, Kat. B)

Rundāles pils (Schloß Rundāle)
(siehe Bauska)

Slīteres rezervāts

Buchungen für einen Besuch im Naturschutzgebiet unter ℘ 8/232/4 25 42

Salacgrīva

🍴 **Restaurant/Café:** *Pie Bocmaņa* (zu deutsch »Lotse« – uriges Lokal im Stil einer Fischerkate mit gutem, deftigem Essen. Spezialitäten: geräucherte Fische und Hühnchen)

Sigulda
Vorwahl: ℘ 22

📖 **Unterkunft/Hotels:** *Sigulda,* Pils iela 6, ℘ 87 22 63 (einfach, aber preiswert, Kat. C); *Senleja,* Turaidas iela 4, ℘ 97 21 62 (der Bau aus den 50er Jahren ist für die erwarteten West-Touristen oberflächlich renoviert worden. Außerdem werden auch Holzhütten und Plätze zum Zelten angeboten, Kat. C)

🍴 **Restaurants:** *Gauja,* Ecke Pils/ Paegles iela; auf dem Weg zur Burg Turaida: *Café Zirnītis* (gut für kleinere Mahlzeiten)

👁 **Museen/Sehenswürdigkeiten:** *Gaujas-Nationalpark,* Büro Raiņa iela 15 (s. Gaujas nacionālais parks); *Burg Turaida,* Turaida iela (das Museum hier ist tägl. 10–17 Uhr geöffnet); *Schloß Krimulda* (zu erreichen mit der Seilbahn, Gaujas iela, Sigulda)

 **Verkehrsverbindungen: Bahnhof:** Dārza iela (stündl. nach Rīga, mehrmals täglich nach Cēsis und Valmiera, direkte Verbindung u. a. nach Vilnius, Tartu, Tallinn und St. Petersburg). **Bushof:** Raiņa iela 3 (tägl. Busverbindungen nach Rīga, Cēsis, Madona und Aizkraukle).

Straupe

 Verkehrsverbindungen: 4–5 x tägl. Busse nach Rīga und Valmiera, am Wochenende gelegentlich nach Cēsis.

Talsi

Vorwahl: ✆ 232

 Touristeninformation: Reisebüro Talsi, Kareivju iela 16, ✆ 2 14 73 (privates Reisebüro im Hotel *Talsi*)

 Unterkunft/Hotel: *Talsi,* Kareivju iela 16, ✆ 2 26 89 (schlichtes Haus im Sowjet-Stil, Café-Bar, kein Frühstück, Kat. C)

 Restaurant: *Kurzeme,* Brīvības iela 17 a (recht gut und preiswert)

 Sehenswürdigkeit: Talsu novadpētniecības un mākslas muzejs, Rožu iela 7 (Museum für regionale Studien und Kunst, tägl. außer Mo 12–18 Uhr)

Einkaufen: Markt, Ezera iela (gute Auswahl an frischen Lebensmitteln)

Verkehrsverbindungen: Bushof: Jaunā iela 14 (Busse nach Rīga, Liepāja und Ventspils)

Teiču rezervāts (Teiču-Naturschutzgebiet)

Das Betreten dieser Moorlandschaft ist nur mit professioneller Führung gestattet. Information bei der Verwaltung des Reservats: Birojs Teiču rezer-

vāts, Aiviekstes iela 3, 4862 Laudona, ✆ 8/248/4 82 91.

Valmiera

Vorwahl: ✆ 242

 Touristeninformation: im Museum, Bruņinieku iela 3, ✆ 3 27 33, abends 3 22 75

 Unterkunft/Hotel: *Gauja,* Tērbatas iela 2, ✆ 2 21 65 (einziges größeres Hotel, soll unter schwedisch-lettischer Führung neueröffnet werden, Kat. C)

 Museen/Sehenswürdigkeiten: Valmieras muzejs, Bruņinieku iela 3 (tägl. außer Mo 11–17 Uhr)

 Verkehrsverbindungen: Bahnhof: Stacījas laukums (etwa 10 Züge tägl. nach Rīga, Cēsis und Sigulda, Direktverbindungen nach Tartu, Tallinn und Vilnius); **Bushof:** Stacījas iela 1 (etwa 10 Busse tägl. nach Rīga, seltener nach Cēsis. Außerdem nach Rēzekne, Valka, Daugavpils und ins Umland)

Ventspils

Vorwahl: ✆ 236

 Unterkunft/Hotels: *Dzintarjūra,* Ganību iela 26, ✆ 2 27 19 (Haus aus der Sowjetzeit in der Nähe eines Parks, Kat. B); *Vilnis,* Talsu iela 5, ✆ 6 86 86, Fax 3 48 98 (im Restaurant lettische und internationale Küche)

 Restaurants: *Kosmoss,* Ganību iela 22/24; *Sārtās buras,* Lauku iela 2

Museen: Ventspils jūras zvejnie-cības brīvdabas muzejs, Riņķu iela 2 (in diesem Freilichtmuseum wird Bekanntes und Unbekanntes rund um den Fischfang ausgestellt, tägl. außer Mo 11–18 Uhr); Museum für Kunst und Geschichte, Akmeņu iela 3 (tägl. außer Mo 12–18 Uhr)

  Verkehrsverbindungen:
Bahnhof: Dzelzceļnieku iela 1 (mehrmals tägl. nach Rīga, tägl. nach Liepāja). **Bushof:** Kuldīgas iela 5 (mehrmals tägl. nach Rīga, Talsi, Kuldīga, Jelgava und Liepāja)

Reiseinformationen von A bis Z

Anreise

(Einreisebestimmungen, siehe Litauen, S. 348).

… mit dem Auto
Die Anreise mit dem eigenen Wagen ist noch immer kompliziert und langwierig. Allein die Wartezeit an der polnisch-litauischen Grenze kann, vor allem bei der Rückkehr, von mehreren Stunden bis zu zwei Tagen dauern. Wer Lettland mit dem eigenen Wagen erkunden will, sollte Rīga daher per Schiff ansteuern. In Lettland gilt ausschließlich der Internationale Führerschein. Eine Vollkasko-Versicherung ist äußerst ratsam, da eine Haftpflicht-Versicherung in Lettland nicht gesetzlich vorgeschrieben ist.

… mit der Bahn
Ab Berlin gehen täglich Kurswagen über Warschau, Grodno/Weißrußland und Vilnius nach Rīga. Die Fahrt dauert 33 Stunden. Für die Fahrt über Grodno ist ein Transitvisum erforder-

lich (Anfragen bei der Botschaft Weißrußlands in 53177 Bonn, Waldstraße 42, ℘ 02 28/31 88 40 oder bei der Außenstelle in 10117 Berlin, Unter den Linden 63–65, ℘ 030/2 29 29 78). **Achtung:** Der Zug hat keinen Speisewagen. Es gibt zwar Schlafwagen, doch nicht mit dem in Westeuropa üblichen Komfort. In den Sommermonaten fährt der komfortable Sonderzug »Baltic Express« ab Berlin über Kaliningrad und Kaunas nach Rīga in 25 Stunden (nur über Reisebüros zu buchen).

… mit dem Bus
Die preisgünstigste Anreise ist mit der Buslinie Berlin–Rīga–Tallinn möglich. Auskunft: Bushof Am Messedamm, Berlin, ℘ 030/3 01 80 28. Platzreservierungen über: Bayern Express & P. Kühn, Berlin, ℘ 030/8 60 09 60.

… mit dem Flugzeug
Die Lufthansa fliegt täglich ab Frankfurt und dreimal wöchentlich ab Hamburg nach Rīga. Die Hamburg Airlines

steuern Rīga mehrmals wöchentlich ab Berlin an. Hamburg und Frankfurt fliegen auch die Baltic International Airlines aus Rīga an. Linienflüge der SAS gehen mehrmals wöchentlich von Düsseldorf, Frankfurt, Hamburg und München via Kopenhagen nach Rīga.

... mit dem Schiff
Zweimal wöchentlich verkehrt eine Fähre von Kiel nach Rīga und Klaipėda/Litauen. Die Fahrtzeit beträgt knapp 2 Tage nach Rīga und 32 Stunden nach Klaipėda. Außerdem verkehrt wöchentlich ein Linienfrachter von Travemünde nach Rīga, der auch Passagiere und Pkw mitnimmt. Hier fehlt allerdings jeglicher Komfort. Da die baltischen Häfen nicht sehr weit auseinander liegen, kann auch eine Überfahrt nach Tallinn oder Klaipėda sinnvoll sein. Von Stockholm geht einmal und von Nyköping dreimal pro Woche eine Fähre nach Rīga. Die Überfahrt dauert 15 bis 18 Stunden (Baltic Express Line, Schwedenkai, 24103 Kiel, ℘ 04 31/84 85 94).

Informationen zu Schiffsverbindungen s. Litauen, S. 348.

Ärztliche Versorgung

Ärzte und Krankenhäuser müssen direkt bar bezahlt werden. Empfehlenswert ist eine zusätzliche Auslandskrankenversicherung, die neben Behandlungen auch Rücktransporte übernimmt. In Rīga existieren neben den staatlichen Krankenhäusern auch einige Privatkliniken. Die Adressen sind über die internationalen Hotels leicht zu bekommen.

(Apotheken siehe Litauen, S. 348)

Diplomatische Vertretungen

Botschaft der Republik Lettland
Adenauerallee 110
53113 Bonn
℘ 02 28/26 44 37
Fax 26 58 40

Honorarkonsulat der Republik Lettland
Königin-Luise-Str. 77
14195 Berlin
℘ 030/8 31 58 77
Fax 8 32 88 46

in Österreich:
Botschaft der Republik Lettland
Salzgriesstr. 19
A-1001 Wien
℘ und Fax 0043/1/5 32 14 32

in der Schweiz:
Honorarkonsulat der Republik Lettland
Gessnerallee 36
CH-8001 Zürich
℘ 0041/1/2 12 86 16
Fax 2 21 09 29

Botschaft der Bundesrepublik Deutschland
Basteja bulv. 14
LV-1050 Rīga
℘ 00371/8/82 02 13, 22 97 64 (von Rīga aus)
Fax 82 02 23

Botschaft Österreichs in Schweden
Kommendörsgatan 35
S-11458 Stockholm
℘ 0046/8/23 34 90
Fax 6 62 69 28

Botschaft der Schweiz
Elizabetes iela 2
LV-1050 Rīga
℘ 00371/8/32 31 88
Fax 83 03 10

Elektrizität

(siehe Litauen, S. 349)

Essen und Trinken

Einer der wichtigsten Bestandteile des lettischen Speiseplans ist dunkles Brot, das auf dem Land selbstgebakken wird. Die traditionelle lettische Küche ist verhältnismäßig einfach und deftig. Man findet sie vor allem auf dem Land. Wer beispielsweise Urlaub auf dem Bauernhof macht, wird sie kennenlernen.

Gekocht werden Gemüsesuppen in allen Varianten. Mit Gewürzen geht man sparsam um. Nur ein wenig Pfeffer und Salz sowie Lorbeer, Dill, Kümmel werden verwendet. Für Freunde des Sauerkrauts ist ein Gang über den Rīgaer Markt eine Entdeckungsreise. Jeder der zahlreichen Verkäufer richtet das Kraut nach seinem ureigenen Rezept an.

Quark bildet neben den zahlreichen Beerensorten oft die Grundlage für die vielen Varianten lettischer Süßspeisen. An Festtagen sieht man hier deutlich den Einfluß der schwedischen und deutschen Küche. Nur dann werden Süßspeisen mit so exotischen Gewürzen wie Zimt zubereitet.

Hervorragend sind neben vielen selbstgepreßten Fruchtsäften die lettischen Biere, die oft in Familientradition auf den Bauernhöfen gebraut werden. Meist sind sie stärker als bei uns, haben eine dunkle Farbe und einen sahnigen Schaum. Berühmt sind die Biere »Cēsis«, »Aldaris« (manchmal auch hierzulande erhältlich), »Lāčplēsis« und das »Rīgas«. Leider werden sie mehr und mehr von westlichen Importen verdrängt.

Feste und Feiertage

1. Januar – Neujahr
Karfreitag
14. Juni – Gedenktag für die Opfer des Stalinismus
23. Juni – Līgo-Fest (Entzünden des Sonnenwendfeuers)
24. Juni – Johannistag (mit Sonnenwendfeuern)
18. November – Tag der Verkündigung der Republik
25./26. Dezember – Weihnachten
31. Dezember – Silvester

Geld und Banken

Zahlungsmittel in Lettland ist der Lats (1 Lat = 100 Santimi). Der Kurs liegt bei 3,40 Mark für einen Lat. Devisen können in beliebiger Höhe eingeführt werden. Geld tauschen Wechselstuben und Banken. Auch Hotels in größeren Städten wechseln, allerdings zu ungünstigeren Kursen. Privater Geldtausch ist zwar nicht verboten, aber kaum ratsam. Reiseschecks und Kreditkarten werden fast bei allen Banken, Hotels und in größeren Geschäften akzeptiert.

Gewichte und Maße

(siehe Litauen, S. 349)

Karten

Aktuelle Karten und Pläne sollte man sich vor Ort besorgen, da das in Westeuropa erhältliche Material noch die ehemals russischen Straßennummern und die alten Straßennamen verzeichnet. Wanderkarten sind ohnehin nur in Lettland selbst zu bekommen.

Euro-Regionalkarte Lettland (1:300 000), RV-Verlag; Latvijas Ceļi (»Lettlands Straßen«, 1:750 000), Apgāds »Jāņa Sēta«, Elizabetes iela 83/85 K2, LV-1011 Rīga, ℰ/Fax 00371/8 82 80 39.

Literatur

Āboliņš, Valdis: *Miss Vietnam mit totem Hering im Mund: Fluxus, Berlin und die Riga-Konnekschen, Neue Ges. für Bildende Kunst (Hg.),* Berlin 1988
Aizpuriete, Amanda: *Die Untiefen des Verrats,* Reinbek 1993
Ambainis, Ojars (Hg): *Lettische Volksmächen,* München 1989
Bergengruen, Werner: *Schnaps mit Sakuska. Baltisches Lesebuch,* Zürich 1986
Gurwitz, Percy: *Zähl nicht nur, was bitter war. Eine baltische Chronik von Juden und Deutschen,* Berlin 1991
Nielson-Stockeby, Bernd: *Baltische Erinnerungen. Estland, Lettland, Litauen zwischen Unterdrückung und Freiheit,* Bergisch Gladbach, 1990
Rainis, Jānis: *Der Sonnenthron. Ausgewählte Gedichte,* hrsg. von Siegfried Heinrichs, Berlin 1990
Rauch, Georg v.: *Geschichte der baltischen Staaten,* München 1990
Schlippenbach, Ulrich v.: *Malerische Wanderungen durch Kurland,* (Riga 1809) Hannover 1973
Urdze, Andrejs (Hg.): *Das Ende des Sowjetkolonialismus. Der baltische Weg,* Reinbek 1991
Wittram, Reinhard: *Baltische Geschichte. Die Ostseelande Livland, Estland, Kurland 1180–1918,* München 1954
Zuzena-Metuzala, Edith (Hg.): *Lettische Lyrik,* Memmingen 1983

Nationalparks

(s. Kapitel über »Slīteres reservāts«).

Notfallnummern

Ambulanz 03
Feuerwehr 01
Polizei 02

Öffnungszeiten

Im allgemeinen sind *Geschäfte* von 10 bis 19 Uhr geöffnet. Samstagnachmittags und sonntags bleiben sie geschlossen. Lebensmittelgeschäfte haben die längsten Öffnungszeiten. Normal ist eine Mittagspause zwischen 14 und 15 Uhr. *Banken* sind montags bis freitags von 9 bis 13 Uhr geöffnet, oft auch noch nachmittags für ein paar Stunden. *Museen* öffnen in der Regel um 10 Uhr und schließen um 17 oder 18 Uhr. Einen Tag in der Woche, meist montags oder dienstags, bleiben sie geschlossen.

Post

Das zentrale Postamt in Rīga liegt am Brīvības bulv. 19–21. Es hat einen 24-Stunden-Service. Lettische Briefkästen sind blaßgelb und tragen die Aufschrift »*pasts*«. Ein Brief aus Lettland nach Westeuropa ist etwa eine Woche unterwegs.

Reisen im Lande

... mit dem Flugzeug
Rīga ist der einzige internationale Flughafen Lettlands. Von Rīga aus

gehen auch Flüge baltischer Gesellschaften nach Tallinn und Vilnius. In Liepāja existiert zwar noch ein weiterer Flughafen, doch gibt es keine regelmäßige Verbindung nach Rīga.

... mit dem Zug

Für umgerechnet eine Mark kommt man etwa 100 km weit. Doch die lettische Bahn ist nichts für eilige Reisende. So können die gut 200 km von Rīga nach Ventspils selbst mit einem Express bis zu fünf Stunden dauern. Fahrkarten für Strecken über 50 km kann man am Bahnhof Rīga eine Woche im voraus, für Fernstrecken 40 Tage im voraus kaufen. Für die Wochenenden sollte man sich vorab Ticket und Platzkarte sichern.

... mit dem Bus

Fast jeder Ort in Lettland ist mit dem Bus erreichbar. Busfahrkarten sind kaum teurer als Bahnfahrkarten, und oft kommt man auch schneller ans Ziel. Auch hier empfiehlt es sich, die Fahrkarte einen oder zwei Tage vorher zu kaufen. In Rīga erreicht man den Bushof (Prāgas iela) unter ℘ 21 36 11. Ab Rīga verkehren auch Minibusse, eine schnellere und teurere Alternative zu den großen Bussen. Sie fahren gegenüber dem Hauptbahnhof ab. Busse und Microbusse fahren auch Richtung Tallinn und Vilnius.

... mit dem Auto

Das lettische Straßennetz ist verhältnismäßig gut, zumal in den Städten. Als zulässige Höchstgeschwindigkeit gelten:
50 km/h in Ortschaften
90 km/h außerhalb
Geschwindigkeitskontrollen sind häufiger als in Westeuropa. Die Ben-

zinversorgung kann gelegentlich schwierig werden. Es empfiehlt sich, immer einen gefüllten Reservekanister mitzuführen. Die Oktanzahl (76, 91 und 92) ist an den Zapfsäulen angeschlagen. Bleifreies Benzin gibt es an den normalen Tankstellen immer öfter. Nur an den Tankstellen der finnischen Firma Nesté und Statoil sind alle Sorten von Treibstoff problemlos zu bekommen (durchgehend geöffnet). Nesté baut ein Netz von Tankstellen nach westlichem Muster (mit gut sortiertem Kiosk und Ersatzteilen) in den größeren Städten und an der Via Baltica auf: Nesté – Brīvības iela 386 und Pērnavas iela 78 in Rīga und an der Schnellstraße Rīga–Bauska, in Ķekava, Statoil in K. Ulmaņa iela 110, Rīga.

Mietwagen sind in Rīga zu mieten bei: Avis, Teātra iela 12, ℘ 22/22 58 76, Fax 8 82 04 41, am Flughafen ℘ 22/20 73 53; Europcar/interRent, Basteja bulv. 10, ℘ 22/22 26 37, Fax 8 82 03 60, am Flughafen ℘ 22/20 78 25; Hertz, am Flughafen ℘ 22/20 79 80 oder über Finnland Mobil ℘/Fax 9 34 87 39.

Taxifahren stellt, für Einheimische kaum mehr erschwinglich, für den Westeuropäer eine Alternative zum Mietwagen dar: Es gibt staatliche und private Taxis. Für beide gelten die gleichen Tarife, jeder Wagen muß mit einem Taxameter ausgestattet sein. Dennoch wird vor den großen Hotels und am Flughafen immer wieder versucht, überzogene Pauschalpreise zu verlangen. Staatliche Wagen erkennt man am blauen Taxi-Schild (»*Taksis*«) auf dem Dach, private haben nur ein Schild im Fenster. Staatliche Taxis kann man in Rīga unter ℘ 33 40 41 bestellen. Generell gelten die staatlichen Fahrer als die korrekteren.

Reiseveranstalter

(siehe Litauen, S. 351)

Reisezeit

Schönste Reisezeit ist der Sommer. Das Klima bietet den milden Reiz eines skandinavischen Sommers mit tiefblauem Himmel und weißen Wölkchen. Im Hochsommer ist mit gelegentlichen Schauern rechnen. Regenkleidung gehört also auch im Sommer ins Reisegepäck. Die trockensten Monate sind Mai und September. Für Wanderungen ist der Juni ideal. Ein besonderes Erlebnis sind die »weißen Nächte« um den 23. Juni, in denen die Sonne für höchstens sechs Stunden hinter dem Horizont verschwindet.

Sicherheit

(siehe Litauen S. 351)

Souvenirs

Beliebte Souvenirs sind die Produkte der Volkskunst, die fest im alltäglichen Leben verankert ist. Schmuckstücke aus Bernstein findet man nicht nur in Souvenirgeschäften oder Kunsthandwerker-Läden, sondern auch in Kaufhäusern. Beliebt sind lettische Keramik, Schnitz- und Lederarbeiten sowie gewebte Textilien aus Leinen oder Wolle. Ein gute Adresse für kunsthandwerkliche Arbeiten ist das Freilichtmuseum in Rīga (Brīvības bulv. 440). Hier findet am ersten Sonntag im Juni ein Volkskunstmarkt statt.

Beliebt bei Letten ist auch der Kräuterlikör »Melnais Balzāms«. Die hochprozentige Komposition aus mehreren Dutzend Kräutern soll sogar am britischen Königshaus munden.

Sport

Angeln: Die zahlreichen Gewässer sind sehr fischreich. Lachs, Hecht, Zander und Regenbogenforellen sind nur eine kleine Auswahl der Fische in lettischen Seen und Flüssen. Allerdings ist es zur Zeit unklar, wo und unter welchen Voraussetzungen Angelgenehmigungen ausgestellt werden. Entsprechende Gesetze sind in der Diskussion. Wahrscheinlich werden sie bald über die Gesellschaft für Angler und Jäger in Daugavas iela 8, Rīga, ℘ 22 79 90 zu bekommen sein. Am einfachsten erhält man eine Genehmigung, wenn man Ferien auf dem Bauernhof macht. Der Besitzer kann gegen geringe Gebühr eine kurzfristige und lokal begrenzte Erlaubnis bei den örtlichen Forstbehörden bekommen.

Kanu: Mit seinen zahllosen Seen und Hunderten von Flüssen oder Bächen eignet sich Lettland bestens für ausgedehnte Kanutouren. Zwei lettische Organisationen, die sich besonders stark für einen »grünen« oder »sanften« Tourismus engagieren, bieten mehrtägige Kanutrips für kleinere Gruppen an und vermieten Kanus an Einzelpersonen: Latvijas Universitātes Tūristų Klubs (LUTK, Universitäts-Touristen-Club Lettlands), Raiņa bulv. 19, 1098 Rīga, ℘ 2/22 31 14, Fax 22 50 39 und Latvijas Tūristų Klubs (LTK, Touristenklub Lettlands), Skārņu iela 22, 1615 Rīga, ℘ 2/22 17 31, Fax 22 76 80.

Radfahren: Das flache Lettland eignet sich hervorragend für ausgedehnte

Radwanderungen. Per Rad kann man Lettland auf eigene Faust erkunden oder aber an fünf bis neuntägigen geführten Rundfahrten teilnehmen. Auch hier bieten der LUTK (einfacher und billiger) und der LTK liebevoll organisierte Touren in Kleingruppen an. Gepäck und Proviant werden bei LTK mit Kleinbussen transportiert. Auch wenn der LTK überwiegend in Zelten übernachtet, so wird mindestens jede dritte Nacht bei einem Bauernhof mit Sauna und Schwimmmöglichkeiten oder in einem Hotel angehalten. Beide verleihen auch Räder an Einzelpersonen (Adressen siehe Kanu). Angebote für Radler halten inzwischen auch die deutschen Reiseveranstalter bereit (s. S. 351).

Reiten: Die Möglichkeiten für Reiterferien sind in Lettland noch nicht besonders groß. Allerdings existiert in Kleisti (15 km von Rīga entfernt) eine Reitschule, die neben einem Reitplatz auch einige Reitpfade in einem nahegelegenen Wald unterhält. Außerdem gibt es in Tērvete (70 km von Rīga entfernt) eine Farm, die Rassepferde züchtet und Sportpferde vermietet. Beide Möglichkeiten muß man allerdings vor Ort erkunden.

Der Stall »Burtnieki« liegt bei dem gleichnamigen See nördlich von Valmiera in einem früheren Herrenhaus mit schönem Park. Die Familie Juraš hat hier die zur Zeit beste Adresse für Reiter aufgebaut. Unterkunft möglich 3 km entfernt im alten Landgasthaus »Briedes krogs«, ℘ 242/5 64 44 (Büro) oder 5 64 77 (privat). Reiten in der Halle und mehrtägige Touren bietet auch die Gesellschaft »Turaidas muiža« an, ℘ 22/97 45 84.

Schwimmen: Da sowohl die meisten Seen als auch die Ostsee sehr flach sind, erwärmen sie sich im Frühjahr und Sommer schnell. Allerdings gibt es an manchen Seen unter der warmen Oberfläche sehr kalte Strömungen. Vorsichtshalber sollte man nicht alleine baden gehen. Sandige Ufer findet man an den Binnenseen nur an wenigen Stellen. Meist sind sie mit Schilf bewachsen und schlammig.

Vogelbeobachtung: Das kleine Unternehmen *Eastbird* bietet Führungen für Einzelpersonen oder Kleingruppen durch Berufsfotografen oder Vogelkundler an. Unter anderem sind Lappentaucher, Reiher, Störche, Entenvögel oder Rallen, aber auch Raub- und Wildvögel zu sehen: Eastbird, Box 603, 1047 Rīga, Fax 22/28 79 80.

Wandern: Obwohl sich Lettland für einen Wanderurlaub anbietet, existiert bisher noch kein ausgeprägtes Netz von Wanderwegen. Interessenten sollten sich vor Ort erkundigen und mit entsprechenden Karten versehen.

Sprachführer

ja – jā
nein – nē
bitte – lūdzu
danke – paldies
Guten Tag – labdien
Guten Morgen – labrīt
Guten Abend – labvakar
Auf Wiedersehen – uz redzēšanos
Entschuldigung! – atvainojiet
Ich verstehe nicht – es nesaprotu
Ich heiße … – mani sauc …
Sprechen Sie deutsch/englisch/
　russisch? – vai jūs runājat vāciski/
　angliski/krieviski …?
Hotel – viesnīca
Campingplatz – kempings
Restaurant – restorāns
Café – kafejnīca
Speisekarte – ēdinu karte

Frühstück – brokastis
Lebensmittelgeschäft – pārtikas
  veikals
Markt – tirgus
Toilette – tualete
Auto – mašina, auto
Benzin – benzīns
Werkstatt – auto darbnīca
Zentrum – centrs
Post – pasts
Bahnhof – stacija
Bushaltestelle – autoosta
Flughafen – lidlauks
Hafen – osta

1 – viens
2 – divi
3 – tris
4 – četri
5 – pieci
6 – seši
7 – septiņi
8 – astoņi
9 – deviņi
10 – desmit
11 – vienpatsmit
12 – divpatsmit
13 – trīspatsmit
14 – četrpatsmit
15 – piecpatsmit
16 – sešpatsmit
17 – septiņpatsmit
18 – astoņpatsmit
19 – deviņpatsmit
20 – divdesmit
30 – trīsdesmit
40 – cetrdesmit
50 – piecdesmit
60 – sešdesmit
70 – septiņdesmit
80 – astondesmit
90 – deviņdesmit
100 – simts
200 – divsimt
300 – trīssimt
400 – cetrsimt

500 – piecsimt
600 – sešsimt
700 – septiņsimt
800 – astoņsimt
900 – deviņsimt
1000 – tukstots

Montag – pirmdiena
Dienstag – otrdiena
Mittwoch – trešdiena
Donnerstag – ceturtdiena
Freitag – piektdiena
Samstag – sestdiena
Sonntag – svētdiena

Es gibt derzeit nur einen lettischen Sprachführer auf dem deutschen Buchmarkt: Kauderwelsch, »Lettisch – Wort für Wort«, Bielefeld 1994.

Telefon

Das lettische Telefonnetz ist veraltet und wird z. Z. modernisiert. Die Arbeiten am Netz haben Anrufe aus Mitteleuropa ungeheuer erleichtert. Mittlerweile kann man jeden Teilnehmer im Land direkt anwählen. Bei Gesprächen im Inland wählt man zuerst die **8,** wartet auf einen langen Pfeifton und wählt dann die Vorwahl und Rufnummer des Teilnehmers. Für Telefonzellen, von denen man nur innerhalb des Baltikums telefonieren kann, sind spezielle Münzen *(žetons)* notwendig, erhältlich an Kiosken oder bei der Post. Die wichtigsten Vorwahlen sind:

Bauska	239
Cēsis	241
Jelgava	230
Kuldīga	233
Liepāja	234
Ludza	257
Rīga	22
Valmiera	242

Valka   247
Ventspils   236

Gespräche ins Ausland müssen in der Regel handvermittelt werden (Ruf **8–194),** oder man läßt dies durch das Hotel organisieren. Teilnehmer, die auf funktionierendes Telefon oder Fax angewiesen sind, haben noch einen Satellitenanschluß. Diese Nummern beginnen mit einer **8.** Allerdings sollen sich diese Rufnummern in absehbarer Zeit ändern und dann mit einer **7** beginnen. Vom Ausland nach Lettland wählt man **00–371,** die Städtevorwahl ohne die erste **2,** dann die Rufnummer des Teilnehmers.

Trinkgeld

(siehe Litauen, S. 353)

Unterkunft

Der Tourismus in Lettland steckt zwar noch in den Anfängen, doch die Zahl der **Hotels** wächst. Pro Person und Nacht sind zu veranschlagen:
Kat. A 140–200 DM (Weststandard)
Kat. B   70–100 DM
Kat. C   20– 70 DM

Privatquartiere werden im ganzen Land für 15 bis 50 DM pro Person und Nacht angeboten. In Rīga vermitteln der LTK und der LTUK Privatquartiere. (Adresse siehe S. 360).

Adressen für Bed & Breakfast auf dem Land oder Ferien auf dem Bauernhof vermittelt die staatliche Organisation »Lauku Cełotājs«. In ihrer englischsprachigen Broschüre »*Country Holidays*« sind einige Adressen verzeichnet und mögliche Urlaubsaktivitäten aufgeführt: Lauku Cełotājs, Republikas Iaukums 2, 1120 Rīga,
℘ 22/32 76 29, Fax 8 83 00 41.

Einen **Campingführer** für Lettland gibt es noch nicht. Wildes Zelten ist in Lettland überall erlaubt, wo es nicht ausdrücklich verboten ist. Die Höflichkeit gebietet es allerdings, im nahegelegenen Haus zu fragen. Camping heißt in Lettland vor allem Übernachtung in Holzhütten. Anschlüsse für 2 bis 4 Wohnwagen bieten verstärkt auch Bauernhöfe an (einige Adressen auch in »*Country Holidays*« s. o.).

Zeit

(siehe Litauen, S. 353)

Zeitungen und Zeitschriften

Deutschsprachige Zeitungen kann man in den internationalen Hotels und am Flughafen bekommen. In Rīga erscheint auf Englisch der »*Baltic Observer*«. Dieses Wochenblatt berichtet über Wirtschaft, Kultur und Politik des Baltikums. Die englisch-deutsche Programmzeitschrift »*Rīga this week*« bietet neben Veranstaltungstips Adressen aller Art von Sehenswürdigkeiten bis zu Restaurants.

Zoll

Problemlos kann man Waren bis zum 15fachen des festgesetzten Mindestlohns (z. Zt. etwa 65 $) ein- oder ausführen, jedoch nur 1 l Alkohol und 200 Zigaretten. Gegenstände, die mit Westgeld bezahlt wurden, können gegen Vorlage der Quittungen zollfrei ausgeführt werden. Besondere Bestimmungen gelten bei hochwertigen Kunstgegenständen und Jagdtrophäen.

Estland-Informationen

Adressen und Tips von Ort zu Ort

Elva
Vorwahl: ✆ 834

 Touristeninformationm: Kesk 40, Elva, ✆ 5 62 00

 Unterkunft: *Elva Voorastemaja* Heidemanni 31, ✆ 56 17; *Vehendi Motell,* ✆ 7 37 00 (Kat. C)

 Restaurant: *Elva Restoran,* Pikk tänav 1

 Museen/Sehenswürdigkeiten: Leopold-Hansen-Haus, Vilde 2 a; Tartumaa Museum, Pikk tänav 2 (lokale Geschichte)

Haapsalu
Vorwahl: ✆ 247

 Touristeninformation: Posti 34, 3170 Haapsalu, ✆ 4 52 48, Fax 4 51 01

 Unterkunft/Hotels: *Yachtclub,* Holmi 5 A, ✆ 4 55 82 (Kat. C); *Haapsalu,* Posti 43, ✆ 4 48 47, Fax 4 51 91 (Kat. A); *Tammiku,* Ehitajate tee 3 a, Uumeõisa, ✆ 5 67 73, Fax 5 67 73 (Kat. B)

⚠ **Camping:** »*Roosta*«, Ehitajate tee 3, ✆ 9 37 32 (an der Küste)

❚❚ **Restaurants/Cafés:** *Maritima,* Tallinna Maantee 1; *Hubertus,* Männiku tee 21; *Café Rootsturu,* Karja 3; *Lahe Bar,* Sadama 30

 Museen: Stadtmuseum und Läänemaa-Museum, Kooli 2

 Veranstaltung: Fest der »Weißen Frau von Haapsalu« im August

 Einkaufsmöglichkeiten: Markt, Jüriöö (neben der Alexander-Newski-Kirche); Einkaufszentrum, Tallinna maantee 1

 Verkehrsverbindungen: Vom Hafen Rohuküla gehen Fähren auf die Inseln Vormsi und Hiiumaa

Hiiumaa
Vorwahl: ✆ 246

 Touristeninformation: Põllu 3, 3200 Kärdla, ✆ 9 13 77, 9 14 45, Fax 9 13 77

 Unterkunft/Hotels: *Kärdla,* Vabaduse 13, 3200 Hiiumaa, ✆ 9 14 81 (Kat. C); *Lilia,* Kaina, 3213 Hiiumaa, ✆ 9 21 46, Fax 9 25 46 (13 Zimmer, u. a. für Nichtraucher, behindertengerecht eingerichtet, Konferenzraum, man kann fischen, segeln, jagen, Kat. A); *Prähnu,* Nurste, 3218 Hiiumaa, ✆ 9 55 08, 9 91 05 (Kat. C)

⚠ **Camping:** *Salinomme,* an der Südküste bei Suuremoisa; *Ongu,* an der Westküste an der Straße Emmaste-Luidja; *Malvaste*

Ⅱ **Restaurant:** *Kärdla,* Keskväljak 1; *Café Raanapaargu:* Lubjaahju 5

 Museum: Insel-Museum in Kassari an der Südküste (gibt Einblicke in das Leben und die Geschichte der Bewohner und ihrer Insel).

 **Einkaufsmöglichkeiten:** Im Einkaufszentrum, Uus 2 in Kärdla

 Verkehrsverbindungen: Busstation: Võidu 1, Kärdla; **Flughafen:** ℘ 9 13 77, Kärdla; **Hafen:** In Helterma legt die Fähre von Rohuküla bei Haapsalu an.

Kihnu

Die Insel kann mit dem Schiff von Pärnu aus oder mit einem kleinen Propellerflugzeug vom Pärnuer Flughafen aus erreicht werden (Flughafen Info: ℘ 244/4 07 52).

Kohtla-Järve
Vorwahl: ℘ 233

Unterkunft: *Reeda Gästehaus,* Mõisa tee 27, ℘ 4 37 33/4 32 65 (Kat. C)

Ⅱ **Restaurants/Cafés:** *Kevade,* Keskpuistee 33; *Porter,* Keskpuistee 1; *Vigri,* Metsa 5

Tip: In der Johannisnacht (23. 6. »Weiße Nacht«) Fahrt zur Steilküste Saka-Ontika-Toila zur Sonnenwendfeier, zu der unzählige Feuer leuchten.

Nationalpark Lahemaa
(Naturschutzgebiet seit 1971)

Touristeninformation: In Viitna ist die Verwaltung des Nationalparks beheimatet. Im Besucherzentrum werden Wanderkarten, Führungen durch den Nationalpark (auch fachspezifische, z. B. zu botanischen Besonderheiten) und Informationen zu seinen Museen angeboten. In einer 1802 fertiggestellten, originalgetreu restaurierten Schenke befindet sich heute ein Café. Im »Kavalierhaus« werden Bücher und Souvenirs angeboten.

 Unterkunft: Motel Viitna, ℘ 4 56 59, Fax 4 57 59 (Kat. C, an der M 11 von Narva aus kurz vor Viitna). Das Besucherzentrum hält Informationen zu Übernachtungsmöglichkeiten, auch privaten, bereit.

 Veranstaltungen: Im Sommer Konzerte und andere kulturelle Veranstaltungen.

 Teile des Parks (ca. 8 % der Fläche) sind auch heute noch absolutes Sperrgebiet. Der Gutshof Palmse ist tägl. außer Mo (im Winter auch So) von 10–15 Uhr zugänglich.

Naturschutzgebiet Matsalu

**Die Verwaltung befindet sich in Lihula, ein Informationszentrum und vogelkundliches Museum in Haeska.

Muhu

Muhu ist die drittgrößte Insel Estlands. Kennzeichnend sind

die vielen Steinmauern und Wälle, die sie kreuz und quer durchziehen. Das einzige Museum der Insel findet man im Dorf Koguva. Der Schriftsteller Juhan Smuul (1922–1971) wurde auf dem Toomahof in Koguva geboren. Souvenirs kann man in der Windmühle am Damm nach Saaremaa kaufen.

 Verkehrsverbindungen: Eine Fähre von Virtsu auf dem Festland läuft Kuivastu an, ℘ 247/7 55 20. Die Nachbarinsel Saaremaa erreicht man von hier aus mit Auto oder Bus.

Narva
Vorwahl: ℘ 235

Touristeninformation: Viru tur, Petriplatz 3, 2000 Narva, ℘ 22012

Unterkunft/Hotels: *Narva,* Pushkini 6, 2000 Narva, ℘ 2 27 00, 3 15 52 (Kat. C); *Vanalinna,* L. Koidula 6, ℘ 2 24 86 (Kat. B)

Camping: in Narva-Jõesuu, L. Koidula 6, ℘ 2 24 86 (10 km nördlich, an der Küste)

Restaurants: *Baltica-Restorans,* Puskini 10; *Joala,* Kreenholmi 6; *Regatt,* Anveldi 34 a; *Tempo,* Tallinna 52; *Café Kevade,* Keskallee 6; *Narva,* Pushkini 6; *Oksana,* Tallinna 19; *Café Randel,* St. Peterburi 2; *Café Tempo,* Tallinna 56; *Vikerkaar,* Voidu 1

Veranstaltungen: Stuudioteater Ilmarine, Lenini 8

Museen: Stadtmuseum in der Hermannsfeste, Peterburgi maantee 2 (tägl. außer Fr 10–18 Uhr);

Kreenholmimuseum (Tuchmanufaktur), Lenini prospekt 18 (Di-So 10–18 Uhr)

  Verkehrsverbindungen: Bahnhof und Bushof: Vaksali 23

Paide
Vorwahl: ℘ 238

Unterkunft/Hotels: *Paide,* Tallina 60, 2820 Paide, ℘ 4 14 64 (15 Zimmer, Tennisplatz, Schießstand, Swimmingpool. Kat. B); *Tõru,* Pikk 42 a, ℘ 2 13 85, Fax 4 18 84 (Kat. B)

Restaurants: *Paide,* Kesk väjak, (nebenan ein gut bestückter Lebensmittelladen); *Varo,* Tallinna maantee 3

 Museen: Koduloomuuseum (Heimatmuseum), Lembitu 5

  Verkehrsverbindungen: Der Bushof befindet sich in der Jaama Tänav, der nächste Bahnhof in Türi (13 km)

Pärnu
Vorwahl: ℘ 244

Touristeninformation: Tourismus-Entwicklungs-Zentrum Pärnu, Supeluse 18 b, 3600 Pärnu, ℘ 4 55 33, 4 56 33, Fax 4 56 33

Unterkunft/Hotels: *Clematis,* Haraka 50, ℘ 2 33 25 (Kat. C); *Estonia Sanatorium,* Tammsaare pst. 6, ℘ 4 05 58, 4 16 35 (für Buchungen), Fax 4 05 58 (sehr gut eingerichtetes Sanatorium mit 89 Zimmern, Geschäften, Fitneßstudio, Kinder-Spielzimmer, auf Wunsch Babysitter. Medizinische Beratung und Behandlung, Vorbeugung und Nachbehandlung von Osteopathie, Erkrankungen der Fortbewegungsorgane, Herzerkrankungen und Erkrankungen der Blutgefäße, Kat. B); *Pärnu,* Rüütli 44, ℘ 5 09 11, 5 09 00 (für Buchungen), Fax 5 09 05 (sehr gut eingerichtetes Hotel mit 91 Zimmern, Tennisplatz, Minigolf, Nachtclub mit Black Jack, Kat. B); *Strand,* Tammsaare 27 d, ℘ 2 25 02, 2 42 43 (für Buchungen), Fax 2 42 76 (direkt am Strand, 60 Zimmer mit Balkon und Blick auf die Ostsee, Hallenbad, Bowling (Kat. A); *Viking,* Sadama 15, ℘ 4 40 39, Fax 4 08 92 (komfortables Hotel mit 35 Zimmern, Tennisplatz, 300 m zum Strand, Kat. B); *Victoria,* Kuninga 25, ℘ 4 34 12, 4 31 69, Fax 4 34 15 (Hotel der Luxusklasse mit 23 Zimmern und sehr empfehlenswertem Restaurant mit noch unverfälschter estnischer Küche, Kat. A)

 Camping: Camping/Motel *Valgerand,* Seedri 4, ℘ 4 23 38.

Restaurants: *Atlantika,* Tallinna maantee 2; *Baar Bristol,* Rüütli 45 (Pubatmosphäre); *Vahtra,* Kerese 4 (modern ausgestattet); *Pärnu,* Rüütli 4 (große, gemütliche Säle, gutes Essen, Di/Mi Live-Musik und Tanz); *Crown Maryn,* Pühavaimu 8 (gemütliche Kellerkneipe); *Vigor-Club,* Riia mnt. (Restaurant und Hotel auf einem Boot auf dem Fluß Pärnu)

Museen: *Pärnu-Museum,* Rüütli 53; (Mi-So 11–17 Uhr, Geschichte Pärnus und Umgebung) *Lydia Koidula-Museum,* Janseni 37 (geöffnet Mi-So 11–17 Uhr). In der Altstadt steht eine der wenigen Sehenswürdigkeiten der Hansezeit, der Puvane Turm.

 Veranstaltungen: »FiESTa« im Juni (eine Woche lang; Jazz, Blues und Gospel, New Age), in den letzten Jahren vom Baltoscandal Drama Festival begleitet mit zahlreichen Musik-Theater-Veranstaltungen; Visuaalseantropoloogia Festival (eine Woche im Juli oder September, internationales Film-Festival mit Konferenzen über bedrohte Kulturen); Klassik-Musik-Festival (an den ersten zehn Tagen im Juli); Kinder-Festival (Juli) sowie verschiedene sportliche Veranstaltungen im Juli und August.
Theater: Eesti Draamateater, Pärnu maantee 5; Endla-Theater: Käskväljak 12

 Einkaufen: An der Rüütli tänav liegen die meisten Geschäfte wie z. B. Plattenläden, Buchhandlungen, Fotoläden und Andenkenläden. Hier befinden sich auch etliche Cafés und Bars; Marktplatz, Suur-Sepa 18

Aktivitäten: *Pärnu Yacht Club,* Lootsi 6, ℘ 4 19 48, Fax 4 29 50

Verkehrsverbindungen: Bahnhof: Tammiste tänav; **Bushof:** Ringi 1; Yachthafen: Lootsi 6

Rakvere
Vorwahl: ℘ 232

Touristeninformation: Kreutzwaldi 2, 2100 Rakvere, ℘ 4 57 56

 Unterkunft/Hotel: *Oktoober/ Wesenbergh,* Tallinna 25, ℘ 4 34 20, 4 27 20, Fax 4 42 09 (Kat. B)

Restaurant: *Kolhida,* Tallinna 68

 Museum: Rakvere-Museum, Tallinna 3 (tägl. außer Mo)

 Verkehrsverbindungen: Bahnhof: Jaama tänav; **Bushof:** Laada 38 (am Marktplatz)

Ruhnu
Vorwahl: ℘ 2 44

 Die Insel wird unregelmäßig von Flugzeugen angeflogen. Informationen im Reisebüro in Pärnu, Kuninga 32, ℘ 4 27 50.

Saaremaa
Vorwahl: ℘ 245

 Touristeninformation: Tallinna 2, 3300 Kuressare, ℘ 5 51 20, Fax 5 31 91

 Unterkunft/Hotels: *Lossi,* Lossi 27, ℘ 5 44 43, 5 68 59, Fax 5 60 84 (15 Zimmer, Autovermietung, Kat. B); *Theodor,* Kauba 8, ℘ 5 43 09 (11 Zimmer, Restaurant/Bar, Kat. B); *Tolli,* Tolli 4, ℘ 5 96 72 (6 Zimmer, Tennisplatz, Bar, Kat. B); *Tarsa,* Kauba 12, ℘ 5 51 94 (3 Zimmer, Tennisplatz, geeignet für Familien, Kat. C)

 Camping: *Kadakas,* bei Orisaare, ℘ 9 55 66; *Karujärve,* in Kärla (am See, an der Straße nach Kihelkonna), ℘ 7 26 81

 Restaurants/Cafés (in Kuressare): *Kuressaare,* Raekoja 1; *Veski,* Pärna 19; *Kursaal,* Pargi 2 (im Burgpark); *Videobar,* Niidu 21; *Grillbar,*

Raekoja plats. Bierfreunde werden sich das hiesige Starkbier »Saaremaa Ola« nicht entgehen lassen.

 Museen: *Saaremaa-Museum,* Lossihoovi 3 (in der Bischofsburg, Mi-So 11–17.30 Uhr); *Stadtmuseum,* Pargi 5 (Mi-So 11–17.30 Uhr)

 Aktivitäten: Nasva Jachtklubi, ℘ 7 51 40

 Einkaufsmöglichkeiten: Markthalle: Tallinna 5

 Verkehrsverbindungen. Flughafen: Roomassaare 1, **Busstation:** Pihtla tee 25

Sangaste

 Sangaste Schloß-Hotel, Sangaste, 2503 Valgamaa, ℘ 242/9 13 43, Fax 5 50 78. Der Architekt Otto Hippicus baute diese »Windsor-Kopie« 1874/81 (22 Zimmer, Dusche und WC auf dem Flur, Sauna und Solarium, Kinderspielzimmer, Babysitter auf Wunsch. Man kann Fischen, Reiten, Radfahren oder ein Boot mieten, Kat. B)

 Verkehrsverbindungen: Nächster Bahnhof: 10 km. Flughafen von Tartu: 60 km. Das Schloß ist mit dem Bus von Otepää aus zu erreichen, zweimal täglich.

Tallinn
Vorwahl: ℘ 22 oder 26

 Touristeninformation: Raekoja plats 18, 0001 Tallinn, ℘ 22/66 69 59, Fax 44 12 21; Vereinigung der estnischen Hotels und Restaurants, Liivalaia 33, 0001 Tallinn, ℘ 22/60 24 33, Fax 60 19 07; Vereinigung des estnischen Seereiseverkehrs, Pikk 71, 0101 Tallinn, ℘ 22/60 13 56, Fax 44 05 33

Unterkunft/Hotels: *Burmani Willa,* Kadaka tee 62, 0108 Tallinn, ℘ 22/53 20 85, Fax 53 20 85 (Kat. B); *Kungla,* Kreutzwaldi 3, 0104 Tallinn, ℘ 22/42 14 60, Fax 42 70 40 (Kat. B); *Mihkli,* Endla 23, 0105 Tallinn, ℘ 22/45 37 04, 45 38 19 (für Buchungen), Fax 45 17 67 (Kat. B); *Olümpia,* Liivalaia 33, 0105 Tallinn, ℘ 26/31 53 33, 31 53 15 (für Buchungen), Fax 31 56 75 (Hotel der Luxusklasse mit 370 Zimmern, behindertengerecht eingerichtet, Kat. A); *Tallinn,* Toompuiestee 27, 0031 Tallinn, ℘ 22/60 43 40, 60 43 32 (für Buchungen), Fax 44 86 07 (Kat. B); *Palace,* Vabaduse väljak 3, 0001 Tallinn, ℘ 22/44 47 65, 66 67 00 (für Buchungen), Fax 44 30 98 (sehr gut eingerichtet, (Kat. A); *Peoleo,* Pärnu mnt. 555, 3054 Tallinn, ℘ 22/77 16 01, 55 65 66, Fax 77 14 63 (sehr gut eingerichtet, 44 behindertengerechte Zimmer, Mieten eines Rollstuhls ist möglich, Kat. A); *Viru,* Viru väljak 4, 0104 Tallinn; ℘ 26/30 13 11, 30 13 90 (für Buchungen), Fax 26/30 13 03, 22/44 43 71 (großes Haus der Luxusklasse, gutes Restaurant und Bar, internationale Zeitungen, Autovermietung, Kat. A)

Camping: *Aegna,* Insel Aegna, ℘ 22/23 86 26, 23 87 03, 44 59 79, Fax 23 86 26 (für Buchungen)

Restaurants: *Astoria,* Vabaduse pl. 5, ℘ 66 60 48 (Luxusrestaurant, Bar und Kasino); *Corso,* Roosikransi 1, ℘ 44 65 36; *Du Nord,* Rataskaevu 3/5, ℘ 44 31 70 (sehr groß, verschiedene Säle, internationale Küche); *Eeslitall,* Dunkri 4/6, ℘ 44 80 33 (Altstadt, Künstler- und Intellektuellen-Treff, gute Küche); *Gnoom,* Viru 2 (sehr sympathisches Café, immer gut besucht); *Sub Monte,* Rüütli 4, ℘ 66 68 71 (Restaurant in mittelalterlichem Kellerraum in der Altstadt); *Trööst,* Vanaturu kael (gemütliches Ambiente, Bar in mittelalterlichem Keller unweit des Rathauses); *Toomkooli,* Toomkooli 11, ℘ 44 66 13 (in Nähe der Burg, große Speisenauswahl); *Café Maiasmook,* Pikk; *Café Neitsitorn,* Lühike jalg 9 a (in einem ehemaligen Wehrturm der Stadtmauer, rustikale Einrichtung). Im Sommer sind in der Ober- und Unterstadt in den Hinterhöfen viele kleine Straßencafés zu entdecken.
In Pirita: *Pirita,* Merivälja tee 5 (Café mit schönem Blick, Bar); *Tuljak* (Café im Park am Sängerplatz); *Lembitu,* Klostri tee 6 (neues Restaurant nahe dem Kloster St. Brigitten)

Museen/Sehenswürdigkeiten: *Museum für Estnische Geschichte* (Ajaloomuuseum), Pikk 17 (Do-Di 11–18 Uhr); *Naturkundliches Museum* (Loodusmuuseum), Lai Nr. 29 (Eingang über den Hof), Mi-Mo 10–17.30 Uhr); *Museum für angewandte Künste* (Tarbekubstimuuseum), Lai 17 (Mi-So 11–18 Uhr); *Gesundheitsmuseum* (Tervishoiumuuseum), Lai 28/30 (Di-Sa 11–17 Uhr); *Museum Adamson-Eric,* Lühike Jalg; *St. Olai Gilde,* Pikk 24 (prächtiger Festsaal); *Schwarzhäupter Haus,* Pikk 26; *Toomkirik* (Domkirche, Di-So 9.30–16.30 Uhr); *Rathaus* (tägl.

10–17 Uhr); *Stadtkerker* (ständige Ausstellung der estnischen Fotografie); *Tallinner Stadtmuseum* (Linnamuuseum), Vene 17 (Mi-Mo 10.30–18 Uhr); *Museum für Theater und Musik* (Teatri-Ja Muusikamuuseum), Müürivahe 12 (Mi-Mo 10–18 Uhr); *Stadtarchiv,* Tolli Straße; *Paks Margareeta,* (»Dicke Margarete«, Schiffahrtsmuseum, Mi-So 11–18 Uhr); *Kiek in de Kök,* Komandandi tee 1 (Di-Fr 10.30–17.30, Sa/So 11–16 Uhr); *Zoo,* Paldisk maantee 145 (tägl. 9–15 Uhr) Ausstellungen: *Drachengalerie,* Pikk 18 (Grafiken); *Vaal,* Väike-Karja 12; *Kunstihoone Galerii,* Vabaduse väljak 6 *Pirita:* Die Ruinen des Klosters St. Brigitten sind tägl. außer Mo zu besichtigen. Etwa 2,5 km entfernt der Botanische Garten und ein Friedhof, auf dem viele estnische Würdenträger ruhen. Nõmme erreicht man über Pärnu mnt., mit dem Bus oder ab Hauptbahnhof. Der Ort bietet interessante Holzhäuser, im Park sehenswert das Palmenhaus und die Sternwarte (Aussichtsturm). *Rocca al Mare:* Das Freilichtmuseum zeigt die Entwicklung bäuerlichen Lebens (Mai-Sept. Mi-So 10–15 Uhr). Man verläßt Tallinn in westlicher Richtung über Paldiski mnt. und biegt rechts in die Vabaõhumuuseumi tee ein.

Veranstaltungen: Tage der Tallinner Altstadt (Juni); großes Sängerfest in Pirita (alle fünf Jahre, nächstes Festival 1999) **Theater:** Esti Draamateater, Pärnu mnt. 5 (Karten tägl. 13–19 Uhr, Mo geschlossen); Theater für die Jugend, Lai 23; Puppentheater, Nunne; von Krahli teater, Rataskaevu 10. Im Sommer Konzerte in St. Brigitten. Informationen in *Tallinn This Week, Tallinn City Paper* und *The Baltic Outlook.*

 **Aktivitäten:** Yacht- und Surfbrettverleih in Pirita durch Kalev, Yachtclub, Pirita tee 17, ℘ 23 91 54; Top Sail, Regati pst. 1, ℘ 23 70 55; Pirita Marina, Regati pst. 1, ℘ 23 78 62

Einkaufen: Galerien und kleine Läden bieten Kunstgewerbe, Lederarbeiten und Keramiken an; Buchläden: Rahva Raamat, Pärnu maantee 10; Lugemisvara, Harju 1; Viruvärava, Viru 23. Entlang der Stadtmauer verkaufen »fliegende Händlerinnen« handgestrickte Skipullover, Handschuhe und Socken mit traditionellen Mustern.

 Verkehrsbindungen: Der Tallinner *Flughafen (℘* 21 10 92) liegt im südöstlichen Teil der Stadt, Lennujaama, ca. 15 Minuten vom Stadtkern entfernt. Er ist mit dem Bus, Linie 22, via Hauptbahnhof, Hotel Tallinn, Vabaduse väljak, Estnisches Theater und Kaubamaja Kaufhaus zu erreichen. **Bahnhof** (Balti Jaam): Toompuiestee 39, ℘ 62 48 51. **Bushof** (Maalinide autobussijaam): Lastekodu 46, ℘ 44 44 84, 42 25 49. **Fährverbindungen:** Die Insel Aegna erreicht man mit der Fähre vom Fischerdorf Viimsi (Halbinsel Viimsi) aus. **Hafen:** Sadama 25, ℘ 32 83 88

Tartu
Vorwahl: ℘ 234

 Touristeninformation: Tüütri 3, 2400 Tartu, ℘ / Fax 3 21 41

Unterkunft/Hotels: *Park,* Vallikraavi 23, ℘ 3 36 63, Fax 3 43 82 (20 Zimmer, sehr schön gelegen, Bar, Café, Sauna, Black Jack, Kat. B); *Rover,* Käo 3 a, ☎ 7 15 91, Fax 3 39 93 (sehr gut eingerichtet, 3 Zimmer, Kat. B); *Salimo,* Kopli 1, ☎ 7 08 88, Fax 7 77 68 (Kat. B); *Taru,* Rebase 9, ☎ 7 37 00, 7 52 75, 7 52 20, 7 39 52 (für Buchungen), Fax 7 40 95 (Luxusklasse, 72 Zimmer, Kat. A)

Restaurants: *Püssirohelder* (Pulverkeller), Lossi 28, ☎ 3 41 24; *Tarvas,* Riia 2, ☎ 3 22 53; *Taverna,* Raekoja plats 20, ☎ 3 12 22
Auf dem Weg von Tallinn nach Tartu (ca. 70 km vor Tartu): Restaurant Windmühle *Adavere* (estnische Spezialitäten, ☎ 237/5 73 11)

 Museen/Sehenswürdigkeiten: *Nationales Museum* (Eesti Rahva Muuseum), Veski 32 (Mi-So 11–18 Uhr); *Kunstmuseum,* Vallikraavi 14 (Di-So 11–18 Uhr); *von Baer-Museum,* Veski 4; *Sport-Museum,* Riia 27 a (in einem Flügel der Kirche St. Paul, Mi-So 11–18 Uhr); *Stadt- Museum* (Linnamuuseum), Oru 2 (tägl. außer Di 11–18 Uhr); *Zoologisches Museum,* Vanemuine 46 (Mi-So 11–16.30 Uhr); *Botanischer Garten,* Lai 40 (mit sehenswertem Palmenhaus, Mai-Sept. 10–16.30 Uhr)

Veranstaltungen: Sängerfest im Juni; Vanemuine Theater, Vanemuine 6 und 45 a, Ecke Kastani. Aktuelle Veranstaltungen sind im Eingang der Universität, Ülikooli 18, angeschlagen oder können der Zeitung *Tartu This Week* entnommen werden.

Einkaufen: Markt (und Flohmarkt) gegenüber dem Bushof, Soola; Marktplatz, Vabaduse puiestee 1; großer Supermarkt, Küüni

 **Verkehrsverbindungen: Flughafen:** Võru/Tõrvandi (ca. 3 km außerhalb der Stadt, Richtung Polva); **Bahnhof:** Vaksali tänav 6; **Busbahnhof:** Riia/Turu 2

Valga
Vorwahl: ☎ 242

Touristeninformation: Keste 11, 2500 Valga, ☎ 4 58 27

Unterkunft/Hotels: *Säde,* Jaama pst. 1, ☎ 4 16 50 (größeres Hotel mit Sauna, Schwimmbad, Geschäften, Konferenzraum, Restaurant, Café, Bar, Kat. B); *Metsise,* Kuperjanovi 76, ☎ 4 17 04 (kleines Hotel mit Sauna, Kamin, Kat. C)

Camping: *Annimatsi,* Gemeinde Pühajärve, 2513 Valgamaa, ☎ 5 53 17, 5 40 60 (für Buchungen), Fax 6 12 29

Restaurants/Cafés: *Hämarik,* Vabaduse 37; Restaurant im Bahnhof; Café *Koidu,* Vabaduse 2/4

Museum: Valga-Museum, Pärna pst. 11

Verkehrsverbindungen: Bahnhof und Bushof in Jaama pst.

Viljandi
Vorwahl: ☎ 243

Unterkunft/Hotels: *Viljandi,* Tartu 11, 2900 Viljandi, ☎ 5 40 01 (mit Restaurant, Kat. C); *Sammuli,* Sammuli, ☎ 5 77 85, 5 28 15 (für Buchungen), Fax 43/5 31 04

(Hotel mit 10 Zimmern, 2 Schwimm-
bäder, Sauna, Sportplatz, Mai–Sept.,
Kat. B); *Männimae,* Riia maantee,
℘ 5 77 85, 5 28 15 (für Buchungen),
Fax 5 31 04 (32 Zimmer, Friseur,
Restaurant, Kat. B)

 Camping: *Viljandi,* Holstre-
Nõmme, 2927 Viljandimaa,
℘ 2 97 77, 5 44 18 (für Buchungen,
12 km vom Bahnhof, am See gelegen,
man kann fischen, geöffnet Mai–
Sept., Dusche, WC, Sauna, Bar,
Sommercafé)

 Restaurants/Cafés: *Vikerkaar,*
Roo 5; *Mulgi Kelder,* Tartu 5;
Draakon, Tartu 34; *Menu Viljandi,*
Jakobsoni 11

Museum: Stadtmuseum, Laido-
neri plats 12 (Mo-Do 10–17
Uhr)

Veranstaltungen: Ugala-Theater,
Vaksali 7

Einkaufen: auf dem Marktplatz,
Turu plats

**Verkehrsverbindungen: Bahn-
hof:** Metalli 1; **Bushof:** Ilmarise
17 Tallinna, Uus, im Zentrum der
Stadt; **Flughafen:** Päri, ℘ 5 33 49
(Flugtickets: Tartu 14, ℘ 5 39 85)

Vormsi

Vorwahl: ℘ 247

Unterkunft: *Pension Elle-Mall,*
Hullo, Insel Vormsi, 3179 Läänemaa, ℘ 9 23 38 (diese Pension bietet
außer den 4 Zimmern im Haupthaus
auch noch zwei Windmühlen-Sommer-
häuser mit 6 Betten an. Man kann

fischen oder die Schießanlage benutzen. Führungen in Estnisch, Schwedisch und Deutsch auf Anfrage, Kat.
B); *Aldo Hotel,* Hullo, ℘ 9 23 68 (15
Zimmer, Mai–Sept., zusätzlich fünf
Sommerhäuser mit Waschgelegenheit
und Gemeinschaftstoilette, Kat. B

Camping: *Aidabaar,* Diby, Insel
Vormsi, Läänemaa,
℘ 22/23 86 86 (für Informationen)

Verkehrsverbindung: Vormsi ist
mit einer Fähre von Rohuküla
bei Haapsalu zu erreichen.

Võru

Vorwahl: ℘ 241

Unterkunft/Hotels: *Hermes,*
Jüri 32 a, 2710 Võru, ℘/Fax
2 13 26 (Hotel mit 11 Zimmern,
Geschäften, Friseur, Café, Casino, am
See gelegen, Angelmöglichkeiten,
Schießstand, Kat. B); *Kubija,* Männiku
43, ℘ 3 17 57, 7 15 81 (für Buchungen),
Fax 4 24 98 (Hotel mit 70 Zimmern,
TV auf Wunsch, Swimmingpool, am
See gelegen, Angelmöglichkeit, Skia-
usrüstung kann gemietet werden, Kat.
B).

Restaurant/Cafés: *Võru* und
Vohandu, beide Koidula 16

Museen: Friedrich-Reinhold-
Kreutzwald-Museum: Kreutzwaldi 31 (Mi-So 11–18 Uhr); Bezirks-
museum: Kreutzwaldi 16 (Mi-So
11–18 Uhr)

Reiseinformationen von A-Z

Anreise

(Einreisebestimmungen, siehe Litauen, S. 348)

... mit dem Flugzeug

Tallinn wird angeflogen von Hamburg und Frankfurt/Main. Außerdem gibt es Verbindungen von und nach Rīga sowie Vilnius.

... mit der Bahn

International ist Tallinn mit Rīga, Vilnius und Warschau verbunden, im Land selbst mit Tartu, Narva, Haapsalu und Pärnu.

... mit dem Bus

Reguläre internationale Buslinien gibt es von und nach Köln, München und Hamburg, Rīga, Kaunas, Vilnius, Warschau und Königsberg. Mit dem Kauf des Tickets erhält man zugleich eine Platzreservierung.

... mit dem Schiff

Die Überfahrt von Travemünde dauert 36 Stunden.

Ärztliche Versorgung

Die Behandlung in Notfällen ist in Kliniken teilweise noch kostenlos. Viele Ärzte praktizieren mittlerweile in ihrer eigenen Praxis, und dort kostet die Behandlung natürlich Geld. Man sollte vorher nach dem Preis fragen, damit man im Nachhinein keine bösen Überraschungen erlebt.

Vor der Reise am besten eine Reisekrankenversicherung abschließen, die in Unglücksfällen auch die Kosten der Überführung übernimmt, in Reisebüros oder direkt bei Versicherungen.

In Tallinn gibt es gut bestückte **Apotheken** *(Apteek)* westlichen Standards, doch anderswo sind Medikamente und Hygieneartikel (Tampons, Monatsbinden, Kondome und andere Verhütungsmittel) schlecht oder gar nicht zu bekommen. Daher ist es das Beste, sich zu Hause mit dem Nötigen einzudecken und einen Verbandskasten für kleinere Notfälle mitzunehmen.

Apotheken haben während der normalen Geschäftszeiten, 9–18 Uhr, geöffnet. In einigen Städten gibt es Apotheken mit einem 24-Stunden-Service, z. B. in Tallinn die »Tonismae Apteek«, Tonismagi 5.

Diplomatische Vertretungen

Botschaft der Republik Estland in Deutschland
Fritz-Schäffer-Str. 22
53113 Bonn
☏ 02 28/91 47 90
Fax 9 14 79 11

**Botschaft der Bundesrepublik
Deutschland**
Rävala pst. 9, 7. Etage
EE-0010 Tallinn
℘ 00372/2/45 56 06, 45 56 07
Fax 45 58 35
Mo–Fr 10–12 Uhr

**Honorarkonsulat der Republik Est-
land in Österreich**
Reichenhaller Str. 10 a
A-5020 Salzburg
℘ 0043/662/8 48 49 61
Fax 8 48 49 64

Botschaft Österreichs für Estland
Eteläesplanadi 18
SF-00130 Helsinki
℘ 00358/0/17 13 22, 17 15 27
Fax 66 50 84

**Honorarkonsulat der Republik Est-
land in der Schweiz**
Chemin des Aulxs 8
CH-1228 Plan-les-Ouates/Genf
℘ 0041/22/7 06 11 11
Fax 79 49 47

Botschaft der Schweiz für Estland
Uudenmaankatu 16 a
SF-00120 Helsinki
℘ 00358/0/64 94 62
Fax 64 90 40

Elektrizität

220 Volt Wechselstrom, 50 HZ. In der
Regel passen die normalen 2-Pol-
Stecker, an manchen Orten kann es
aber vorkommen, daß diese Stecker
zu dick sind. Am besten nimmt man
ein Adapterset für Osteuropa mit, so
gibt es keine unliebsamen Überraschungen.

Essen und Trinken

In den letzten Jahren wurden eine
Reihe privater Bars und Restaurants
eröffnet, in denen man das einheimische Bier, den estnischen Likör »Vana
Toomas« und natürlich Mahlzeiten zu
vernünftigen Preisen bekommen kann.

Die traditionelle estnische Küche,
die hauptsächlich auf Fisch (Ström-
linge, Heringe), Kartoffeln, Speck,
Kohl und Getreidegrütze basiert, ist
rustikal und schmackhaft. Leider sind
die typischen estnischen Gerichte in
Restaurants immer seltener zu bekommen, da diese zumeist ihren Ehrgeiz
in die sogenannte »internationale
Küche« legen. Es lohnt sich aber
durchaus, die traditionelle Küche zu
probieren, zumal die »verwestlichten«
Speisekarten nicht immer halten, was
sie versprechen.

Die meisten Restaurants sind zwischen 17 und 19 Uhr geschlossen.
Reservierungen für Abendessen in Tallinn sind empfehlenswert. Nicht alle
Gerichte auf der Speisekarte sind
erhältlich. Kreditkarten werden nicht
überall akzeptiert, am besten vorher
fragen.

Feste und Feiertage

1. Januar – Neujahr
24. Februar – Tag der estnischen
Unabhängigkeit (1918)
1. Mai – Maifeiertag
2. Sonntag im Mai – Muttertag
23. Juni – Siegestag
in der Nacht vom 23. auf den 24.
Juni – Johannistag/Sommersonnen-
wende
16. November – Tag der estnischen
Wiedergeburt
25./26. Dezember – Weihnachten

Zum Advent werden die Kinder mit Früchten und Süßigkeiten von den Gnomen beschenkt. Zur Weihnachtszeit treiben Hexen ihr Unwesen. Estnische Frauen reinigen noch vor Weihnachten alle Besen, denn über schmutzige »Fluggeräte« ärgern sich Hexen so sehr, daß ihre Streiche noch ärger ausfallen.

An den Feiertagen haben Banken, Büros, Verwaltungen und Geschäfte geschlossen.

Fotografieren

Agfa, Fuji und Kodak Filme sowie Batterien und anderes Grund-Zubehör sind in neuentstandenen Fotoläden in größeren Orten zu bekommen, wo man sie auch entwickeln lassen kann. Da sie teurer als in westlichen Staaten sind, empfiehlt es sich, alles, was man voraussichtlich benötigt, von zu Hause mitzunehmen. Lohnenswert sind hochempfindliche Filme (ab ISO 21/400), da es viele interessante Motive mit wenig Licht (Cafés, Kirchen etc.) gibt. Leider gibt es zum Teil noch veraltete Röntgengeräte in baltischen Flughäfen, die dem Filmmaterial schaden oder es sogar unbrauchbar machen können. Darum sollte man die Filme separat durch den Zoll bringen oder in Bleibeuteln transportieren, die man in jedem westlichen Fotoladen kaufen kann.

Geld und Banken

Die offizielle Währung ist seit dem 20. Juni 1992 die estnische Krone (Kroon/EEK). Sie wird vom Staat künstlich stabil gehalten und orientiert sich strikt an der DM (1 DM = 8 EEK). Ausgegeben werden Münzen zu 5, 10, 20

und 50 Senti sowie Banknoten zu 1, 2, 5, 10, 25, 100 und 500 Kroon (1 Kroon = 100 Senti).

Euroschecks und Kreditkarten (American Express, Diner's Club, Eurocard, Visa) werden in den größeren Hotels akzeptiert. Ausländische Währungen (Reiseschecks in DM oder in US-Dollar) sind am einfachsten bei Banken und in großen Wechselbüros einzutauschen.

Die Hauptbanken in Tallinn sind die Hansbank, Liivalaia 12, die Evea-Bank, Narva mnt. 40 sowie die Tallinn Bank, Harju 13. Wechselbüros gibt es in einigen Hotels, im Tallinner Hafen, im Hauptpostamt (s. Öffnungszeiten), im Flughafen und im Tallinner Hauptbahnhof.

Gewichte und Maße
(siehe Litauen, S. 349)

Karten

Empfehlenswert sind die Große Reisekarte »Baltische Staaten«, Estland, Lettland, Litauen, Ravenstein Verlag, die Estland-Straßenkarte, RV-Verlag, und die Shell-Eurokarte »Baltische Staaten«. Zunehmend findet man in den Touristenbüros auch Gebietskarten für einzelne Regionen (z. B. die Umgebung Tartus, Otepää, Saareema und eine Wege- und Wanderkarte durch den Nationalpark Lahemaa). Stadtpläne sind von den größeren Städten in den Touristenbüros und Hotels erhältlich.

Literatur

Dohrn, Verena: *Baltische Reise,* S. Fischer Verlag

Löwis of Menor, August von (Hrsg.),
Finnische und Estnische Märchen
Eugen Diederichs Verlag/rororo (hier:
Auszug von Kreutzwalds Epos-Bearbei-
tung des Kalevipoeg)
Grönholm, Irja und Hasselblatt, Corne-
lius: *Trugbilder* (Sammlung moderner
estnischer Erzählungen)
Kross, Jaan, *Professor Martens'
Abreise,* Carl Hanser Verlag
ders.: *Der Verrückte des Zaren,* Carl
Hanser Verlag/dtv
Luik, Viivi: *Der Siebte Friedensfrühling,*
Ernst Rowohlt Verlag
Neidhardt, Christoph: *Nach dem Kol-
laps,* Diogenes Verlag
Põldmäe, Asta: *Die Erde unter den
Städten,* dipa-Verlag
Verg, Erik G.: *Auf der Begeist'rung
Schwingen*

Notfallnummern

Feuerwehr 01
Polizei 02
Unfallhilfe 03
   Diese Rufnummern sind kostenlos
zu benutzen. Die Unfallhilfe in Tallinn
befindet sich in Sütiste tee 10. Die
Polizei ist in den größeren Städten an
den meistfrequentierten Kreuzungen
präsent und schon von weitem an
ihren (vorwiegend) Ladas mit der Aufschrift *Politsei* erkennbar.

Öffnungszeiten

Geschäfte sind in der Regel an Werktagen 9–18 (19), samstags 9–15 Uhr
geöffnet, Kaufhäuser in einigen größeren Städten bis 20 Uhr und vereinzelt
sogar an Sonntagen. *Banken:* Mo-Fr
9–14 und 15–17 Uhr. *Wechselbüros:*
Mo-Fr 9–17 Uhr, Sa 9–15 Uhr, man-

che sogar So. *Postämter:* Mo-Fr 9–18
Uhr, Sa 9.30–15 Uhr, das Hauptpostamt in Tallinn, Narva mnt. 1,
℘ 44 19 09, Mo-Fr 8–19, Sa 9–17 Uhr.

Post

Telefon- und Faxservice gibt es mittlerweile nicht mehr nur im Hauptpostamt in Tallinn, einige Hotels und Reisebüros haben ihre eigenen
Anschlüsse und stellen diese auch zur
Verfügung. Die preiswerteste und
schnellste Art Mitteilungen zu
machen, ist jedoch ein Telegramm zu
verschicken. Man kann es in jedem
Post- oder Telegraphenbüro aufgeben,
und es erreicht die meisten europäischen Staaten innerhalb von 48 Stunden. (s. Öffnungszeiten/Telefon)

Reisen im Lande

Das *Bahnfahren* ist in Estland immer
noch sehr billig. Deshalb sind die
Züge besonders im Sommer überfüllt.
   Expreßbusse fahren alle größeren
Orte und Städte Estlands direkt an
(Bushöfe s. Adressen und Tips).
   Der regelmäßige, bequeme und
preiswerte Busverkehr zwischen allen
Städten Estlands ist durchaus empfeh-
lenswert. Mit dem Kauf des Tickets
erhält man zugleich eine Platzreservie-
rung. Die Busse fahren sehr pünktlich.
Eine bewachte Gepäckaufbewahrung
ist an jedem Busbahnhof anzutreffen.
   Bei Reise im *eigenen Wagen* emp-
fiehlt sich die Mitnahme einer grünen
Versicherungskarte sowie der
Abschluß einer Urlaubs-Vollkaskoversi-
cherung.
   Der Zustand der Schnellstraßen
entspricht westlichem Standard; dort

ist ebenso wie in größeren Städten auch bleifreies Benzin und Diesel erhältlich. Auch viele Nebenstrecken werden mittlerweile ausgebaut. Zulässige Höchstgeschwindigkeiten: 50 km/h in geschlossenen Ortschaften, 90 km/h auf Schnellstraßen.

Der ADAC ist in Tallinn, Rävela pst. 9, 7. Etage, unter ✆ 26 13 53 zu erreichen, der ADAC-Notruf in München unter ✆ 810/49/89/22 22 22 (24 Std.).

In Tallinn sind die großen *Mietwagenunternehmen* wie AVIS (✆ 22/21 56 02), Hertz (✆ 22/42 42 54) sowie Europcar/interRent (✆ 22/44 16 37, 44 91 96) anzutreffen.

Man bucht am einfachsten vom Hotel aus, muß allerdings in den Sommermonaten damit rechnen, daß nur teure (»Westmarken« –)Autos zu erhalten sind (ca. 100 $ pro Tag). In den großen Hotels ist man jedoch bei der Buchung einheimischer Mietwagenunternehmen vermittelnd behilflich. Einige Unternehmen vermieten ihre Autos auch mit Chauffeur. Reaturist (Mitglied der estnischen Vereinigung von Reiseagenturen) vermietet auch einen Minibus (Renault mit 9 Plätzen) und Reisebusse (Sania und Ikarus), Raekoja pl. 18, Tallinn, ✆ 22/44 43 33, Fax 44 11 00.

Reiseveranstalter

(siehe Litauen, S. 351)

Sicherheit

(siehe Litauen, S. 351)

Souvenirs

Immer noch günstig zu bekommen sind Schmuckstücke aus Bernstein. Traditionelle Mitbringsel sind auch Erzeugnisse des Kunsthandwerks wie Keramiken und Lederarbeiten (Bucheinbände, Gürtel etc.). Außerdem gibt es überall dicke handgestrickte Pullover, Socken und Handschuhe mit den typischen Mustern, die den bei uns bekannteren »Norwegern« ähneln, und gewebte Schals.

Sport

Angeln: Auskünfte erteilt die Touristeninformation in Tallinn (s. S. 381). Auch einige Hotels bieten Gelegenheit zum Fischen (s. hierzu Angaben bei den einzelnen Hotels).
Kanu: Estlands Flüsse eignen sich sehr gut zum Kanufahren, da es keine speziell angebotenen Kanutouren gibt. Für die estnischen Gewässer ist im Buchhandel (Geschäft in der Viru Tänav, direkt neben dem Tor) eine spezielle Karte *(eesti veed)* erhältlich. Seekarten erhält man über die Seetourismuszentrale Estonian Marine Tourism Association, ✆ 260 13 16, Fax 244 05 33. In Pärnu gibt es den Ruderclub, Suure-Jõe, ✆ 4 41 88.
Radfahren: Das größtenteils flache Estland eignet sich gut für Radtouren. Besonders attraktiv zum Radeln sind die Bahndämme der stillgelegten Schmalspurbahn. Da es so gut wie keine Radwege an Straßen gibt, ist vor allem im Dunkeln Vorsicht geboten.
Reiten: Auskünfte hierzu erteilt die Touristeninformation in Tallinn (s. S. 381). Auch einige Hotels bieten

Reiturlaub an (s. hierzu Angaben bei den einzelnen Hotels).

Schwimmen: In Estlands Flüssen und Seen läßt es sich im Sommer gut schwimmen. Die Binnengewässer und auch die Ostsee sind, da sehr flach, relativ warm. Leider läßt die Wasserqualität an den traditionellen Badeständen (z. B. bei Pärnu) zu wünschen übrig. An den zumeist noch einsamen Stränden der Inseln ist das Wasser hingegen sauber.

Wandern: Empfehlenswert sind Wanderungen im Nationalpark Lahemaa. Lehrpfade durch die Naturschutzgebiete und Hochmoore können mit speziellen Führungen von Viitna aus oder auf eigene Faust erkundet werden, sofern man sich an die gekennzeichneten Wege hält. Markierte Wanderwege gibt es in Estland noch nicht. Detaillierte Karten, in denen auch Landwege eingezeichnet sind, werden in Kürze erscheinen. Empfehlenswertes Kartenmaterial bietet das Taschenbuch *eesti maanteed* (estnische Straßen), erhältlich in der Tallinner Buchhandlung (Viru Tänav).

Sprachführer

ja – jaa
nein – ei
bitte – palun
danke – tänan
Guten Tag – tere päevast!
Guten Morgen – tere hommikust!
Guten Abend – tere õhtust!
Auf Wiedersehen- nägemiseni!
Entschuldigung! – vabandage!
Ich verstehe nicht – ma ei saa aru
Ich heiße ... – minu nimi on ...
Sprechen Sie deutsch/englisch/ russisch? – kas te räägite saksa/ inglise/vene kelt?

Hotel – hotell
Campingplatz – kämping
Restaurant – restoran
Café – kohvik
Speisekarte – söögikart
Frühstück – hommikusöök
Lebensmittelgeschäft – toidukauplus
Markt – turg
Toilette – tualett
Auto – autot
Benzin – bensiini
Werkstatt – remonditöökojani
Zentrum – keskus
Postamt – postkontor
Bahnhof – raudteejaam
Bushaltestelle – bussipeatus
Flughafen – lennujaam
Hafen – sadam

1 – üks
2 – kaks
3 – kolm
4 – neli
5 – viis
6 – kuus
7 – seitse
8 – kaheksa
9 – üheksa
10 – kümme
11 – üksteist
12 – kaksteist
13 – kolteist
14 – neliteist
15 – viisteist
16 – kuusteist
17 – seitseteist
18 – kaheksasteist
19 – üheksateist
20 – kakskümmend
30 – holmkümmend
40 – nelikümmend
50 – viiskümmend
60 – kuuskümmend
70 – seitsekümmend
80 – kaheksakümmend

90 – üheksakümmend
100 – sada
200 – kakssada
300 – kolmsada
400 – nelisada
500 – viissada
600 – kuussada
700 – seitsesada
800 – kaheksasada
900 – üheksasada
1000 – tuhat

Montag – esmaspäer
Dienstag – teisipäer
Mittwoch – kolmapäev
Donnerstag – neljapäev
Freitag – reede
Samstag – laupäev
Sonntag – pühapäev

Englisch wird in den größeren Städten und natürlich in den Hotels, Russisch zwar überall verstanden, aber nicht immer gerne gesprochen. In ländlichen Gebieten ist ein estnischer Sprachführer ratsam. Empfohlen seien hier: Sprachführer »Estnisch« (bearb. von Gretel Schneider), Polyglott Verlag, München und »Estnisch für Globetrotter« (Kauderwelsch Band 55 von Irja Grönholm), Peter Rump Verlag, Bielefeld.

Taxi

Es gibt staatliche und private Taxiunternehmen. Die Gebühren können sich beträchtlich unterscheiden. Daher ist es ratsam, den Preis vor Fahrtantritt auszuhandeln. In den Großstädten kann man ein Taxi auf der Straße anhalten. Man erkennt es am »Takso«-Zeichen.

Telefon

Bei Gesprächen innerhalb des Landes wählt man zuerst die **8,** wartet auf das Signal und wählt dann die gewünschte Rufnummer. Die wichtigsten Vorwahlen sind:

Haapsalu	247
Kohtla-Järve	233
Narva	235
Pärnu	244
Saaremaa	245
Tallinn	22 oder 26
Tartu	234
Valga	242

Für Auslandsgespräche gibt es spezielle öffentliche Telefone bei der Post, in internationalen Hotels und bei einigen Privatunternehmen. Man wählt **8–10–49** (Deutschland), **-43** (Österreich) und **-41** (Schweiz), dann die Städtevorwahl ohne **0** und die Rufnummer des Teilnehmers. Vom Ausland nach Estland wählt man **00–372,** die Städtevorwahl ohne die erste **2,** dann die Rufnummer des Teilnehmers.

Trinkgeld

In Restaurants ist das Trinkgeld/der Service im Preis eingeschlossen. Kellner, Taxifahrer, etc. bekommen normalerweise kein Trinkgeld, es wird aber gerne entgegengenommen.

Unterkunft

Es gibt viele gute Hotels in Estland, die meist unter skandinavischer Leitung stehen und im skandinavischen Stil gehalten sind – mit Sauna, Holzmöbeln, Frühstücksbuffet. Pro Person und Nacht sind in Hotels zu veranschlagen:

Kat. A 100–200 DM (Weststandard)
Kat. B 70–100 DM
Kat. C 20– 70 DM

Informationen über **Jugendherbergen** erteilt: Büro Estnischer Jugendherbergen, Kentmanni 20–608, 0001 Tallinn, ℘ 22/44 10 96, Fax 44 69 71.

Ferienhäuser verschiedenster Kategorien entstehen vielerorts. Informationen bei: Estnisches Fremdenverkehrsbüro, c/o Baltische Fremdenverkehrszentrale, Woldsenstr. 36, 25813 Husum, ℘ 0 48 44/30 04.

Ferien auf dem Bauernhof sind besonders für Familien mit Kindern interessant. Unterkünfte vermittelt hier neben Freizeitangeboten wie Fischen, Reiten, Schwimmen und Surfen: Estonian Farmers' Central Union (ETKL), Narva mnt. 7, 0007 Tallinn, ℘ 22/43 85 52, 72 25 77, Fax 43 87 27, 77 13 85.

Camping: Auf vielen Campingplätzen in Estland schlägt man sein Zelt gar nicht erst auf, sondern mietet sich gleich eine einfache Blockhütte. Im sanitären Bereich entsprechen die Plätze nicht immer westlichem Standard.

Zeit

(siehe Litauen, S. 353)

Zoll

Persönlicher Reisebedarf ist zollfrei, muß aber wieder mit ausgeführt werden. Darum ist es das Beste, man deklariert Dinge wie z. B. Fotoapparate, Film-/Videokameras, Kofferradios schriftlich.

Zollfrei eingeführt werden dürfen 200 Zigaretten oder 20 Zigarren oder 250 g Tabak, 1 l Spirituosen über 21 % und 1 l Spirituosen bis 21 % und 10 l Bier.

Abbildungsnachweis

Archiv für Kunst und Geschichte, Berlin   S. 32/33

Raimund Bauer, Hamburg   S. 10, 80, 83, 84, 90/91, 102, 104, 117, 118, 120, 125, 126, 135, 136, 145, 149

© M. K. Čiurlionis State Museum of Art, Kaunas   S. 97

Ralf Freyer, Freiburg   Umschlagklappe hinten, S. 63, 68/69, 132, 137, 147, 178, 310/11, 332/33

Herder-Institut e.V., Marburg   S. 25

Bernhard Hohengasser, Graz   S. 328

Christian Kaminski, Wiesbaden   S. 6 unten, 258/59, 273, 288, 292/93, 295, 306, 319, 324/25, 326, 327, 334

Valts Kleins, Riga   S. 2 unten, 3 unten, 16/17, 41, 45, 48, 57 Mitte, 152/53, 161, 184, 202/03, 204, 206, 207, 208, 213, 224/25, 228/29, 240

Wolfgang Korall, Oldenburg   Umschlag, S. 3 oben, 19, 27, 57 oben, 58/59, 66, 71, 79, 82, 87, 88, 95, 98/99, 106/07, 108, 109, 121, 124, 127, 129, 139, 141, 148, 156, 173, 216/17, 220, 241, 267, 290, 320

Paul Mahrt, Osterholz-Scharmbeck   S. 2 oben, 4, 5, 6 oben, 7, 9, 13, 30, 36, 46, 57 unten, 158/59, 162, 165, 166, 167, 168/69, 171, 174, 176, 180, 186/87, 188/89, 191, 194/95, 200, 210/11, 212, 223, 232, 234/35, 237, 242/43, 249, 253, 261, 262, 264/65, 268, 271, 280/81, 283, 285, 298, 302/03, 304, 305, 308, 315, 329

Stephan Meyer-Brehm, Berlin   S. 51, 182, 183

R. Penkauskas, Litauen   S. 20, 21

R. Požerskis, Litauen   S. 8, 15, 54, 112

Preußischer Kulturbesitz, Berlin   S. 29, 74

Inta Ruka, Riga   S. 39

Ullstein Bilderdienst, Berlin   S. 105

V. Usinavičius, Litauen   Umschlagrückseite, S. 62

Karten und Pläne: Artic, Karlsruhe Berndtson & Berndtson, Fürstenfeldbruck

Register

DUMONT
REISE-TASCHENBÜCHER

Mallorca

Rhodos
Symi · Karpathos · Chalki
Tilos · Nissyros · Kassos · Kastellorizo

Florida

»Was den DUMONT-Leuten gelungen ist: Trotz der Kürze steckt in diesen Büchern genügend Würze. Immer wieder sind unerwartete Informationen zu finden, nicht trocken eingestreut, sondern lebhaft geschrieben... Diese Mischung aus journalistisch aufgearbeiteten Hintergrundinformationen, Erzählung und die ungewöhnlichen Blickwinkel, die nicht nur bei den Farb- und Schwarzweißfotos gewählt wurden – diese Mischung macht's. Eine sympathische Reiseführer-Reihe.«

Südwestfunk

»Zur Konzeption der Reise-Taschenbücher gehören zahlreiche, lebendig beschriebene Exkurse im allgemeinen landeskundlichen Teil wie im praktischen Reiseteil. Diese Exkurse vertiefen zentrale Themen der Geschichte, Kunst und des sozialen Lebens und sollen so zu einem abgerundeten Verständnis des Reiselandes führen.« *Main Echo*

Djerba
& Südtunesien

Heidelberg
Darmstadt und die
Bergstraße

Schottland

Weitere Informationen über die Titel der Reihe DUMONT Reise-Taschenbücher erhalten Sie bei Ihrem Buchhändler oder beim DUMONT Buchverlag • Postfach 10 10 45 • 50450 Köln.

DUMONT

DUMONT
KUNST-REISEFÜHRER

»Die Kunst-Reiseführer des Kölner Verlages werden von Jahr zu Jahr, von Band zu Band perfekter: immer detailliertere Pläne begleiten die Erklärungen, immer noch typischere Illustrationen erläutern den Text.«

Basler Nachrichten

»Die Kunst-Reiseführer aus dem DUMONT Verlag verbinden in vorbildlicher Weise allgemeine kunstgeschichtliche Orientierung und konkrete Verwertbarkeit des Geschriebenen am Urlaubsort. Sie zeigen, daß wissenschaftlich exakt nicht langweilig heißen muß.«

Süddeutscher Rundfunk

»Für Menschen, denen Land, Leute und Denkmäler mehr Anreiz sind als die geebneten Pfade des institutionalisierten Tourismus, die sich in das Abenteuer einlassen, sich die Begegnungen selbst zu gestalten, erfüllen die DUMONT Kunst-Reiseführer ein Maximum an Voraussetzungen«.

Salzburger Nachrichten

Umschlagvorderseite: Trakai, Häuser am See (Litauen)
Umschlagklappe hinten: Blick auf Tallinn (Estland)
Umschlagrückseite: Fest im Freilichtmuseum Rumšiškes bei Kaunas (Litauen)

Über die Autorinnen: Eva Gerberding studierte Slawistik. Viele Aufenthalte in Moskau und ausgedehnte Reisen in die baltischen Staaten. Die Autorin arbeitet heute als Journalistin.
Ilze Gulēns ist gebürtige Lettin und seit 1970 im Kulturaustausch zwischen Lettland und Westeuropa tätig.
Eva Kuhn besuchte das lettische Gymnasium in Münster. Die Autorin pflegt seit 20 Jahren intensive persönliche Kontakte und unternimmt zahlreiche Reisen in die baltischen Staaten.

Fremde Kulturen kennenlernen und gastfreundlichen Menschen begegnen – wie sehr genießen wir das auf Reisen. Zu Hause bei uns jedoch wird mancher Ausländer von einer kleinen Minderheit beschimpft, bedroht und sogar miß-handelt. Alle, die in fremden Ländern Gastrecht genossen haben, tragen hier besondere Verantwortung. Deshalb: Lassen Sie uns gemeinsam für die Würde des Menschen einstehen.

Verlagsleitung und Mitarbeiter des DuMont Buchverlages

Die Deutsche Bibliothek – CIP-Einheitsaufnahme

Gerberding, Eva:
Baltikum : Litauen, Lettland, Estland / Eva Gerberding ; Eva Kuhn ; Ilze Gulēns. – Köln : DuMont, 1995
    (Richtig reisen)
    ISBN 3-7701-3368-4
NE: Kuhn, Eva:; Gulēns, Ilze:

© 1995 DuMont Buchverlag
Alle Rechte vorbehalten
Satz: Fotosatz Harten, Köln
Druck: Rasch, Bramsche
Buchbinderische Verarbeitung: Bramscher Buchbinder Betriebe

Printed in Germany   ISBN 3-7701-3368-4

Riga